Ulrike Hentschel

Theaterspielen als ästhetische Bildung

Über einen Beitrag produktiven künstlerischen Gestaltens zur Selbstbildung

Schibri-Verlag Berlin • Milow • Strasburg

Bestellungen über
    den Buchhandel
    oder direkt beim Verlag

© 2010 by Schibri-Verlag
Dorfstraße 60
17337 Uckerland/OT Milow
www.schibri.de

Umschlaggestaltung: Arite Nowak

ISBN 978-3-86863-025-1

Inhaltsverzeichnis

Vorwort zur 3. Auflage

Der Versuch einen Ansatz ästhetischer Bildung für die Theaterpädagogik zu formulieren, lag Mitte der 90er Jahre des vergangenen Jahrhunderts sehr nahe. Die Neudiskussion des Ästhetischen in den Geistes- und Sozialwissenschaften hatte – ausgehend von der propagierten „Aktualität des Ästhetischen" (Welsch) im Gefolge postmodernen Philosophierens – zu einer Prominenz dieses Topos auch in der Erziehungswissenschaft und in den kunstvermittelnden Fächern geführt. Die viel diskutierte Diagnose einer umfassenden Ästhetisierung und damit verbundenen Anästhetisierung aller Lebensbereiche legte es nahe, sich mit diesen Argumentationsfiguren kritisch auseinanderzusetzen und ihre Implikationen für ästhetische Bildung zu reflektieren. Es galt, die in den unterschiedlichsten Diskussionskontexten sehr weit aufgespannten Begriffe des „Ästhetischen" und der „Ästhetischen Bildung" für das Feld einer handlungsorientierten kunstvermittelnden Disziplin wie der Theaterpädagogik zu konturieren. In Folge dessen rückten die Kunst des Theaters und die spezifischen Erfahrungen, die für nicht professionelle Akteure bei der Produktion und Rezeption von Theater möglich werden, in den Mittelpunkt der Untersuchung.

Die dritte Auflage des vorliegenden Textes – 15 Jahre nachdem er geschrieben wurde und zehn Jahre nach der zweiten Auflage – fordert dazu heraus, aus diesem Abstand einige Entwicklungen der beschriebenen Zusammenhänge zu reflektieren und damit auch einen Blick auf die Historizität dieser Untersuchung zu werfen. Drei Gesichtspunkte sollen dabei herausgegriffen werden: der aktuelle Legitimationsdiskurs theaterpädagogischer Praxis (1), zeitgenössische Entwicklungen der Ästhetik des Theaters (2) und die sich daraus ergebenen Konsequenzen für den Diskurs der ästhetischen Bildung (3).

1.

Theaterpädagogik ist immer noch ein kleines Fach und eine relativ junge universitäre Disziplin. In den vergangenen 15 Jahren hat dieses Fach allerdings an Bedeutung gewonnen. Im Bereich der Ausbildung sind neue theaterpädagogische Studiengänge auf Bachelor- und Masterniveau an verschiedenen Hochschulen im deutschsprachigen Raum entstanden. In künstlerischen und kunstvermittelnden Praxisfeldern hat sich theaterpädagogische Arbeit weitgehend etabliert. Im Jahrbuch „Theater heute" 2006 ist sogar von einem sich im Theater abzeichnenden „Bildungsboom" die Rede[1].

Mit der zunehmenden Bedeutung theaterpädagogischer Arbeit in unterschiedlichen Praxisfeldern geht allerdings vielfach ein Legitimationsdiskurs einher, der weniger

---

[1] Behrendt, Eva: Bildung ist es! In: Theater*heute*, Jahrbuch 2006, S. 18–24.
Als Beleg für diese Tatsache können zahlreiche theaterpädagogische Produktionen gelten, die inzwischen selbstverständlich auf den Spielplänen der Stadttheater zu finden sind: Bunnyhill 2004 an den Münchner Kammerspielen, Homestories am Essener Schauspiel 2006, Familiengeschichten am Schauspiel Hannover 2009, um nur wenige Beispiele zu nennen.

die Möglichkeiten ästhetischer Bildung thematisiert, also die Möglichkeiten künstlerischer Arbeit mit den Beteiligten und die dadurch evozierten Wirkungen, sondern vor
allem von den mit theaterpädagogischen Methoden zu erreichenden sozialen Kompetenzen und zu vermittelnden Inhalten ausgeht.[2] Eva Berendt bringt diese Argumentationsfigur, die in der Antragslyrik theaterpädagogischer Projekte verbreitet ist, ironisch
auf den Punkt: „… mit Schiller zu mehr social skills und besseren Chancen auf dem
Arbeitsmarkt".[3]

Mögliche Ursachen für diese Formen der Vereinseitigung des Wirkungspotentials theaterpädagogischer Arbeit sind im Kontext der aktuellen bildungspolitischen Diskussion zu vermuten. Im Zuge einer allgemeinen Ökonomisierung der Bildungsdiskussion,
eng verknüpft mit den Diagnosen der PISA-Studien und mit den Bologna-Beschlüssen
zur Reform der Hochschulausbildung, ist der Kompetenzbegriff und sind die damit
verbundenen Implikationen von Messbarkeit und Standardisierung gestärkt worden.
    Die Diskussion zu den Konsequenzen dieser Entwicklung ist bisher nicht abge-
schlossen. Doch es zeichnet sich ab, dass die verstärkte Output-Orientierung und die
damit einhergehende Gleichsetzung von Effektivität und Effizienz, die nach PISA und
nach Bologna das Bildungswesen erfasst hat, insbesondere für die künstlerischen Fächer in der allgemein bildenden Schule und an den Hochschulen fragwürdige Auswirkungen hat. Die Auf- und Zuteilung von Zeit, in der künstlerische Produktionsprozesse
und ästhetische Bildungsprozesse stattfinden sollen, ist eine davon; der Glaube an die
Herstellbarkeit von bestimmten Kompetenzen, die mit der Vermittlung künstlerischer
Arbeit einhergehen, eine andere.
    Demgegenüber versucht theaterpädagogische Arbeit, die sich ästhetische Bildung
zum Ziel setzt, diesen Verwertungszusammenhang zu stören, ihn zumindest zeitwei-
se zu unterbrechen und eine Distanz zu schaffen zwischen den gesellschaftlich wünschenswerten Kompetenzen und den im produktiven und rezeptiven Umgang mit der
Kunst des Theaters möglichen ästhetischen Erfahrungen. Gleichzeitig versucht eine
künstlerisch motivierte theaterpädagogische Praxis sperrig zu bleiben gegenüber einer Übertragung von bereits Gewusstem, von feststehenden Sinn- und Bedeutungszu-
sammenhängen. In diesem Sinne lässt sie sich vielleicht als „Übung in der Kunst des
Nichtverstehens"[4] begreifen, ein Nichtverstehen, das nicht im Kontrast oder in einem
hierarchischen Verhältnis zum Verstehen steht, sondern einer anderen Erkenntnisord-
nung zugerechnet werden kann.
    Mit dem so formulierten Anspruch lässt sich eine Praxis ästhetischer Bildung in
der Theaterpädagogik allerdings nicht automatisch außerhalb eines allgegenwärtigen
Kontextes der Vereinnahmung ansiedeln. Eine vereinfachende Gegenüberstellung von
funktional für bestimmte Zielgruppen und gesellschaftliche Zusammenhänge agie-

---

2   vgl. Hentschel/Pinkert, Was tue ich hier und warum? In: Korrespondenzen, Heft 53, 2008, S. 19–23.
     Die hier zitierten Äußerungen von Theaterpädagog/innen zu ihrer Praxis und zu ihrem Selbstverständ-
     nis machen diese Tendenz deutlich.
3   Behrendt, S. 20
4   Hans-Thies Lehmann, Über die Wünschbarkeit einer Kunst des Nichtverstehens. In: Merkur. Zeitschrift
     für Philosophie. 5/1994, Heft 542, S. 426–431

render Theaterpädagogik auf der einen und künstlerisch motivierter, ästhetische Bildung vermittelnder Praxis auf der anderen Seite würde den ubiquitären Verwertungszusammenhang, in dem diese Arbeit immer steht, leugnen. Angesichts des aktuell diskutierten Zwangs zur Darstellung und Selbstdarstellung muss sich jegliche Form theaterpädagogischer Arbeit immer auch die Frage danach stellen, inwieweit und mit welchen Verfahren sie möglicherweise mit diesen Selbstdarstellungszwängen konform geht. Die Zusammenhänge zwischen den Idealen und Sollvorstellungen theaterpädagogischer Arbeit auf der einen und ihrer möglichen Vereinnahmung als Verfahren der Selbstdisziplinierung auf der anderen Seite sind jeweils am konkreten Beispiel zu überprüfen. Dazu ist es notwendig, Theaterpädagogik im Kontext mit anderen und in ihrer Funktion für andere performative Praxen unserer Kultur zu betrachten und dabei deren jeweilige historische und kulturelle Bedingtheit und ihren Bezug zueinander aufzuzeigen. Nur ein bewusstes Umgehen mit dem schmalen Grat zwischen den Soll- und den Ist-Vorstellungen theaterpädagogischer Arbeit, ein Bewusstsein für die nicht hintergehbaren konformistischen, disziplinierenden und die kritischen Implikationen dieser Praxis, ermöglichen eine begrenzte aber gezielte Störung der tendenziell immer vorhandenen Vereinnahmung.

2.

Der vorliegende Ansatz ästhetischer Bildung orientiert sich – in bildungstheoretischer Absicht – an der Kunstpraxis des Theaters als dem genuinen „Gegenstand" theaterpädagogischer Arbeit. Das schließt selbstverständlich den Gedanken der Zeitgenossenschaft ein. *Die* Kunstpraxis gibt es in einem überhistorischen Sinne natürlich nicht, und die in diesem Buch heran gezogene Praxis eines dramatischen Theaters, die sich aus den Künstlerkonzepten des 20. Jahrhunderts ableitet, ist nur eine historische Ausprägung.

So kann es auch nicht verwundern, dass wesentliche Entwicklungen theaterpädagogischer Arbeit in den letzten 15 Jahren eng mit den Entwicklungen der Ästhetik des zeitgenössischen, postdramatischen oder performanceorientierten Theaters verknüpft sind. Kennzeichnend für diese Ästhetik ist es, die ästhetische Distanz, die Distanz zwischen Kunst und sozialer Realität zu befragen und zu verringern, dabei die Mechanismen von Repräsentation aufzudecken und Darstellung als Darstellung zu thematisieren.[5]

In dem Maße, in dem sich ein performanceorientiertes Theater gegenüber den Erfahrungen des so genannten Realen öffnet, nicht professionelle Akteure auf die Bühne bringt oder Alltagsräume zur Bühne macht, dabei aufgaben- und spielorientierte Darstellungsverfahren einsetzt, verschwimmen nicht nur die Grenzen zwischen Theater und Performance, zwischen Theater und Nicht-Theater, sondern auch die zwischen der Hochkultur des professionellen Theaters und der Praxis theaterpädagogischer Arbeit. Diese Tatsache hat die Ästhetik und die Gestaltungsverfahren des postdramatischen, performanceorientierten Theaters aus der Sicht der Theaterpädagogik besonders attraktiv erscheinen lassen, ist doch das Anknüpfen an soziale Realitäten und an biogra-

---

5   vgl. Hans-Thies Lehmann, Postdramatisches Theater. Frankfurt/Main 1999

phische Erfahrungen der Akteure immer schon ein genuines Interesse theaterpädagogischer Arbeit gewesen.

Im Zuge dieser Entwicklung haben biographische und ortsspezifische Projekte,
Performances, Live Art, theatrale Interventionen, partizipativen Aktionen, Situationen
und Installationen die theaterpädagogische Praxis in vielfältiger Weise erweitert. Sie
eröffnen den nicht professionellen Akteuren neue, kunstformenübergreifende Gestaltungsmöglichkeiten außerhalb der dafür institutionalisierten Räume und jenseits des
traditionellen Theater- und Schauspielverständnisses. Gleichzeitig beinhalten sie die
Notwendigkeit sich gesellschaftlich zu positionieren und die Möglichkeit als Teil einer Öffentlichkeit in Erscheinung zu treten. Dabei geht es um die Teilhabe an gesellschaftlicher Öffentlichkeit, die Erfahrung ihrer (ästhetischen) Regeln der Präsentation und Repräsentation, um das Sichtbar- und Hörbarwerden in dieser Öffentlichkeit.

Im Sinne des Politikbegriffs des französischen Philosophen und Kunsttheoretikers
Jacques Rancière können solche Formen, jenseits von agitatorischen oder pädagogisch-
aufklärerischer Absichten, dann als politisch angesehen werden, wenn sie von einer
etablierten Ordnung der „Aufteilung des Sinnlichen" ausgehen – einer Aufteilung von
Orten, Zugangsberechtigungen, Festlegungen von Exklusion und Inklusion – und diese
in Frage stellen, deregulieren und ihr Neuverteilungen entgegensetzen.[6] Zu denken ist
hier etwa an das Deregulieren der Aufteilungen von offenen und geschlossenen Räumen, wie es in Projekten theatraler Zwischennutzung, z.B. im ehemaligen Palast der
Republik oder im Rahmen des Projekts ‚Hotel Neustadt' in Halle (Thalia Theater Halle 2004) geschehen ist, oder an das Oszillieren von öffentlichem und privatem Raum,
von Alltagsinszenierung und theatraler Inszenierung, wie es beispielsweise für die Produktionen X Wohnungen (HAU Berlin 2004 ff.) charakteristisch ist.

Der in Rancières Ansatz formulierte Anspruch einer in dieser Weise politisch wirk-
samen Kunst beinhaltet gleichzeitig Hinweise auf Qualitätskriterien für theaterpädagogische Projekte, die sich von zeitgenössischen künstlerischen Praxen inspirieren lassen.
Mit ihrer steigenden Beliebtheit, den vielfältigen Versuchen ihrer puren Übertragung
in den theaterpädagogischen Kontext, geht nämlich auch die Gefahr einer Beliebigkeit
der angewandten Gestaltungsverfahren einher. Die theatralen Aktionen werden damit
banal, sie geraten häufig in die Nähe städtischer Tourismusförderung oder sozialpädagogischer Spielaktionen, nehmen Ersatzfunktionen wahr und werden als „Nachbar-
schaftspolitik" und „soziales Heilmittel"[7] vereinnahmt.

---

6   vgl. Jacques Rancière, Die Aufteilung des Sinnlichen. Die Politik der Kunst und ihre Paradoxien. Hrsg.
     von Maria Muhle. Berlin 2006.
     Rancières Politikbegriff unterscheidet sich wesentlich vom Alltagsverständnis. Weder sind damit be-
     stimmte Systeme und Machtstrukturen gemeint, noch lassen sich daraus wünschenswerte oder gar
     mit künstlerischen Mitteln darzustellende politische Inhalte ableiten. „Die Politik bestimmt, was man
     sieht und was man darüber sagen kann, sie legt fest, wer fähig ist, etwas zu sehen und wer qualifiziert
     ist, etwas zu sagen, sie wirkt sich auf die Eigenschaften der Räume und die der Zeit innewohnenden
     Möglichkeiten aus." (Rancière 2006, S. 26 f.). Vor dem Hintergrund dieser Bestimmung spricht Ran-
     cière von einer der Kunst eigenen Politik, einer „Politik der Kunst".
7   Rancière 2006, s. 96.

In Frage steht in diesem Zusammenhang auch die Konjunktur einer „Relationalen Ästhetik" bzw. „relationaler Kunst", wie sie Ende der 90er Jahre von Nicolas Bourriaud formuliert wurde. Bourriaud kennzeichnet relationale Kunst – in Abgrenzung zum autonomen Kunstwerk – als eine Kunstpraxis, die ihren theoretischen Horizont im Bereich zwischenmenschlicher Interaktion und dem dazugehörigen sozialen Kontext verortet.[8] Viele zeitgenössische Formen theatraler und theaterpädagogischer Praxis lassen sich auf den ersten Blick einer so gekennzeichneten relationalen Kunst zuordnen. Der Diskurs einer relationalen Ästhetik scheint sich in besonderem Maße als Horizont für eine zeitgenössische Theaterpädagogik, die künstlerische und soziale Praxen miteinander vermitteln will, anzubieten.

An diesem Punkt ist jedoch Skepsis geboten. Zunächst ist zu fragen, inwieweit die von Bourriaud beschriebenen Funktionen relationaler Kunst, z. B. das Schaffen zwischenmenschlicher Erfahrungen als Kontrast zur massenmedialen Kommunikation oder das Bereitstellen von Räumen und Zeiten für alternative Formen des Miteinanders und der Geselligkeit, nicht bereits von anderer Seite als Bestandteil einer Künstlerkritik erkannt wurden, die zu den wesentlichen Motoren eines „neuen Geists des Kapitalismus" zählen kann.[9] Darüber hinaus liegt – angesichts der beschriebenen Funktionen relationaler Kunst – die Vermutung nahe, dass sich die vermeintlich künstlerische Praxis in sozialen Aktionen auflöst. Hier lebt der Topos einer gesellschaftlichen Utopie wieder auf, der die Grenzen zwischen Kunst und Leben zum Verschwinden bringen will. Damit wird die für dieses Verhältnis konstitutive Spannung, aus der allein sich ein Verweisungszusammenhang und eine distanzierende Funktion ästhetischer Erfahrung gegenüber alltäglichem Erleben ergeben können, negiert.

3.

Gegenüber einer solchen Auflösung der Spannung zwischen den Erfahrungsfeldern von Kunst- und Alltagspraxis wird in der vorliegenden Untersuchung die Differenzerfahrung, als Grundbedingung der ästhetischen Bildung innerhalb der Theaterpädagogik herausgestellt. Die Akteure erfahren sich im Prozess theatraler Gestaltung immer in doppelter Weise, als Produzenten und Produkte ihres Gestaltungsprozesses, als Ausführende und gleichzeitig als Aufführende. Wesentlich dabei ist, dass ihnen diese beiden Ebenen immer bewusst bleiben, dass es also nicht nur um die Wahrnehmung der doppelten Existenz, sondern auch um die Erfahrung des „Zwischen", der Differenz zwischen den beiden Wirklichkeitsebenen des Spiels geht. Inwieweit sich diese Erfahrung auch im Zusammenhang mit den beschriebenen Entwicklungen des zeitgenössischen Theaters gewinnen lassen, soll hier noch einmal begründet werden.

---

8   Vgl. Nicolas Bourriaud, Relational Aesthetics. In: Claire Bishop (ed.), Participation. Cambridge 2006, S. 160–171. Dort heißt es: „… an art that takes as its theoretical horizon the sphere of human interactions and its social context, rather than the assertion of an autonomous and private symbolic space", S. 160.

9   Luc Boltanski, Eve Chiapello, Der neue Geist des Kapitalismus. Konstanz 2003.

Zeitgenössisches Performancetheater zeichnet sich bekanntermaßen dadurch aus, dass es mit dem Raum zwischen dem Darstellenden und dem Dargestellten, zwischen Alltag und Fiktion spielt, ihn vergrößert, beweglich hält, ihn sichtbar ausstellt oder aber gegenüber der sozialen Realität scheinbar unsichtbar werden lässt. Dadurch wird die Differenzerfahrung für Produzenten und Rezipienten radikalisiert. Das Spiel mit der Differenz, das Oszillieren der Wahrnehmung zwischen den Darstellungsebenen, ist die besondere Herausforderung des zeitgenössischen Theaters für seine Akteure und Zuschauer und stellt ein Potential für theaterpädagogische Arbeitsformen mit dem Ziel ästhetischer Bildung dar.

Voraussetzung dafür ist, dass die für künstlerisches Arbeiten konstitutive Spannung zwischen dem immer schon vorhandenen realen Material der Alltagspraxis und seinen spielerischen Transformationen durch theatrale Gestaltung nicht aufgegeben wird. In der Arbeit mit Verfahren des zeitgenössischen, performanceorientierten Theaters, in theatralen Installationen, Interventionen und partizipativen Aktionen bieten sich dafür unterschiedliche Verfahren an. Sie bestehen darin, Alltagsfragmente zur Darstellung zu bringen, wiederaufzuführen, in dieser Wiederholung zu verschieben, zu de- und rekontextualisieren oder zu überschreiben und damit gleichzeitig durch theatrale Verfahren das Verhältnis von Theater und Nicht-Theater, von Theater und Alltagspraxis zu thematisieren und transparent zu machen.

In diesem Sinne ließe sich hier vielleicht von einem „Feld der Unentscheidbarkeit" sprechen, das sich, Rancière zu Folge, zwischen den beiden Paradigmen der „Politik der Kunst" aufspannt, zwischen der Bestimmung ihrer Wirksamkeit aus ihrem heteronomen bzw. ihrem autonomen Charakter gegenüber der sie umgebenden Welt. Rancière nimmt an, dass sich zwischen diesen beiden Paradigmen ein Feld der Unentscheidbarkeit etabliert hat, das die zeitgenössische Kunst bespielt, dessen unauflösbare Spannung sie aber auch immer wieder ausstellt. Dabei gehe es nicht um eine Kunst „die Gegenstände oder Botschaften der Welt redupliziert", sondern um eine, „die direkt die zur Welt gehörenden Dinge produziert und in die Welt eingreift und so den ihr zugewiesenen Orten gänzlich entkommt oder umgekehrt, die Welt an diese Orte holt".[10]

Die Implikationen, die sich aus dieser Entwicklung für eine ästhetisch und politisch bildende Praxis der Theaterpädagogik ergeben, lassen sich gegenwärtig noch nicht absehen. Entscheidend für die politischen Implikationen dieser Arbeit ist allerdings, dass diese nicht in der Verkündung von Botschaften und Inhalten liegen und damit einem erneuten Inhaltismus den Weg bereiten, sondern dass sie als eine Grundbedingung theatraler Produktion verortet werden, ausgehend von der Tatsache, dass „… Theater (…) an die Differenzstruktur auf dem Grund aller politischen Repräsentation erinnert".[11]

Berlin, Februar 2010

---

10   Rancière 2006, S. 94
11   Juliane Rebentisch: Demokratie und Theater. In: Felix Ensslin (Hg.), Spieltrieb. Was bringt die Klassik auf die Bühne. Schillers Ästhetik heute. Berlin: Theater der Zeit, 2006, S. 71–81, S. 80.

Vorwort

Zwischen meiner ersten eigenen Theaterspielerfahrung und der Fertigstellung dieser Arbeit liegen viele Jahre. Die Faszination, die das Theater auf mich ausübt, ist in diesen Jahren nicht geringer geworden. Im Gegenteil, die theoretischen Fragestellungen der vorliegenden Untersuchung sind entscheidend durch diese Faszination angeregt worden.

Was macht das Theaterspielen für mich so anziehend? Woher rührt dieses besondere Gefühl, das mich von den ersten Proben bis zu den Aufführungen begleitet?

Meine Frage nach dem Selbstbildungsprozeß, der mit dem Theaterspielen einhergeht, hat in diesen Erfahrungen eine wesentliche Motivation.

In meiner Praxis als Theaterpädagogin bin ich auf einen zweiten Anstoß meines Interesses gestoßen: Die Diskussion darum, ob Prozesse oder Produkte in der theaterpädagogischen Arbeit wichtiger seien, ob Eigenproduktionen der Arbeit mit (Text-)Vorlagen vorzuziehen seien, letztlich, ob die pädagogische Absicht oder der künstlerische Anspruch im Vordergrund der theaterpädagogischen Arbeit zu stehen habe, ist ein Dauerbrenner in der Fachdiskussion.

Meine Suche nach einem Kriterium, das – über alle Vorlieben und Abneigungen hinaus – in dieser Diskussion leitend sein kann, verwies auf die Frage nach den Eigentümlichkeiten, dem besonderen ‚Zweck‘ der theaterpädagogischen Arbeit und damit auf den Bereich der ästhetischen Bildung.

Mein besonderer Dank gilt Prof. Hans Martin Ritter und Prof. Dr. Hans-Wolfgang Nickel, die diese Arbeit betreut haben und mir mit ihrem Sachverstand und ihrer Geduld Gelegenheit gaben, meine Thesen in intensiver Diskussion und konstruktiver Auseinandersetzung zu entwickeln.

Für klärende Gespräche zur rechten Zeit, die mir jeweils eine große Hilfe waren, bedanke ich mich bei Prof. Dr. Gundel Mattenklott, Prof. Dr. Kristin Wardetzky, Prof. Rudi Müller-Poland, Dr. Stefanie Hellekamps, Dr. Dorothea Hilliger-Ache, Dr. Martina Leeker und Dr. Annette Mehlhorn.

Daß ich die Zeit intensivsten Nachdenkens und Arbeitens mit Gelassenheit und hin und wieder sogar mit Ausgelassenheit erleben konnte, verdanke ich Volker Jurké und Barbara Gerland. Beide waren darüber hinaus ständige und wichtige Gesprächspartner und haben mich durch ihre tatkräftige Hilfe unterstützt. Danke dafür!

Heika Theml, meine zuverlässige Beraterin in allen Fragen stilistischer Einmalbildungen, war mehr als nur ein fremdes Auge für diese Arbeit. Auch ihr gilt mein Dank.

Nicht zuletzt bedanke ich mich beim Institut für Spiel- und Theaterpädagogik der Hochschule der Künste Berlin, wo ich als Wissenschaftliche Mitarbeiterin in engem Kontakt mit der Praxis meinen theoretischen Fragen nachgehen konnte.

Berlin, im September 1995
Ulrike Hentschel

Einleitung

1. Problemhorizont und Fragestellung

Überlegungen zur Frage der bildenden Wirkung des Theaters haben eine lange Tradition. Von Aristoteles über Lessing bis hin zu den Avantgardebewegungen dieses Jahrhunderts unterstellen Theoretiker und Praktiker dem Theater Wirkungen, die von der Darbietung szenischer Handlungen ausgehen. Gleichzeitig untersuchen sie Möglichkeiten, wie diese Wirkungen, die u. a. als ‚Jammer und Schaudern‘, ‚Furcht und Mitleid‘, ‚Trotz und Hoffnung‘ (Bloch) oder ‚Provokation und Schock‘ gekennzeichnet worden sind, gezielt und planbar hervorgebracht werden können.

Die vorliegende Untersuchung fragt ebenfalls nach der Bedeutung von Kunst im Prozeß der Bildung des Subjekts und speziell nach den besonderen Qualitäten der Kunst des Theaters in diesem Prozeß.

Gegenüber der mit der Wirkung des Dramas und des Theaters befaßten Theorietradition nimmt sie allerdings einen entscheidenden Perspektivewechsel vor. Während jene ihr Augenmerk ausschließlich auf das Publikum als Adressaten der beabsichtigten Wirkung richten, und in Abhängigkeit davon Anforderungen an das professionelle dramatische bzw. schauspielerische Gestalten formulieren, will diese Untersuchung, die nicht-professionell theaterspielenden Menschen ins Zentrum der Aufmerksamkeit zu rücken. Die Spielenden geraten damit als Subjekte und gleichzeitig Objekte theatraler Wirkung in den Blick. Mit anderen Worten, es geht um eine Analyse der Bildungsbewegungen, die sich im künstlerisch produktiv Tätigen, in diesem Falle theaterspielenden Subjekt, vollziehen.

Vor diesem Hintergrund lassen sich die diese Untersuchung leitenden Fragestellungen folgendermaßen präzisieren:

1. Unter welchen Voraussetzungen kann von einer bildenden Bedeutung des Theater-*spielens* als künstlerisch gestaltender Tätigkeit ausgegangen werden?
2. Welches sind die besonderen Bildungsqualitäten des Theaterspielens als eines produktiv gestaltenden Tuns?
An dieses Interesse schließt sich unmittelbar eine weitere Frage an:
3. Auf welcher Grundlage läßt sich der Bildungsprozeß des künstlerisch tätigen, theaterspielenden Subjekts beschreiben und analysieren?

Die beschriebene Veränderung der Blickrichtung, von einer dramen- oder theatertheoretisch einzuordnenden wirkungsästhetischen Fragestellung hin zu der Frage nach der bildenden Wirkung des Theaterspielens für die nichtprofessionellen produzierenden Subjekte, verweist auf den fachlichen Zusammenhang, in dem dieser Fragestellung nachzugehen ist: Es geht um Theaterarbeit im pädagogischen Bereich und damit um den genuinen Gegenstand der Theaterpädagogik.

In der jungen Disziplin der Theaterpädagogik, deren theoretische Fundierung noch in den Anfängen steckt, gehört die Frage nach der bildenden Wirkung des Theaterspielens selbstverständlich zu den Grundlagen des Fachs.

Sie ist jedoch bisher nicht im Zusammenhang einer Theorie ästhetischer Bildung erörtert worden. Die vorliegende Untersuchung stellt einen ersten Versuch dar, zu einer Theorie ästhetischer Bildung innerhalb der Theaterpädagogik beizutragen.

Da im überwiegenden Teil der einschlägigen Veröffentlichungen der Interessenschwerpunkt auf einer Verständigung über die Praxis liegt, wird die bildende Wirkung theaterpädagogischer Arbeit meist als gegeben vorausgesetzt, bzw. das Wissen um die Wirkungsweise theaterpädagogischen Arbeitens im Hinblick auf bestimmte Zielsetzungen erwächst aus der entsprechenden Praxis.

Dieses Primat der Praxis birgt allerdings die Gefahr einer kurzfristigen Orientierung am aktuellen pädagogischen und gesellschaftspolitischen Bedarf und den damit verbundenen wünschenswerten Zielsetzungen.[1] Eine Problematisierung, inwieweit theaterpädagogische Praxis besonders geeignet erscheint, auf diese Zielsetzungen hinzuarbeiten, kommt demgegenüber häufig zu kurz. In der Folge gerät theaterpädagogische Arbeit in Gefahr, auf ein Konglomerat von Methoden reduziert zu werden, die innerhalb der Sexual-, Friedens-, Umwelt- und weiterer konjunkturabhängiger ‚Bindestrich-Pädagogiken‘ nutzbringend eingesetzt werden können. Aktuelles Beispiel ist das Thema ‚Gewalt‘. Der Zusammenhang zwischen der „Erfahrung, Gewalt auf der Bühne zu spielen" und den erhofften Wirkungen, nämlich „Konfliktsituationen spielerisch auszutragen" (vgl. tageszeitung, 8.9.1994), scheint naheliegend. Theaterspielen wird als Heilmittel für eine gesellschaftspolitische Krisensituation dankbar aufgegriffen.[2] Dabei werden, so lautet die hier vertretene These, gleichzeitig die mit theatralen Mitteln zu bearbeitenden gesellschaftlichen Probleme banalisiert und die besonderen Möglichkeiten des Theaterspielens verkannt. Unter den spezifischen Anforderungen unterschiedlicher pädagogischer Praxisfelder werden die ursprünglich theatralen Gestaltungsmittel oft bis zur Unkenntlichkeit entstellt.

Um also die besondere Bedeutung des Theaterspielens im Bildungsprozeß zu erfassen, muß die Fragerichtung gewechselt werden:

Es geht nicht darum, ausgehend von den Bedürfnissen bestimmer Zielgruppen und ihres sozialen Umfelds die Frage zu erörtern, wie diesen Bedürfnissen mit theaterpädagogischen Mitteln sinnvoll nachgekommen werden kann. Diese Fragestellung ist dem Bereich der Reflexion pädagogischen Handelns sowie damit verknüpfter didak-

---

1   Bei der Suche nach immer neuen theaterpädagogischen Aufgabenfeldern und Inhalten spielt selbstverständlich auch der Zwang zur Selbstlegitimierung eines noch weitgehend unbekannten Berufsstandes und – damit verbunden – die Praxis der Vergabe öffentlicher Subventionen eine wesentliche Rolle.

2   Daß damit kein Einzelfall angesprochen wird, belegt die folgende Einschätzung des Leiters des Deutschen Kinder- und Jugendtheaterzentrums in Frankfurt/Main:
    „Der Theaterpädagoge erklärt Theater, wo das Theater keiner Erklärung bedarf. Am besten ist er und am erfolgreichsten, wenn er mit Themen das Theater schulfähig machen will. Derzeit wieder Mega In ist das Thema Gewalt, Ausländerfeindlichkeit geht auch noch gut, Umwelt ist schon fast wieder out. Damit kann der Theaterpädagoge nur noch landen, wenn er die komplette Unterrichtseinheit mitliefert" (Schneider 1990, 79).

tischer und methodischer Probleme zuzurechnen. Dagegen soll hier nach der Spezifik des Theaters gefragt werden und nach dem der Kunst des Theaters eigenen Beitrag zur Bildung des produzierenden Subjekts. Damit läßt sich die hier interessierende Frage bildungstheoretisch verorten.[3]

Im Anschluß an Mollenhauer lassen sich bildungstheoretische Fragestellungen folgendermaßen kennzeichnen: „Bildungstheoretisch nenne ich solche Problemstellungen, die die Auseinandersetzung der Person mit der kulturellen Überlieferung zum Gegenstand haben und das, was in dieser Auseinandersetzung mit der Person geschieht" (Mollenhauer 1986, 39). In diese Bestimmung eingeschlossen ist bereits der Hinweis auf den rückbezüglichen Charakter des Bildungsprozesses, wie er auch durch das reflexive Verb ,sich bilden' ausgedrückt wird. Im Unterschied zum Begriff der ,Erziehung', der stärker das hierarchische Verhältnis von Erzieher und zu Erziehendem voraussetzt, betont der Bildungsbegriff die Selbstbildung des Subjekts in der Begegnung mit seiner Umwelt.

Da die vorliegende Arbeit die Frage nach der bildenden Wirkung einer spezifischen Kunstform stellt, läßt sie sich dem Bereich der ästhetischen Bildung zuordnen.

Damit ist gleichzeitig das hier zugrunde liegende Verständnis ästhetischer Bildung angesprochen: Ästhetische Bildung wird verstanden als Auseinandersetzung des Subjekts mit sich selbst im Medium der Kunst.

Mit diesem Verständnis von ästhetischer Bildung im engeren Sinne, als Bildung im Medium der Kunst, soll eine Abgrenzung gegenüber dem weiten Verständnis dieses Begriffs als Bildung der Sinne, der Wahrnehmungsfähigkeit u. ä. vorgenommen werden. Letzteres beruft sich auf den griechischen Ursprungsbegriff ,aisthesis' bzw. das Verb ,aisthanomai', was sich als Sinneswahrnehmung (sinnlich, mit den Sinnen wahrnehmen), aber auch Sinnwahrnehmung (merken, bemerken, einen Sinn erkennen) deuten läßt (vgl. Welsch 1990). Eine solche Ausweitung des Verständnisses von ästhetischer Bildung auf die alltägliche Sinneswahrnehmung ist besonders von den Vertretern eines Unterrichtsfachs ,Ästhetische Erziehung' seit dem Ende der sechziger Jahre angestrebt worden. Aber auch in der aktuellen Diskussion wird vielfach keine ausdrückliche Unterscheidung zwischen ästhetischer Bildung, verstanden als Bildung der Sinne, der einer Wahrnehmungs-, Geschmackserziehung, oder als wahrnehmende und gestaltende Auseinandersetzung mit Kunst vorgenommen. Die postmoderne These von der Ästhetisierung der Wirklichkeit fordert ein allgemein wahrnehmungsfähiges Denken im Umgang mit dieser Wirklichkeit (vgl. Welsch 1990). Kunstpraxis und ein sensibler Umgang mit den Wahrnehmungen des Alltags werden dabei gleichermaßen als Beitrag zur kompetenten Auseinandersetzung mit dieser Wirklichkeit gewertet. Die Unterschiede zwischen diesen Praxen werden dabei nivelliert. Die hier zugrunde liegende Gegenwartsdiagnose, die in Teilen der erziehungswissenschaftlichen und fachdidaktischen Diskussion prinzipiell auf Zustimmung stößt, wird, auch wenn dieses nicht ausdrücklich postmodern motiviert ist, vielfach zur Begründung einer Nivellie-

---

3   Zur Unterscheidung von bildungstheoretischen und erziehungstheoretischen Fragestellungen vgl. Benner 1987, 122 ff

rung von Wahrnehmungserziehung und ästhetischer Bildung herangezogen (vgl. Otto 1991; 1993; Klafki 1993; Meyer-Drawe 1993). Ästhetische Erziehung/Bildung wird im so verstandenen Sinne zu einem wohlbegründeten Programm.

„... gegen das Lernen mit dem Hintern, gegen Stillsitzen und Zuhören. Gegen die Reduzierung der Wirklichkeit auf das Vorfindliche und Abmeßbare; gegen die Vernachlässigung der Menschen gegenüber den Sachen; gegen die unkritische Anhäufung vermeintlich objektiven Wissens und gegen die Vernachlässigung des Träumens und Wünschens, des Erinnerns und Imaginierens" (Otto 1995, 5). Als solches ist sie nicht an eine bestimmte Kunstform gebunden, sondern, wie Otto auf die Schule bezogen sagt, „das Salz in der Suppe jeden Unterrichts" (ebd., 6).

Aus Gründen, die im Verlauf der Untersuchung noch erörtert werden, wird im Gegensatz zu diesem umfassenden Verständnis ästhetischer Erziehung an der Unterscheidung zwischen ästhetischer Bildung, das heißt, der wahrnehmenden und gestaltenden Auseinandersetzung mit Kunst und Wahrnehmungserziehung, verstanden als Sensibilisierung der Sinne im Umgang mit alltäglichen und gestalteten Wahrnehmungsangeboten, festgehalten. Letztere wird zur besseren Unterscheidung als aisthetische Bildung bezeichnet (vgl. v. Hentig 1967). Vorläufig läßt sich die genannte Differenzierung allein schon vor dem Hintergrund der Fragestellung nach dem besonderen Beitrag der *Kunst* des Theaters zum Bildungsprozeß rechtfertigen.[4] Dabei wird von einer Distanz der Kunstpraxis gegenüber einer wahrnehmungsfähigen Alltagspraxis ausgegangen.

2. Zur Darstellungslogik

Die Notwendigkeit, die spezifisch bildende Wirkung des Theaterspielens als ästhetische Bildung im engeren Sinne zu erschließen, verweist auf den pädagogisch-philosophischen Diskurs zur Bedeutung der Kunst im Bildungsprozeß.

Vor dem Hintergrund des aktuellen Interesses an der Thematik der ästhetischen Bildung fragt darum der *erste Teil* der Arbeit nach der Bedeutung, die dem Ästhetischen im Prozeß der Bildung zukommt. Ziel dabei ist es, herauszufinden, ob und unter welchen Bedingungen gegenwärtig an das Konzept ästhetischer Bildung angeknüpft werden kann, und welche Vorgaben sich aus dieser Diskussion für eine zu formulierende Theorie ästhetischer Bildung innerhalb der Theaterpädagogik ergeben.

Die Auswahl der Ansätze, auf deren Grundlage diese konzeptanalytischen Fragen diskutiert werden, ist entsprechend dieser Problemlage nicht von historischem Interesse bestimmt. Mit den Theorien Schillers und Hegels werden zunächst zwei paradig-

---

4   Mit der so vorgenommenen Differenzierung soll die Notwendigkeit einer Ausbildung der bewußten Wahrnehmung, der Verfeinerung der Wahrnehmungsfähigkeiten durch aisthetische Erziehung nicht in Abrede gestellt werden. Insbesondere unter den gegenwärtigen Bedingungen einer Überflutung mit Wahrnehmungsreizen ist ein solches Bemühen unverzichtbar. Nicht zuletzt ist ein bewußtes Wahrnehmen, ist ‚aisthesis' eine wesentliche Voraussetzung für ästhetische Wahrnehmung und Gestaltung, das heißt, für Prozesse der Kunstproduktion und -rezeption. Moderne Kunst, die die Fähigkeit zur Wahrnehmung zu ihrem Thema macht, verweist auf diese untrennbare Verknüpfung.

matisch unterschiedliche Antworten auf die Frage nach dem Stellenwert der Kunsterfahrung im Prozeß menschlicher Bildung diskutiert.

Die grundlegenden philosophischen und bildungstheoretischen Begründungen, die die beiden Theoretiker für die Bedeutung des Ästhetischen im Prozeß der Bildung herausarbeiten, sind insbesondere deshalb von Interesse, weil sie – explizit oder implizit – bis in die Gegenwart die Diskussion um ästhetische Bildung auch im kunstpädagogischen Interesse bestimmen. Die bildende Wirkung künstlerischer Objekte und Ereignisse wird dabei in kunstpädagogischen und -didaktischen Ansätzen häufig als gegeben angenommen, ohne daß die diesen Annahmen implizite Theorietradition reflektiert wird. Erst durch den Rückbezug auf die genannten Theorien wird es möglich, das Bildungs- und Kunstverständnis der anwendungsbezogenen Ansätze zu problematisieren.

Die besondere Qualität der ästhetischen Erfahrung nach Schiller kulminiert im Begriff des Spiels. Im Spiel sind die beiden Grundkräfte des Menschen, Form- und Stofftrieb, Sinnlichkeit und Vernunft aufgehoben. In Anlehnung an Kants transzendentale Analyse ästhetischer Wirkungen charakterisiert Schiller den ästhetischen Zustand daher als eine „freie Stimmung". Er knüpft damit an Kants Bestimmung des „freien Spiels der Erkenntniskräfte" an, das durch die Begegnung mit dem Schönen im Menschen hervorgerufen wird. Diesen Zustand, der bei Kant als ‚interesselos' gilt, kennzeichnet Schiller entsprechend als einen Zustand der ‚Bestimmungsfreiheit'. Unabhängig von den Einflüssen des Form- und Stofftriebs gewinnt der Mensch im ästhetischen Zustand die Freiheit zur Selbstbestimmung. Die Freiheit des Menschen, „aus sich selbst zu machen, was er will" (Schiller 1989, Bd. V, 635), ist damit durch keine inhaltliche Zielvorgabe festgelegt. Die ästhetische Erfahrung, die Auseinandersetzung mit dem künstlerischen Gegenstand/Ereignis, wird in diesem Sinn zur Voraussetzung der Befähigung des Menschen zur Selbstbestimmung in Selbsttätigkeit. Ästhetische Bildung wird zum Inbegriff des Schillerschen Bildungsideals. In der Ermöglichung der Freiheit von jeder Bestimmung liegt die emanzipatorische und bildende Wirkung begründet, die der Umgang mit Kunst, im Sinne der klassischen bildungstheoretischen Definition Schillers, auf das sich bildende Subjekt haben kann (I. 1.).

Hegels Ansatz nimmt demgegenüber eine entscheidende Veränderung in der Beurteilung der Bildungsrelevanz der Kunst vor. Seine Bestimmung der Kunst als ‚sinnliches Scheinen einer Idee' weist ihr eine bildende Funktion erst im Hinblick auf eine theoretische Erkenntnis zu. Vor dem Hintergrund seiner geschichtsphilosophischen Frage nach dem Fortschreiten der menschlichen Gattung kommt der Kunst als Werkzeug der Erkenntnis dabei nur eine Übergangsfunktion im Prozeß der geistesgeschichtlichen Entwicklung zu. Der einzigartige Beitrag der ästhetischen Erfahrung zur Selbstverwirklichung des Subjekts wird damit historisch relativiert. Durch die heteronome Bestimmung der Funktion der Kunst für begriffliche Erkenntnis wird nicht die Erfahrung des Subjekts im Prozeß der Auseinandersetzung mit dem künstlerischen Gegenstand als bildend angesehen, sondern das Kunstwerk, insofern es eine Idee repräsentiert. An die Stelle der „lebendigen Vermittlung von Subjekt und Objekt" (Scheible 1988, 291) im Prozeß ästhetischer Erfahrung tritt die Übermittlung einer im Kunstwerk enthaltenen Wahrheit an den Rezipienten (I. 2).

Am Beispiel der Neudiskussion der ästhetischen Erziehung, im Sinne einer politisch-ästhetischen Erziehung, in den sechziger und siebziger Jahren (I. 3) wird gezeigt, in welcher Weise die o. g. unterschiedlichen Begründungen der bildenden Wirkung von künstlerischen Objekten/Ereignissen in die kunstpädagogische Diskussion der jüngeren Vergangenheit Eingang gefunden haben.

Die erklärte Absicht einer politisch emanzipatorischen Erziehung durch Kunst, die sich ausdrücklich auf Schiller beruft, kommt nicht ohne Vereinseitigungen und Umdeutungen des Schillerschen Ansatzes aus. Insbesondere der zentrale Widerspruch in Schillers Theorie, zwischen dem geschichtsphilosophisch motivierten Versuch, die politische Funktion einer Erziehung durch Kunst zu begründen, und der Charakterisierung der ästhetischen Bildung als unabhängig von moralischen und theoretischen Bestimmungen, bleibt in den Ansätzen der politisch-ästhetischen Erziehung unberücksichtigt. Die Funktionalisierung der ästhetischen Erfahrung für gesellschaftspolitisch festgelegte Zielsetzungen gelingt in diesen Ansätzen in letzter Konsequenz nur durch eine Eskamotierung der Kunst aus der ästhetischen Bildung. Vor diesem Hintergrund stellt sich die Frage: Inwieweit geht diese Konsequenz notwendig mit der Absicht einher, ästhetische Erfahrung im Sinne gesellschaftpolitischer Zielsetzungen zu instrumentalisieren?

Angesichts dieser Frage geht die Untersuchung anhand der Diskussion zwischen Vertretern der ‚Moderne‘ und der ‚Postmoderne‘ auf den gegenwärtigen Stand der Auseinandersetzung um die bildende Wirkung künstlerischer Ereignisse/Objekte unter veränderten gesellschaftlichen Rahmenbedingungen ein (I. 4). Da ‚ästhetisches Denken‘ in postmodernen Überlegungen eine zentrale Rolle spielt, moderne Kunst als Vorwegnahme postmodernen Denkens angesehen wird[5], stellt diese Diskussion einen unverzichtbaren Beitrag zur Frage nach den Bedingungen dar, unter denen gegenwärtig nach der Bedeutung von Kunst im Bildungsprozeß des Subjekts gefragt werden kann. Dabei ist insbesondere von Interesse, ob sich aus dem Anspruch einer radikalen Befragung des ‚Projekts der Moderne‘ einschließlich ihrer bildungstheoretischen Annahmen neue Perspektiven für die Konzeptionierung eines Ansatzes ästhetischer Bildung aus postmoderner Sicht ergeben.

Es gilt also zu fragen: Lassen sich aus der Kritik einer geschichtsphilosophischen Perspektive, wie sie sich aus dem postmodernen Zurückweisen der ‚großen Erzählungen‘ ergibt, Hinweise für einen Ansatz ästhetischer Bildung gewinnen, der aus dem Dienst gesesellschaftlicher Zweckbestimmungen entlassen ist? Zeigt also ein auf postmodernen Voraussetzungen beruhender Ansatz ästhetischer Bildung Möglichkeiten auf, die bildende Wirkung des Ästhetischen unabhängig von ihrer Funktionalisierung für außer-ästhetische Zwecke zu bestimmen? Oder aber lassen sich, trotz grundsätzlich verschiedener gesellschaftstheoretischer Ausgangsüberlegungen und Zielperspektiven, Übereinstimmungen zwischen den Positionen der Moderne und der Postmoderne in bezug auf die heteronome Bestimmung der Funktion von Kunsterfahrung feststellen?

---

5   vgl. dazu: Welsch, Die Geburt der postmodernen Philosophie aus dem Geist der modernen Kunst. In: ders., Ästhetisches Denken. 1990, 79–113

Vor dem Hintergrund der sich in der Diskussion abzeichnenden Aporie des Konzepts ästhetischer Bildung, die in der Verzweckung einer als zweckfrei definierten Tätigkeit liegt, wird schließlich nach den Bedingungen gefragt, unter denen gegenwärtig an dieses Konzept angeknüpft werden kann (I. 5). Im Anschluß an Mollenhauers skeptische Frage, ob ästhetische Bildung überhaupt möglich sei (vgl. Mollenhauer 1988), wird versucht, solche Bedingungen zu formulieren, die für einen zu entwickelnden Ansatz ästhetischer Bildung innerhalb der Theaterpädagogik leitend sein können. In kritischer Auseinandersetzung mit einem gattungsgeschichtlich und teleologisch argumentierenden Bildungsbegriff sowie einem Bildungsverständnis, das an allgemeinen ‚Schlüsselproblemen' ansetzt, wird gefragt: Welchen Stellenwert können subjektive Kunsterfahrung und die eigentümliche Qualität einer Kunstform innerhalb einer Theorie ästhetischer Bildung bekommen? Läßt sich auf diesen, in der bildungstheoretischen Diskussion bisher vernachlässigten Parametern, ein Konzept ästhetischer Bildung innerhalb der Theaterpädagogik gründen?

Bevor im dritten Teil versucht wird, eine solche Theorie ästhetischer Bildung in der Theaterpädagogik, ausgehend von der Materialität der Kunstform Theater und den besonderen Erfahrungen des Subjekts im produktiven Umgang mit dieser Kunst, zu entwerfen, wendet sich die Untersuchung zunächst den historischen Bildungsvorstellungen zu, die mit Spiel und Theater verbunden waren und sind (Teil II).

In systematischem Interesse wird gefragt:

Gibt es Ansätze ästhetischer Bildung durch Spiel und Theater, die im Sinne der oben formulierten Maßgaben richtungweisend für eine aktuell zu formulierende Theorie ästhetischer Bildung sein können? Wenn ja, wie bestimmen diese Ansätze die Besonderheiten ästhetischer Erfahrung unter den Bedingungen des produktiven Umgangs mit der Kunst des Theaters?

Der Rückblick auf die mit Spiel und Theater verbundenen Bildungsvorstellungen zeigt zum einen, daß eine große Zahl der spiel- und theaterpädagogischen Ansätze ihre Praxis nicht als Beitrag zu einer ästhetischen Praxis in der Auseinandersetzung mit der Kunstform Theater verstehen bzw. verstanden wissen wollen. Spiel und Theater werden vielfach als methodische Hilfsmittel angesehen, mit denen die unterschiedlichsten religiösen, pädagogischen, moralischen und politischen Ziele angestrebt werden. Als bildend im Hinblick auf diese Ziele gelten dabei ausgewählte Inhalte, die mit den Mitteln von Spiel und Theater illustriert, das heißt, dargestellt werden können. Zum anderen zeigt sich bei einigen reformpädagogisch orientierten Ansätzen eine ausdrückliche Abwendung von der Kunst des Theaters. Intentionale ästhetische Gestaltung wird ausdrücklich vermieden, um eines vermeintlich natürlichen Ausdrucks willen, der sich im Spiel offenbare. Diejenigen Ansätze, die Elemente theatraler Gestaltung in ihre Arbeit einbeziehen, grenzen sich zwar in ihrer Praxis von den stärker utilitaristischen Ansätzen ab, reflektieren diese Praxis jedoch nicht vor dem Hintergrund einer Theorie ästhetischer Bildung. Dadurch laufen sie Gefahr, auf der Ebene der Vermittlung von Spieltechniken und ‚handwerklichen' Fähigkeiten zu verharren. Es läßt sich also feststellen, daß zwar einzelnen Konzeptionen ein Ansatz ästhetischer Bildung implizit ist, die Existenz eines explizit ästhetischen Ansatzes innerhalb der mit Spiel und Theater verknüpften Bildungsvorstellungen läßt sich jedoch nicht nachweisen. Gleichzeitig zeigen besonders neuere Veröffentlichungen, daß Spiel- und Theaterpädagogik als selbstverständlicher Bestandteil ästhetischer Bildung eingeordnet wird, daß sich die in diesem Bereich Tätigen ästhetisch bildende Wirkungen von ihrer Arbeit versprechen (vgl. u. a. BAG (Hg.) 1992).

Ungeklärt bleibt jedoch, unter welchen Bedingungen von einer ästhetisch bildenden Wirkung des Theaterspielens ausgegangen werden kann. In Ermangelung theoretischer Grundlagen, die sich speziell mit der ästhetisch bildenden Wirkung des Theaterspielens befassen, wird vielfach auf Schillers Abhandlung zurückgegriffen. Die von ihm herausgestellte Bedeutung des Spiels für die ästhetische Bildung wird dabei in einigen Ansätzen auf die Praxis des Laienspiels bzw. des Theaterspielens im pädagogischen Zusammenhang übertragen.

Der in dieser Arbeit unternommene Versuch einer theoretischen Grundlegung ästhetischer Bildung im Bereich der Theaterpädagogik will auf diesen Mangel reagieren. Dabei kann, wie die untersuchten Bildungsvorstellungen zeigen, nur in sehr begrenztem Maße auf bereits vorhandene Überlegungen zurückgegriffen werden.

Im *dritten Teil* soll schließlich auf die Frage nach der bildenden Qualität des Theaterspielens, ausgehend von der – in der bisherigen Diskussion vernachlässigten – besonderen Materialität der Kunstform Theater und den spezifischen Erfahrungen der produzierenden Subjekte, eingegangen werden. Der dritte Teil präzisiert also die im ersten Teil gestellte Frage nach den bildenden Wirkungen des Umgangs mit Kunst in zweierlei Weise.

Gefragt wird nach der besonderen Bildungsbedeutung der Kunstform Theater und nach ihrer Wirkung auf das produzierende Subjekt, also nach der bildenden Wirkung des Theaterspielens.

Zur Beantwortung dieser Frage bedarf es zunächst einer Bestimmung der Ästhetik des Theaters, wie sie aus theaterwissenschaftlicher Sicht vorgenommen wird. Diese kunstwissenschaftliche Bestimmung ist jedoch allein nicht in der Lage, die besondere Art und Weise zu bestimmen, die den Prozeß der Erfahrungen des Subjekts im produktiven Umgang mit der Kunst des Theaters auszeichnet. Sie bildet vielmehr den begrifflichen Horizont, vor dessen Hintergrund ausgewählte Erfahrungsbereiche des Theaterspielens strukturiert werden können. Die Analyse des Doppelcharakters theatraler Kommunikationsstruktur ermöglicht allerdings, die zentralen Kennzeichen theatralen Produzierens herauszuarbeiten. Dabei zeigt sich, daß der produktive künstlerische Prozeß der szenischen Gestaltung mit einer Ambiguitätserfahrung für die Produzierenden einhergeht, das heißt, mit einem Modus der Erfahrung, in dem *gleichzeitig* unterschiedliche und/oder widersprüchliche Zustände akzeptiert und verwirklicht werden müssen (Kap. III. 1).

Für den weiteren Verlauf der Untersuchung stellt sich damit die Frage:

Auf welcher Basis kann die so gekennzeichnete Wirkungsweise theatralen Produzierens analysiert und ihre bildende Wirkung für die Produzierenden eingeschätzt werden?

Die Entscheidung, zu diesem Zweck auf Künstlertheorien zurückzugreifen und eine Theorie ästhetischer Bildung innerhalb der Theater*pädagogik* auf Konzeptionen zu gründen, die für die professionelle Theaterkunst entwickelt wurden, geht dabei von folgenden Überlegungen aus:

- Die herangezogenen Künstlertheorien befassen sich mit dem *Wie* des schauspielerischen Gestaltens, das heißt, sie setzen sich mit den konkreten, materialen Bedingungen künstlerischen Produzierens auseinander. Damit bieten sie sich als Grundlage für einen Ansatz ästhetischer Bildung an, der die bildende Wirkung der produktiven Auseinandersetzung mit Kunst abgrenzen will von ihrer Instrumentalisierung für die veranschaulichende Darstellung vorgegebener Inhalte.

- Die Künstlertheorien befassen sich mit dem schauspielerischen Gestalten auf der Ebene des reflektierten Handlungswissens. Aus diesem Grund sind sie besser geeignet, den Erfahrungsprozeß der produzierenden Subjekte zu beschreiben als theaterwissenschaftliche Theorien, die ihren Gegenstand auf der Ebene abstrakter Begrifflichkeit verhandeln.

- In den Künstlertheorien liegt in gewissem Sinne eine Phänomenologie des künstlerischen Schaffensprozesses vor, die durch die Frage nach den besonderen Erfahrungsmodi der künstlerisch Produzierenden herausgearbeitet wird. Dabei soll das phänomenologische Vorgehen nicht empiristisch, als möglichst genaue Beschreibung äußerlich wahrnehmbarer Sachverhalte, mißverstanden und verkürzt werden. Künstlertheorien gehen vielmehr von der Beschreibung der spezifischen Art und Weise des künstlerischen Produktionsprozesses aus, um dadurch zu einer Einsicht in die diesem Vorgang zugrunde liegenden Konstitutionsleistungen des produzierenden Subjekts zu gelangen. Vor diesem Hintergrund ist die Rede von der die Wirklichkeit abbildenden Tätigkeit schauspielerischen Gestaltens nicht länger sinnvoll. Die Phänomenologie der Schauspielkunst verdeutlicht den konstituierenden, das heißt wirklichkeitserzeugenden Charakter dieser Tätigkeit. Dadurch ist sie in einzigartiger Weise geeignet, die Frage nach der bildenden Wirkung des Theaterspielens zu beantworten.

- Das Ausgehen von den für die künstlerische Gestaltung notwendigen Erfahrungsprozessen impliziert nicht zwingend eine Aussage über die Qualität der dabei entstehenden Produkte. Das enthebt die auf dieser Grundlage erarbeitete Theorie einer ästhetischen Bildung im Bereich der Theaterpädagogik des Vergleiches mit den künstlerischen Ergebnissen professionellen Theaterschaffens. Fragwürdige Kriterien, wie beispielsweise das der Authentizität, mit denen nicht selten der verallgemeinernde Anspruch einer Überlegenheit des nichtprofessionellen Theaters begründet wird („echter"), können daher unberücksichtigt bleiben.

- Künstlertheorien überschreiten das einzelne künstlerische Ereignis, seine konkreten Produktionsbedingungen und die damit möglicherweise verbundene subjektive

Erlebnisqualität, bemühen sich um Deutungen und fragen nach Möglichkeiten der Verallgemeinerung von Handlungen im jeweiligen künstlerischen Zusammenhang. Damit thematisieren sie sowohl den Zeitcharakter der (künstlerischen) Erfahrung, ihr Eingebundensein zwischen Vergangenem und Zukünftigem als auch das Verhältnis des Subjekts zu seinem Produkt und zu seinen im Produktionsprozeß gewonnenen Erfahrungen. Sie grenzen gleichzeitig den Erfahrungsprozeß von der Qualität sensualistischer Erlebnisse ab. Im Unterschied zu diesen sind Erfahrungen als Synthesen von Erlebnissen/Sinneseindrücken in der Zeit gekennzeichnet – und durch die Vermittlung des Erfahrenen zum eigenen Selbst.[6]

Nur vor diesem Hintergrund läßt sich zum einen die Frage nach den mit dem Theaterpielen einhergehenden ‚Erfahrungsmodi' stellen und zum anderen von der Möglichkeit einer bildenden Wirkung der im künstlerischen Gestaltungsprozeß gewonnenen Erfahrungen ausgehen.

Aufgrund der oben genannten Qualitäten wird in der vorliegenden Arbeit der Versuch unternommen, eine Theorie ästhetischer Bildung innerhalb der Theaterpädagogik auf der Grundlage ausgewählter Künstlertheorien und spezifischer in ihnen angesprochener Erfahrungsmodi schauspielerischer Gestaltung zu entwerfen (III. 2).

Im Anschluß an die Beschreibung der spezifischen Erfahrungsmodi im Prozeß des Theaterspielens soll gefragt werden, unter welchen Bedingungen diese Erfahrungen als bildend anzusehen ist. Dazu wird auf die Explikation der bildenden Wirkung ästhetischer Ereignisse (Teil I) zurückgegriffen (III. 3).

Der Überblick über die Darstellungslogik der Arbeit macht deutlich, daß hier unterschiedliche Ansätze und Theorieformen miteinander in Zusammenhang gebracht werden. Dieses Vorgehen ergibt sich notwendig aus der Eigenart des Untersuchungsgegenstands.

Mit der Frage nach der Bedeutung des Theaterspielens im Prozeß der Bildung läßt sich die vorliegende Untersuchung zwar innerhalb der Theaterpädagogik verorten, bezieht aber durch die notwendige Reflexion der bildenden Qualität künstlerischer Ereignisse eine Vielzahl von Wissensgebieten mit ein:

- die philosophisch-pädagogischen Fragen der ästhetischen Bildung,
- die erziehungswissenschaftliche Frage nach der Bildungstheorie,
- die theaterwissenschaftlichen Fragen nach der Bestimmung der Ästhetik des Theaters,
- die theaterpraktischen/künstlertheoretischen Fragen nach den Erfahrungsmodi im Prozeß schauspielerischen Gestaltens.

Erst die Zusammenschau dieser unterschiedlichen Erkenntnisse und ihre Auswertung in bezug auf das Untersuchungsinteresse verspricht Aufschluß über die leitenden Fra-

---

6   Zur Unterscheidung von Erlebnissen und Erfahrungen vgl. Schütz/Luckmann 1984, 11 ff

gestellungen zu geben und damit zur Theorie ästhetischer Bildung innerhalb der Theaterpädagogik beizutragen. In dieser Vorgehensweise spiegelt sich auch das Selbstverständnis der Theaterpädagogik. Sie ist angesiedelt zwischen Kunstwissenschaft und Erziehungswissenschaft auf der einen Seite und als handlungsorientierte Disziplin zwischen Kunstpraxis und pädagogischer Praxis auf der anderen Seite. Als solche ist sie auf Beiträge aus zahlreichen Wissensgebieten angewiesen. Ein Beitrag zur Theoriebildung dieses Fachs kann darum selbstverständlich nur interdisziplinär begründet sein.

Angesichts der Vielfalt und des Umfangs der herangezogenen Wissensgebiete kann die vorliegende Untersuchung keine Vollständigkeit für sich in Anspruch nehmen. Die einzelnen Bereiche können nur sehr ausschnitthaft bearbeitet werden. Damit ist das Problem der Auswahl bestimmter Konzeptionen angesprochen.

In systematischer Absicht geht es der Untersuchung letztlich um ein anwendungsorientiertes Ziel, nämlich den Versuch, ästhetische Bildung im Bereich von Theaterpädagogik zu fundieren und damit Kriterien für eine theaterpädagogische Praxis zu geben, die sich ästhetische Bildung zum Ziel setzt. Die herangezogenen Theorien aus der philosophisch-pädagogischen Diskussion dienen damit der Klärung grundlegender Fragen im Hinblick auf diese Intention. Ihre Auswahl läßt sich durch die Exemplarität dieser Positionen rechtfertigen, wodurch sie richtungsweisend auch in der aktuellen Auseinandersetzung mit Fragen ästhetischer Bildung sind.

Die Auswahl der theaterwissenschaftlichen und theaterpraktischen Ansätze präferiert eindeutig eine historisch gewachsene Theaterform, die des abendländischen (Literatur-) Theaters. Diese Präferenz läßt sich zum einen durch die herausragende Bedeutung begründen, die diese Theaterform innerhalb unseres Kulturkreises hatte und hat und die sich auch in den verschiedenen Praxisfeldern der Theaterpädagogik niederschlägt. Zum anderen lassen sich wesentliche Merkmale des Theaterspielens, wie sie anhand dieser Theaterform herauszuarbeiten sind, auch auf andere Formen des Theaters übertragen. So tritt beispielsweise die Doppelstruktur theatraler Kommunikation nicht nur im europäischen Theater auf, sondern ist, wie die theateranthropologischen Studien Schechners beweisen, ein grundlegendes Merkmal auch des außereuropäischen Theaters, insofern es sich von rituellen Formen unterscheidet (vgl. Schechner 1990).

Darüber hinaus ergibt sich im Hinblick auf die spezifischen Merkmale, die die hier gewählte Theaterform von anderen unterscheidet – beispielsweise die besondere Bedeutung der Konfrontation der Spielenden mit einem ‚fremden' Text – keine Einschränkung der Gültigkeit des Ansatzes. Die Berücksichtigung der konkreten Materialität einer Kunstform ist vielmehr ein konstitutives Merkmal der vorliegenden Theorie der ästhetischen Bildung. Daraus folgt, daß dieser Ansatz ästhetischer Bildung in Abhängigkeit von der jeweiligen Theaterform, auf die er sich bezieht, konkretisiert werden muß. Die Untersuchung beabsichtigt, im Hinblick auf diese notwendigen Konkretisierungen einen Weg aufzuzeigen, wie innerhalb der Theaterpädagogik eine Praxis ästhetischer Bildung angestrebt werden kann. Damit versteht sich die vorliegende Konzeption nicht als eine abgeschlossene Theorie ästhetischer Bildung innerhalb der Theaterpädagogik, sondern sie schlägt Möglichkeiten vor, wie in engem Bezug zu einer reflektierten Kunstpraxis die jeweils besondere theaterpädagogische Arbeit als eine Praxis ästhetischer Bildung fundiert werden kann.

Die Schwierigkeiten, mit denen eine solche theoretische Befragung der Kunstpraxis rechnen muß, und das unsichere Terrain, auf das sie sich dabei einläßt, sollen abschließend anhand eines Dialogs aus Alexander Kluges Episodenfilm „Die Macht der Gefühle" veranschaulicht werden.

Interviewerin: Herr Kammersänger, Sie sind berühmt für den leidenschaftlichen Ausdruck im 1. Akt. Man hat geschrieben, daß ein Funken der Hoffnung in Ihrem Gesicht stünde. Wie bringen Sie das fertig, wenn Sie als vernünftiger Mensch den gräßlichen Ausgang im 5. Akt doch kennen?
Kammersänger: Das weiß ich im 1. Akt noch nicht.
I: Aber vom letzten Mal her, Sie spielen das Stück doch zum 84. Mal.
K: Ja, es ist ein sehr erfolgreiches Stück.
I: Aber dann müßten Sie den schrecklichen Ausgang doch allmählich kennen.
K: Kenn ich auch, aber noch nicht im 1. Akt.
I: Aber Sie sind doch nicht dumm!
K: Die Bezeichnung würde ich mir auch verbitten!
I: Dann wissen Sie doch aus den früheren Aufführungen, also um 20.10 Uhr im 1. Akt, was im 5. Akt um 22.30 Uhr passieren wird.
K: Na und?
I: Aber wieso spielen Sie dann mit einem Funken Hoffnung?
K: Weil ich im 1. Akt den 5. Akt nicht kennen kann.
I: Sie meinen, daß die Oper auch ganz anders ausgehen könnte?
K: Freilich.
I: Sie geht doch aber nicht anders aus, 84-mal schon nicht.
K: Ja, weil es ein erfolgreiches Stück ist.
I: Ja, deshalb 84 Aufführungen. Aber es geht am Ende nicht gut aus.
K: Sind Sie gegen Erfolg?
I: Nein, aber es geht im 5. Akt nicht gut aus.
K: Könnte doch aber ...

Nun ist die Interviewerin mit ihrer Weisheit am Ende. Ihr Versuch, das ‚Geheimnis des künstlerischen Erfolgs' des Kammersängers zu ergründen, ist gescheitert. Selbst die minutengenaue Kenntnis des Stücks kann ihr bei der Frage nach den subjektiven Bedingungen künstlerischen Produzierens nicht weiterhelfen.
Die Fragen, die an der beobachtbaren Wirklichkeit (vierundachtzig Aufführungen, fünf Akte, 20.10 Uhr, 22.30 Uhr) festhalten, können den Erfahrungen des Sängers nicht auf die Spur kommen, sie verbergen sie vielmehr und geben dem Gespräch dadurch seine grotesken Wendungen. Die konjunktivistische Haltung des Sängers („könnte doch aber") und das Festhalten der Interviewerin an der einen, objektiven Wirklichkeit („geht doch aber nicht") stehen sich unversöhnlich gegenüber. Das Verlangen nach

Positivitäten bietet keinen Raum für die phänomenalen Wirklichkeiten des Gesprächspartners und für die möglichen Welten, die er in seinem Spiel entwirft. Das Gespräch dreht sich im Kreis ...

An dieser Stelle ändert die vorliegende Untersuchung, der es ebenfalls um die Befragung der Kunstpraxis geht, die Blickrichtung. Sie fragt nach den phänomenalen Welten, nach den Wirklichkeiten, die im wahrnehmenden und produzierenden Umgang mit Kunst konstituiert werden: Inwieweit stellt die Fähigkeit, solche Wirklichkeitsentwürfe zu schaffen, die wesentliche Voraussetzung für das Gelingen ästhetischer Bildung in der theaterpädagogischen Arbeit dar? Und schließlich: Lassen sich vor diesem Hintergrund Perspektiven einer ästhetischen Bildung des Subjekts aufzeigen, die über den theaterpädagogischen Zusammenhang hinausgehen?

I. Ästhetische Bildung – Zur Entwicklung eines Topos – Vom klassischen bildungstheoretischen Entwurf zur postmodernen Konjunktur des Ästhetischen –

Seit Mitte der achtziger Jahre läßt sich innerhalb der erziehungswisssenschaftlichen Diskussion ein verstärktes Interesse an Fragen der Ästhetik und der ästhetischen Bildung konstatieren. Die Rede ist von einer „neuen ästhetischen Begeisterung" (Wünsche 1987), von einer „Konjunktur" der Thematisierung ästhetischer Bildung (Mollenhauer 1988), von der Wiederbelebung der „Hoffnung der Pädagogik" auf Ästhetik als Heilmittel der entzweiten Vernunft (Peukert 1993). Beck (1993) spricht sogar von einer durch die Postmoderne-Rezeption angeregten Prominenz des Ästhetischen in der pädagogischen Diskussion, die er auf den Begriff der „Ästhetisierung des (pädagogischen) Denkens" bringt.

Mit dieser Einordnung wird bereits auf mögliche Ursachen für die Prominenz dieses Themas verwiesen. Das gesteigerte Interesse an der ästhetischen Bildung ist symptomatisch für gesellschaftliche Entwicklungstendenzen, die Peukert allgemein als „Krisenzeiten und Reformphasen" (ebd., 23) zusammenfaßt. Schulz (o. J.) konkretisiert die krisenhaften gesellschaftlichen und individuellen Bedingungen, unter denen das Thema ,Ästhetische Bildung' aktuell diskutiert wird. Er nennt in diesem Zusammenhang u. a. das Vorherrschen (medial) vermittelter Erfahrungen ,aus zweiter Hand' gegenüber sinnlich subjektiven Erfahrungen, gleichzeitig eine Verstärkung der für die Moderne charakteristischen Erfahrung von Kontingenz sowie – in Anlehnung an Habermas – eine Rationalisierung der Lebenswelt als Folge des „Doppelleben(s) in der Lebenswelt und in Systemen" (vgl. Schulz o. J., 62f). Auch Mollenhauer bringt die Konjunktur der ästhetischen Bildung in Zusammmenhang mit einer Diagnose gesellschaftlicher Entwicklung, die als ein fortschreitendes Auseinanderfallen von subjektiven Erfahrungsmöglichkeiten und kulturellen Objektivationen gekennzeichnet werden kann. Er zeigt auf, daß sich diese Argumention, die ein wesentliches Element der Modernitätskritik seit dem Ende des 18. Jahrhundert darstellt, bis zu Schillers Abhandlung über die ästhetische Erziehung (1795) zurückverfolgen läßt. Seit jener Zeit „... hat es immer wieder nahegelegen, einen Ausweg oder eine Kompensation über Konzepte der ästhetischen Bildung und Erziehung zu suchen, weil derartige Konzepte zu versprechen schienen – über Kategorien wie ,Form' oder ,Stil' –, das Nicht-Prognostizierbare des subjektiven Ausdrucks dennoch in die objektiven Verhältnisse der Kultur einfädeln zu können" (Mollenhauer 1988, 444).

Dieser Anspruch, mittels ästhetischer Bildung einen Ausweg aus den die Moderne kennzeichnenden Entfremdungserfahrungen zu finden, ist bis zum gegenwärtigen Zeitpunkt uneingelöst geblieben. Während diese Tatsache zum einen als Argument für ein erneutes Anknüpfen an diese Tradition gewertet wird (vgl. Klafki 1986, 468 f), rechtfertigt sie zum anderen auch die Skepsis einem Projekt gegenüber, dessen weitgesteckter Anspruch möglicherweise gar nicht einlösbar ist. Mollenhauer stellt deshalb die grundsätzliche Frage, ob ästhetische Bildung – verstanden als Bildung des Subjekts im Medium der Kunst – überhaupt möglich sei (vgl. Mollenhauer 1988). Er verweist in diesem Zusammenhang auf die für ästhetische Bildung konstitutive Problematik des Verhältnisses von Kunst und Pädagogik und warnt vor einer Pädagogisierung ästhetischer Erfahrung. Diese führe entweder zur Banalisierung des Umgangs mit Kunst oder zu pädagogischen ‚Dressur-Akten‘. Die besondere Qualität ästhetischer Erfahrung, die er in Anlehnung an Kant und Schiller als unabhängig von theoretischer Erkenntnis und praktischer Einsicht, als ‚frei‘ und ‚interesselos‘ bestimmt, sei mit dem pädagogischen Zugriff auf diese Erfahrung nicht zu vereinbaren (vgl. ebd., 457f). In ähnlich skeptischer Weise beurteilt Boehm (1990) die Bemühungen um ästhetische Bildung. Die Inkonsistenz und die Diskursferne, die er als Charakteristika der ästhetischen Erfahrung nennt, erschweren seiner Ansicht nach eine „pädagogische Wendung ästhetischer Erfahrung" (Boehm 1990, 478).

Die vielfältigen Versuche, Kunsterfahrung in den pädagogischen Zusammenhang ‚einzufädeln‘, scheinen damit einem grundlegenden Dilemma zu erliegen. Sie verzwecken die ästhetische Erfahrung und nehmen ihr damit gleichzeitig ihre besondere Wirksamkeit. Vor diesem Hintergrund faßt Mollenhauer die Schwierigkeit des Verhältnisses von Kunst und Pädagogik stark pointiert zusammen: „Ästhetische Wirkungen in der skizzierten Art sind Sperrgut in einem Projekt von Pädagogik, das seine Fluchtpunkte in klaren Verstandesbegriffen und zuverlässigen ethischen Handlungsorientierungen sucht. (...) Um also die Kunst und die Beschreibungen ästhetischer Wirkungen in jenes Projekt integrieren zu können, muß – um im Bild zu bleiben – das Sperrgut zerstückelt werden, damit es in die pädagogische Kiste paßt" (Mollenhauer 1990, 484).

Im folgenden soll der Frage nachgegangen werden, inwieweit und unter welchen Bedingungen künstlerischen Ereignissen/Objekten, trotz der hier skizzierten skeptischen Einschätzungen, Bedeutung im Bildungsprozeß des Subjekts zukommen kann.

Dazu werden zunächst die zentralen Problemstellungen ästhetischer Bildung – seit ihrer klassischen bildungstheoretischen Formulierung in Friedrich Schillers Briefen „Über die ästhetische Erziehung des Menschen" – herausgearbeitet. Dabei geht es nicht um einen historischen Überblick über Konzeptionen ästhetischer Bildung und um deren sozialgeschichtliche Einordnung und wirkungsgeschichtliche Bedeutung (vgl. dazu Nipperdey 1983; Bollenbeck 1994). Es besteht nicht die Absicht, eine historische Fortschritts- oder Verfallsgeschichte einer Idee bzw. einer aus ihr hergeleiteten Praxis aufzuzeigen. Vielmehr sollen im Sinne einer hermeneutischen Vergewisserung solche Grundfragen ästhetischer Bildung exemplarisch herausgearbeitet werden, die auch für ein aktuelles Interesse an der bildenden Relevanz ästhetischer Ereignisse von Bedeutung sind. Vor diesem Hintergrund rechtfertigt sich auch die Auswahl der zu diskutierenden Ansätze, in denen die Bildungsbedeutung des Ästhetischen sowohl auf philosophischer Ebene als auch anwendungsbezogen, unter (kunst-) pädagogischem Interesse reflektiert wird. Diese Zusammenschau von Konzepten unterschiedlichen theoretischen Niveaus geschieht in systematischer Absicht. Es gilt zu klären, ob und unter welchen Bedingungen gegenwärtig an die Idee einer ästhetischen Bildung – verstanden als Bildung im Medium der Kunst – angeknüpft werden kann. In diesem Sinne wird die Analyse ausgewählter Konzepte unter folgenden Fragestellungen gestellt:

- Wie wird die Eigenart einer bildenden Wirkung ästhetischer Ereignisse/Objekte begründet?
- Welche Zielsetzungen individueller und/oder sozialer Art werden auf diesem Wege angestrebt?
- Vor welchem Hintergrund wird Bildung im Medium der Kunst als unverzichtbar angesehen?

Es gilt zu prüfen, inwieweit die historisch gewonnenen Erkenntnisse in bezug auf diese Fragen unverzichtbarer Bestandteil einer aktuellen Auseinandersetzung mit ästhetischer Bildung sind und wo ihre Geltung kritisch in Frage gestellt werden muß. Unter diesen Gesichtspunkten wird keine vollständige Darstellung der komplexen theoretischen Annahmen der fraglichen Ansätze angestrebt, sondern es wird eine Fokussierung auf ausgewählte, für die o. g. Fragen wesentliche Aspekte vorgenommen. Das Ziel dieses Kapitels ist es, aus dem Diskurs um die bildende Wirkung von Kunst Hinweise für ein Verständnis von ästhetischer Bildung zu entwickeln, wie sie für den weiteren Verlauf der Argumentation im Hinblick auf theaterpädagogische Arbeit leitend sein können.

1.   Schiller: Über die ästhetische Erziehung des Menschen

In Friedrich Schillers philosophisch-ästhetischen Schriften steht die bildungstheoretische Bedeutung des Ästhetischen im Zentrum der Argumentation. Schillers Überlegungen sind wesentlich von der Philosophie Kants geprägt. Geleitet vom Interesse an der bildenden Wirkung des Ästhetischen, gelangt Schiller allerdings zu einigen Umdeutungen Kants.

Sein Interesse an Kunst als Medium zur erzieherischen Beeinflussung des Menschen zeigt Schiller bereits in seinen frühen, zeitlich vor seinen Kant-Studien anzusiedelnden ästhetischen Schriften. In der Abhandlung, „Die Schaubühne als moralische Anstalt betrachtet", eine überarbeitete Form einer 1784 gehaltenen Rede[7], verweist er auf die Wirkung des Theaters für die sittliche Bildung des Menschen und für die Aufklärung des Verstandes. Die „Gerichtsbarkeit der Bühne" unterstütze und ergänze die weltliche Rechtsprechung. Indem die Tragödie in „schauervollem Unterricht" der Nachwelt die „Schrecken ihres Jahrhunderts" vorführe, klage sie die Schuldigen an und bestärke die Unschuldigen, die sie „mit wollüstigem Entsetzen verfluchen", in ihren Tugenden (Schiller 1989, Bd. V, 823).[8]

In dieser frühen, noch völlig in der Tradition der Aufklärung und unter dem Einfluß von Lessings ‚Hamburgischer Dramaturgie' stehenden Schrift stellt Schiller das künstlerische Medium eindeutig in den Dienst von sittlicher Besserung und verstandesmäßiger Erkenntnis.

---

7   Die Abhandlung geht zurück auf einen Vortrag vor der Kurfürstlichen Deutschen Gesellschaft in Mannheim mit dem Titel „Was kann eine gut stehende Schaubühne eigentlich wirken?" (Schiller 1989, Bd. V, 818–831).

8   Zitiert wird nach: Schiller, Sämtliche Werke, hrsg. v. G. Fricke/H. G. Göpfert, 5 Bde, München[8] 1989, Bd. V: Erzählungen. Theoretische Schriften.

Unter dem Eindruck des autonomieästhetischen Anspruchs der Kantischen Theorie kann er an dieser Einschätzung jedoch nicht festhalten. Im Gegensatz zu Kants erkenntnistheoretischer Frage nach dem spezifischen Charakter des ästhetischen Erlebens gegenüber moralischen und theoretischen Einsichten geht es Schiller (und den Bildungstheoretikern seiner Zeit) darum, die Besonderheit des Ästhetischen in seiner Wirkung auf die Bildung des einzelnen und darüber hinaus auf die Entwicklung der menschlichen Gattung zu befragen.

Aus diesem Grunde versucht er, in Abgrenzung zu Kant, ein objektives Schönheitsprinzip aufzustellen, das er in den Briefen an seinen Freund Körner (Kallias-Briefe) entwickelt[9]. Während Kant das Ästhetische als „Symbol des Sittlich-Guten" (Kant 1968, Bd. V, 353) definiert, das diese Funktion nur insofern erhält, als es nicht durch die objektiven Zwecke des Moralischen oder Theoretischen beeinflußt wird[10], bestimmt Schiller das Schöne als „Freiheit in der Erscheinung" (Schiller 1989, Bd. V, 400). Das Ästhetische wird zum anschaulichen Ausdruck der Freiheit erklärt und kann auf diese Weise zur Grundlage bildungstheoretischer Begründungen werden (vgl. Richter-Reichenbach 1983, 39f).

Schillers Hauptanliegen, aufzuzeigen, daß es zwischen Natur und Vernunft einen mittleren Zustand geben muß, in dem beide versöhnt sind, findet hier seine Grundlegung. Er geht aus von der möglichen Verknüpfung von Freiheit und Schönheit. Freiheit kann nicht dem schönen Objekt eigen sein, sondern wird lediglich durch das Objekt als Gefühl im Betrachter hervorgerufen. Dazu bedarf es nach Schiller einer bestimmten regelhaften (kunstmäßigen) Struktur des Anschauungsgegenstands. „Der Verstand muß veranlaßt werden, über die Form des Objekts zu reflektieren: über die *Form*, denn der Verstand hat es nur mit der Form zu tun" (Schiller 1989, Bd. V, 410). Schiller leitet daraus die Definition ab, „Schönheit ist Natur in der Kunstmäßigkeit" (ebd., 411), sie zeigt sich dort, wo sie sich „selber die Regel gibt" (ebd.).

Im Verlauf seiner Argumentation, die hier nur ausschnitthaft wiedergegeben werden kann, überträgt er seine Theorie des Schönen auf die Schönheit des Menschen und verdeutlicht daran seine Vorstellung vom Prozeß menschlicher Bildung, auf die alle vorhergehenden Überlegungen hinzielten. Von der Schönheit des Menschen kann man – nach Schiller – dann reden, „*wenn ihm die Pflicht zur Natur geworden ist*" (ebd., 407). In diesem Zustand sind die beiden Prinzipien im Menschen, Pflicht, das Moralische, seine Vernunft und Natur, das Sinnliche, miteinander verbunden.[11] Damit

---

9   Die „Kallias-Briefe" sind 1793 in zeitlicher Überschneidung mit der ersten Fassung der Briefe „Über die ästhetische Erziehung des Menschen" entstanden.

10 Kant verwendet dabei bekanntlich den Begriff des Symbols nicht im Sinne einer „direkten Anschauung", sondern als Analogie , das heißt, als „Übertragung der Reflexion über einen Gegenstand der Anschauung auf einen ganz anderen Begriff, dem vielleicht nie eine Anschauung direct correspondieren kann." (Kant 1968, Bd. V, 352f). Die Analogien zwischen dem Schönen und dem Sittlich-Guten, die in der Art ihrer Beurteilung zu finden sind, werden daran anschließend angeführt.

11 In seiner späteren Schrift „Über Anmut und Würde" vertieft Schiller diesen Gedanken. „Anmut" wird darin der sinnliche Ausdruck der „schönen Seele" genannt, in der Pflicht und Neigung in harmonischer Beziehung zueinander stehen.

grenzt er sich gegen die Ethik Kants ab, die eine Unterordnung der Natur unter die Vernunft vorsieht.

„Offenbar hat die Gewalt, welche die praktische Vernunft bei moralischen Willens-bestimmungen gegen unsere Triebe ausübt, etwas Beleidigendes, etwas Peinliches in der Erscheinung. Wir wollen nun einmal nirgends Zwang sehen, auch nicht wenn die Vernunft selbst ihn ausübt; auch die Freiheit der Natur wollen wir respektiert wissen, weil wir »jedes Wesen in der ästhetischen Beurteilung als einen Selbstzweck« betrach-ten und es uns, denen Freiheit das Höchste ist, ekelt (empört), daß etwas dem anderen aufgeopfert werde und zum Mittel dienen soll" (ebd., 407).

Das Ziel des Bildungsprozesses, das Schiller hier aus der Analogie der Schönheit des Kunstgegenstands mit der menschlichen Schönheit gewinnt, ist also die harmo-nische Einheit von Natur und Vernunft. Sie ist Ausdruck der Schönheit des Menschen. In den ‚Briefen' zur ästhetischen Erziehung wird dieser Gedanke vertieft. Die Idee des rezipierenden und produzierenden Kunstgenusses als Medium dieser Bildung, in dem beispielhaft die Kräfte der Natur und der Regelhaftigkeit versöhnt sind, verfolgt Schiller ebenfalls in seiner Schrift zur ästhetischen Erziehung weiter. Dabei werden die Mög-lichkeiten und Grenzen dieser harmonischen Ganzheit des Menschen reflektiert.

Schillers Abhandlung „Über die ästhetische Erziehung des Menschen in einer Reihe von Briefen", geschrieben 1793, veröffentlicht 1795[12], stellt die erste systematische Formu-lierung einer Theorie ästhetischer Bildung dar und gilt gleichzeitig als „erste program-matische Schrift zu einer ästhetischen Kritik der Moderne" (Habermas 1985, 59).[13]

Ausgehend von einer Zweiteilung des Menschen in Sinnlichkeit und Vernunft, die durch die zeitgenössische kulturelle Entwicklung hervorgerufen wurde, weist Schiller dem Bildungsprozeß im Medium der Kunst eine kritische Funktion gegenüber dieser Erscheinung der Moderne zu.

Die diagnostizierte Zerrissenheit des Menschen kann sich sowohl in der Herrschaft der Sinnlichkeit über die Vernunft äußern als auch in einer „barbarischen" Unterord-nung der Gefühle unter die bestehenden Grundsätze (vgl. Schiller 1989, Bd. V, 579). Ihre Aufhebung und damit die gewaltfreie Überwindung des herrschenden Notstaates und die Errichtung des Vernunftstaates, beruhend auf dem Selbstbestimmungsrecht des Menschen, sind nach Schiller Ziel der ästhetischen Bildung des Menschen.

Seine Argumentation, bei der er sich ausdrücklich auf „Kantische Grundsätze" be-ruft, verläuft dabei wie folgt:

Unter dem Eindruck realer politischer Konflikte und der Ereignisse im Zusammen-hang mit der französischen Revolution geht es Schiller um die Umwandlung des Natur-

---

12   Schillers Abhandlung ist aus den im Jahre 1793 an den Herzog Friedrich Christian von Holstein-Son-
      derburg-Augustenburg gerichteten Briefen hervorgegangen. 1794 wurden die Originalbriefe bei einem
      Brand des herzoglichen Schlosses vernichtet. Ein Jahr später veröffentlichte Schiller sie in einer neu
      bearbeiteten Fassung in der Zeitschrift ‚Die Horen'. Zur Werkgeschichte der ‚Briefe' und zu ihrem
      gesellschaftlichen und politischen Hintergrund vgl. D. Borchmeyer 1984; J. Bolten (Hg.) 1984

13   Schiller verwendet zwar den Begriff ‚Erziehung', gebraucht ihn aber als ‚Ästhetische Erziehung' im
      bildungstheoretischen Sinne. Das wird auch aus seiner Ablehnung des utilitaristischen Erziehungsver-
      ständnisses des Philanthropismus deutlich (vgl. Bollenbeck 1994).

oder Notstaates, der dem moralischen Menschen widerspricht. Eine solche Veränderung soll jedoch nicht durch die gewaltsame Zerstörung des bestehenden Staates geschehen. Die Existenz des physischen Menschen soll nicht gefährdet werden, es geht darum, „... das rollende Rad während seines Umschwunges auszutauschen" (ebd., 575).

Diesen Übergang kann weder der physische, natürliche Charakter des Menschen vollziehen, noch der sittliche, der sich erst unter den zu schaffenden Bedingungen des Vernunftstaates formen kann. Es kommt also darauf an, einen dritten Charakter herauszubilden, in dem die beiden anderen aufgehoben und versöhnt sind.

„*Totalität* des Charakters muß also bei dem Volke gefunden werden, welches fähig und würdig sein soll, den Staat der Not mit dem Staat der Freiheit zu vertauschen" (ebd. 579).

Eine solche Totalität des Charakters, wie sie Schiller in der griechischen Antike vorgebildet findet, läßt sich jedoch als Folge der fortschreitenden Kulturentwicklung, die zu einer einseitigen Ausbildung des Verstandes, zu einer Zerstörung der Totalität von Sinnlichkeit und Verstand geführt hat, beim zeitgenössischen Menschen nicht finden. Zu diesem Schluß gelangt Schiller nach einer ausführlichen zeit- und kulturkritischen Analyse (vgl. 6. Brief). Die Zerrissenheit des Menschen, seine beschränkte Orientierung am Nützlichen und Zweckdienlichen, stellt sich für ihn als Ergebnis der kulturellen Entwicklung, insbesondere des Zeitalters der Aufklärung, dar. „Die Kultur selbst war es, welche der neuern Menschheit diese Wunde schlug" (ebd., 583). Verantwortlich dafür, daß der Mensch seine Selbstverwirklichung verfehlt, sich nur als „Bruchstück" ausbilden kann, ist seine Unterwerfung unter ökonomische Zwänge und die einseitige Ausbildung seines analytischen Denkens. „Geschäftsgeist" und „spekulativer Geist" sind nach Schiller die äußere und innere Ursache dafür, daß zwar die Entwicklung der menschlichen Gattung voranschreitet, aber der einzelne Gefahr läuft, „... über irgendeinem Zwecke sich selbst zu versäumen" (ebd., 588). Solange die so gekennzeichnete Entfremdung des Menschen nicht aufgehoben ist, muß jede Hoffnung auf eine politische Veränderung vergeblich bleiben. Die Wiederherstellung der zerrissenen Identität des Menschen ist also die notwendige Vorbedingung für eine Umgestaltung des Staates. Nicht auf revolutionärem Wege, sondern über den Weg der „Veredelung des Charakters" soll das Ziel des Vernunftstaates angestrebt werden. Diese Veredelung wiederum ist nur durch die „Ausbildung des Empfindungsvermögens" zu erreichen, um damit der disproportionalen Entwicklung der menschlichen Fähigkeiten entgegenzuwirken.

„Nicht genug also, daß alle Aufklärung des Verstandes nur insofere Achtung verdient, als sie auf den Charakter zurückfließt; sie geht auch gewissermaßen von dem Charakter aus, weil der Weg zu dem Kopf durch das Herz muß geöffnet werden. Ausbildung des Empfindungsvermögens ist also das dringendere Bedürfnis der Zeit, nicht bloß weil sie ein Mittel wird, die verbesserte Einsicht für das Leben wirksam zu machen, sondern selbst darum, weil sie zu Verbesserung der Einsicht erweckt" (ebd., 592).

Wie kann nun unter den politischen Bedingungen des Notstaates der Mensch gebildet werden, der erst die Voraussetzung für den Aufbau des Idealstaates darstellt? Schillers Antwort darauf lautet: Es muß ein Mittel geben, das zur Veredelung des Charakters beiträgt. „Dieses Werkzeug ist die schöne Kunst ..."(ebd., 593). Die Kunst wird hier also zunächst als Medium zur politischen Erziehung aufgefaßt. Durch Kunst soll der Mensch erzogen werden, den Vernunftstaat zu begründen, „... weil es die Schönheit ist, durch welche man zu der Freiheit wandert" (ebd., 573). Durch diese Annahme einer notwendigen Veränderung des Menschen als Vorbedingung einer Veränderung der Gesellschaft kann Schiller an den Idealen der französischen Revolution festhalten, ohne ihre Mittel gutzuheißen.

Da sich, wie Schiller an historischen Beispielen zeigt, eine Verbindung von schöner Kunst und politischer Freiheit nicht auf einen Erfahrungsbegriff von Schönheit gründen läßt, versucht er, einen „reinen *Vernunftbegriff* der Schönheit" zu finden und „auf dem Wege der Abstraktion" (ebd., 600) die Schönheit als Grundbedingung des Menschseins nachzuweisen.

Spätestens an dieser Stelle wird klar, daß die „Briefe" Schillers weniger eine Kunst- und/oder Gesellschaftstheorie beinhalten, sondern daß sie in den klassischen bildungstheoretischen Diskurs einzuordnen sind, der die Frage nach den bildenden Wirkungen kultureller Objektivationen vor dem Hintergrund einer anthropologischen Bestimmung des „Wesens des Menschen" vornimmt. Die Argumentation entfernt sich darum auch im weiteren Verlauf der Abhandlung von der Frage nach den gesellschaftspolitischen Ursachen der Entfremdung des Menschen und den Möglichkeiten, diesen zu begegnen, und wendet sich mehr und mehr anthropologischen und entwicklungsgeschichtlichen Fragestellungen zu (vgl. Voges 1979, 24).

Entsprechend dem Dualismus von Sinnlichkeit und Vernunft, sieht Schiller das Wesen des Menschen von zwei entgegengesetzten Trieben bestimmt: dem sinnlichen Stofftrieb und dem von der „vernünftigen Natur" des Menschen ausgehenden Formtrieb.

Beide Kräfte sind zwar in ihren Tendenzen einander entgegengesetzt, sie widersprechen sich jedoch nicht in ihren Objekten, so daß ihre Harmonie nicht von vornherein auszuschließen ist, denn „... was nicht aufeinandertrifft, kann nicht gegeneinanderstoßen" (Schiller 1989, Bd. V, 607).

Zwar fordert der sinnliche Trieb Veränderung, doch nicht so, daß die „Person" sich verändert, „daß ein Wechsel der Grundsätze sei" (ebd.). Der Formtrieb fordert Beständigkeit, aber er will den Zustand nicht festlegen, er will nicht, „... daß Identität der Empfindungen sei" (ebd.). Schiller weist also nach, daß die beiden Triebe nicht miteinander in Konflikt geraten, solange sie sich jeweils auf ihr Gebiet beschränken.

Diese Form der „Wechselwirkung" der beiden Triebe, die in der gegenseitigen Begrenzung besteht und zugleich die Garantie ihrer Wirksamkeit darstellt, begründet Schiller wie folgt:

Während der Stofftrieb, der auf Empfänglichkeit, Beweglichkeit ausgerichtet ist, dazu führt, daß der Mensch die Welt *ergreift*, veranlaßt der Formtrieb, der auf Beständigkeit und Bestimmung beruht, den Menschen dazu, die Welt zu *begreifen*. Beide Tätigkeiten, sinnliches Ergreifen der Welt und logisches Begreifen, sind ohne einander nicht denkbar.

Eine Wechselwirkung von Form- und Stofftrieb ist jedoch empirisch nicht vorhanden, sie ist eine Aufgabe, „... die der Mensch nur in der Vollendung seines Daseins ganz zu lösen imstande ist" (ebd., 612), ein unerreichbares Ideal, „*die Idee seiner Menschheit*" (ebd.).

Schiller fragt nun nach Fällen, die die doppelte Erfahrung von Form- und Stofftrieb ermöglichen, und die einen dritten Trieb im Menschen wecken, in dem beide verbunden wirken können. Diesen dritten Trieb nennt er Spieltrieb und bestimmt im Anschluß daran den Gegenstand, der diesen Spieltrieb freisetzt.

„Der Gegenstand des sinnlichen Triebes in einem allgemeinen Begriff ausgedrückt, heißt *Leben* in weitester Bedeutung (...). Der Gegenstand des Formtriebes, in einem allgemeinen Begriff ausgedrückt, heißt *Gestalt* (...). Der Gegenstand des Spieltriebes, in einem allgemeinen Schema vorgestellt, wird also *lebende Gestalt* heißen können; ein Begriff, der allen ästhetischen Beschaffenheiten der Erscheinungen und mit einem Worte dem, was man in weitester Bedeutung *Schönheit* nennt, zur Bezeichnung dient" (ebd., 614).

Der ästhetische Gegenstand, die ‚lebende Gestalt‘, ist also der Auslöser für die Vereinigung von Form- und Stofftrieb im Spieltrieb.

Damit gelangt Schiller zum Ende seiner anthropologischen Beweisführung, Schönheit als notwendige Bedingung der Menschheit zu erklären. Da er von der Voraussetzung ausgeht, daß die Gesetze der Vernunft notwendig nach Vervollkommnung des Menschen und der Gattung streben, muß eine Harmonie zwischen Form- und Stofftrieb eine Forderung der Vernunft sein.

„Sobald sie (die Vernunft, d.Verf.) demnach den Ausspruch tut: es soll eine Menschheit existieren, so hat sie eben dadurch das Gesetz aufgestellt: es soll eine Schönheit sein" (ebd., 615).

Damit hat Schiller die ästhetische Erziehung als Grundbedingung des Menschseins definiert und ihre Bedeutung gegenüber der eingangs erwähnten politischen Funktion verallgemeinert. Die ästhetische Erziehung ist der Inbegriff der Erziehung überhaupt, da nur sie das Wesen des Menschen hervorzubringen vermag.

„... der Mensch spielt nur, wo er in voller Bedeutung des Worts Mensch ist, und *er ist nur da ganz Mensch, wo er spielt*" (ebd., 618).

Die so dargestellte Harmonie zwischen Form- und Stofftrieb, zwischen Sinnlichkeit und Vernunft, wird jedoch von Schiller als eine nicht zu verwirklichende Idee angesehen. Beim realen Menschen wird immer ein Trieb den anderen überwiegen.

Der ästhetische Gegenstand hat also immer eine doppelte Aufgabe zu erfüllen: Er soll auf den sinnlichen Menschen wirken, indem er ihn zum Denken hinführt, und er soll auf den geistigen Menschen wirken, indem er seine Empfindungen ausbildet. Wie kann die Schönheit diese doppelte Aufgabe erfüllen?

Hier argumentiert Schiller dialektisch: Die ‚Schönheit‘ verbindet zwei Zustände, die einander entgegengesetzt sind, in einem dritten, mittleren, in dem sie sie aufhebt. Im anzustrebenden ästhetischen Zustand, in dem der Mensch spielt, ist er also weder durch physische Notwendigkeiten noch durch moralische Forderungen beschränkt. Statt dessen versetzt die Begegnung mit dem ästetischen Gegenstand ihn in die Lage, rezipierend und produzierend seine Möglichkeiten zu erkunden und damit die eigenen gestalterischen Fähigkeiten zu erproben.

„Das Gemüt geht also von der Empfindung zum Gedanken durch eine mittlere Stimmung über, in welcher Sinnlichkeit und Vernunft *zugleich* tätig sind, eben deswegen aber ihre bestimmende Gewalt gegenseitig aufheben und durch eine Entgegensetzung eine Negation bewirken. Diese mittlere Stimmung, in welcher das Gemüt weder physisch noch moralisch genötigt und doch auf beide Art tätig ist, verdient vorzugsweise eine freie Stimmung zu heißen, und wenn man den Zustand sinnlicher Bestimmung den physischen, den Zustand vernünftiger Bestimmung aber den logischen und moralischen nennt, so muß man diesen Zustand der realen und aktiven Bestimmbarkeit den *ästhetischen* heißen" (ebd., 633).

Die „aktive Bestimmbarkeit", die das Gemüt des Menschen im ästhetischen Zustand auszeichnet, ist nicht zu verwechseln mit einer Bestimmungslosigkeit *vor* jeder Bestimmung. Die ästhetische Bestimmbarkeit ist vielmehr dadurch gekennzeichnet, daß sie nicht beschränkt, das heißt als „Bestimmungsfreiheit" anzusehen ist. Indem beide Grundtriebe aufgehoben werden, gewinnt der Mensch die Freiheit zur Selbstbestimmung, die seinem „freien Willen anheim(ge)stellt" (ebd., 636) ist. „Durch die ästhetische Kultur bleibt also der persönliche Wert eines Menschen oder seine Würde, insofern diese nur von ihm selbst abhängen kann, noch völlig unbestimmt, und es ist weiter nichts erreicht, als daß es ihm nunmehr *von Natur wegen* möglich gemacht ist, aus sich selbst zu machen, was er will – daß ihm die Freiheit, zu sein, was er sein soll, vollkommen zurückgegeben ist" (ebd., 635).

Mit dieser Formulierung, die die bildende und emanzipatorische Wirkung des Ästhetischen umschreibt, wird ausdrücklich keine inhaltliche Festlegung dieser Wirkung angestrebt. Gerade deshalb ist damit, in Schillers Worten, ‚Unendliches erreicht', nämlich die Befähigung des Menschen zur Selbstbestimmung durch Selbsttätigkeit. Die ästhetische Bildung wird so zum Inbegriff von Bildung überhaupt.

Der ästhetische Gegenstand dient demnach weder der Erkenntnis noch der Moral, er verhält sich jeder Fremdbestimmung gegenüber völlig „indifferent und unbrauchbar" (ebd.).

Einerseits kann der ästhetische Zustand also im Hinblick auf seine inhaltliche Festlegung von Schiller als ‚Nullzustand' beschrieben werden, andererseits beschreibt er ihn als „Zustand höchster Realität" (ebd., 636), der im Hinblick auf Erkenntnis und Gesinnung besonders fruchtbar ist. Dieser scheinbare Widerspruch löst sich dadurch, daß der ‚Nullzustand' nicht die Freiheit *von* jeder Bestimmung meint, sondern Freiheit *zu* jeder Bestimmung, die Eröffnung unbegrenzter Möglichkeiten zur Wahl einer Bestimmung.

Die tatsächliche ästhetische Wirkung kann jedoch letztendlich nur immer in einer Annäherung an diese Kennzeichnung des idealen ästhetischen Zustands bestehen. In der Realität bleibt der Mensch immer in Abhängigkeit von seinen Grundtrieben. Der ästhetische Zustand, der „Zustand der realen und aktiven Bestimmbarkeit" wird also ebensowenig erreicht, wie das Ideal des Kunstschönen in der Realität denkbar ist.

Dasjenige Kunstwerk nähert sich aber dem Ideal ästhetischer Reinheit am meisten an, das die Stimmung und die Richtung des Gemüts, auf das es einwirkt, am wenigsten einschränkt. So ist auch Schillers Äußerung zu verstehen, daß eine ästhetische Erziehung nicht auf einer „.... schönen lehrenden (didaktischen) oder bessernden (moralischen) Kunst" beruhen könne, „.... denn nichts streitet mehr mit dem Begriff der Schönheit, als dem Gemüt eine bestimmte Tendenz zu geben" (ebd., 640).

Die hier behauptete ethische Indifferenz des ästhetischen Gegenstands läßt jedoch die Frage ungeklärt, wie durch die ästhetische Erziehung das eingangs formulierte politische Ziel, der Vernunftstaat, erreicht werden kann (vgl. dazu auch Richter-Reichenbach 1983, 58f).[14]

Die Widersprüchlichkeit zwischen dem geschichtsphilosophischen Ziel des „Vernunftstaates" und dem zu seiner Errichtung vorgeschlagenen Mittel der ästhetischen Erziehung, die keine inhaltliche Zielbestimmung zuläßt, sondern dem Menschen die Freiheit zur Selbstbestimmung ermöglicht, wird von Schiller nicht aufgelöst. Während er einerseits im Sinne Kants die ethische Unbestimmtheit des ästhetischen Zustands behauptet, zeigt er an anderer Stelle auf, inwieweit vernünftige Prinzipien dem ästhetischen Zustand, als der vermittelnden Kraft zwischen physischem und vernünftigem Zustand, bereits immanent sind.

„Durch die ästhetische Gemütsstimmung wird also die Selbsttätigkeit der Vernunft schon auf dem Felde der Sinnlichkeit eröffnet, die Macht der Empfindung schon innerhalb ihrer eigenen Grenzen gebrochen und der physische Mensch so weit veredelt, daß nunmehr der geistige sich nach Gesetzen der Freiheit aus demselben bloß zu entwickeln braucht" (Schiller 1989, Bd. V, 642).

Im vorletzten Brief wendet sich Schiller noch einmal den anthropologischen Bedingungen des ästhetischen Zustands zu. Den ästhetischen Zustand, der ja nicht aus der Freiheit entstehen kann, da er diese erst erreichen will, und ebensowenig moralischen Ursprungs sein kann, bezeichnet er nun als ein „Geschenk der Natur". Voraussetzung dafür ist die natürliche Ausstattung der menschlichen Gattung: „... die Freude am *Schein*, die Neigung zum *Putz* und zum *Spiele*" (ebd., 656). Neben die Erziehung zur politischen Vernunft, vermittelt durch Kunst und durch produktive künstlerische Tätigkeit (vgl. 9. Brief), und neben die Selbstbildung des Menschen durch Selbsttätigkeit (vgl. 21. Brief) tritt nun ein Prozeß der Reifung naturgegebener menschlicher Anlagen.

Auch die Entwicklung der Menschheit zur Kultur, der Schritt von der Wahrnehmung der Realität zur Wahrnehmung des Scheins (vgl. ebd., 656f) beruht auf naturgegebenen Voraussetzungen des Menschen. „Sobald er anfängt, mit dem Auge zu genießen, und das Sehen für ihn einen selbständigen Wert erlangt, so ist er auch schon ästhetisch frei, und der Spieltrieb hat sich entfaltet" (ebd., 657).

Diese Freiheit beschränkt Schiller ausdrücklich auf die Welt des Scheins, auf das ‚Reich der Einbildungskraft'. Nur hier hat der Mensch die Möglichkeit, frei zu gestalten, das heißt, sich produktiv künstlerisch zu betätigen. Ästhetisch – und damit geeig-

---

14 Noetzel (1992) schlägt deshalb in seiner Grundlegung einer moralisch-ästhetischen Erziehung vor, die fragmentarisch gebliebenen Briefe Schillers zusammen mit seiner Schrift „Über das Erhabene" zu lesen, worin die ethische Perspektive des Ästhetischen ausdrücklicher ausgearbeitet ist. Noetzel verweist dabei auf Schillers Begründung der Notwendigkeit, das ‚bloß' Schöne der Briefe um die Erfahrung des Erhabenen zu ergänzen.

„... so muß das Erhabene zu dem Schönen hinzukommen, um die *ästhetische Erziehung* zu einem vollständigen Ganzen zu machen und die Empfindungsfähigkeit des menschlichen Herzens nach dem ganzen Umfang unsrer Bestimmung, und also auch über die Sinnenwelt hinaus, zu erweitern" (Schiller 1989, Bd. V, 806f).

net, menschliche Freiheit zu befördern – ist dieser Schein jedoch nur dort, wo er „aufrichtig" und „selbständig" ist, das heißt, wo er nicht vorgibt, Realität zu sein.

Das Streben nach dem ästhetischen Schein bildet sich im Verlauf der Menschheitsentwicklung langsam heraus. Es ist jedoch auf allen Stufen der Gattungsgeschichte vorhanden, um sich allmählich zu vervollkommnen. „Mitten in dem furchtbaren Reich der Kräfte und mitten in dem heiligen Reich der Gesetze baut der ästhetische Bildungstrieb unvermerkt an einem dritten, fröhlichen Reiche des Spiels und des Scheins, worin er dem Menschen die Fesseln aller Verhältnisse abnimmt und ihn von allem, was Zwang heißt, sowohl im Physischen als im Moralischen entbindet" (ebd., 667).

Entsprechend seiner geschichtsphilosophischen Auffassung von der Entwicklung der menschlichen Gattung, nennt Schiller drei Staatsformen: den dynamischen Staat der Rechte, den ethischen Staat der Pflichten und den ästhetischen Staat, in dem sich die Menschen als „Objekt(e) des freien Spiels" begegnen. „*Freiheit zu geben durch Freiheit* ist das Grundgesetz dieses Reichs" (ebd.). Und er charakterisiert dieses Reich der Freiheit im Rückgriff auf die Ideale der französischen Revolution: „Hier also, in dem Reiche des ästhetischen Scheins, wird das Ideal der Gleichheit erfüllt" (ebd., 669).

Schiller schließt seine Betrachtungen mit der Frage nach der Existenz eines solchen Staates und kommt zu dem Ergebnis, daß er zwar dem „Bedürfnis nach in jeder feingestimmten Seele" existiere, „... der Tat nach möchte man ihn wohl nur, wie die reine Kirche und die reine Republik, in einigen wenigen auserlesenen Zirkeln finden, wo nicht die geistlose Nachahmung fremder Sitten, sondern eigne schöne Natur das Betragen lenkt, wo der Mensch durch die verwickeltsten Verhältnisse mit kühner Einfalt und ruhiger Unschuld geht und weder nötig hat, fremde Freiheit zu kränken, um die seinige zu behaupten, noch seine Würde wegzuwerfen, um Anmut zu zeigen" (ebd., 669).

Der ästhetische Staat wird also nicht als historisch zu erreichender Endzustand angestrebt, sondern, genau wie zuvor die harmonische Totalität des menschlichen Charakters, als ein nicht zu erreichendes Ideal dargestellt.

Mit dem Hinweis auf die Unerreichbarkeit dieser Ideale am Ende der Briefe scheint die anfangs formulierte Absicht, mittels ästhetischer Erziehung zu politischer Veränderung beizutragen, aufgegeben. Nur im „Reich des schönen Scheins", also im von pragmatischen Zwängen entlasteten Bereich des ästhetischen Produzierens und Rezipierens, lassen sich die Ideale der Freiheit und Gleichheit einlösen. Dieser Ausblick hat der Schillerschen Konzeption häufig den Vorwurf der Ästhetisierung der politischen Forderungen der französischen Revolution eingetragen (vgl. insbes. Lukács 1964; 1969). Mit der Konstruktion des ästhetischen Staates suche er „... den Ausweg in einer Flucht in utopisch erträumte Zirkel der intellektuellen und moralischen Elite. (...) Die großen Anläufe Schillers enden damit auch hier in einer idealistischen Sackgasse" (Lukács, 1964, 163).

Eine differenzierte Einschätzung des von Schiller postulierten ästhetischen Staates ist jedoch wesentlich vom Verständnis des Begriffes des „Scheins" abhängig (vgl. Voges 1979, 27).

Versteht man das „Reich des Scheins" als frei von den moralischen und pragmatischen Zwängen der Realität, so gewährt es möglicherweise einen Spiel-Raum, der eine kritische Befragung der Realität ermöglicht. Erst eine solche ästhetische Distanz zur Realität ermöglicht eine freie, von außerästhetischen Bedingungen unabhängige Produktivität, die nur dem Gesetz der Einbildungskraft unterliegt. Der ästhetische Schein wäre damit ein „Vor-Schein" (Bloch), allerdings nicht als Antizipation eines konkret zu bestimmenden, noch nicht Erreichten, sondern als ein individueller („in jeder feingestimmten Seele") und vorübergehend erfahrbarer Maßstab für einen Zustand, der dauerhaft und gesamtgesellschaftlich nicht zu verwirklichen ist. In diesem Sinne ließe sich Schillers Ausblick auf das Reich der Einbildungskraft als Ausdruck pädagogischer Bescheidenheit interpretieren. Das Reich des Scheins kann potentiell als „negative Utopie" für den existierenden Staat fungieren. Aber auch diese Sinnzuschreibung (vgl. Dode 1985, 132ff) läßt sich nicht mit Sicherheit behaupten.

Schillers Abhandlung bleibt in dieser Frage widersprüchlich. Auf der einen Seite versucht er – in engem Bezug zu Kant – den ästhetischen Schein autonom, das heißt unabhängig von seiner möglichen Inanspruchnahme für die Zwecke der Realität zu bestimmen (vgl. Schiller 1989, Bd. V, 659f). Auf der anderen Seite stellt er, in bildungstheoretischer Absicht, die Bedeutsamkeit des Ästhetischen für die Selbstbestimmung des Menschen heraus, wodurch eine Öffnung zur moralischen Erziehung und theoretischen Erkenntnis nicht ausgeschlossen wird (vgl. Richter-Reichenbach 1983, 46ff).

„Man kann also denjenigen ebenso wenig Unrecht geben, die den ästhetischen Zustand für den fruchtbarsten in Rücksicht auf Erkenntnis und Moralität erklären. Sie haben vollkommen recht; denn eine Gemütsstimmung, welche das Ganze der Menschheit in sich begreift, muß notwendig auch jede einzelne Äußerung derselben, dem Vermögen nach, in sich schließen ..." (Schiller 1989, Bd. V, 637).

Die Verknüpfung mit moralischen Absichten geschieht am Ende der Briefe auch in bezug auf den ästhetischen Schein, der zwar als selbständig beschrieben wird, dann jedoch in die ‚moralische Welt' eingebunden wird (vgl. ebd. 660f). Hier nennt Schiller nun die Beispiele des ‚wohltätigen Scheins', der Höflichkeit und der ‚gefälligen Form' im zwischenmenschlichen Umgang. Voges (1975) weist darauf hin, daß der so erweiterte Begriff des Scheins eine Wendung in ein negatives Wortverständnis heraufbeschwört. ‚Schein' wird dann im pejorativen Sinn als ‚Trug', als Vortäuschung falscher Tatsachen, Zustand der Unwirklichkeit aufgefaßt. Damit erfährt das ‚Reich des Scheins' insgesamt eine Abwertung. Vor dem Hintergrund dieses Verständnisses kann Voges es als Scheinwelt kritisieren, in der scheinbar Freiheit und Gleichheit herrschen, und die eine Flucht aus der Realität erlauben (vgl. Voges 1975, 27ff).

Schillers ursprüngliche, kultur- und modernitätskritisch motivierte Absicht, die erzieherische Funktion des Ästhetischen bei der Wiedergewinnung der Ganzheit des Menschen nachzuweisen und sie als Voraussetzung für die politische Umgestaltung der Gesellschaft darzustellen, erweist sich am Ende der Briefe als nicht einlösbar. Begreift man den ästhetischen Schein, das ‚Reich der Einbildungskraft', als unabhängig von außerästhetischen Zielsetzungen, so läßt sich darauf keine geschichtsphilosophische Argumentation aufbauen, die in der politischen Utopie des ‚Vernunft-staates' gipfelte.[15]

Schiller hat diesen Widerspruch in den Briefen nicht einseitig aufgelöst.[16] Er legt kein Programm einer ästhetischen Erziehung vor, das an seinen politischen und pädagogischen Realisierungschancen gemessen werden kann. Seine Vorstellung vom ‚ästhetischen Staat' kann nicht als konkrete politische Utopie gelesen werden, die dem (Kunst-) Erzieher oder Künstler zur Verwirklichung aufgegeben ist.

Für den weiteren Verlauf der hier anzustellenden Überlegungen zur ästhetischen Bildung scheinen gerade die Aporien des Schillerschen Ansatzes erkenntnisweisend.

Schillers zeitkritische Diagnose, die Ausgangspunkt seiner Überlegungen ist, wurzelt in der Erfahrung der aufbrechenden Konflikte am Beginn des Zeitalters der Moderne. „Das allgemeine Leben hat seine sinnfällige, ‚schöne' Öffentlichkeit verloren, ist abstrakt und prosaisch geworden. Diese Einsicht steht am Anfang der bürgerlichen Ästhetik. Diese ist von Beginn an Kritik des abstrakten Staats und der prosaischen Zivilisation der Moderne" (Borchmeyer 1984, 135).

Für seine aus dieser Erfahrung hervorgehende Analyse der Entfremdung zwischen dem einzelnen und dem Staat, dem indiviuellen Menschen und der Gattung, bietet Schiller – und das kann nicht verwundern – keine endgültigen „Lösungsmöglichkeiten" an. Zwar gilt ihm der rezeptive und produktive Umgang mit Kunst, die Erfahrung des Spielens mit ihren Möglichkeiten, als ein Mittel der Versöhnung der aufbrechenden Entzweiung. Gleichzeitig vermittelt er jedoch die Einsicht, daß die Spannung zwischen Sinnlichkeit und Vernunft, zwischen dem Interesse des Individuums an seiner Selbstverwirklichung und dem Interesse der Gesellschaft am Fortschritt der Gattung nicht dauerhaft auflösbar sein kann.

Vor diesem Hintergrund läßt sich festhalten, daß in den ‚Briefen' drei grundsätzlich verschiedene Möglichkeiten der Wirkungsweise des Umgangs mit Kunst angedeutet werden und nebeneinander stehenbleiben.

---

15 Die Widersprüchlichkeit Schillers in der Frage, ob der ästhetische Zustand nur ein Durchgangsstadium zur Erreichung des Vernunftstaates ist (Schiller 1989,Bd. V, 645f) oder als Ziel menschlicher Entwicklung begriffen werden muß (ebd., 636f), wird vor diesem Hintergrund verständlich. Sie ist ebenfalls nicht auflösbar.

16 In seiner Schrift „Über das Erhabene" (erschienen 1801) begründet Schiller die Notwendigkeit der Ergänzung der ästhetischen Erziehung durch das Erhabene. „Das Erhabene verschafft uns also einen Ausgang aus der sinnlichen Welt, worin uns das Schöne gern immer gefangen halten möchte" (Schiller 1989, Bd. V, 799). Hier versucht Schiller nicht mehr, Vernunft und Sinnlichkeit harmonisch zusammenzuführen. Im erhabenen Zustand siegt das moralische Vermögen des Menschen über seine Sinnlichkeit, und in der Unabhängigkeit von seinen Trieben erweist sich erst die wahre Würde des Menschen. Böversen (1964) schätzt diese Ergänzung der ästhetischen Erziehung folgendermaßen ein: „Am Ende bekennt sich somit Schiller letztlich zur Kantischen Ethik, zur Unterordnung der Neigung unter die Pflicht. Und es erhebt sich die Frage, ob er nunmehr noch seine Ausgangsthese von der Gleichberechtigung der beiden Naturen aufrechterhalten und das ethische Ideal dem harmonischen Kunstgefühl nachbilden kann. Aber das wird von Schiller nicht eigens erörtert, wenn er auch die Notwendigkeit empfand, die ästhetische Erziehung, die zunächst ausschließlich vom Schönen ausging, durch diejenige des Erhabenen ergänzen zu müssen" (Böversen 1964, 461).

Zum einen wird die Kunst als ein ‚Werkzeug' betrachtet, das zur Verwirklichung des politischen Ziels des Vernunftsstaates beitragen kann. Kunst gilt in diesem Verständnis als ein Mittel auf dem Weg zur Erreichung eines politischen Ziels. Als Beitrag zur Lösung eines „politischen Problem(s) in der Erfahrung" (Schiller 1989, Bd. V, 573) gewinnt der Bildungsprozeß im Medium der Kunst ein modernitätskritisches Potential. Diese Möglichkeit des Umgangs mit Kunst läßt sich auch als „Erziehung durch Kunst" kennzeichnen.

Die zweite Möglichkeit negiert die erste im wesentlichen. Die Wirkungsweise der Kunst besteht demnach nicht darin, auf ein vorab zu bestimmendes Ziel hin zu erziehen, sondern den Menschen in einen Zustand der „Bestimmungsfreiheit" zu versetzen. In diesem ästhetischen Zustand, einem „Zustand der Eigenschaftslosigkeit" gleich (vgl. Scheible 1988, 184), verwirklicht sich der Mensch, indem er spielt, das heißt, im individuellen Umgang mit Kunst ein Möglichkeitsverhalten zur Welt entwickelt. Ästhetische Bildung im so verstandenen Sinne kann als Inbegriff von Bildung im neuhumanistischen Verständnis angesehen werden, ermöglicht sie doch dem Menschen, „... aus sich selbst zu machen, was er will" (Schiller 1989, Bd. V, 635).

Am Ende der Schillerschen Abhandlung liegt eine dritte Auffassung der Wirkungsweise von Kunst nahe: Sie stellt die Möglichkeit des Gelingens ästhetischer Bildung in Frage, indem sie eine Ausstrahlungskraft des Umgangs mit Kunst über den engen künstlerischen Bereich hinaus auf andere Bereiche der Lebenspraxis leugnet. Die Beschäftigung mit Kunst um ihrer selbst willen droht im puren Ästhetizismus zu verharren und scheint konträr zur erstgenannten Möglichkeit ihrer politischen Wirksamkeit zu stehen. An die Stelle der genannten „Erziehung durch Kunst" tritt hier eine „Erziehung zur Kunst" oder auch lediglich eine „Unterrichtung über Kunst".

Mit diesen drei Möglichkeiten, die bereits im Ansatz Schillers deutlich werden, werden die Positionen umrissen, zwischen denen die Diskussion der ästhetischen Bildung grundsätzlich verläuft. In dieser Hinsicht kann mit Recht, in den Worten Mollenhauers, von einer „Kontinuität der Problemstellungen ästhetischer Bildung seit Schiller" (Mollenhauer 1988, 443) gesprochen werden, vor deren Hintergrund Fragen zu einem aktuellen Ansatz ästhetischer Bildung zu formulieren sind. Insbesondere das von Schiller hervorgehobene modernitätskritische Potential ästhetischer Bildung ist bis in die Gegenwart hinein Orientierungspunkt für Ansätze geblieben, die sich mit der bildenden Wirkung von künstlerischen Ereignissen und Objekten auseinandersetzen. Inwieweit die Schillerschen Problemstellungen dabei Modifizierungen und auch Vereinseitigungen erfahren haben, wird sich im folgenden erweisen.

2.   Ende der Kunst? – Kunst und Erkenntnis nach Hegel

Eine entscheidende Veränderung erfährt die Bestimmung der Bildungsrelevanz künstlerischer Ereignisse in der Kunstauffassung Hegels.

Gemäß seiner geschichtsphilosophischen Grundlegung vom dialektischen Fortschreiten des menschlichen Erkenntnisprozesses, weist Hegel der durch Kunst vermittelten Erkenntnis nur eine Übergangsfunktion auf dem Weg zur Verwirklichung des „Absoluten Geistes" zu. In ihm gipfelt der Selbstverwirklichungsprozeß des Subjekts (und gleichzeitig der menschlichen Gattung), das durch beständige Selbstreflexion bemüht ist, sich selbst zu erkennen und dadurch zur Selbstbestimmung zu gelangen. Hegels Ästhetik beschreibt die Funktion der Kunst für diesen Prozeß auf den verschiedenen Stufen geistesgeschichtlicher Entwicklung, in deren Manifestationen sich die fortschreitende Entwicklung des Subjekts und der Gattung zur Selbsterkenntnis und Selbstverwirklichung spiegelt.

Im Vergleich mit Religion und Philosophie stellt die Kunst die niedrigste Stufe dieses Erkenntnisprozesses dar. Ihre Aufgabe besteht darin, gemeinsam mit Religion und Philosophie „... die umfassendsten Wahrheiten des Geistes zum Bewußtseyn zu bringen und auszusprechen" (Hegel 1971, Bd. 12, 27).[17] Diese Aufgabe erfüllen die Werke der Kunst in der ihnen eigenen Weise, indem sie den Ideen zu einem sinnlich-anschaulichen Ausdruck verhelfen. Kunstwerke sind nach Hegel Produkte des Geistes, die den Bruch „... zwischen dem bloß Äußerlichen, Sinnlichen und Vergänglichen und zwischen dem reinen Gedanken, zwischen der Natur und endlichen Wirklichkeit und der unendlichen Freiheit des begreifenden Denkens" (ebd., 28) zu heilen vermögen. In der so verstandenen, versöhnenden Funktion der Kunstwerke ist jedoch – die Wortwahl legt es bereits nahe – gleichzeitig die Grenze ihrer Wirkungsweise angelegt.

Zwar widerspricht Hegel der Auffassung von einer durch den ästhetischen Schein hervorgerufenen Täuschung, gleichzeitig verweist er jedoch auf den beschränkten Charakter einer durch Kunst vermittelten Erkenntnis der Wahrheit. Diese Beschränkung liegt im Modus der sinnlichen Erscheinungsweise der Kunstgegenstände, ist also dem Wesen der Kunst immanent. „Nur ein gewisser Kreis und Stufe der Wahrheit ist fähig, im Elemente des Kunstwerks dargestellt zu werden; es muß noch in ihrer eigenen Bestimmung liegen zu dem Sinnlichen herauszugehen und in demselben sich adaequat seyn zu können, (...). Dagegen giebt es eine tiefere Fassung der Wahrheit, in welcher sie nicht mehr dem Sinnlichen so verwandt und freundlich ist, um von diesem Material in angemessener Weise aufgenommen und ausgedrückt werden zu können" (ebd., 30).

Die Stufe der unmittelbaren, sinnlichen Erkenntnis des Wahren durch Kunst ist nach Hegel überschritten. Diese höchste Form der Kunst, in der sinnliche Gestalt und Idee sich derart entsprechen, „daß die Gestalt der Idee in sich selbst die an und für sich wahre Gestalt ist" (ebd., 113), fand sich nur in den Kunstwerken der griechischen Antike. Die vollendetste Ausprägung dieses Ideals findet Hegel in der Darstellung des Menschen durch die klassische Skulptur, so daß er feststellt: „Schönres kann nichts seyn und werden" (Hegel 1971, Bd. 13, 121).

Dem zeitgenössischen Erkenntnisniveau kann die an materielle Darstellung gebundene Kunst allerdings keine adäquate Wahrheitserkenntnis mehr bieten. So gelangt Hegel zu der Feststellung , „... daß die Kunst nicht mehr diejenige Befriedigung

---

17   Zitiert wird nach: Hegel, Sämtliche Werke. Jubiläumsausgabe in zwanzig Bänden, hrsg. v. Hermann Glockner. Stuttgart-Bad Cannstatt 1965 ff

der geistigen Bedürfnisse gewährt, welche frühere Zeiten und Völker in ihr gesucht und nur in ihr gefunden haben" (Hegel 1971, Bd. 12, 31). Im Hinblick auf die Selbstverwirklichung des Menschen im Fortschreiten des Erkenntnisprozesses zu einem reflektierenden, sich seiner selbst bewußten Wesen gehört die Kunsterfahrung also einer geistesgeschichtlich bereits überwundenen Stufe der Erkenntnis an. Die Kunst gelangt an ihr Ende, wenn die geistige Reflexion sich Gegenständen zuzuwenden vermag, denen eine sinnliche Darstellungsweise nicht mehr entspricht. Für die Höherbildung des Menschen spielt sie damit keine Rolle mehr.[18] In diesem Sinne faßt Hegel die geistesgeschichtliche Entwicklung seiner Zeit zusammen: „Der Gedanke und die Reflexion hat die schöne Kunst überflügelt" (ebd., 30f). An die Stelle der Kunst tritt in der Epoche der Romantik das Nachdenken über Kunst, die Ästhetik als Philosophie der Kunst mit dem Ziel ihrer wissenschaftlichen Erkenntnis.

Hegel widerlegt an dieser Stelle die Einwände gegen eine wissenschaftliche Behandlung der Kunst, die von einer Unvereinbarkeit von begrifflichem Denken und künstlerischer Tätigkeit und Genuß ausgehen (vgl. ebd., 25). Da das Kunstwerk eine Repräsentation der Idee im Modus sinnlicher Erscheinung und als solches dem ‚Geist entsprungen' ist, besteht die Aufgabe des reflektierenden Geistes darin, diese Form der Darstellung wieder in die ihm gemäße, begriffliche Erscheinungsform zurückzuverwandeln. Indem sich der Geist mit seinen sinnlich veräußerten Produkten beschäftigt, erfaßt er „*nicht etwa nur sich selbst*" als begrifflich Denkenden, sondern er vermag darüber hinaus, „sich in seinem Andern zu begreifen" (ebd. 34). Diesem anderen, das eine „Entfremdung zum Sinnlichen hin" erfahren hat, begegnet der Geist, „indem er das Entfremdete zu Gedanken verwandelt, und so zu sich zurückführt" (ebd.). Selbstentäußerung und Wiederaneignung sind demnach die beiden Momente einer bildenden Wirkung der Kunsterfahrung. Darin liegt auch die Möglichkeit einer Versöhnung von Subjekt und Objekt durch den reflektierenden Geist. Wesentlicher Anhaltspunkt für diesen Vorgang, der die bildende Wirkung der Kunsterfahrung umschreibt, ist der *Inhalt* des Kunstwerks, der es in seiner Funktion als vorbegriffliches, sinnliches Schei-

---

18 Durch eine ‚Umperspektivierung' der identitätsphilosophischen Prämissen Hegels versucht Richter-Reichenbach (1983, 85ff), die Funktion der Kunst für die ästhetische Bildung im Anschluß an die Ästhetik Hegels wieder zu beleben. Sie stellt dazu Hegels Ausgangsgedanken von der an sein Ziel gelangenden Selbsterkenntnis des Menschen auf der Stufe des absoluten Geistes in Frage und stellt demgegenüber die Unabschließbarkeit dieses Prozesses der erkenntnismäßigen Selbstvergewisserung des Subjekts dar. In diesem nichtteleologischen Prozeß kommt dem ästhetischen Gegenstand, als einem vom Selbst veräußerten, sinnlichen Produkt, eine entscheidende Funktion bei der Suche nach Selbst- und Fremdverständigung zu. Diesem Gedankengang Richter-Reichenbachs ist, was die Funktion des ästhetischen Produkts für den nicht an ein Ziel gelangten Prozeß der Selbstvergewisserung angeht, grundsätzlich zuzustimmen. Er läßt sich jedoch nur – wie sie auch zugesteht – gegen die philosophischen Annahmen Hegels verfolgen und nicht aus seinem System ableiten.

nen einer Idee mit dem begrifflichen Denken verbindet.[19] Ohne hier im einzelnen auf Hegels Darstellung der geschichtlichen Entwicklung der Kunstformen – als Manifestationen der geistesgeschichtlichen Entwicklung der Menschheit – und auf die Stellung der einzelnen Künste im Gesamtsystem eingehen zu können[20], wird vor dem Hintergrund dieser Ausführungen die besondere Stellung, die Hegel der Dichtkunst innerhalb seines Systems der Künste einräumt, leicht ersichtlich. Sie ist die Kunstform, die scheinbar am wenigsten der sinnlich-materiellen Darstellungsweise verhaftet ist. In der Dichtung als der letzten und ausgereiftesten Stufe der romantischen Kunstepoche findet gleichzeitig die Selbstüberwindung der Kunst statt, „... indem sie das Element versöhnter Versinnlichung des Geistes verläßt und aus der Poesie der Vorstellung in die Prosa des Denkens hinübertritt" (ebd., 131).

Nicht die Aufhebung des Dualismus von sinnlicher Natur und Geist im ästhetischen Zustand, wie noch in der klassischen Bildungstheorie, wird hier zum Ideal der Menschheitsentwicklung erhoben, sondern die Überwindung der Versinnlichung durch Reflexion. ‚Unendliche Freiheit' ist dem reflektierenden Geist erst auf der Stufe des begrifflichen, durch keine materielle Beschränkung eingeengten Denkens gegeben. Mit dieser Argumentation vollzieht Hegel einen entscheidenden Wandel in der Beurteilung der Bildungsrelevanz der Kunst gegenüber den an der Autonomieästhetik Kants orientierten Bildungstheoretikern. Schillers Ansatz, den spielenden Umgang des Menschen mit Kunst zum Ausgangspunkt seiner Selbstverwirklichung zu machen, beruht auf der – in Anlehnung an Kant vorgenommenen – Bestimmung der Autonomie der Kunst von theoretischer Erkenntnis und moralischer Beurteilung. Nur unter dieser Bedingung kann die bildende Wirkung der Kunst als Befähigung des Menschen zur Selbstbestimmung durch Selbsttätigkeit bestimmt werden. ‚Spiel' gilt dabei als Möglichkeit, subjektive Wirklichkeiten aufzubauen und sie im künstlerischen Ausdruck zu objektivieren. Es dient weder der sinnlichen Veranschaulichung objektiv ‚wahrer' Erkenntnis noch moralisch ‚guter' Einsichten.
  Diese einzigartige Bedeutung, die die Kunst aus der Sicht der klassichen Bildungstheorie durch die nur ihr eigene Gesetzlichkeit für den Bildungsgang des Menschen gewinnt, wird durch die erkenntnistheoretischen Prämissen Hegels historisch relativiert. Kunstwerke, als sinnlich vermittelter Ausdruck einer Idee, stellen nur eine – und nicht die vollkommenste – Möglichkeit dar, Wahrheit zum Bewußtsein zu bringen. Ihre heteronome Bestimmung erfährt Kunst erst in der Rückführung auf den Gedanken.

---

19   Demgegenüber ist Schillers Bestimmung des Schönen als „Freiheit in der Erscheinung" nicht an den Inhalt eines Werkes gebunden. Nicht die Freiheit als ‚Idee' tritt im Kunstwerk in Erscheinung. Erst durch eine kunstgemäße Form wird Freiheit vom Betrachter mit Schönheit assoziiert. Insofern kommt der kunstgemäßen Gestaltung, der Form des Kunstwerks, in Schillers Versuch, den Schönheitsbegriff zu bestimmen, eine besondere Bedeutung zu. „In einem wahrhaft schönen Kunstwerk soll der Inhalt nichts, die Form aber alles tun; denn durch die Form allein wird auf das Ganze des Menschen, durch den Inhalt hingegen nur auf einzelne Kräfte gewirkt. Der Inhalt, wie erhaben und weitumfassend er auch sei, wirkt also jederzeit einschränkend auf den Geist, und nur von der Form ist wahre ästhetische Freiheit zu erwarten" (Schiller 1989, Bd. V, 639).
20   vgl. dazu Hegel 1971, Bd. 12, 124ff

„Die Kunst aber, weit entfernt (...), die höchste Form des Geistes zu seyn, erhält in der Wissenschaft erst ihre ächte Bewährung" (ebd., 35). Durch diese heteronome Bestimmung wird die Repräsentationsfunktion der Kunst, ihre Möglichkeit, eine außer-ästhetische Wirklichkeit darzustellen, in den Vordergrund gerückt. Damit wird gleichzeitig die bildende Wirkung von Kunst an ihre darstellende Funktion gebunden und nicht, wie in Schillers Ansatz, an ihre Möglichkeit, auf die Einbildungskraft des künstlerisch produzierenden und rezipierenden Menschen zu wirken. Scheible beschreibt diesen Übergang als Wende „von einer Ästhetik des Geschmacks zu einer des Gehalts". In dem von Hegel aufgezeigten geistesgeschichtlichen Prozeß „... hört mit der Wendung zu einer Ästhetik des begrifflich fixierbaren Gehalts das einzelne Subjekt auf, bei der Konstituierung der ästhetischen Wahrheit eine Rolle zu spielen. Daß das Schöne erst im Gefühl von Lust und Unlust, im freien Spiel der Erkenntniskräfte sich vollende, ist eine Vorstellung, die in diesem System der Künste keinen Platz hat. Das Subjekt, das anhand der Hegelschen Ästhetik seine eigene Geschichte im Medium der Kunst verfolgen kann, muß zugleich zur Kenntnis nehmen, daß von ihm selbst, von seiner »Subjektivität«, nicht das Geringste abhängt. Daß die Kunstwerke durch Hegels System der Künste in einem noch nicht dagewesenen Ausmaß *verständlich* werden, hat zur Folge, daß sie schließlich *verstanden sind*: damit hören sie auf, ein Medium der Erkenntnis, ein Prozeß der lebendigen Vermittlung von Subjekt und Objekt zu sein" (Scheible 1988, 290f).

Zusammenfassend lassen sich die auf den Grundsätzen Kants beruhenden Überlegungen Schillers und die Ästhetik Hegels als zwei unterschiedliche Paradigmen zur Bestimmung der bildenden Wirkung von Kunst kennzeichnen (vgl. dazu Bubner 1989, 9ff). Während Hegel die bildende Wirkung der Kunst heteronom, aus ihrer Funktion heraus bestimmt, in ihren Werken Wahrheit zur Darstellung zu bringen, geht Schiller von der Wirkung aus, die rezeptive und produktive Auseinandersetzung mit Kunst auf das wahrnehmende und gestaltende Subjekt haben kann. In dieser Wirkung, die unabhängig von außer-ästhetischen Zwecken angesiedelt wird, liegt allein die bildende Wirkung von Kunst. Schillers ‚ästhetische Erziehung' stellt also die Erfahrung in den Mittelpunkt, die zwischen dem künstlerischen Ereignis/Objekt und dem mit ihm spielenden Subjekt stattfindet. In Hegels Ästhetik dagegen wird das Werk als Vermittler von Erkenntnis zum zentralen Gegenstand der bildenden Wirkung. Materialistisch gewendet knüpft die Widerspiegelungstheorie der marxistischen Ästhetik an diese Bestimmung der bildenden Funktion von Kunst an (vgl. ebd., 20ff).

Im folgenden Kapitel soll aufgezeigt werden, welche Umdeutungen und Fokussierungen die hier gegenübergestellten Paradigmen ästhetischer Bildung im Gefolge einer pädagogisch-didaktischen Inanspruchnahme erfahren haben. Als Beispiel dafür wird die kunstpädagogische Diskussion der späten sechziger und der siebziger Jahre herangezogen. Dabei handelt es sich nicht um ein zufällig gewähltes Beispiel von historischem Interesse. Vielmehr kann diese kunstpädagogische Diskussion der jüngeren Vergangenheit insofern als beispielhaft gelten, als sie sich zum Teil explizit als ‚Neudiskussion' der ästhetischen Erziehung Schillers verstand. Nach einer langen Periode eines harmonistischen Verständnisses des Umgangs mit Kunst in pädagogischer

Absicht[21] soll hier wieder an das kritische Potential ästhetischer Bildung angeknüpft werden, wie es von Schiller begründet wurde. In welcher Weise diese Absicht verwirklicht wurde, soll im folgenden dargestellt werden.

3.   Ideologiekritik statt ästhetischer Bildung – Ansätze zur politisch-ästhetischen Erziehung.

Die Neudiskussion der ästhetischen Erziehung unter kunstpädagogischer Perspektive, die 1967/68 von Diethart Kerbs und Hartmut von Hentig[22] angeregt wurde, läßt sich als sehr heterogen charakterisieren. Ausgehend von der Kritik am traditionellen Kunstunterricht, entstanden im Rahmen der Fachdidaktik der bildenden Kunst zahlreiche Konzepte einer im weitesten Sinne ‚ästhetischen Erziehung‘.[23] Dabei lag der Schwerpunkt u. a. auch auf dem Bestreben, vom traditionellen Gegenstandsbereich der bildenden Kunst abzurücken und eine Ausdehnung des Gegenstands auf visuelle Medien aller Art voranzutreiben. Auf die verschiedenen Ansätze, ihre Besonderheiten und Unterschiede, soll hier nicht im einzelnen eingegangen werden, zumal sie sich zum Teil ausdrücklich auf fachdidaktische Fragestellungen der bildenden Kunst beziehen. Für die hier interessierende Frage nach den sich wandelnden Bestimmungen der Bildungsrelevanz ästhetischer Ereignisse sind vielmehr der gemeinsame Begründungszusammenhang und die Zielsetzungen dieser Konzepte von Bedeutung. Die folgenden Ausführungen konzentrieren sich deshalb auf solche Konzepte, die diesbezüglich als exemplarisch angesehen werden können und die keine Eingrenzung von ästhetischer Erziehung auf die Didaktik der bildenden Kunst vornehmen, wie es für den weiteren Verlauf dieser Diskussion typisch ist.

Von einer Neudiskussion ästhetischer Erziehung kann, insbesondere im Hinblick auf die beiden oben genannten Autoren, insofern gesprochen werden, als sie sich bei ihrer Kritik des verengten Verständnisses des Kunstunterrichts auf die in Vergessenheit geratene politische Dimension ästhetischer Erziehung berufen, wie sie in Schillers bildungstheoretischem Ansatz begründet wurde. Das Anknüpfen an die Tradition ästhetischer Erziehung geht damit ausdrücklich auf deren kulturkritischen Anspruch zurück und formuliert diesen unter veränderten Bedingungen als gesellschafts- bzw. kapitalismuskritischen fort. Ästhetische Erziehung, die sich auf diesen kritischen Anspruch

---

21 Die Grundsätze ‚musischer Erziehung‘ zu Beginn dieses Jahrhunderts und nach dem 2. Weltkrieg, von denen sich die Neudiskussion ästhetischer Erziehung in den sechziger und siebziger Jahren kritisch abgrenzte, werden im Zusammenhang mit der Laienspiel-Diskussion ausführlich dargestellt (vgl. II., 2).

22 vgl v. Hentig, Über die ästhetische Erziehung im politischen Zeitalter. In: Die deutsche Schule. 59/1967/X, 580–600; Kerbs, Ästhetische und politische Erziehung. In: Kunst und Unterricht. 1/1968, 28–31

23 Ein Überblick über die unterschiedlichen Konzepte findet sich bei Otto (Hg.), Texte zur ästhetischen Erziehung. Braunschweig 1975. Wenn im folgenden von ästhetischer Erziehung statt von ästhetischer Bildung die Rede ist, so wird damit die Terminologie der jeweiligen Autoren aufgegriffen.

besinnt, kann folgerichtig nicht auf ein Schulfach beschränkt werden, sondern muß, als grundlegender Bestandteil von Erziehung, fächerübergreifendes Prinzip werden. So definiert Kerbs:

„1. Ästhetische Erziehung bezieht sich auf alle ästhetisch relevanten Phänomene, d. h. nicht nur auf sämtliche Künste, sondern auch auf die Schönheit, z. B. von Menschen, Landschaften oder Gebrauchsgegenständen.

2. Ästhetische Erziehung beschränkt sich nicht auf das je eigene Schaffen und Machen, sondern erstreckt sich immer auch (oder sogar vorwiegend) auf das Erkennen, Genießen, Beurteilen und Interpretieren von ästhetischen Phänomenen" (Kerbs, 1968, 28).

Eine ähnliche Ausweitung des Gegenstandsbereichs ästhetischer Erziehung nimmt auch von Hentig vor. Ausgehend von dem nicht eingelösten Anspruch der klassischen Bildungstheorie, fragt er in Anlehnung an Schiller nach der „Möglichkeit einer ‚ästhetischen Erziehung' in *unserem* politischen Zeitalter"(v. Hentig 1967, 580). Er grenzt sich kritisch gegenüber den hehren Zielen der musischen Bildung ab und bestimmt demgegenüber ästhetische Erziehung als „Ausrüstung und Übung des Menschen in der aisthesis – in der Wahrnehmung. Sie will etwas ganz Elementares und Allgemeines" (ebd., 584).[24]

Der gemeinsame Begründungszusammenhang, vor dessen Hintergrund sich der erneuerte Anspruch auf eine politische Funktion der ästhetischen Erziehung herausbildet, ist das Wissenschaftskonzept der ‚Kritischen Theorie', das im Gefolge des Paradigmenwechsels von der geisteswissenschaftlichen Pädagogik zu einer sozialwissenschaftlich orientierten Erziehungswissenschaft auch in diesem Bereich an Bedeutung gewann.

Unter emanzipatorischem Erkenntnisinteresse geht es den in der Tradition der ‚Kritischen Theorie' stehenden Konzepten ästhetischer Erziehung um „die gesellschaftliche Rolle der Ästhetik bei der Verschleierung von Machtverhältnissen und ihrer Entschleierung" (Kerbs 1968, 28). Ausgangspunkt des gesellschaftskritischen Konzeptes von Kerbs ist die Feststellung, daß unter kapitalistischen Verhältnissen

---

24 Die Ausweitung des Gegenstands ästhetischer Erziehung auf alle möglichen Bereiche menschlicher Wahrnehmung ist symptomatisch für die Entwürfe ästhetischer Erziehung Ende der sechziger und in den siebziger Jahren (vgl. auch Otto 1974, Mayrhofer/Zacharias 1976). Sie wird gerechtfertigt durch das Zurückgehen auf die griechische Bedeutung von ‚ aisthesis'/Wahrnehmung. Von Hentig hat sich später von dieser Ausweitung ästhetischer Erziehung zur Wahrnehmungserziehung distanziert und sie für kontraproduktiv erklärt (vgl. v. Hentig 1985). Ein derart weites und undifferenziertes Verständnis ästhetischer Erziehung führe zum Verlust ihres Gegenstands und zum Verlust ihres Maßstabs, der einzig in der Kunsterfahrung zu suchen sei. Rückblickend stellt er fest: „Meine Definition von Kunst habe ich nicht geändert, aber ich erkenne deutlich den Mißbrauch, den man mit ihr treiben kann. Ich wehre mich dagegen, daß der Kunstunterricht einem ungenauen, für seinen Gegenstand unzuständigen Gesellschaftsunterricht geopfert wird – einer Veranstaltung zum Erlernen ‚sozialer Kreativität' und zum Erleiden einer ‚ästhetischen Sozialisation'. Ich bleibe dabei, daß es in *diesem* Unterricht in erster Linie um das Erfahren, Verstehen und Hervorbringen von ästhetischen Wirkungen geht, und sehe, daß die großen Kunstwerke hierbei vor allen anderen möglichen ästhetischen Gegenständen einen gewaltigen Vorsprung haben" (v. Hentig 1985, 20f).

die ästhetischen Erscheinungen nicht zur Emanzipation, sondern zur Verblendung eingesetzt werden. Die Ausbildung des Empfindungsvermögens, wie Schiller vor dem Hintergrund seiner modernitäts- und vernunftkritischen Diagnose es noch forderte, reiche unter diesen Verhältnissen nicht aus. Ästhetische Erziehung muß zur rationalen Analyse der Verblendungsmechanismen und ihrer politischen Bedeutung führen. In diesem Sinne sind ästhetische Erziehung und politische Erziehung identisch. Ihre ideologiekritische Funktion erhält ästhetische Erziehung einerseits durch die Beschäftigung mit Kunstwerken als Vorschein einer besseren Gesellschaft, andererseits durch die Aufklärung über Manipulationstechniken und die Mechanismen der Warenästhetik, durch die Thematisierung des gesellschaftlichen Zusammenhangs, in dem Kunstschaffen steht, und die Entlarvung der Ästhetisierung der Politik. Durch die Aufklärung über bestimmte Wirkungsmechanismen kapitalistischer Produktionsweise und die Einsicht in ihren ideologischen Charakter soll eine Veränderung dieser Bedingungen eingeleitet werden.[25] Damit soll ästhetische Erziehung zur Emanzipation des einzelnen und zur Befreiung der Gesellschaft beitragen, eine Zielsetzung, in der die unterschiedlichen Ansätze ästhetischer Erziehung Ende der sechziger Jahre weitgehend übereinstimmen.[26] „Emanzipatorische ästhetische Erziehung für alle, d. h. Befreiung aus der sinnlichen Unmündigkeit, die der Kapitalismus voraussetzt und verewigt, würde den Kapitalismus in dem selben Maße sabotieren, in dem der Kapitalismus immer schon diese ästhetische Erziehung sabotiert" (Kerbs 1972, 75).

Neben der kritisch-analytischen Vorgehensweise hebt Kerbs auf der anderen Seite die experimentellen und produktiven Anteile ästhetischer Erziehung hervor, wodurch nicht nur der kritischen, sondern auch der utopischen und der hedonistischen Funktion ästhetischer Erziehung Rechnung getragen werden soll (vgl. Kerbs 1970, 566 ff).

Zu einem zentralen Begriff im Hinblick auf diese beiden Funktionen ästhetischer Erziehung wird in Kerbs' Ansatz der des Spiels, den er von Schiller herleitet.[27]

Er beruft sich dabei auf Schillers Bestimmung der anthropologischen Bedeutung des Spiels. Im Gegensatz zu Schiller, der das Spiel als lebende Gestalt zwischen sinn-

---

25   Dieser Zusammenhang läßt sich auf die Bestimmung der Funktionsweise der Ideologiekritik im Sinne von Habermas zurückführen, auf die Vorstellung, „... daß die Information über Gesetzeszusammenhänge im Bewußtsein der Betroffenen selber einen Vorgang der Reflexion auslöst; dadurch kann die Stufe unreflektierten Bewußtseins, die zu den Ausgangsbedingungen solcher Gesetze gehört, verändert werden. Ein kritisch vermitteltes Gesetzeswissen kann auf diesem Wege das Gesetz selbst durch Reflexion zwar nicht außer Geltung, aber außer Anwendung setzen" (Habermas 1978, 158 f).

26   Unterschiede in der Zielvorstellung von der ‚befreiten' Gesellschaft ergeben sich aus der gesellschaftstheoretischen Grundlegung der verschiedenen Konzepte. Dabei kann die Zielsetzung einer sozialistischen Gesellschaft nicht im Sinne einer orthodox-marxistischen Auffassung interpretiert werden. Die entscheidende Bedeutung, die diese Ansätze den Bewußtseinsphänomenen bei der Aufrechterhaltung und der Entlarvung von Herrschaftsstrukturen beimessen, verweist in jedem Fall auf den Einfluß der Konzepte ‚Kritischer Theorie' (vgl. hier insbesondere Marcuse, Der eindimensionale Mensch. Neuwied 1976; ders., Versuch über die Befreiung. Frankfurt/M. 1969).

27   vgl. Kerbs, Das Ritual und das Spiel – Bemerkungen über die politische Relevanz des Ästhetischen. In: ders. (Hg.), Die hedonistische Linke. Neuwied/Berlin 1970, 24–47

lichem Trieb und Formtrieb ansiedelt, ordnet Kerbs es – im Rückgriff auf Nietzsches Kategorien des Dionysischen und des Apollinischen – dem Bereich des Dionysischen zu. Eine hedonistische Funktion kommt dem Spiel in dieser Bestimmung dadurch zu, daß es die Sinnlichkeit von den Zwängen der Moral befreit. Kerbs verweist hier auf den spielerischen Charakter der Aktionen der ‚Neuen Linken'. Die utopische Funktion besteht für ihn, in Anlehnung an Marcuses Schiller-Rezeption, in der Vereinigung von Realitäts- und Lustprinzip und damit in der Antizipation eines wünschenswerten gesellschaftlichen Zustands.

Kerbs' Bezug auf den Schillerschen Spielbegriff ist insofern kritisiert worden, als es sich um eine hedonistische Vereinseitigung der klassischen Theorie handelt (vgl. Richter-Reichenbach 1983, 59 f). Nicht um die Befreiung der Sinnlichkeit und die Überwindung ihrer Beschränkungen geht es Schiller, sondern um die Entfaltung der doppelten Natur des Menschen. Dazu bedarf es des „Spiels mit der Schönheit", nur so ist der Mensch in Schillers Sinne *ganz* Mensch. Darüber hinaus wurde Kerbs zum Vorwurf gemacht, daß er die *Idee* eines versöhnenden Gleichgewichts von Sinnlichkeit und Vernunft, die, wie Schiller immer wieder betont hat, nicht zu realisieren ist, kurzerhand in die gesellschaftspolitische Praxis überträgt (vgl. Matthies 1972, 48 f). Der grundlegende Widerspruch in Schillers Theorie zwischen dem Anspruch einer politischen Einflußnahme über ästhetische Erziehung und der dem Ästhetischen immanenten Indifferenz gegenüber heterogenen Zielsetzungen, wird bei Kerbs nicht reflektiert. Im Vertrauen auf die aufklärerische Rationalität, die die Ausbildung der Empfindungsfähigkeit ergänzt, wird ästhetische Erziehung zu politischer Erziehung und damit zu einer gesellschaftsverändernden Kraft.

Im Gegensatz zu Kerbs distanziert sich v. Hentig vom Schillerschen Spielbegriff, der seiner Ansicht nach zu häufig zu Mißdeutungen und Verkürzungen im Sinne eines „fehlgedeuteten Kinderparadieses" (v. Hentig 1967, 596) geführt hat. Für ihn liegt die Funktion ästhetischer Erziehung – und damit knüpft er wieder deutlich an die Aufgaben der Kunst an – darin, die Spannung zwischen Spielraum und Ernstfall erfahrbar zu machen (vgl. v. Hentig 1969, 380).

In ihrer entschiedenen Bejahung der praktischen produktiven Betätigung als Bestandteil ästhetischer Erziehung neben der theoretischen Analyse unterscheiden sich die bisher angesprochenen Konzepte wesentlich von solchen Ansätzen, die sich um ein neu einzurichtendes Schulfach ‚Visuelle Kommunikation' bemühten (vgl. Ehmer (Hg.) 1971) und vom Konzept einer „politischen Erziehung im ästhetischen Bereich" (Giffhorn 1972). Letztere stellen die produktiven Elemente ästhetischer Erziehung in den Hintergrund und nehmen demgegenüber eine einseitige Betonung ihrer ideologiekritischen Funktion vor.

Gegenstand eines Unterrichtsfachs ‚Visuelle Kommunikation' sollen nach Ansicht seiner Verfechter alle visuellen Medien und die Reflexion ihrer Funktion in der Gesellschaft sein. Dabei soll, in Anlehnung an die Funktionsbestimmung der Medien für die Kulturindustrie (vgl. Horkheimer/Adorno 1973, 108 ff), ihre Thematisierung im Unterricht in erster Linie in ideologiekritischer Absicht geschehen. Das heißt, es geht um die Vermittlung der Fähigkeit, die Manipulationstechniken der Medien im Sinne der Kulturindustrie zu durchschauen (vgl. Möller 1971a, 363ff).[28]

Eine ähnliche Zielsetzung verfolgt Giffhorn (1972). Sein Ansatz der „politischen Erziehung im ästhetischen Bereich" mißt der produktiven gestalterischen Tätigkeit nur insofern eine Bedeutung zu, als sie zur Ausbildung bestimmter wünschenswerter Fähigkeiten, zum Beispiel zum kritischen Mediengebrauch, beiträgt. Vor dem Hintergrund dieser rein formal bestimmten Zielsetzung kann die Beschäftigung mit Kunst nur gelegentlich als „Trainingsmaterial" dienen, „... an dem sich andere Qualifikationen erwerben lassen. (...) Wenn es darum geht, Wirkungszusammenhänge in der Umwelt deutlich zu machen. (...) Wenn es im Rahmen der Ausbildung von Genußfähigkeit darum geht, die Schüler Wege finden zu lassen, sich ihre Umwelt lebenswerter zu gestalten, zu ‚verschönern‘, kann Kunst durchaus Ideenlieferant sein" (ebd., 87). An anderer Stelle gelangt Giffhorn zu der Einschätzung, daß die Beschäftigung mit Kunst durchaus kontraproduktiv sein könne, daß von ihr möglicherweise eine quietistische, emanzipationsverhindernde Wirkung ausgehe. Wenn es nämlich um „Emanzipation und Glück und Selbstbestimmung möglichst vieler auf möglichst lange Zeit geht", ist seiner Meinung nach eine politische Auseinandersetzung notwendig. „Davon lenkt individualistischer und von anderen Problemen losgelöster Genuß – und so wird Kunstgenuß gewöhnlich von Schülern im Kunstunterricht verstanden – mit großer Wahrscheinlichkeit ab und kompensiert vermutlich gleichzeitig Aggressionen, die sonst eventuell zu emanzipatorischem Handeln stimulieren könnten. Was heißen würde, daß Kunstgenuß eine entpolitisierende und damit affirmative Funktion hat" (Giffhorn, in: Otto 1975, 174).

Die in diesen Äußerungen Giffhorns in besonders zugespitzter Form vorliegende Position ideologiekritischer Auseinandersetzung mit künstlerischer Produktion ist auf heftige Kritik gestoßen (vgl. Matthies 1972, 58ff; v. Hentig 1974; 1985). Die einseitige Betonung der ideologiekritischen Funktion ‚Visueller Kommunikation‘ bzw. ‚politischer Erziehung im ästhetischen Bereich‘ führe, so die kritische Argumentation, zu einer immer stärkeren Annäherung an gesellschaftswissenschaftliche Fragen. Nicht auf

---

28   Die Diskussion um ein neues Schulfach ‚Visuelle Kommunikation‘ wurde wesentlich beeinflußt durch S. B. Robinsohns Entwurf einer Curriculumtheorie (Robinsohn 1967), die eine Legitimation der Bildungsinhalte vor dem Hintergrund umfangreicher Lernzielbestimmungen forderte. Durch diese Zielorientierung des Bildungsprozesses auf allen Ebenen der Vermittlung wurde eine größere Rationalität und damit Transparenz bei der Auswahl von Lerninhalten angestrebt. Mit Hilfe des Instruments der Lernzieltaxonomie sollten operationalisierbare Konkretisierungen von Lernzielen auf allen curricularen Entscheidungsebenen erreicht werden. Alle Einzelentscheidungen bezüglich der Ziele, Inhalte und Organisationsformen von Lernprozessen lassen sich auf diesem Wege rechtfertigen durch ihre Zweckmäßigkeit für die „Bewältigung von Lebenssiuationen" (Robinsohn 1972, 45), die nach Robinsohn die richtungsweisende und konsensfähige Zielperspektive von Bildungsprozessen darstellt (vgl. ebd. 15f). Vor dem Hintergrund dieses Ansatzes begründet Möller (1971) ‚Visuelle Kommunikation‘ als medienkundlichen und medienkritischen Unterricht. „Gegenstand von Unterricht sind visuelle Medien und visuelle Information ohne Rücksicht auf deren mögliche künstlerische Gestaltung (...) Allgemeine Zielsetzung ist die Befähigung zu kritischem Medienkonsum und emanzipatorischem Mediengebrauch" (ebd., 23).

künstlerisch-praktische Betätigung richte sich ästhetische Erziehung, sondern auf die rationale Analyse der gesellschaftlichen Bedeutung ästhetischer Phänomene im weitesten Sinne.[29] Dabei gerate der spezifische Gegenstand ästhetischer Erziehung aus dem Blickfeld. Im Fächerkanon des schulischen Unterrichts gehe gleichzeitig die Unterscheidung gegenüber den gesellschaftswissenschaftlichen Fächern verloren.

Den hier dargestellten Konzepten ästhetischer Erziehung und ‚visueller Kommunikation' ist eine mehr oder weniger starke Abwendung von künstlerischen Ereignissen und Gegenständen gemeinsam. Die Beschäftigung mit Kunst, wo sie dennoch vorkommt, geschieht um der Aufklärung gesellschaftlicher Zusammenhänge willen.[30] Die erkenntnistheoretische Grundlage dieser Kunstauffassung ist die materialistische Widerspiegelungstheorie der marxistischen Ästhetik, die, anknüpfend an Hegel, eine wesentliche Funktion der Kunst darin sieht, Erkenntnisse über „wahre" gesellschaftliche Zusammenhänge zu vermitteln. Kunstwerke, als Phänomene des Überbaus, vermögen im Modus der sinnlichen Anschauung wahre Erkenntnisse über objektive Zusammenhänge zu vermitteln, wenn man sie, interpretativ und mit Hilfe ideologiekritischer Analyse, auf ihre „Basis" zurückführt. (Wenn man bereits im Besitz der Wahrheit ist, kann man die Kunst auch beim Lügen ertappen![31]) Ihre sinnliche Erscheinungsform entspricht damit einer didaktischen Reduktion, die im Verlauf des Lernprozesses auf die notwendige Abstraktionsebene gebracht werden muß. An dieser Funktion für konkrete gesellschaftliche Erkenntnis wird die Bildungsrelevanz der Kunst gemessen. Nicht Kunst, sondern die Analyse von Kunst ist dabei bildend. Die Eigengesetzlichkeit ästhetischer

---

29 Die Einsicht in die überschätzte Wirkungsweise rationaler Aufklärung über die manipulative Wirkung der Medien hat im Laufe der siebziger Jahre zu einer Überarbeitung des Konzepts Visueller Kommunikation geführt. Der Einbezug ästhetischer Praxis, vor allem orientiert an den Alltagserfahrungen der Zielgruppen, stellt eine wesentliche Erweiterung des Konzeptes dar. Unter Beibehaltung der ideologiekritischen und emanzipatorischen Zielsetzung wird die produktive ästhetische Bearbeitung von Alltagserfahrung (vgl. Hartwig 1978; Ehmer 1979) ein grundlegendes Mittel zur Erreichung dieser Zielvorstellung.

30 Zahlreiche Beispiele dieser Vorgehensweise aus dem Bereich literarisch-ästhetischer Bildung finden sich bei Scheible (1988, 27 ff).

31 Als exponiertes Beispiel einer solchen Position läßt sich in diesem Zusammenhang die Praxis ästhetischer Erziehung anführen, die Kattenstroth (1983) aus den erkenntnistheoretischen Grundlagen der materialistischen Widerspiegelungstheorie meint herleiten zu können. Kunstwerke haben nach dieser Auffassung die Funktion, Gesetzmäßigkeiten gesellschaftlicher Entwicklungen im Modus sinnlicher Anschauung widerzuspiegeln (vgl. ebd., 223 ff). Da das Wesen dieser Gesetzmäßigkeiten durch die marxistische Gesellschaftstheorie bereits festgelegt ist, lassen sich nur solche Werke als realistische Widerspiegelung gesellschaftlicher Verhältnisse ansehen, die dieses allgemeine Wesen im ‚Besonderen' wiedergeben. Daraus leiten sich die kunstfernen Auswahlkriterien für die Inhalte einer normative ästhetischen Erziehung ab. „Bezogen auf Werke der Literatur (z. B. GOETHE, JOYCE, Th.ELIOT, E. POUND u. a.) können Versuche gesellschaftlicher Darstellungen ausgemacht werden, die aber die ‚alltägliche Erfahrung' der bürgerlichen Gesellschaft mit mythischen Vorlagen verknüpft und daher gewaltsame, erzwungene Versuche sein müssen, da sie sich ‚außerhalb des Standpunktes der Arbeiterklasse' befinden, also letztlich doch für die bürgerliche Klasse Partei ergreifen" (Metscher, a. a. O., 952). Realistische Kunst sollte daher beinhalten: „*Allgemeinverständlichkeit, Widerspiegelung*" der Realität und *Demokratisierung* (Hermand 1975, 124; Hervorh. CK). Alltägliche Erfahrung vom Standpunkt der bürgerlichen Klasse kann sonst nur reproduziert und nicht als dialektische Kategorie erfahren oder überhaupt in das jeweilige Kunstwerk eingearbeitet werden" (Kattenstroth 1983, 234).

Erfahrung, die gerade nicht diskursiv zu vermitteln ist, geht dabei verloren. Vor dem Hintergrund dieses Kunst- und Bildungsverständnisses können künstlerische Ereignisse und Objekte im Hinblick darauf thematisiert werden, inwieweit sie Qualifikationen wie Kritik- und Kommunikationsfähigkeit befördern können oder ob sie im Sinne der Bildungsvorstellung der Curriculumrevision auf die „Anforderungen gegenwärtiger und zukünftiger Existenz" (Robinsohn 1972, 16) vorzubereiten vermögen. Damit werden sie einem Zweckmäßigkeitsdenken unterworfen, das dem subjektiven Charakter künstlerischer Rezeption und Produktion widerspricht. Einem solchen Bildungsverständnis ist also die Distanz zur Kunst bereits immanent, da sich deren gesellschaftliche Bedeutung nicht unmittelbar und intersubjektiv erschließt. Die Bildungsbedeutung von Kunst muß sekundär bleiben im Vergleich zur Analyse von ‚Gebrauchskunst', Populärkultur und von Produkten der Kulturindustrie, in denen die gesuchte Wahrheit deutlicher zutage tritt.[32] Erst die Analyse dieser Erscheinungen vermittelt die gesellschaftlich notwendigen Kompetenzen. Die Ausweitung des Gegenstandsbereichs auf Alltagserfahrungen und Wahrnehmungsphänomene jeder Art (vgl. Kerbs 1968, v. Hentig 1967, Otto 1974), die an die Stelle künstlerischer Betätigung treten, ist eine notwendige Voraussetzung dafür, unter diesen Zielvorgaben überhaupt noch von ‚ästhetischer Erziehung' sprechen zu können. Ästhetische Erziehung wird so zu einem „Agglomerat ästhetisch unspezifischer Verhaltensweisen" (Richter-Reichenbach 1983, 59).[33]

Die Wiederaufnahme der neuhumanistischen Idee der ästhetischen Erziehung in kunstpädagogischem Interesse in den sechziger und siebziger Jahren nimmt also gegenüber dem klassischen bildungstheoretischen Ansatz wesentliche Umdeutungen vor. Die Ausweitung des Gegenstands ästhetischer Erziehung auf ‚soziokulturelle Aktivitäten' geschieht mit der Absicht einer gesellschaftlichen Instrumentalisierung dieser Aktivitäten. Aus der im neuhumanistischen Verständnis beschriebenen subjektiven Bildungsbewegung, die durch den wahrnehmenden und gestaltenden Umgang mit Kunst in Gang gesetzt wird, wird eine politisch-ästhetische Erziehung, die dem Individuum (verstanden als das vergesellschaftete Subjekt) Kompetenzen im Hinblick auf eine zukünftig wünschenswerte Gesellschaft vermitteln soll. Das geschieht sowohl in kritischer als

---

32 Zu dieser Einschätzung gelangt auch Voges (1975) im Hinblick auf die ästhetische Funktion des Literaturunterrichts. „Das neue Bildungsverständnis wird zwangsläufig zur Klippe für Kunst und Literatur im Unterricht; der klassische Kunstbegriff, der auf die zunächst gegen gesellschaftliche Interessen indifferente Vollkommenheit des Ästhetischen abhebt, verliert vor dem neuen Bildungsverständnis an Legitimität" (ebd., 131).

33 Eine für dieses Verständnis typische Definition geben Mayrhofer/Zacharias (1976), die sich als Vertreter einer außerschulischen Praxis ästhetischer Erziehung verstehen. Aus ihrer Zusammenschau der unterschiedlichen Ansätze ästhetischer Erziehung seit Ende der sechziger Jahre versuchen sie eine umfassende Begriffsbestimmung herzuleiten.
„Ästhetische Erziehung ist eine Lernorganisation zur Aneignung und Weiterentwicklung soziokultureller Aktivitäten. Ziel der ÄE als pädagogische Zurichtung von Lernmilieus in soziokulturellen Feldern ist aktives Wahrnehmungsverhalten und interessenorientierte selbstbestimmte Kommunikation in tendenziell autonomen Teilöffentlichkeiten mit Wirklichkeitscharakter. ÄE organisiert Produktionsbereiche für authentische Erfahrungen und ästhetisches Lernen mit emanzipatorischer Tendenz und mit der Teilfunktion der Ausbildung gesellschaftlich wirkungsvoller Ausdrucks- und Artikulationstechniken" (Mayrhofer/Zacharias 1976, 287).

auch in affirmativer Absicht. Die bildende Wirkung sinnlich wahrnehmbarer Phänomene, die an die Stelle künstlerischer Ereignisse/Objekte treten, wird dabei heteronom,
aus deren Eigenschaft, abstrakte Zusammenhänge zu veranschaulichen, hergeleitet.
Kunst bzw. sinnlich wahrnehmbare kulturelle Objektivationen, die als ‚Überbauphä-
nomene‘ anzusehen sind, erhalten so eine Erkenntnisfunktion für gesellschaftliche
Zusammenhänge. Hegels Kunstauffassung vom ‚sinnlichen Scheinen einer Idee‘ und
ihre Funktion für die Erkenntnis abstrakter Sachverhalte wird dabei übernommen und
auf kulturelle Erscheinungen aller Art ausgedehnt. Das Anknüpfen an das Schillersche
Verständnis der ästhetischen Erziehung bleibt dagegen Postulat, oder aber es wird politisch bzw. hedonistisch vereinseitigt. Die besondere Qualität, die die rezeptive und
produktive künstlerische Tätigkeit für den Bildungsprozeß des Subjekts hat, wird also in den diskutierten Ansätzen durch ihre Inanspruchnahme für politisch-moralische
Ziele und zum Zwecke der Abstraktion geopfert. Unter dieser Zielsetzung ist dann eine Ausweitung des Bildungsgegenstands auf allgemeine Wahrnehmungsphänomene
folgerichtig, geht es doch darum, möglichst vielfältige Anlässe zur Veranschaulichung
der abstracta zu finden.

4.   Ästhetische Bildung als ‚Rettungsring‘ der Moderne und ‚Schule‘ der Postmoderne

Nachdem mit Hilfe der ideologiekritischen Methode in den siebziger Jahren die er-
folgreiche Eskamotierung der Kunst aus der ästhetischen Bildung vollzogen wurde,
läßt sich seit Beginn der achtziger Jahre eine Wiederbelebung der Hoffnung auf die
bildende Wirkung von Kunst konstatieren. Diese Entwicklung hat ihre Ursachen
zum einen in der nicht mehr zu übersehenden praktischen Folgenlosigkeit einer alles umfassenden Ideologiekritik und der Einsicht in die begrenzten Möglichkeiten,
mittels rationaler Aufklärung erzieherisch auf gesellschaftliche Emanzipationspro-
zesse einwirken zu können (vgl. Lenzen 1989, 1110). Zum anderen läßt sich die verstärkte Hinwendung zur Kunst und zu Fragen der Ästhetik – nicht nur im Bereich
erziehungswissenschaftlichen Denkens –, die in jüngster Zeit verschiedentlich als
„Ästhetik Boom“ (Welsch 1990), „Konjunktur“ des Ästhetischen, „neue ästhetische
Begeisterung“ (Wünsche 1987) gekennzeichnet wurden, abermals auf die Analyse
einer Reihe gesellschaftlicher Krisenerscheinungen zurückführen. Hier können nur,
stark vergröbernd, einige Tendenzen angedeutet werden:

Die unübersehbaren Folgen einseitig zweckrationalen Handelns führten zu einer Er-
schütterung des Glaubens an den Fortschritt von Wissenschaft und Technik und an die
damit verknüpfte Weiterentwicklung der Menschheit. Diese Einsicht, daß ökologische,
ökonomische, soziale und individuelle Krisen nicht vereinzelte Unfälle, sondern immanente Risiken und notwendige Folgeerscheinungen technischer und wissenschaftlicher
Entwicklung sind, stellte die Fortschrittsideologie industrialisierter Staaten in Frage und
hatte eine Entmonopolisierung des Wahrheitsanspruchs technischen und wissenschaftlichen Wissens zur Folge (vgl. Beck 1986). Eine Entwicklung, deren Wurzeln Schiller

bereits am Ende des 18. Jahrhunderts diagnostizierte und die von Horkheimer/Adorno als „Dialektik der Aufklärung" charakterisiert wurde, wird am Ende des 20. Jahrhunderts wieder evident. Die Absicht, mit den Mitteln der Vernunft zur Befreiung des Menschen von Abhängigkeit und Unterdrückung beizutragen, schlägt in ihr Gegenteil um. Unter der Herrschaft einer im zweckrationalen Denken erstarrten Vernunft bilden sich gesellschaftliche Strukturen heraus, die zu mehr Unfreiheit und neuen Abhängigkeiten führen. Die daraus folgende Kritik am traditionellen Verständnis wissenschaftlicher Rationalität und die Suche nach dem ‚Anderen der Vernunft' legt es nahe, dieses in den Wirkungen künstlerischer Rezeption und Produktion zu vermuten.

Die mit der wachsenden Kritik am herrschenden Wissenschaftsverständnis einhergehende Verunsicherung des Wirklichkeitsbezugs theoretischer Erklärungsmodelle propagiert gleichzeitig eine Orientierung an Kunsterfahrung als geeignetes Mittel zum Umgang mit dieser Wirklichkeit (vgl. Welsch 1990).

In dieser Situation läßt sich von einer erneuten Hinwendung zum Ästhetischen bzw. zur ästhetischen Bildung im weitesten Sinne reden.

Der Diskurs um die bildende Wirkung von Kunst geht zu Beginn der achtziger Jahre von zwei konträren philosophischen Grundpositionen aus. Während die eine zurückgreift auf die bildungstheoretische Tradition als Wurzel der Moderne und diese unter veränderten Bedingungen wieder aufgreifen will (vgl. Habermas 1988), versucht die zweite, grundlegende Bestandteile einer so verstandenen Moderne zu überwinden (vgl. Lyotard 1986; 1988). Auf der einen Seite gewinnt die Kunsterfahrung dabei – anknüpfend an die bildungstheoretische Tradition – abermals die Funktion, die entzweite Vernunft zu versöhnen. Demgegenüber stellt die postmoderne Kritik, vertreten durch ihren Protagonisten Jean-François Lyotard, die Hoffnungen auf Versöhnung radikal in Frage und sieht in der Auseinandersetzung mit der modernen Kunst die Chance zur Erfahrung von Heterogenität und Inkommensurabilität und zur Überwindung jeglicher Form von Totalitaritätsvorstellungen. Beide Positionen können hier selbstverständlich nur ausschnitthaft vorgestellt werden. Sie sollen im folgenden kurz zusammengefaßt und anschließend im Hinblick auf die Frage nach den sich wandelnden Bestimmungen der Bildungsbedeutung künstlerischer Ereignisse und Objekte befragt werden.

4.1   ... Rettungsring der Moderne

In seiner Rede anläßlich der Verleihung des Adorno-Preises der Stadt Frankfurt/Main (1980) geht Jürgen Habermas auf die Fundamente der modernen Gesellschaft ein. Gleichzeitig verteidigt er in dieser Rede die Moderne als „ein unvollendetes Projekt" gegenüber den Anwürfen einer von ihm als neokonservativ bezeichneten postmodernen Philosophie.

Ausgehend von einer Diagnose der Moderne, konstatiert er zunächst, in Anlehnung an Max Weber, die Aufspaltung der Vernunft in drei Bereiche: theoretische Wahrheit, normative Richtigkeit und Schönheit, eine daraus folgende Ausdifferenzierung der Bewertung von Problemen „als Erkenntnis-, als Gerechtigkeits-, als Geschmacksfragen"

(Habermas 1988, 184) und entsprechend eine Differenzierung der Sphären Kunst, Wissenschaft, Moral. Hinzu komme ein sich beständig vergrößernder Abstand zwischen den Experten dieser Teilbereiche und ihrem „Publikum", so daß in der Folge das Expertenwissen keinen Bezug mehr zur Lebenspraxis finde.

Nach Habermas bestand das „Projekt der Moderne" seit seiner Grundlegung durch die Philosophie der Aufklärung darin, Kunst, Moral und Wissenschaft zwar in ihren jeweiligen Bereichen zu entwickeln, auf der anderen Seite aber ihre gesammelten Erkenntnisse gleichberechtigt für eine vernünftige Gestaltung des praktischen Lebens nutzen zu können.

Diese Hoffnung scheint im 20. Jahrhundert gebrochen. Stattdessen muß gegenwärtig ein zunehmender Zerfall der Gesellschaft in einzelne Expertenkulturen konstatiert werden. Habermas verweist jedoch darauf, daß – will man das Projekt der Moderne nicht aufgeben – „an den Intentionen der Aufklärung, wie gebrochen auch immer" (ebd.), festzuhalten sei. Welche Möglichkeiten dazu aktuell gegeben sind, ist Gegenstand seiner Überlegungen.

Seine Argumentation geht aus von der Darstellung gescheiterter Versuche, dieser Ausdifferenzierung von Expertenkulturen entgegenzuwirken, die er am Beispiel des Kunstbereichs verdeutlicht. Die Entwicklung eines autonomen, aus der Gesellschaft ausdifferenzierten Kunstbereichs wird nach Habermas' Ansicht in der Epoche der Moderne zusätzlich befördert durch die Etablierung eines Kunstmarktes und eines Berufsstandes von Kritikern, die nicht mehr Vermittler zum Publikum sind, sondern sich als Experten auf der Seite der Kunstproduktion ansiedeln.

Die surrealistische Bewegung wird in der Folge dieser Entwicklung von Habermas als ein fehlgeleiteter Versuch angesehen, die Trennung von Kunst und Leben aufzuheben. Dabei geht dieser Versuch seiner Einschätzung nach vom Anspruch einer ‚promesse de bonheur' aus, der das Verhältnis auch der modernen Kunst „zum Ganzen" betreffe (vgl. ebd., 187). Dieses Glücksversprechen einzuklagen, sei nun Ziel der surrealistischen Konzeption.

„Bei Schiller hat das Versprechen, welches die ästhetische Anschauung zwar gibt, aber nicht einlöst, noch die explizite Gestalt einer über Kunst hinausweisenden Utopie. Diese Linie der ästhetischen Utopie reicht bis zu Marcuses ideologiekritisch gewendeter Klage über den affirmativen Charakter der Kultur. Aber schon bei Baudelaire, der die promesse de bonheur wiederholt, hatte sich die Utopie der Versöhnung zur kritischen Widerspiegelung der Unversöhntheit der sozialen Welt verkehrt" (ebd., 187).

Daß der Versuch der surrealistischen Bewegung, die Utopie der Versöhnung durch Aufhebung der Grenzen zwischen Kunst und Leben herbeizuführen, gescheitert ist, ihre Bemühungen „sich heute als Nonsense-Experimente verstehen (lassen)" (ebd.), führt Habermas auf zwei Fehleinschätzungen zurück. Die ‚falsche Aufhebung' bestehe zum einen in einer Infragestellung des Kunstanspruchs, wodurch jegliche Wirkung verloren gehe und nicht, wie beabsichtigt, eine befreiende Wirkung ausgelöst werde.

„Folgenreicher ist aber der andere Irrtum. In der kommunikativen Alltagspraxis müssen kognitive Deutungen, moralische Erwartungen, Expressionen und Bewertungen einander durchdringen. Die Verständigungsprozesse der Lebenswelt bedürfen einer kulturellen Überlieferung *auf ganzer Breite*" (ebd., 188). Die Öffnung nur *eines* spezialisierten und von der Lebenspraxis abgekoppelten Bereichs reicht also nicht aus, um die „verdinglichte Alltagspraxis" zu „kurieren" (ebd.). Vor dem Hintergrund der Analyse dieser fehlgeschlagenen Versuche versucht Habermas, andere Möglichkeiten aufzuzeigen, das Projekt der Moderne zu retten und damit ihren Anspruch auf eine Lebenspraxis einzulösen, in der Wissenschaft, Moral und Kunst sinnvoll vermittelt sind.

Am Beispiel der Kunstrezeption versucht er zu zeigen, welcher „Ausweg aus den Aporien der kulturellen Moderne" (ebd., 189) denkbar ist.

Er geht dabei von einer Form der Kunstrezeption aus, die ihre bildende Wirkung dadurch erlangt, daß der nichtprofessionelle Rezipient die ästhetische Erfahrung auf seine Lebenspraxis zu beziehen vermag. Diese Form ästhetischer Bildung scheint ihm gegenwärtig an Bedeutung verloren zu haben.

Zwar räumt er einerseits ein, daß die Kunstproduktion „semantisch verkümmert" (ebd., 189), wenn sie nicht von Experten ohne Rücksicht auf von außen an sie herangetragene Bedürfnisse betrieben wird; er grenzt jedoch vom fachlich geschulten Umgang mit Kunst den des Laien oder des „Experten des Alltags" (ebd., 190) ab. Diese Form der Rezeption begrenzt sich nicht nur auf die ästhetische Dimension, sondern stellt die Verbindung zu Lebenserfahrungen in anderen Bereichen her. Im Anschluß an Wellmer plädiert Habermas für eine solche Form ästhetischer Erfahrung, die einen Sinn für die gesamte Lebenspraxis erlangen kann. „Sobald sie explorativ für die Aufhellung einer lebensgeschichtlichen Situation genutzt, auf Lebensprobleme bezogen wird, tritt sie in ein Sprachspiel ein, das nicht mehr das der ästhetischen Kritik ist. Die ästhetische Erfahrung erneuert dann nicht nur die Interpretationen der Bedürfnisse, in deren Licht wir die Welt wahrnehmen; sie greift gleichzeitig in die kognitiven Deutungen und die normativen Erwartungen ein und verändert die Art, wie alle diese Momente aufeinander *verweisen*" (ebd., 190).

Eine so verstandene ästhetische Bildung, beispielhaft dafür ist nach Habermas Peter Weiss' Darstellung der Kunstrezeption in dessen Roman „Ästhetik des Widerstands", vermag zu einer „Aneignung von Expertenkultur aus dem Blickwinkel der Lebenswelt" (ebd.) zu führen und damit einen Beitrag zur Rettung des Projekts der Moderne zu leisten. Dazu bedarf es allerdings ähnlicher Entwicklungen auch in anderen gesellschaftlichen Bereichen.

Habermas' Ausführungen zur Situation der Moderne stellen nicht explizit einen Ansatz ästhetischer Bildung dar, sie räumen der Bildungsrelevanz von Kunst allerdings eine erhebliche Bedeutung für das Festhalten am ‚Projekt der Moderne' ein. Rezeptive ästhetische Erfahrung ist für Habermas ein Weg, der Abkopplung der Expertenkulturen von der alltäglichen Erfahrung und damit dem Auseinanderfallen der Gesellschaft in einzelne Spezialbereiche entgegenzuwirken. Diese Funktion erfüllt ästhetische Erfahrung, indem sie die Produkte eines solchen Bereichs auf die Alltagspraxis zurückbezieht und damit für andere Lebensbereiche sinnvoll werden läßt.

Mit dieser Abgrenzung gegen den puren Ästhetizismus und mit dem Bezug auf die Bedeutung des Umgangs mit Kunst für die „individuelle Lebensgeschichte" bzw. eine „kollektive Lebensform" ist eine wesentliche Grundlage für das Festhalten an der Idee ästhetischer Bildung gegeben.

Allerdings stellt sich angesichts der von Habermas vorgenommenen Einschätzung avantgardistischer Kunst als „Nonsense-Experimente" die Frage, inwieweit seine Überlegungen eine kunstsoziologische Verkürzung im Hinblick auf die gesellschaftliche Funktionalität von Kunst beinhalten. Der Bezug der ästhetischen Erfahrung zur individuellen Lebenspraxis würde um die Elemente des Unplanbaren, Nichteinzuordnenden, des Irritierenden und auch Erschreckenden reduziert, wenn er als bloße Widerspiegelung von bereits bekannter Alltagserfahrung in einem anderen Medium aufgefaßt werden müßte. In dieser Form der Rückvermittlung von Expertenkultur mit Alltagspraxis käme dem Umgang mit Kunst wiederum lediglich die Funktion zu, sinnliche Veranschaulichung theoretischer Erkenntnis bzw. moralischer Überzeugung zu sein.

Als Beleg für diese Kunstauffassung kann auch die als beispielhaft für den Prozeß ästhetischer Erfahrung herangezogene Darstellung des Umgangs mit Kunst in Peter Weiss' „Ästhetik des Widerstands" gedeutet werden.

„Unsere Auffassung einer Kultur stimmte nur selten überein mit dem, was sich als riesiges Reservoir von Gütern, von aufgestauten Erfindungen und Erleuchtungen darstellte. Als Eigentumslose näherten wir uns dem Angesammelten zuerst beängstigt, voller Ehrfurcht, bis uns klar wurde, daß wir dies alles mit unsern eigenen Bewertungen zu füllen hatten, ..." (Weiss, zit. n. Habermas ebd., 190). Diese von Habermas zitierte Stelle legt nahe – vor allem dann, wenn man sie mit seinen pejorativen Bemerkungen zur künstlerischen Avantgarde zusammen liest – daß es hier eher um eine Kunsterfahrung geht, die sich auf bereits vorhandene Bewertungen beziehen läßt, als um eine befremdliche, bestehende Wertsetzungen verunsichernde Erfahrung. Möglicherweise schränkt Habermas also die von ihm herausgearbeitete Bedeutung der ästhetischen Erfahrung insofern wieder ein, als seine Ausführungen die Wirkungen, die diese Erfahrungen hervorzubringen vermögen, in einer bestimmten Weise festlegen wollen. Dabei wird die Aufgabe künstlerischer Produktion auf ihre Darstellungsfunktion und auf ihre Vorbildfunktion für die gesellschaftliche Praxis reduziert.

In seinem Versuch, über die Kunsterfahrung einen möglichen Ausweg aus den Aporien der Moderne aufzuzeigen, bestimmt Habermas die Funktion dieser Erfahrung für die soziale Praxis. Er ist dadurch gezwungen, eine Teilung künstlerischer Ereignisse/Objekte vorzunehmen, in solche, die diese Funktion auf der Grundlage ihres repräsentativen Charakters erfüllen können, und solche, die sich einem unmittelbaren Verständnis entziehen. Letztere werden für ihn zu nichtssagenden Experimenten, erstere ‚sagen' etwas über die Lebenspraxis aus. Die bildende Wirkung von Kunst wird vor dem Hintergrund dieser Annahmen beschränkt auf die Möglichkeit, aus ihnen inhaltliche Aussagen in bezug auf eine bestehende soziale Praxis abzuleiten. Der Ausweg aus den Aporien der Moderne wird also durch die ‚Einfädelung' der Kunsterfahrung in soziale Praxis angestrebt, ohne die Eigenheiten ästhetischer Erfahrung zu berücksichtigen.

Potentielle Ursachen für diese von Habermas vorgenommenen Reduktionen der Kunsterfahrung werden von seinem Kritiker Jean-François Lyotard benannt, dessen Schrift „Beantwortung der Frage: Was ist postmodern" (1982)[34] als eine Erwiderung

---

34 Lyotard, Beantwortung der Frage: Was ist postmodern? In: Welsch (Hg.) 1988, 193–214

auf Habermas' Rede gelten kann, in der er sich auch gegen dessen Vorwurf des Neo-konservatismus wendet.

4.2   ... Schule der Postmoderne

Lyotards Kritik setzt an Habermas' Vorstellung von der ‚Ganzheit' der Gesellschaft an, an der er, als uneingelöstes Versprechen der Moderne, festhält.

Lyotard vermutet: „.... Habermas verlangt von den Künsten und der Erfahrung, die sie vermitteln, eine Brücke über den Abgrund, der die Diskurse der Erkenntnis, der Ethik und der Politik trennt, zu schlagen und so der Einheit der Erfahrung einen Weg zu bahnen" (Lyotard 1988, 194).

Diese Vorstellung von der wünschenswerten Einheit ist nach Lyotard einer kritischen Prüfung zu unterziehen. Dabei ist einerseits zu fragen, inwieweit sich hinter dieser Einheitsvorstellung die Idee der Zusammenfassung vielfältiger Einzelelemente unter eine Ganzheit verberge. Gegen diesen Gedanken „Hegelscher Inspiration" wendet sich Lyotard mit dem Vorwurf, er führe in eine „totalisierende Erfahrung" (ebd., 194). Die andere Möglichkeit der Herstellung einer Einheit zwischen den unterschiedlichen ‚Sprachspielen' durch ein Übergangsmedium, das einem anderen Regelsystem zugehörig wäre, erscheint ebenso fragwürdig. Es bleibe ungeklärt, wie auf diese Weise eine Synthese zustandekommen könne.

Lyotards These lautet, daß eine Versöhnung zwischen den ‚Sprachspielen', den verschiedenen ausdifferenzierten Bereichen der Gesellschaft, nicht zu erwarten und nicht wünschenswert sei, und daß die Hoffnung darauf, eine solche Versöhnung zu erzielen, nur um den Preis der Durchsetzung totalitärer Vorstellungen aufrechtzuerhalten sei. Eine solche Ganzheitsvorstellung, verbunden mit einer Idee vom anzustrebenden Endzustand der Geschichte, kann nach Lyotard nur auf totalitäre Herrschaft und Terror hinauslaufen.

„Das 19. und 20. Jahrhundert haben uns das ganze Ausmaß dieses Terrors erfahren lassen. Wir haben die Sehnsucht nach dem Ganzen und dem einen, nach der Versöhnung von Begriff und Sinnlichkeit, nach transparenter und kommunizierbarer Erfahrung teuer bezahlt" (ebd. 203).

Gegen den Versuch zur Wiederherstellung des ‚Ganzen', zur Integration der verschiedenen Sprachspiele, wie es Habermas zur Rettung des Projekts der Moderne vorschlägt, stellt Lyotard die These von der grundsätzlichen Verschiedenheit und Unvereinbarkeit dieser Sprachspiele. Die ästhetische Erfahrung zur „Aufhellung einer lebensgeschichtlichen Situation", für „kognitive Deutungen" und „normative Erwartungen" zu nutzen, scheint für Lyotard nur ein weiterer Versuch der Versöhnung von Begriff und Sinnlichkeit zu sein, der zum Scheitern verurteilt ist. Lyotard beendet seine programmatische Schrift mit dem Aufruf: „Krieg dem Ganzen, zeugen wir für das Nicht-Darstellbare, aktivieren wir die Widerstreite, retten wir die Ehre des Namens" (ebd.).

Die Kritik einer gesellschaftlichen Ganzheitsvorstellung und die Analyse der Heterogenität und Pluralität des sozialen Lebens ist charakterisitsch für das Werk Lyotards. Bereits

1979, in seiner als Auftragsarbeit für die kanadische Regierung verfaßten Schrift „Das postmoderne Wissen", stellte Lyotard die These vom Ende der großen Erzählungen auf. Gemeint sind damit die das Wissen in einer Gesellschaft jeweils legitimierenden Vorstellungen, die bestimmend und vereinheitlichend auf alle Einzelbereiche menschlichen Daseins wirken. Diese Erzählungen sind an die Stelle der Mythen der traditionellen Gesellschaften getreten.

„Aber im Unterschied zu den Mythen suchen sie die Legitimität nicht in einem ursprünglichen, begründenden Akt, sondern in einer einzulösenden Zukunft, das heißt in einer noch zu verwirklichenden Idee. Diese Idee (der Freiheit, der „Aufklärung", des Sozialismus usw.) hat legitimierenden Wert, weil sie allgemeine Gültigkeit besitzt. Sie ist richtungsweisend für alle menschlichen Realitäten. Sie verleiht der Moderne ihren charakteristischen Modus: das *Projekt* – jenes Projekt, von dem Habermas sagt, es sei unvollendet geblieben und müsse wieder aufgenommen, erneuert werden" (Lyotard 1990, 50).

In der Moderne haben diese Legitimationen also die Funktion, die Einheit der verschiedenen Erkenntnisse und Lebensbereiche unter der Prämisse einer „rationalen Metaerzählung" (wieder) herzustellen.

Für die postmoderne Gesellschaft, die er vom Beginn dieses Jahrhunderts an datiert, stellt Lyotard nun fest, daß die Metaerzählungen ihre Legitimationskraft verloren haben. Er führt dies zum einen auf die Entwicklung der modernen Technologien zurück, deren Beurteilungskriterium ihre interne Effektivität ist, zum anderen zeigt er die Unglaubwürdigkeit der Metaerzählungen an deren historischem Scheitern auf.

„Das soll nicht heißen, daß keine Erzählung mehr glaubwürdig wäre. Unter Metaerzählung oder großer Erzählung verstehe ich gerade die Erzählungen (narrations) mit legitimierender Funktion. Ihr Niedergang hindert Milliarden von kleinen und weniger kleinen Geschichten nicht daran, weiterhin den Stoff täglichen Lebens zu weben" (ebd., 51).

An die Stelle der großen Erzählungen sollen nach Lyotard die heterogenen ‚Sprachspiele' treten, die ihm als Methode zur Erklärung des sozialen Zusammenlebens geeignet erscheinen.[35] Diese Sprachspiele gelten insofern als heterogen, als ein Sprachspiel keine Legitimationkraft für ein anderes beanspruchen kann, das heißt, die Regeln, die für ein Sprachspiel gültig sind, lassen sich nicht auf andere übertragen oder verallgemeinern. Vor dem Hintergrund dieser Vorstellung von der Heterogenität und Inkommensurabilität von Sprachspielen wird die Kritik an der Idee ihrer ‚Versöhnung'

---

35 In Anlehnung an Wittgenstein bezeichnet Lyotard die verschiedenen Arten von Aussagen (denotativer, performativer, deskriptiver und präskriptiver Art) als ‚Sprachspiele'. Jede Aussage wird als ein Spielzug im Sprachspiel angesehen. „Jeder Sprachpartner unterliegt also während der ihn betreffenden ‚Spielzüge' einer ‚Umstellung', einer Anderswerdung – welcher Art diese auch immer sein mögen – nicht nur in seiner Eigenschaft als Empfänger und Referent, sondern auch als Sender" (Lyotard 1986, 61). Der Verlust tradierter Identifizierungen und Ideale, der mit dieser Vorstellung einhergeht, wird von Lyotard nicht mit dem Zerfall des sozialen Bandes gleichgesetzt, sondern positiv, als Zeichen für eine größere Beweglichkeit und Pluralität des Gefüges angesehen „Das soziale Band ist sprachlich, aber es ist nicht aus einer einzigen Faser gemacht" (ebd., 119).

verständlich, wie sie von Habermas für die Weiterführung des Projekts der Moderne verlangt wird.[36]

Im Anschluß an die hier nur thesenhaft dargestellten Annahmen Lyotards sollen im folgenden ihre möglichen Konsequenzen für eine bildende Relevanz künstlerischer Ereignisse formuliert werden.

Lyotard hat zwar keine eigene geschlossene Ästhetik vorgelegt, er weist jedoch der ästhetischen Erfahrung – unter der er primär die Kunsterfahrung im engeren Sinne versteht – in zahlreichen seiner Schriften eine besondere Bedeutung zu. Insbesondere im Hinblick auf die Heterogenität gesellschaftlicher Entwicklung, die Pluralität und Inkommensurabilität ihrer ‚Sprachspiele' bekommt die Kunsterfahrung seiner Ansicht nach eine herausragende Funktion.

So vertritt er die Auffassung, daß in der modernen Kunst exemplarisch Entwicklungen der postmodernen Gesellschaft vorweggenommen wurden. Sie gilt ihm insofern als Vorbild gesellschaftlicher Entwicklungen. „Was seit einem Jahrhundert in der Malerei oder der Musik geschehen ist, antizipiert gewissermaßen die Postmoderne, die ich meine" (Lyotard zit.n.Welsch, 1987, 34). Welsch konstatiert, daß sich in vielerlei Hinsicht Parallelen zwischen den Charakteristika moderner Kunst und den philosophischen Grundannahmen Lyotards feststellen lassen. Die Kennzeichen moderner Kunst: Dekomposition statt Verwirklichung einer Ganzheit, experimentelle Arbeitsmethoden, ihre reflexive Haltung, wie sie sich in der Befragung der eigenen Grundlagen äußert, die Vielfalt ihrer Erscheinungen u.v.a.m., sind für Lyotard unverträglich mit dem Ziel der „Erbauung" durch das Schöne, oder mit dem Gedanken einer Versöhnung von Sinnlichkeit und Vernunft, das heißt, mit der Herstellung von Harmonie durch Kunst (vgl. Welsch 1990, 97). In diesem Sinne wählt Lyotard die Ästhetik Kants zum Ausgangspunkt seiner Überlegungen einer – im weitesten Sinne – bildenden Wirkung von Kunst. Für die moderne Kunst erscheint ihm eine Erneuerung der „Ästhetik des Erhabenen" angemessen, wie er sie in Anlehnung an Kant formuliert (vgl. Lyotard 1988, 198 ff).

„In der Kritik der Urteilskraft skizziert Kant beinahe unfreiwillig eine (...) Lösung für das Problem der erhabenen Malerei. Er schreibt, man kann nicht im Raum und in der Zeit das Unendliche der Macht oder das Absolute der Größe darstellen, die reine Ideen sind. Aber man kann zumindest darauf anspielen, sie „hervorrufen" durch das, was er „negative Darstellung" nennt. Für dieses Paradoxon einer Darstellung, die nichts darstellt, gibt Kant als Beispiel das Verbot von Bildern durch das mosaische Gesetz an. Das ist nur ein Hinweis, aber er kündigt die abstraktionistischen und minimalistischen Auswege an, durch die die Malerei dem figurativen Gefängnis zu entkommen versucht" (Lyotard 1990a, 356).

Die Ästhetik des Erhabenen, so wie Lyotard sie im Anschluß an Kant darlegt, bezieht sich also auf Kunstwerke, denen als bewußte Gestaltung etwas ‚Nicht- Darstell-

---

36 Eine weitere Ausdifferenzierung seines Ansatzes von der Heterogenität der Sprachspiele und ihrer Bedeutung im sozialen Gefüge verfolgt Lyotard in seinem philosophischen Hauptwerk „Der Widerstreit" (1987), auf das in diesem Zusammenhang aber nicht eingegangen werden kann.

bares' immanent ist. Lyotard gelangt aufgrund seiner Analyse zu der Feststellung, „...
der Avantgardismus ist keimhaft in der kantischen Ästhetik des Erhabenen enthalten"
(Lyotard 1984, 158). Aufgabe der so charakterisierten Kunst ist es, „sichtbar zu machen, daß es etwas gibt, das man denken, nicht aber sehen oder sichtbar machen kann
..." (Lyotard 1988, 200).

In seiner Schrift „Der Augenblick. Newman" geht Lyotard auf das Werk des zeitgenössischen amerikanischen Malers Barnett Newman als ein Beispiel für die Ästhetik des Erhabenen ein.

Newman – so Lyotard – will mit seinen Bildern dem Betrachter keine Geschichten
erzählen, er will keine Bedeutung vermitteln, die interpretierend zu erraten ist und über
den Augenblick der Rezeptionszeit hinausgeht. Seine Bilder beabsichtigen nichts anderes, als ein Ereignis des Augenblicks zu *sein* und den Betrachter mit dieser Präsenz
zu konfrontieren.

„Ein Gemälde von Newman setzt den Geschichten seine plastische Nacktheit entgegen. Alles ist da, Dimensionen, Farben, Linien, ohne Anspielung. Das macht die Sache
problematisch für den Kommentator. Was soll man sagen, was nicht schon vorgegeben
ist? Die Beschreibung ist leicht, aber platt wie eine Paraphrase. Die beste Deutung ist die
Frageform: Was soll man sagen? oder ein Ausruf: Ah! oder Überraschung: Na sowas!
So viele Ausdrücke für ein Gefühl, das in der modernen ästhetischen Tradition (und im
Werk Newmans) einen Namen hat: das Erhabene. Das ist das Gefühl bei seinen Bildern.
Es gibt also fast nicht zu ‚konsumieren' oder sonst irgendwas. Man konsumiert nicht
das Ereignis, sondern nur seinen Sinn. Den Augenblick fühlt man nur eine Augenblick
lang" (Lyotard 1990a, 360).

Mit dieser Charakterisierung der bildenden Wirkung eines erhabenen Kunstwerks
formuliert Lyotard allerdings eine Vorstellung ästhetischer Erfahrung, die keine materielle, sinnliche Basis mehr hat und damit die Leiblichkeit des Subjekts verleugnet.
Sinnliche Wahrnehmung wird hier der Sinnwahrnehmung untergeordnet. Dabei wird
nicht nur sinnliches Ergreifen unmöglich, sondern dem Gefühl des Erhabenen wird
auch das, was in dem Wort begreifen als sinnliches Moment enthalten ist, abgesprochen.
Was künstlerisch dargestellt werden kann, um das Gefühl des Erhabenen hervorzuru-
fen, sind „Ideen" (Lyotard 1988, 199), „Anspielungen auf ein Denkbares" (ebd., 203).
Die Bedeutung des Umgangs mit Kunst läßt sich also auch im Ansatz von Lyotard nur
im Hinblick auf etwas ‚Denkbares', auf das verwiesen wird, bestimmen. Dabei handelt
es sich zwar nicht um einen intersubjektiv verbindlich zu entschlüsselnden Gedanken
– insofern läßt sich nicht von einem ‚sinnlichen Scheinen der Idee' im Sinne Hegels
reden – aber das sinnliche Ereignis erfährt auch in diesem Fall eine Wendung zur Abstraktion. Durch den Verzicht auf das sinnliche Erleben wird eine wesentliche Eigenart
ästhetischer Erfahrung, ihre Gebundenheit an die konkrete Leiblichkeit eines Subjekts,
aufgegeben zugunsten einer unbestimmten, nicht vermittelbaren Sinnerfahrung. Die
Möglichkeiten ästhetischer Bildung, die über diese subjektive Augenblickserfahrung
hinauszugehen hätten, lassen sich im Anschluß an die von Lyotard beschriebene Erfahrungsweise nicht bestimmen.

Ob und in welcher Weise sich Lyotards Überlegungen im Hinblick auf die Bildungsrelevanz ästhetischer Ereignisse/Objekte konkretisieren lassen, soll im folgenden

im Rückgriff auf Wolfgang Welschs Ansatz des „Ästhetischen Denkens" aufgezeigt werden.

4.3 „Ästhetisches Denken"

Als deutschsprachiger Interpret Lyotards und Vertreter der Postmoderne knüpft Wolfgang Welsch[37] an Lyotards Vorstellungen von der Ästhetik des Erhabenen an und versucht, sie für sein Konzept „ästhetischen Denkens" fruchtbar zu machen. Für Welsch ist die Ästhetik des Erhabenen nicht nur leitend für kunstbezogenes, sondern auch für ein allgemein wirklichkeitsbezogenes ästhetisches Denken (vgl. Welsch 1990, 67f).

Welschs Ansatz enthält zahlreiche Hinweise auf Möglichkeiten und Bedingungen ästhetischer Bildung aus der Sicht postmoderner Philosophie. Darüber hinaus geht er, im Unterschied zu Lyotard, zum Teil auch explizit auf Fragen ästhetischer Bildung ein.

Im folgenden soll aufgezeigt werden, inwieweit Welsch die moderne und die postmoderne Kunst als „Schule" eines gegenwärtig angemessenen Denkens versteht und ob daraus neue Denkanstöße für den Diskurs der ästhetischen Bildung gewonnen werden können.

Ausgangspunkt von Welschs Überlegungen zum ästhetischen Denken ist die Ambivalenz des Nicht-Darstellbaren, des An-Ästhetischen. Die Ästhetik des Erhabenen ist für ihn gekennzeichnet durch ein Doppel von Ästhetik und Anästhetik. Vor dem Hintergrund dieser Annahme lassen sich seine Hinweise auf einen Ansatz ästhetischer Bildung verstehen.

Im Sinne seines erweiterten Ästhetik-Begriffs, der sich nicht nur auf die Philosophie vom Schönen oder der Kunst, sondern als Aisthetik auf allgemeines Wahrnehmen sinnlicher, intellektueller, alltäglicher und künstlerischer Art bezieht, stellt Anästhetik in Welschs Verständnis den Gegenbegriff zur Ästhetik dar, die Unfähigkeit, wahrzunehmen, die Empfindungslosigkeit auf allen oben genannten Ebenen, „... von der physischen Stumpfheit bis zur geistigen Blindheit" (Welsch 1990, 10).

Gleichzeitig möchte er den Zustand der Anästhetik nicht ausschließlich negativ verstanden wissen. In seiner medizinischen Verwendung verweist der Begriff auch auf die schützende und damit positive Funktion von Empfindungslosigkeit hin. In diesem Sinne ist Anästhetik ein „Fluchtpunkt" gegenüber einer zunehmenden Wahrnehmungsüberflutung. Die Wahrnehmungsverweigerung gegenüber bestimmten Phänomenen ist lebensnotwendig.

Welsch untersucht diese Annahme zunächst durch die Betrachtung zahlreicher Gegenwartsphänomene, um anschließend systematisch auf das Verhältnis von Anästhetik und Ästhetik einzugehen. Er gelangt dabei zu einer Begiffsbestimmung, die die verschiedenen Qualitäten des Anästhetischen aufzeigt.

---

37 vgl. u. a. Welsch, Unsere postmoderne Moderne. Weinheim 1987; ders. (Hg.), Wege aus der Moderne. Weinheim 1988; ders., Ästhetisches Denken. Stuttgart 1990

Zum einen konstatiert er für die gegenwärtige Kulturgesellschaft einen ‚Ästhetik-Boom',
eine Ausdehnung der Ästhetik in alle Bereichen des Lebens, die seiner Meinung nach
in Anästhetik umschlägt. Seine kulturkritische Diagnose entzündet sich an diesem Phänomen.

„Ästhetische Animation geschieht als Narkose – im doppelten Sinn von Berau-
schung wie Betäubung. Ästhetisierung (...) erfolgt *als* Anästhetisierung" (ebd., 14).
Eine weitere Tendenz zur Anästhetisierung ergibt sich nach Welsch aus der zunehmenden Bildlichkeit der medial vermittelten Wirklichkeit. Diese Entwicklung führt
bei leichter Zugänglichkeit und Verfügbarkeit der Medien zu einer „Umformung des
Menschen zur Monade im Sinn eines sowohl bildervollen wie fensterlosen Individuums" (ebd.,16).

Gleichzeitig weist Welsch darauf hin, daß mit der beschriebenen Anästhetisierung
auch eine soziale Empfindungslosigkeit verbunden ist. Gefühle existieren nur noch als
Zeichen von Gefühlen auf dem Bildschirm, Solidarität besteht im gemeinsamen Zuge-
hörigkeitsgefühl zur Fernsehgemeinde ‚draußen vor den Bildschirmen'.

Eine systematische Analyse des Verhältnisses von Ästhetik und Anästhetik unter wahr-
nehmungspsychologischen Gesichtspunkten zeigt, daß beide untrennbar miteinander
verbunden sind, daß Anästhetik nicht nachträglich der Ästhetik zustößt, sondern immer bereits ein Teil von ihr ist.

Erst durch die ihr innewohnende Anästhetik wird menschliche Wahrnehmung effektiv. Diese unbewußte interne Anästhetik sieht Welsch als konstitutiv an für eine
Denkweise des „Objektivismus". Auf der Grundlage interner Anästhetik können die
Wahrnehmungen anderer (oder andersartige Wahrnehmungen) als falsch beurteilt werden (vgl. ebd., 34).

Was für die einfache Wahrnehmung gilt, gilt auch für die Wahrnehmung der kulturellen Leitbilder. Diese kulturellen Leitbilder (z. B. das vom Verhältnis der Geschlech-
ter, von den idealen Formen des Zusammenlebens u. ä.) sind ästhetisch geprägt und
schließen damit anästhetisch andere, nicht vorstellbare bzw. denkbare Bilder aus.

Anästhetik wird also von Welsch zum einen negativ als „physische Stumpfheit" und
„geistige Blindheit" beschrieben, als Folge der betäubenden Wirkung, die von einem
Übermaß an Sinnesreizen ausgehen kann.

Zum zweiten ist damit die natürliche, jeder Wahrnehmung innewohnende Tendenz
zur Nichtwahrnehmung gemeint, ohne die Wahrnehmung nicht effektiv wäre. Als anästhetisch wird außerdem die Methode der bewußten Verweigerung gegenüber eine
Überflutung mit ästhetischen Reizen bezeichnet, die als Schutzfunktion der Wahrnehmungsfähigkeit gilt.

Hier setzt nun die Aufgabe der ästhetischen Bildung an, wie Welsch sie bestimmt.
Sie soll den verschiedenen Qualitäten des Anästhetischen Rechnung tragen. Dabei besteht ihre erste Aufgabe darin, auf das Vorhandensein eines anästhetischen Bereichs
aufmerksam zu machen, um dann das jeder Wahrnehmung immanente Nichtwahrge-
nommene ins Bewußtsein zu rücken. Nur so könne der der internen Anästhetik immanenten Gefahr des „Objektivismus" begegnet werden. Die eigene Wahrnehmung
erscheine nicht länger als die einzig mögliche und die Wirklichkeit richtig wiederge-

bende. Sie werde in ihrer Besonderheit, ja Einmaligkeit erfahren, als eine Sichtweise neben einer Vielfalt möglicher anderer Perspektiven.

Welsch spricht in diesem Zusammenhang von einer „Kultur des blinden Flecks" (Welsch 1991, 103), die es auszubilden gelte und die er von „der modernen Utopie einer total-ästhetischen Kultur", wie sie z. B. mit Schillers ästhetischem Staat gegeben sei, ausdrücklich abgrenzt.

„Zu demonstrieren wäre, daß jeder Gestaltungstyp durch die Doppelfigur von Erschließung und Ausschließung gekennzeichnet ist. Hinzuarbeiten wäre auf eine Kultur – der Sinne, der Menschen, der Gesellschaft –, die um diese konstitutive Doppelung weiß und deren Konsequenzen Rechnung zu tragen vermag. Dafür braucht es eine selbstkritische Schulung und Wendung des Wahrnehmens, eine Sensibilisierung für die stets vorhandenen Kehrseiten, Ausschlüsse, Blindheiten. (...)

Eine solche anästhetisch bewußte und akzentuierte kunstpädagogische Tätigkeit könnte zu einer Schule der Andersheit werden. Blitz, Störung, Sprengung, Fremdheit würden für sie Grundkategorien. Gegen das Kontinuum des Kommunizierbaren und gegen die schöne Konsumtion setzte sie auf Divergenz und Heterogenität" (ebd., 103).

Der Kunsterfahrung, das heißt in Welschs Verständnis der ästhetischen Erfahrung im engeren Sinne, kommt in diesem Prozeß eine besondere Bedeutung zu. Gerade moderne Kunstwerke sind seiner Ansicht nach besonders geeignet, das Anästhetische im Ästhetischen bewußt zu machen, eingeschliffene Wahrnehmungsmuster zu durchbrechen, das scheinbar Selbstverständliche in Frage zu stellen, es fremd erscheinen zu lassen.

Die Methode zur Aufdeckung des Anästhetischen im Ästhetischen, die sich in solchen Kunstwerken andeutet, besteht nach Welsch – und hier beruft er sich auf Lyotard – in einer „... anästhetischen Grundhaltung – gegen all die schönen und etablierten Angebote des Ästhetischen – ..." (Welsch 1990, 37). Mit anderen Worten: in einer Darstellung des ‚Nicht-Darstellbaren'.

Eine solche Kunst bezeichnet Welsch – in Anlehnung an Lyotard – als Kunst des Erhabenen und grenzt sie damit gegen die „schöne Kunst" ab.

„Es geht nicht – als Gegenpol zum Schönen – um Häßliches, Widriges oder Sinnloses, sondern es geht – über das Schöne, Gefällige, Korrespondierende hinaus – um die Befragung der Grenzen der Sinne, des Geschmacks, der Wahrnehmung. Man zielt auf eine Ästhetik, die auf ihre Rückseite, auf ihre Anästhetik aufmerksam ist. Genau das kennzeichnet die Ästhetik des Erhabenen"(ebd., 67).

Darüber hinaus kann die Kunsterfahrung nach Welsch als Modell für ein ästhetisches Denken angesehen werden, das er als ein aisthetisches, das heißt wahrnehmungsfähiges bestimmt.[38] Als ‚Ästhetisches Denken' bezeichnet Welsch ein Denken, das von Sinneswahrnehmung ausgeht und Sinnwahrnehmung zum Ziel hat. Seiner Ansicht nach existiert eine ausschließlich sinnliche Wahrnehmung nicht, jede Wahrnehumung enthält immer schon reflexive Momente. Zur Ausbildung des ästhetischen Denkens geht es darum, die Wahrnehmungspotenzen im Denken und die Denkanstöße in der Wahrneh-

---

38   Auch hier schließt er an Lyotards Vorstellung von der strukturellen Ähnlichkeit zwischen moderner
     Kunst und postmoderner Philosophie an.

mung zu entfalten. Das Ästhetische wird damit nicht länger der Reflexion unterstellt. Der Sinnes- und Sinnwahrnehmung wird eine ihr eigene Wahrheit zuerkannt. Das impliziert, daß die Idee einer bis ins letzte reichenden Versprachlichung und Kommunizierbarkeit jedes einzelnen Sachverhalts aufgegeben werden muß (vgl. ebd., 53 ff).

Welschs These lautet: Ästhetisches Denken ist das heute realistische Denken.

Nur ein ästhetisches Denken ist der heutigen Wirklichkeit, die zunehmend über (mediale) Wahrnehmungsprozesse konstituiert ist, angemessen. Rein begriffliches Denken ist einer solchen ästhetischen und nicht ‚realen' Wirklichkeit gegenüber inkompetent (vgl. Welsch 1990, 110 f).

Den Modell- oder Vorbildcharakter, den die Kunsterfahrung für dieses ästhetische Denken haben kann, zeigt Welsch einerseits exemplarisch an einer Grundeigenschaft der modernen Kunst auf, die er als ‚Pluralität' bezeichnet, andererseits an der die postmoderne Kunst kennzeichnenden ‚Transversalität'.[39] Die Ausbildung der Fähigkeit zu pluralem und transversalem Denken sind für ihn Grundvoraussetzungen zum Umgang mit der gegenwärtigen, ästhetisch verfaßten Realität. Sie stellen damit wesentliche Bestandteile der diesem Ansatz impliziten Annahmen zur ästhetischen Bildung dar.

- Pluralität

Pluralität ist für Welsch ein Schlüsselbegriff gegenwärtiger Realitätsverfassung und die grundsätzliche Anforderung an den Umgang mit aktuellen Wirklichkeitsphänomenen.

Welsch beruft sich dabei auf eine konstruktivistische Erkenntnistheorie und geht von einer erst durch die Wahrnehmung konstituierten Wirklichkeitserkenntnis aus, die ihm als Bedingung für die Pluralität verschiedener Wirklichkeitsauffassungen erscheint.[40]

In den „Hauptthesen", die er seiner Schrift „Unsere postmoderne Moderne" voranstellt, erklärt er „radikale Pluralität" zur Grundvoraussetzung der Postmoderne, die gleichzeitig eine anti-totalitäre Haltung einschließt (Welsch 1987, 5). Da dem Bereich der modernen Kunst eine solche Pluralität der Erscheinungsformen, das Nebeneinander heterogener, inkommensurabler Gestaltungen grundsätzlich eigen ist, erscheint Welsch die ästhetische Erfahrung als beispielhaftes Feld zur „Einübung in Pluralität" (Welsch 1990, 70).

In ihrem Nebeneinander unterschiedlicher Kunstrichtungen und -verfahren soll die Kunsterfahrung exemplarisch drei „Lehren" vermitteln:

---

39   Zur Ableitung dieser Kennzeichen vgl. Welsch 1990, 68 ff

40   Auf der Grundlage dieser konstruktivistischen Wirklichkeitsauffassung begründet Welsch an anderer Stelle die Aktualität des Ästhetischen und die notwendige Pluralität der Wirklichkeitsauffassungen. „In den verschiedensten Disziplinen – von der Philosophie bis hin zu den empirischen Wissenschaften – besteht heute weitgehende Einigkeit darüber, daß unser Wirklichkeitsbezug nicht vom Typus der Wiedergabe, sondern vom Typus der Erzeugung ist. Objektivismus strenger Observanz ist allenthalben eine indiskutable Position geworden. Unser Erkennen bildet nicht eine an sich bestehende Wirklichkeit ab, sondern konstituiert Wirklichkeit. Das gilt von den allgemeinsten Grundzügen dieser Wirklichkeit bis hin zu den einzelnen Details, Fakten – auf diese lapidare Formel könnte man das bringen – sind tatsächlich *Fakten*, will sagen: sind *gemacht*. Oder auf deutsch: Tatsachen sind *Tat*sachen" (Welsch 1991a, 45f).

„Man muß erstens jeweils den springenden Punkt und spezifischen Ansatz entdecken. Man muß zweitens die eigentümliche Gestaltungslogik und die spezifischen Regeln des betreffenden Kunsttyps erfassen und beachten. (...) Von daher wird man drittens allergisch, aber auch gefeit sein gegen banausische und beckmesserische Übergriffe, gegen die Bemessung des einen Typus am Maß des anderen, gegen diesen Elementarfehler in einer Situation der Pluralität – gegen diesen kleinen Anfang von Terror, dessen Ende unabsehbar groß sein kann" (ebd.).

Damit Kunst die Funktion, Modell und Inspiration für ästhetisches Denken zu sein, erfüllen kann, bedarf es jedoch nicht einer bloß ästhetizistischen, sondern einer reflektierten Rezeption, das heißt, einer bewußten Aufmerksamkeit auf den den Kunstwerken eigenen pluralistischen Grundzug, die zu einer Erweiterung des „Wahrnehmungsrepertoires" führt.

Mit dieser Zielsetzung knüpft Welsch an Lyotards Bestimmung der heterogenen und inkommensurablen ‚Sprachspiele' als Basis gesellschaftlichen Zusammenlebens an. Die Einsicht in diese Strukturierung der Gesellschaft kann nach Welsch durch ästhetische Bildung, durch den Umgang mit der pluralistischen Grundstruktur der Kunst hervorgerufen werden. Kunst wird so zum „Demonstrations- und Schulungsfeld" für diese Wirklichkeitsauffassung. Durch reflektierte Rezeption soll dem Rezipienten deutlich werden, „... daß jedes Sprachspiel, jede Lebensform, jeder Weltentwurf und jedes Wissenskonzept im Grunde spezifisch und partikular ist" (ebd.).

- Transversalität

Während die moderne Kunst durch die Vielfältigkeit der Kunstrichtungen gekennzeichnet ist, charakterisiert Welsch die Kunst der Postmoderne durch die Thematisierung des Verhältnisses pluraler Formen innerhalb eines Kunstwerks und die Verbindungen, die diese unterschiedlichen Gestaltungen miteinander eingehen.

Auch die postmoderne Kunst könne damit als Modell für ein der Gegenwart angemessenes ästhetisches Denken angesehen werden, sie sei der modernen Kunst dabei insofern noch überlegen, da sie sich der Problematik der Verbindung zwischen den verschiedenen pluralen Formen zuwende, einer Problematik, die sich gesellschaftlich auch für die unterschiedlichen Lebensformen stelle. Postmoderne Kunst soll – Welsch zufolge – positive Hinweise geben, wie in der durch Pluralität gekennzeichneten Gesellschaft Verbindungen und Widersprüche zwischen den heterogenen Lebensformen zu gestalten sind (vgl. Welsch 1990, 72).[41] „Nicht mehr die Situation der Pluralität, sondern der mögliche Verkehr der pluralen Formen untereinander ist zum generellen Problemfokus der Gegenwart geworden und stellt zugleich ein Grundthema der postmodernen Kunst dar" (ebd.). Für die Herausbildung dieser neuen Wahrnehmungsformen erscheinen insbesondere diejenigen Kunstwerke modellhaft, die durch Doppel- oder

---

41 Diesem Denken der Transversalität hat Welsch in seiner Schrift „Unsere postmoderne Moderne" ein Kapitel mit dem Titel „Transversale Vernunft" gewidmet (vgl. Welsch 1987).

auch Mehrfachcodierung, durch die Verwendung mehrerer Sprachen und künstlerischer Verfahren innerhalb eines Werkes gekennzeichnet sind.[42]

Nach diesen Ausführungen zum Vorbildcharakter moderner und postmoderner Kunst faßt Welsch die politische Relevanz und die individuelle Relevanz dieser Kunsterfahrung und des für ihn daraus resultierenden ästhetischen Denkens zusammen. Er gibt damit eine Zusammenfassung der Wirkungsweise ästhetischer Bildung, wie sie sich in seinem Konzept darstellt.

Die politische Relevanz besteht nach seinen Worten darin zu „... lernen, was heute analog auch in der Gesellschaft mit ihren differenten Lebensformen wichtig wird: Anerkennung des Differenten, Verbot von Übergriffen, Aufdeckung impliziter Überherrschung, Widerstand gegen strukturelle Vereinheitlichung, Befähigung zu Übergängen ohne Gleichmacherei" (ebd., 165).

Für den einzelnen gewinnt ästhetisches Denken allgemein und Kunsterfahrung speziell Wichtigkeit, weil sie – nach Ansicht Welschs – seine Handlungskompetenz in einer plural verfaßten Wirklichkeit ausbilde, ihm in dieser Realität zur Orientierung verhelfe.

„Wer durch die Schule der Kunst gegangen ist und in seinem Denken der Wahrnehmung Raum gibt, der weiß nicht nur abstrakt um die Spezifität und Begrenztheit aller Konzepte – auch seines eigenen –, sondern rechnet mit ihr und handelt demgemäß. (...) Er achtet den Unterliegenden, vermutet einen Rechtskern im Unrecht Scheinenden, rechnet wirklich mit Andersheit. Er lockert die Sperren eingefahrener Wirklichkeitsauffassungen zugunsten der Potentialität des Wirklichen und entdeckt Alternativen und Öffnungen ins Unbekannte" (ebd., 76).

Die Wirkungsweise ästhetischer Erfahrung, wie Welsch sie im Hinblick auf die Postmoderne definiert, rückt mit der Formulierung dieser ‚Lehren' der Kunsterfahrung in überraschende Nähe zu von ihm kritisierten modernen Positionen.

Vergleichbar mit Habermas geht Welsch davon aus, daß die Kunsterfahrung ‚Lehren' für die Lebenspraxis vermittle, die sowohl für den einzelnen als auch für das gesellschaftliche Zusammenleben wirksam werden. Dabei schließt Welsch von formalen Kennzeichen der modernen und postmodernen Kunst (Pluralität/Transversalität) unmittelbar auf soziale Zusammenhänge und leitet, analog zu aufklärerischen Konzepten ästhetischer Bildung, ein Lebens- und Gesellschaftsmodell direkt aus der ästhetischen Erfahrung ab.

Hatte noch Lyotard, im Hinblick auf Habermas, die Frage nach dem Medium gestellt, das den Übergang zwischen den einzelnen Sprachspielen leisten könne und die Existenz eines solchen bezweifelt, so kehrt Welsch zu eben dieser Vorstellung eines vermittelnden Mediums zurück. Postmoderne Kunst scheint ihm geeignet, zwischen

---

42 Programmatisch wurden die Kennzeichen postmoderner Kunst für den Bereich der Literatur von Leslie Fiedler in seinem 1969 erstmals im „Playboy" erschienenen Aufsatz „Cross the Border – Close the Gap" (dt. Übersetzung in Welsch, 1987) formuliert und für die Architektur von Charles Jencks übernommen. Zur genaueren Bestimmung und Ableitung der angesprochenen Charakteristika vgl. dort.

den verschiedenen pluralen Lebensformen und Wirklichkeitsauffassungen zu vermitteln. Gleichzeitig grenzt sich Welsch immer wieder deutlich gegen die modernen Konzepte ästhetischer Erziehung und ihre Zielsetzungen ab:

„Der typisch modernen Perspektive der vollen Entfaltung der Möglichkeiten des menschlichen Wesens, der Bildung des Individuums zum uomo universale und der Gesellschaft zum ästhetischen Staat, diesem modernen Programm ästhetischer Akkumulation entgegen geht es postmodern um Sensibilisierung für Pluralität und Differenz, Einschnitte und Ausschlüsse und um die Einsicht in die Unübersteigbarkeit und Unbeendbarkeit der Komplexion von Ästhetik und Anästhetik" (Welsch 1991, 102).

Entgegen der postulierten Abgrenzung gegenüber modernen Vorstellungen von ästhetischer Bildung legen Welschs Ausführungen zu den Wirkungen der Kunsterfahrung die Vermutung nahe, daß sich hier lediglich die Zielperspektive geändert hat: Statt ‚Versöhnung' durch das Kunstschöne ist nun Einsicht in die Unversöhnbarkeit der Gegensätze, in Inkommensurabilität und Heterogenität, Ziel der ästhetischen Bildung. Während Habermas die soziale Wirkung der Kunst noch von ihrer darstellenden Funktion abhängig macht und damit wesentlichen Teilen der ästhetischen Moderne eine Absage erteilen muß, gelingt es Welsch, vor dem Hintergrund dieser veränderten Zielsetzung, auch die künstlerische Avantgarde in seine Überlegungen zur ästhetischen Bildung zu integrieren. Unter veränderten gesellschaftlichen Voraussetzungen, wie sie unter dem Stichwort der Postmoderne charakterisiert werden, können auch diese Werke für soziale Ziele instrumentalisiert werden.

Mit der Festlegung bestimmter ‚Lernziele', die aus der Kunsterfahrung zu gewinnen sind, vertritt Welsch, ähnlich wie einzelne von ihm kritisierte moderne Ansätze, eine Kunstauffassung, die von einem überindividuell gültigen Gehalt eines Werks ausgeht, der eine bestimmte Wirkung bei den Rezipienten auszulösen vermag. Sein Hinweis, man müsse den „springenden Punkt" eines Kunstwerks jeweils „entdecken" (Welsch 1990, 70), belegt diese am immanenten Gehalt eines Werks orientierte Kunstauffassung. Diese Sichtweise muß um so mehr verwundern, als sie in deutlichem Widerspruch zu seiner Grundannahme von der Pluralität möglicher Wirklichkeitsauffassungen steht.

Eine Ursache für die verkürzende Annahme, aus ästhetischer Erfahrung ließe sich direkt eine damit verbundene kognitive Einsicht und eine entsprechende soziale Praxis ableiten, läßt sich in Welschs umfassender Bestimmung der ästhetischen Erfahrung als einer aisthetischen vermuten, die alltägliche Wahrnehmungen ebenso umfaßt wie kognitive und künstlerische (vgl. Welsch 1990, 9f). Besondere Qualitäten der Kunsterfahrung kommen dadurch nicht in den Blick, sie erscheint nur als ein modellhafter Bereich innerhalb von Welschs Konzept des ästhetischen Denkens. Letzteres nimmt zwar seinen Ausgang von der sinnlichen Erfahrung, entfernt sich dann aber über verschiedene Stufen stetig von diesem, um zu immer höheren Abstraktionsebenen aufzusteigen (vgl. Welsch 1990, 48ff). Übertragen auf Kunsterfahrung hieße das, daß die ästhetische Erfahrung nur die „Initialzündung" für einen Denkprozeß darstellt, der in der Formulierung einer Einsicht gipfelt. Damit steht das Kunstwerk, wie bereits in der Philosophie Hegels, für eine Idee und dient der abstrahierenden Erkenntnis. Durch die geistige Wiederaneignung eines sinnlichen Gegenstands kann diese aus dem Kunstwerk wiedergewonnen werden. Welschs eigene Formulierung vermag diesen Prozeß zu belegen: „Ästhetisches Denken geht solcherart von einzelnen Beobachtungen oder Wahrnehmungen aus. Diese sind dann als Nukleus imaginativer Prozesse wirksam und weiten sich zu einem Grundbild, das Einsicht verspricht. Ein vor Augen (oder Ohren, allgemein: vor Sinn und Gemüt) Tretendes bringt vor die Frage, ob es vielleicht wie ein Blitz eine Lage zu erhellen, für ein Ganzes aufschlußreich zu sein, unerwartete Einsicht zu schenken vermag" (ebd., 52 f).[43]

Welschs Überlegungen zu einer ästhetischen Bildung bzw. einem ästhetischen Denken in postmodernem Verständnis bieten also im Vergleich mit den von ihm in Abgrenzungsabsicht herangezogenen ‚modernen' Konzepten keine grundsätzlich neuen Überlegungen zur bildenden Wirkung von Kunst an. Die angeführten Wirkungsweisen ästhetischen Denkens im allgemeinen und der Kunsterfahrung im besonderen legen dabei die Vermutung nahe, daß „Ästhetik", wie diffus auch immer definiert, wiederum zum einzigen Heilmittel sozialer Praxis bestimmt werden soll. Dort, wo er von den Kunstwerken innewohnenden Qualitäten spricht (Pluralität, Transversalität) und diese unmittelbar in ‚Lehren' für die individuelle und soziale Praxis verwandelt, fällt Welsch sogar hinter moderne Ansätze ästhetischer Bildung zurück, die die Wirkung künstlerischer Ereignisse/Objekte in Abhängigkeit von subjektiver Erfahrung, vom Spiel der Einbildungskraft, bestimmen. Die vereinfachende Vorstellung der Kunsterfahrung als ‚Schule' gesellschaftlich wünschenswerter Verhaltensweisen, als Vorbild einer bestimmten sozialen Praxis, ist bereits in Schillers Konzeption der ästhetischen Erziehung überwunden.

Daran schließt sich eine weitere kritische Überlegung zu Welschs Ansatz an. Ästhetische Bildung als ‚Schule' der Postmoderne, wie er sie umschreibt, läuft Gefahr, ihr kritisches Potential gegenüber der bestehenden Wirklichkeit zu verlieren. Möglicherweise bietet sie keine *andere* Wirklichkeitserfahrung im Vergleich zu gesellschaftlicher Erfahrung an, sondern erscheint als Einübung in eine veränderte Situation und damit als Anpassung an neue Anforderungen, die die Bedingungen gesellschaftlichen Zusammenlebens stellen.

In der Gegenüberstellung der Positionen zur bildenden Wirkung künstlerischer Ereignisse und Objekte, wie sie in jüngster Zeit von Vertretern der Postmoderne bzw. der Moderne geführt wird, werden – bei allen Gegensätzen – verblüffende Parallelen deutlich. Übereinstimmung besteht zunächst in der modernitätskritischen Zeitdiagnose einer in ihre Teilbereiche zerfallenden Gesellschaft. Davon ausgehend werden unterschiedliche Konsequenzen gezogen. Während Habermas – als Vertreter der Position

---

43 An einem Beispiel, das Welsch für den Prozeß des ästhetischen Denkens gibt, wird die Differenz des Gemeinten zum wahrnehmenden und gestaltenden Umgang mit Kunst und damit zur ästhetischen Erfahrung im engeren Sinne noch einmal deutlich. Der Prozeß, den Welsch beschreibt, läßt sich eher als ein pointierter und kreativer Denkvorgang beschreiben. Daß ein solcher nicht ohne Wahrnehmung (aisthesis) stattfindet, ist selbstverständlich. Hier nun das Beispiel Welschs: „Es war (...) in München, Ende der sechziger Jahre. Die Stadt erlebte einen enormen Modernisierungsschub. (...): allerorten prangte die selbstbewußte Fortschrittsparole »MÜNCHEN WIRD MODERN«. – Eines Morgens aber las ein Passant an denselben Orten einen ganz anderen Satz. (...) Da stand nicht mehr die Fortschrittsparole »MÜNCHEN WIRD MODERN«, sondern da war plötzlich eine Fäulnisparole zu lesen: »MÜNCHEN WIRD MODERN« (in Moder übergehen)" (Welsch 1990, 51).

der ‚Moderne' – eine Wiederherstellung des gesellschaftlichen Zusammenhangs anstrebt, beurteilen die Vertreter der Postmoderne diese Position als totalitär. Sie plädie-
ren demgegenüber für den Ausbau der radikalen Pluralität der heterogenen ‚Sprachspiele' innerhalb einer Gesellschaft. Beide Positionen ziehen die Kunsterfahrung als ein
wesentliches Mittel zur Erreichung ihrer gegensätzlichen Ziele heran. Dies geschieht
zum einen unter Rückgriff auf die bildungstheoretische Tradition, zum anderen vor
dem Hintergrund der Annahme einer ästhetisch konstituierten Wirklichkeit, in der allein ästhetisches Denken kompetent erscheint. Damit wird, aus postmoderner Sicht,
Kunsterfahrung zum Modell eines zeitgemäßen Denkens.

Ob als Ausweg aus der Aporie der Moderne oder als Schule der Postmoderne, in
beiden Denkansätzen wird Kunsterfahrung letztlich zum Stabilisierungsfaktor einer jeweils unterschiedlich bestimmten, wünschenswerten sozialen Praxis. Auf diese Kontinuität zwischen modernen und postmodernen Vorstellungen weist Welsch, wenn er den
besonderen Stellenwert ästhetischen Denkens in der Gegenwart hervorhebt: „Damit
würde postmodern etwas wiederkehren, was modern (...) schon angebahnt war. Ästhetik zielt – das wurde damals versprochen und wird heute deutlich – auf gelingendes
Leben" (Welsch 1988, 43).

Daß bei dieser pauschalen Zielsetzung weder auf die besonderen Eigenheiten der
produktiven und rezeptiven Auseinandersetzung mit Kunst, noch auf die Grenzen ihrer
Funktionalisierung für eine gelungene soziale Praxis eingegangen wird, hat die Diskussion der gegensätzlichen Positionen gezeigt.

In kritischer Auseinandersetzung mit solchen weitgesteckten Erwartungen an die bildende Wirkung der Kunsterfahrung soll es im folgenden darum gehen, Bedingungen
für eine Theorie ästhetischer Bildung zu klären, die sowohl die Eigenarten der Kunsterfahrung berücksichtigt als auch die Grenzen ästhetischer Bildung im Spannungsver-
hältnis zu ihrer pädagogischen bzw. gesellschaftlichen Vereinnahmung benennt.

5.   Ästhetische Bildung – ein uneinlösbares Projekt?

Vor dem Hintergrund der diskutierten Theorien zur bildenden Wirkung künstlerischer
Ereignisse/Objekte wird die Aporie ästhetischer Bildung, die sich bereits in Schillers
‚Briefen' andeutete, evident. Die rezeptive und produktive künstlerische Tätigkeit,
die das ‚Spiel der Erkenntniskräfte' in Gang setzen soll und den Menschen dadurch
in einen Zustand der Bestimmungsfreiheit, unabhängig von moralischen und theoretischen Festlegungen versetzt, wird entgegen dieser ihr eigenen Qualität in bildender
Absicht immer wieder verzweckt. Die Auseinandersetzung mit künstlerischen Ereig-
nissen/Objekten wird dabei nur insofern als bildend angesehen, als sie zu Abstraktionsleistungen führt und/oder die Kluft zwischen der Erfahrung des einzelnen und den
Ansprüchen der Gesellschaft überwinden hilft und damit eine gesellschaftspolitische
Funktion übernimmt. Der Anspruch, durch die besondere, keinem Zweck unterworfene
Kunsttätigkeit den Menschen die Erfahrung der Selbstbestimmung zu ermöglichen,
scheint auf diesem Wege uneinlösbar. Da wo, wie noch bei Schiller, die ästhetische

Bildung als subjektiver Prozeß unabhängig von äußeren Zwecksetzungen konzipiert war, wird ihre Wirksamkeit in der Folge auf „auserlesene Zirkel" beschränkt und als nicht zu erreichendes Ziel eingestuft.

Ästhetische Bildung scheint damit auf zweierlei Weise ihren Anspruch verfehlen zu können: Entweder bleibt sie unwirksam im Sinne eines Ästhetizismus, oder sie wird pädagogisch/politisch vereinnahmt und verliert damit ihre besondere Qualität. Letzterem entgeht auch nicht die gegenüber dem modernen Versöhnungsanspruch und der geschichtsphilosophischen Bestimmung eines Endzustands der Geschichte kritisch argumentierende postmoderne Position einer ästhetischen Bildung, wie sie Wolfgang Welsch vorlegt. Die eingangs mit Mollenhauer formulierte Skepsis gegenüber dem Projekt ästhetischer Bildung scheint demnach berechtigt zu sein.

Nach dem Blick auf die Aporien der diskutierten Ansätze stellt sich nun die Frage, ob und inwieweit sich Bedingungen formulieren lassen, unter denen der Anspruch, daß die Beschäftigung mit künstlerischen Ereignissen und Objekten einen Bildungsprozeß beim Subjekt auszulösen vermag, aufrechterhalten werden kann.

Hier lassen sich zunächst – in Anlehnung an Mollenhauer – zwei Bedingungskomplexe aufzeigen, die möglicherweise aus dem Dilemma einer Instrumentalisierung ästhetischer Bildung herausführen.

Wie die vorausgegangene Diskussion gezeigt hat, erweist sich die Ausweitung des Gegenstandsbereichs auf allgemeine Wahrnehmungsphänomene – die sowohl in den kunstpädagogischen Ansätzen der sechziger und siebziger Jahre als auch in postmoderner Absicht vorgenommen wird – als ungeeignet, um die besondere Qualität künstlerischer Objekte und Ereignisse für den Bildungsprozeß zu erfassen. Vielmehr geschieht sie jeweils in der Absicht, sinnliche Anlässe zu schaffen, von denen Abstraktionsleistungen angeregt werden können.

Im Gegensatz zu einer solchen Ausweitung des Gegenstands ästhetischer Bildung wird hier dafür plädiert, ihn zu spezifizieren. Mollenhauer schlägt dieses Vorgehen vor, um die jeweilige Besonderheit des „Bildungssinns eines Sinns" herauszufinden. Er knüpft mit dieser Absicht an Plessners Anthropologie der Sinne (1970) an (vgl. Mollenhauer 1988, 453 ff).

„Die generelle Rede von Ästhetischer Bildung unterstellt, daß die Sachlage in allen Bereichen des Ästhetischen gleich sei. Das aber ist, wenn ich recht sehe, nicht der Fall. Schon ein flüchtiger Blick auf die verschiedenen Künste zeigt, daß das ästhetische Urteil sich mit verschiedenen Operationen auseinandersetzen muß: (...) – die je *besondere* Aufmerksamkeit also, die diesem oder jenem Sinn entspricht, setzt dem zusammenfassenden Reden über ‚Ästhetisches' notwendige Differenzierungen entgegen und verunsichert auch das Reden von ästhetischer Erziehung/Bildung" (ebd., 452).

Die Vorgehensweise einer Spezifizierung des Gegenstands führt jedoch nicht nur, wie Mollenhauer herausstellt, zur Klärung der jeweils besonderen Erfahrungsmodi des Subjekts, sondern berücksichtigt gleichzeitig die spezifische Materialität einer Kunstform. Letztere wird in die erziehungswissenschaftliche Diskussion der ästhetischen Bildung bisher nur am Rande einbezogen, bzw. sie gewinnt erst auf der Ebene der didaktischen Auseinandersetzung an Bedeutung. Demgegenüber soll gezeigt werden, daß die Eigenheiten des wahrnehmenden und gestaltenden Umgangs mit einer spezifischen

Kunstform die Voraussetzungen ästhetischer Bildung entscheidend beeinflussen. Der hier zu entwickelnde Ansatz ästhetischer Bildung innerhalb der Theaterpädagogik versucht also, beide für den Bildungsprozeß konstitutiven Seiten zu berücksichtigen, das heißt, er will sowohl den spezifischen Sinneserfahrungen des Subjekts im produktiven Umgang mit der Kunstform Theater Rechnung tragen als auch der eigentümlichen Materialität der Kunst des Theaters.

Der zweite Komplex von Bedingungen, unter denen es möglich sein kann, die subjektive Erfahrung im Umgang mit Kunst als bildend zu bezeichnen, bezieht sich auf die Bestimmung des Bildungsbegriffs. Hier lassen sich – ebenfalls im Anschluß an Mollenhauer – Überlegungen anstellen, die auf Modifikationen des „Bildungsprojektes der Moderne" hinzielen (vgl. Mollenhauer 1990b, 492).

Entscheidend dabei ist, daß die rezeptive und produktive Kunsterfahrung des Subjekts in ihrer konstitutiven Bedeutung für die Bildung eben dieses Subjekts anerkannt wird und nicht lediglich als „Vor-Erfahrung" im Hinblick auf ein gesellschaftlich verwertbares Interesse betrachtet wird. Unter dieser Voraussetzung ist es wesentlich, daß die ästhetische Erfahrung nicht als eine unwirkliche ‚Schein'-Erfahrung und das künstlerische Gestalten als eine die Wirklichkeit bloß abbildende Tätigkeit angesehen werden, sondern als die Auseinandersetzung des Subjekts mit einer eigenständigen Wirklichkeit, die nicht lediglich in Relation zu einer ‚objektiven' Realität bestimmt wird. In dieser Hinsicht grenzt Mollenhauer die ästhetische Erfahrung gegenüber den Bestimmungen eines modernen Bildungsverständnisses ab. „Als ein ‚als-ob', als scheinhaft, kann das ästhetische Ereignis nur beschrieben werden in der Perspektive des Bildungsrealismus der Moderne" (ebd.). Im Hinblick auf einen Ansatz ästhetischer Bildung innerhalb der Theaterpädagogik gilt es also zu klären, unter welchen Bedingungen vom Theaterspielen als einem Erzeugen und Erfahren von Wirklichkeit die Rede sein kann, bzw. wann es sich um das Darstellen einer Wirklichkeit ‚als ob' handelt. Nur im ersten Fall kann von ästhetischer Bildung im hier gemeinten Sinn die Rede sein.

Als Konsequenz aus der Betonung des subjektiven Charakters ästhetischer Erfahrung tritt allerdings der Konflikt mit dem bildungstheoretischen Anspruch einer intersubjektiven, allgemeinen Relevanz des Gegenstands deutlich hervor. Es stellt sich also die Frage, ob und wie sich ästhetische Bildung bestimmen läßt, ohne sie gleichzeitig „... dieser oder jener Wunsch-Perspektive wie z. B. »Autonomie«, »Moralität« oder »Heimkehr des Menschengeschlechts« einzuordnen" (Mollenhauer 1993, 676). Einen möglichen Ausweg aus dieser Aporie sieht Mollenhauer im Verzicht darauf, aus bildungstheoretischer Perspektive Gattungsgeschichte begründen zu wollen. Er schlägt – in Anlehnung an Rorty (1989) – statt dessen vor, ästhetische Bildung an den jeweils besonderen Eigenheiten subjektiver Erfahrung zu orientieren, auch und besonders dort, wo sie in Auseinandersetzung mit einem Gegenüber stattfindet. In Abwandlung der Marxschen 11. These über Feuerbach formuliert Mollenhauer:

„Die Philosophen haben zumeist darauf bestanden, Gattungsgeschichte zu erzählen – so auch die Bildungstheoretiker. Es kommt aber, in ästhetischer Bildung, darauf an, idiosynkratische Geschichten zu erzählen, das kontingente Selbst in Metaphern zur Sprache zu bringen, und zwar so, daß sie die idiosynkratischen Geschichten des je anderen Selbst berühren" (Mollenhauer 1990b, 493).

Unter diesem Gesichtspunkt läßt sich ästhetische Bildung nicht bestimmen als ein selbstverständlicher Bestandteil allgemeiner Bildung, verstanden als Neben- und Miteinander von moralischer, theoretischer und ästhetischer Bildung (vgl. Klafki 1987), die über die „Schlüsselprobleme unserer gesellschaftlichen und individuellen Existenz" (ebd., 466) erfahrbar wird. Die jeweils spezifische subjektive, sinnliche Erfahrung, die den wahrnehmenden und gestaltenden Umgang eines Subjekts mit Kunst auszeichnet, läßt sich nicht vorab als Moment eines gesellschaftlichen oder individuellen „Schlüsselproblems" klassifizieren. Möglicherweise gewinnt diese Erfahrung erst Konturen, wenn sie unabhängig von allgemeinen Problemen betrachtet wird, das heißt, wenn sie nicht bereits so moduliert worden ist, daß sie einen Beitrag zu allgemeinen Erziehungs- und Bildungszielen leisten kann. In diesem Sinne plädiert Martin Seel dafür, ästhetische Bildung aus ihrer Distanz gegenüber „allen übrigen Formen allgemeiner Kompetenz und Orientierung" (Seel, 1993, 49) zu bestimmen. „Was immer man also unter Allgemeinbildung verstehen will, das Ästhetische ist nicht ausreichend als ihr Bestandteil zu fassen; es muß zugleich als ihr hartnäckiger Widerpart begriffen werden. Ästhetische Bildung ist Bildung eines Abstands zur allgemeinen Bildung" (ebd.).

Für den hier zu formulierenden Ansatz ästhetischer Bildung innerhalb der Theaterpädagogik folgt daraus, daß er nicht von einer vorab bestimmbaren Vorstellung vom Subjekt und möglichen, durch das Theaterspielen zu erreichenden allgemeinen Bildungszielen ausgeht. Vielmehr soll versucht werden, den umgekehrten Weg nachzuzeichnen. Ausgehend von der besonderen Materialität der Kunstform Theater und den spezifischen Erfahrungen, die der produktive Umgang mit dieser Kunstform vermittelt, sollen mögliche, dadurch initiierbare Bildungsbewegungen beim gestaltend tätigen Subjekt aufgezeigt werden. Welcher Art diese im Theaterspielen liegenden Möglichkeiten sind, und inwieweit sie auch inter-subjektive Bedeutung erlangen können, wird sich erst durch die Anlayse der besonderen Erfahrungsmodi erweisen, die für das Theaterspielen konstitutiv sind. Zu diesem Zweck wird das in verschiedenen Künstlertheorien vorliegende Handlungswissen der Schauspielkunst herangezogen.

Um es noch einmal mit anderen Worten zusammenzufassen: Der hier vorliegende Ansatz ästhetischer Bildung versucht, dem Dilemma der Instrumentalisierung ästhetischer Erfahrung dadurch aus dem Weg zu gehen, daß zunächst – ausgehend von der Kunstform Theater – die möglichen Erfahrungen, die diese eröffnet, herausgearbeitet werden, um daran anschließend die spezifische Bildungsbedeutung dieser Erfahrungen zu erfassen. Kurz, es wird der Frage nachgegangen, inwieweit Theaterspielen als bildend anzusehen ist.

Bevor jedoch im dritten Teil dieser Arbeit auf die besonderen Erfahrungsmodi des Subjekts beim Theaterspielen eingegangen wird, soll zunächst festgestellt werden, welche Bildungsvorstellungen historisch mit Spiel und Theater verbunden wurden, und ob es Ansätze gibt, die den hier favorisierten Weg des Theaterspielens als ästhetische Bildung bereits vorgezeichnet haben.

II. Bildungsvorstellungen im Bereich Spiel und Theater: historischer Rückblick

Nach der Darstellung ausgewählter Konzepte zur ästhetischen Bildung und der Herausarbeitung ihrer zentralen Problemstellungen soll es im folgenden darum gehen, spezielle, auf Spiel und Theater bezogene Bildungsvorstellungen zu untersuchen. Dabei handelt es sich nicht immer um theoretisch ausgearbeitete Konzepte ästhetischer Bildung in der Theaterpädagogik, sondern größtenteils um die Praxis dokumentierende und begleitende Texte, denen Vorstellungen von ästhetischer Bildung mehr oder weniger implizit sind.

Diese impliziten Vorstellungen ästhetischer Bildung herauszuarbeiten, ist Aufgabe des folgenden Kapitels. Anhand einer exemplarischen Auswahl spiel- und theaterpädagogischer Konzepte soll geprüft werden, inwieweit Theorien ästhetischer Bildung in diesen Diskurs eingeflossen sind, welche Veränderungen und Fokussierungen und nicht zuletzt auch Versäumnisse in diesem Prozeß stattgefunden haben. Dabei soll insbesondere der Frage nachgegangen werden, welche Rolle der Gegenstandsbereich „Theater" in den untersuchten Ansätzen spielt, das heißt, wie seine bildende Wirkung verortet wird.

Es geht im folgenden also nicht um einen kursorischen Überblick über die Entwicklung spiel- und theaterpädagogischer Ideen und deren Einordnung in den jeweiligen historischen Zusammenhang, sondern um die Frage nach dem Stellenwert ästhetischer Bildung innerhalb dieser Überlegungen, um daraus mögliche Hinweise für eine zu formulierende Theorie ästhetischer Bildung im Bereich der Theaterpädagogik zu gewinnen.

1. Laienspiel und Schulspiel – traditionelle Wurzeln

Die Praxis des Laienspiels zu Beginn dieses Jahrhunderts stellt einen Neubeginn dar (vgl. Nickel 1989, 19), der ohne einen hier nur skizzenhaften Rückblick auf seine Herkunft nicht hinreichend verstanden werden kann.

Bereits im Mittelalter übernahmen Nicht-Geistliche („Laien") Rollen in den geistlichen Spielen, die anläßlich der kirchlichen Festtage aufgeführt wurden. Zunächst wurden diese ‚Spiele' als Teil der kirchlichen Liturgie ausschließlich von Geistlichen, Klosterschülern und Chorknaben in lateinischer Sprache bestritten. Mit der sich allmählich ausweitenden Beteiligung von Laien an den Spielen wurde die Kirchensprache zugunsten der deutschen Sprache zurückgedrängt. Im Verlauf des 14. Jahrhunderts übernahmen die Laien – auch bedingt durch kirchliche Spielverbote für Geistliche – die Aufführungen fast vollständig. Die Kirchen als Spielorte waren bereits zuvor zu eng geworden. Man spielte auf öffentlichen Plätzen, veranstaltete Umzüge in den Straßen. Aus den ernsten geistlichen Spielen entwickelten sich immer mehr Veranstaltungen mit Volksfestcharakter. Diese Entwicklung zog auch eine

Veränderung der Inhalte nach sich. Geistliche Inhalte traten weitgehend gegenüber weltlichen zurück.

Die Frage nach der bildenden Wirkung dieser Spiele läßt sich nicht sinnvoll stellen, da sie als selbstverständliche Bestandteile der Festtradition des religiösen und öffentlichen Lebens in einer vormodernen, nicht-segmentierten Gesellschaft angesehen werden müssen.

Neben den beschriebenen Aufführungen durch Laien entwickelte sich ab dem zweiten Drittel des 15. Jahrhunderts innerhalb der Humanistenschulen eine Tradition des Schuldramas, das sich am Humanistendrama orientierte. Die Aufführung dieser nach dem Vorbild der Antike, insbesondere der Dramen des Terenz und Plautus, konzipierten Dramen durch Studenten und später auch durch Schüler stand eindeutig im Dienste pädagogisch-didaktischer und religiöser Intentionen (vgl. Nickel, 1989). Biblische Stoffe dienten der Verbreitung der religiösen (protestantischen oder katholischen) Botschaft und der moralischen Erbauung. Die Aufführung der zum großen Teil in lateinischer Sprache verfaßten Schuldramen wurde gleichzeitig als Sprach- und Gedächtnisübung genutzt.

Das protestantische Schuldrama des 17. Jahrhunderts, das insbesondere mit der Person des Zittauer Gymnasialrektors und Dramatikers Christian Weise (1627–1708) verbunden ist, verfolgte darüber hinaus auch die Bildung des politisch handelnden Menschen.[44] Theaterspielen wird hier als eine Vorbereitung auf die zukünftigen Rollen der Heranwachsenden in der Öffentlichkeit und die damit verbundenen Repräsentationsaufgaben verstanden. Fähigkeiten wie Eloquenz, Menschenkenntnis, selbstsicheres Auftreten, Beherrschung des sprachlichen und körperlichen Ausdrucks sind die Ziele dieser Bemühungen, die sich vom Theater auf das Leben übertragen lassen.

„Geübt werden soll die Theatralik des Körpers als eines Produktionsmittels zwischen-menschlicher Bedeutsamkeiten. Nicht sich selbst gilt es dabei auszudrücken, keine am ‚natürlichen‘ Affektausdruck orientierte Gebärdensprache soll Zeugnis ablegen von der ‚Unwillkürlichkeit‘ der Affekte, sondern diese sind handhabbar zu machen, um den anderen in seinem Tun und Lassen bestimmen zu können. Es geht um die Theatralisierung des gesamten Körperausdrucks um des Eindrucks willen" (Saße 1987, 62). Diese von Saße analysierte Säkularisierung der Zielsetzung stellt im Bereich des Schultheaters erstmalig ein Abrücken von der ausschließlichen Bindung der bildenden Wirkung des Theaters an seine Inhalte dar. Nicht mehr die Wahrheit des gesprochenen Wortes und die Erfülltheit des Spielers von dieser Wahrheit steht im Mittelpunkt der erzieherischen Bemühungen, sondern die Übung und Präsentation des (theatralen) Ausdrucks. Notwendigerweise wendet sich dadurch die Aufmerksamkeit den Eigenheiten der theatralen Darstellung als Kunstform zu. Dabei deutet sich bei Weise bereits ein Gedanke an, der erst in der Mitte des 18. Jahrhunderts von Diderot für die Schauspieltheorie reflektiert wurde: das Verhältnis von „authentischen" zu „gespielten" Gefühlen, wie es im „Paradox über den Schauspieler" thematisiert wird.[45]

---

44 vgl. dazu: G. Saße, Die Theatralisierung des Körpers. Zu einer Wirkungsästhetik für Schauspieler bei Christian Weise und Bertolt Brecht. In: *Maske und Kothurn* 33 (1987), Heft 3/4, 55–73

45 Diderot, Paradox über den Schauspieler. Frankfurt/M. 1964

So heißt es bei Weise: „Mit einem Worte/wer die Kunst recht gebrauchen will/der muß sich in das rechtmäßige simuliren und dissimuliren finden lernen. Das heist/wir müssen uns offt anders von aussen stellen/als wir sind; und was wir sind/das dürffen wir nicht mercken lassen" (Weise, Politische Fragen zit.n. Saße 1987, 62).

Der utilitaristische Charakter, den die Theatererziehung nach den Vorstellungen Weises dabei erhält, erklärt sich aus ihrer Aufgabe zur Vorbereitung auf eine Gesellschaft, die nach dem Modell des Theaters funktioniert und in der das öffentliche Handeln des Menschen als Schauspielen akzeptiert ist. Im Gefolge der französischen Aufklärungsphilosophie und durch den damit einhergehenden kulturellen Wandel von der „Darstellung der Emotionen" zur „Verkörperung" der Innerlichkeit (vgl. Sennett, 1983, 130) verliert diese Zielsetzung weitgehend an gesellschaftlicher Bedeutung.[46]

Während die Praxis des Laienspiels im Verlauf des 17. Jahrhunderts vor allem durch den sich ausbreitenden Stand der Berufsschauspieler, aber auch durch zahlreiche politische und kirchliche Verbote allmählich zurückgedrängt wurde, verlor die Tradition des Schulspiels zwar an öffentlicher Bedeutung, blieb jedoch im schulinternen Bereich erhalten, so daß die Praxis des Schultheaters im Hinblick auf die genannten Zielsetzungen fortgeführt wurde (vgl. Nickel, 1989). Ein deutlicher Rückgang auch dieser Schultheaterpraxis läßt sich mit Beginn des 18. Jahrhunderts verzeichnen. Dabei handelte es sich jedoch nicht um eine einheitliche Entwicklung. Während die unter dem Einfluß der katholischen Kirche stehenden Schulen an der erzieherischen Bedeutung des Schultheaters festhielten, sprachen Protestanten und vor allem Pietisten von einem schädlichen Einfluß des Schultheaters auf die Gemüter der Schüler und erwirkten in ihren Einflußgebieten Verbote dieser Praxis.[47] In seiner Untersuchung zum Schuldrama des 18.Jahrhunderts weist Gerlach (1915) diese Verfallstendenz anhand von Aufführungsdaten nach.[48]

Eine Phase der Rehabilitierung des Schultheaters setzt nach Gerlach erst ab 1740 unter dem Einfluß Gottscheds ein. Damit einher geht allerdings auch eine Veränderung der Inhalte. Zwar knüpft Gottsched bei der Formulierung der bildenden Wirkung des Schultheaters an die bereits von Weise formulierten Zielsetzungen an, indem er sie als Schule der sprachlichen und körperlichen Ausdruckfähigkeit und gleichzeitig der moralischen Tugend bezeichnet. Diesen pädagogischen Wert mißt er allerdings nicht den Schuldramen Weises und seiner Anhänger bei, sondern einzig den von ihm zur ästhetischen Norm erhobenen Dramen der französischen Klassik (vgl. Gerlach 1915, 96f). Das Repertoire der Schulbühnen wurde in der Folge dieser Entwicklung von Stücken Racines und Corneilles bzw. von selbstverfaßten Stücken von Lehrern bestimmt, die sich an deren dramaturgischem Vorbild orientierten. Ganz im Sinne des frühaufklä-

---

46 Dieser Gedanke kann hier nicht weiter vertieft werden. Vgl. dazu Sennett, Verfall und Ende des öffentlichen Lebens. Die Tyrannei der Intimität. Frankfurt/M. 1983, insbes. Kap. II, 6: „Der Mensch als Schauspieler".

47 So wurden beispielsweise in Preußen durch Verordnung Friedrich Wilhelm I. im Jahre 1718 „Komödien und Actus dramatici" an Schulen und Universitäten verboten (vgl. Gerlach 1915, 97).

48 vgl. Gerlach, Das Schuldrama des 18. Jahrhunderts unter dem Gesichtspunkt der Entwicklung der Jugendliteratur. In: *Zeitschrift für Geschichte der Erziehung und des Unterrichts* 5 (1915), 93–122

rerischen Rationalismus ließ sich der bildende Wert des Theaterspielens durch seinen Nutzen für die moralische Bildung des Menschen rechtfertigen. Durch die wahrscheinliche Nachahmung der tugendhaften und auch der lasterhaften Handlung konnte nicht nur der Zuschauer des professionellen Schauspiels, sondern auch der Darsteller der Schulbühne belehrt und gebessert werden. Schaubühne und Schulbühne wurden gleichermaßen zur moralischen Anstalt. Die „bäurischen Possen" des Schuldramas des 17. Jahrhunderts (vgl. ebd.,101) wurden ebenso abgewertet wie zuvor die öffentlichen Spektakel und Stegreifspiele.

Während in der zweiten Hälfte des 18. Jahrhunderts der Einfluß Gottscheds auf Literatur und Theater schwand, blieben die formulierten erzieherischen Motivationen erhalten. Die Schulbühne der Gymnasien wandte sich allerdings von Dramen nach dem Muster der französischen tragédie classique ab und den Werken der zeitgenössischen deutschen Dramatiker zu.

Als typische Erscheinung der zweiten Hälfte des 18. Jahrhunderts bezeichnet Gerlach die Popularität sogenannter Kinder- und Jugenddramen in der Folge des Einflusses der englischen und französischen Aufklärungsphilosophie (ebd., 102 ff). Dabei handelt es sich um Literatur, in der sich „der Autor zum Kind herabläßt" (ebd., 103), für die vermeintlichen Bedürfnisse eines nicht erwachsenen Publikums schreibt. Unter dem Einfluß der philosophisch-pädagogischen Gedanken Rousseaus entstand eine Literaturform, die dem kindlichen Gemüt und den pädagogischen Erfordernissen angepaßt sein sollte. Die Inhalte und Rollenanforderungen der so veränderten Schuldramen sollten deshalb dem unmittelbaren Erfahrungskreis der Schüler entnommen werden. Insbesondere bei den Philanthropisten wird das Kinder- und Jugenddrama geschätzt, da es Inhalte durch konkrete Anschauung und sinnliches Erleben zu vermitteln vermöge und damit „Rücksicht auf die sinnliche Natur der Kinder" nehme (ebd., 111). Dabei handelt es sich bei der Mehrzahl der Kinderdramen gleichsam um „gereinigte" Schauspiele. Die Tugenden der Figuren werden besonders herausgestellt, „Laster" nur in abgemilderter, als lächerlich erscheinender Form zugelassen. Die Darstellung von Leidenschaften, Schrecken, extremen Gefühlen gilt als nicht kindgemäß. Liebe kommt ebenfalls nur in gereinigter Form als Eltern- und Geschwisterliebe vor (vgl. ebd., 111 f).[49]

Mit dieser Verbreitung der Kinder- und Jugenddramen zeichnet sich eine Rückkehr zur Priorität der nun säkularisierten Inhalte in der Theatererziehung ab. Die Befähigung zum gestalteten Ausdruck als maßgebliche Eigenart der Kunstform Theater tritt gegenüber der Belehrung durch die Inhalte der Stücke wieder in den Hintergrund. Eine Aufführung der Kinder- und Jugenddramen ist darum auch nicht unbedingt erforderlich. Ihre pädagogische Zielsetzung der Belehrung und moralischen Erbauung erfüllen sie auch als Lesedramen (vgl. Cardi 1983, 15 ff).

---

49 Als Hauptvertreter dieser Gattung gilt Christian Felix Weiße (1726–1804). Er verfaßte zahlreiche Kinderdramen, die sich vorwiegend mit individuellen und sozialen Tugenden und Lastern befassen. Darauf weisen bereits die Titel seiner Dramen hin: „Die Schadenfreude" (1777); „Die jungen Spieler, oder: Böse Gesellschaften verderben gute Sitten" (1781); „Trau, schaue wem? Oder die Gefahren der Jugend" (1784); „Mit Schaden wird man klug oder wer leicht glaubt wird leicht betrogen" (1789) u. a.m. (vgl. Cardi 1983).

Die seit den siebziger Jahren des 18. Jahrhunderts publizierten Jugend- und Kinder-
dramen werden von Gerlach als „gut gemeinte Sittenlehren" (ebd., 115) eingeschätzt:
Vom dramaturgischen Standpunkt aus handele es sich dabei vorwiegend um schlecht
gebaute Stücke, in denen Kinder auftreten und „dick aufgetragene Moralpredigten in
der Sprache der Erwachsenen" (ebd., 118) hielten. Neben sittlichen und religiösen
Belehrungen beinhalten die Stücke häufig „die Warnung vor Luxus und Mahnung zur
Einfachheit" und die „Verherrlichung und Überschätzung des Landlebens" (ebd., 116).
Daß die Philanthropisten als Anhänger Rousseaus, der bekanntlich ein scharfer Kritiker der sittenzersetzenden Wirkung des Theaters war[50], den pädagogischen Wert der
Aufführungen solcher Stücke durch Kinder und Jugendliche schätzten, scheint angesichts dieser Zielsetzungen nicht verwunderlich. Diese von allen theatralen Kennzeichen ferne Praxis einer „Theater"-Erziehung kann von den Philanthropisten nicht „trotz
des Rousseauschen Einflusses", wie Gerlach (ebd., 111) bemerkt, angestrebt werden,
sondern durchaus in Übereinstimmung mit ihm. Durch den weitgehenden Verzicht
auf theaterspezifische Gestaltung und damit verbundene Fähigkeiten, die nach Rousseau als Schauspielerei den aufrichtigen Ausdruck verstellen, als „affectation" gelten,
läßt sich die Praxis der Kinder- und Jugenddramen pädagogisch rechtfertigen. Kinder
spielen in diesen Dramen Kinder, die als tugendhafte Beispiele für ihre Lebenspraxis
dienen sollen und dabei den Beifall der Eltern und Lehrer finden.

Der Einfluß der Kinder- und Jugenddramen auf die Schulbühne blieb jedoch begrenzt. Im ausgehenden 18. Jahrhundert wurden ihre Aufführungen immer mehr in den
Familienkreis verlegt, wo sie mit verteilten Rollen gelesen bzw. szenisch angedeutet
wurden (vgl. Gerlach 1915, 120; Nickel 1989, 17). Die Ursache dafür ist zum einen in
einem weiteren Bedeutungsverlust der Institution Schulbühne durch die Verbreitung
der öffentlichen Schaubühne zu sehen. Etwa zeitgleich entwickelte sich gegen Ende
des 18. Jahrhunderts eine regelrechte Begeisterung für das professionelle Theater, wie
sie auch in zeitgenössischen Romanen und Lebensberichten dokumentiert ist.[51] Insbesondere die Schulbühnen der höheren Schulen bemühten sich, in ihrem Repertoire den
öffentlichen Bühnen nachzueifern. Mit einer weiteren Professionalisierung des Schauspiels verliert die sie imitierende Schulbühne weitgehend an öffentlicher Bedeutung.
Ihre Aufführungen bleiben nicht als eigenständige theatrale Praxis, sondern, vor allem
an den Gymnasien, als Bestandteile der literarischen Bildung erhalten.

Während sich also für das Laientheater der vormodernen Gesellschaft die Frage nach
den bildenden Wirkungen dieser Praxis nicht stellte, da es sich um einen integrierten
Bestandteil des öffentlichen Lebens und der Religionsausübung handelte, steht die
Praxis des Schultheaters seit ihren Anfängen eindeutig in pädagogischem und didaktischem Interesse. Dabei geht es zum einen um die anschauliche Vermittlung wünschenswerter Inhalte, die über das Medium Theater transportiert werden sollen, zum

---

50   vgl. Rousseau, Brief an Herrn d´Alembert. Schriften Bd. 1. München 1978
51   vgl. u. a. Goethe, Wilhelm Meisters Lehrjahre (1795/96); Karl Philipp Moritz, Anton Reiser (1790);
     Caroline Schulze-Kummerfeld, Ein fahrendes Frauenzimmer. Die Lebenserinnerungen der Komödi-
     antin Caroline Schulze-Kummerfeld 1745–1815, hrsg. v. Inge Buck. München 1994

anderen aber auch um den Erwerb und die Schulung von Ausdrucksfähigkeit, die an die spezifischen Bedingungen der Schauspielkunst gebunden sind.

Der Bedeutungsverlust des Schultheaters in bezug auf die letztgenannten Fähigkeiten läßt sich sowohl auf die Professionalisierung im Bereich der öffentlichen Schaubühne als auch auf einen Wandel kultureller Werte zurückführen. An die Stelle der gezielten Selbstinszenierung des Ausdrucks, auf die die Schulbühne vorbereiten konnte, trat die Forderung nach Natürlichkeit und authentischem Selbstausdruck (vgl. Saße 1987, 62 f; Sennett 1983).

Gleichzeitig macht sich die Praxis des Schultheaters scheinbar dort entbehrlich, wo sie sich lediglich als anschauliche Methode zur Belehrung und Weitergabe von Inhalten versteht, deren Vermittlung unter anderen pädagogischen Vorzeichen – beispielsweise dem der Lern- und Leistungsorientierung der Schule des 19. Jahrhunderts – auch ohne diese Umwege möglich ist.

2. Jugendbewegung und Laienspiel

Eine systematische Diskussion des Laien- und Schulspiels setzt erst zu Beginn dieses Jahrhunderts im Rahmen der Jugendbewegung wieder ein.

Der Anspruch dieser sozialen Bewegung, die sich Anfang des Jahrhunderts gründete und bis in die Zeit der Weimarer Republik hinein entscheidenden Einfluß auf die pädagogischen Reformen dieser Epoche genommen hat, richtete sich über eine bloße Reform der pädagogischen Institutionen hinaus auf eine allgemeine Lebensreform. Vor dem Hintergrund einer allgemeinen Zivilisationskritik und einer Kritik moderner, großstädtischer Lebensformen wurde ein selbstbestimmtes, ‚jugendgemäßes‘ Leben angestrebt. Die vielfältigen Wege, die die unterschiedlichen Strömungen innerhalb der Jugendbewegung dabei einschlugen, lassen sich kaum auf einen Nenner bringen (vgl. Müller 1989, 808). Bedeutsam für die musische Bewegung waren insbesondere die mit dem Ziel der Gemeinschaftsförderung verbundenen geselligen Formen, in denen die ‚Pflege der Volkskultur‘ eine wesentliche Rolle spielte. Volksmusik, Volkstanz und Laienspiel waren wesentliche Bestandteile der gemeinschaftsbildenden Unternehmungen der Jugendbewegung, zu denen vor allem die Jugendlager und Landschulheime zählten. Entgegen der kritisierten einseitigen Verstandesausbildung der ‚Lernschulen‘ sollte von der Bildung der Jugend zum ‚ganzen Menschen‘ eine reformerische Wirkung auf alle gesellschaftlichen Lebensbereiche ausgehen. Diese mit dem Begriff ‚musische Erziehung‘ bezeichnete Praxis innerhalb der Jugendbewegung diente vorrangig dem Ziel der sozialen und moralischen Erziehung. Damit eiferte sie sowohl den aufklärerischen Traditionen ästhetischer Erziehung nach als auch dem, vom autonomieästhetischen Anspruch bereinigten, klassischen Bildungsideal der „Ganzheit“, das den heilenden, mit der Wirklichkeit versöhnenden Charakter der Kunst hervorhebt. Ein Bezug zur beginnenden künstlerischen Moderne sowie eine Auseinandersetzung mit den Möglichkeiten der neuen Medien Film und Rundfunk schließt sich vor dem Hintergrund dieser Zielsetzungen von vornherein aus. Die ästhetische Moderne versprach im Gegensatz zu Lied, Spiel und Tanz keine heilende Wirkung für den von der modernen Zivilisation zerrissenen und kranken Menschen (vgl. Warner

1954, 14). Die Montage als ihr künstlerisches Paradigma, die Zerstörung des Ideals vom Schönen, Guten und Wahren, verhält sich konträr zu der pädagogischen Zielsetzung der musischen Bewegung, die sich weiterhin an der harmonischen Ganzheit von Körper, Seele und Geist orientiert.

Als Teil der Jugendbewegung definiert sich die Laienspielbewegung aus der kritischen Ablehnung gegenüber einem am klassischen Bildungskanon orientierten Schultheater, das die theatrale Darstellung als einen Teil der Unterweisung über das literarische Drama begreift, sowie in Distanz zum Vereins- und Dilettantentheater, das sich dem Schwank und der Komödie sowie der Nachahmung des professionellen Theaters verschrieben hatte, ohne über ausreichende darstellerische Mittel zu verfügen.

Die Laienspielbewegung ist keine homogene Bewegung, sondern wird von unterschiedlichen Strömungen bestimmt. Dabei erscheint allerdings eine ausschließliche Kontrastierung dieser Strömungen ebenso verfehlt wie eine undifferenzierte Vereinheitlichung ihrer Bildungsziele und Methoden.[52]

Die grundsätzlichen Unterschiede der beiden Hauptlinien innerhalb der Laienspielbewegung sollen im folgenden durch die Darstellung der Konzepte ihrer jeweiligen Vertreter gekennzeichnet werden. Daß es in der Praxis des Laienspiels zahlreiche Überschneidungen und Zwischentöne gegeben hat, die dabei nicht berücksichtigt werden können, darf als selbstverständlich gelten.[53]

Giffei (1989, 23) kennzeichnet die beiden Richtungen, die sich zu Beginn dieses Jahrhunderts um eine Wiederbelebung des Laienspiels bemühten als „Theater der Gesinnung" auf der einen und „Theater des Gestaltschaffens" auf der anderen Seite. Als Vertreter der ersten Richtung nennt er Rudolf Mirbt, den „Laienspielpapst" der Jugendbewegung, der sich in den zwanziger Jahren mit dem „Münchner Spielkreis", einer Gruppe von jugendlichen und heranwachsenden Laienspielern, hervortat.[54] Für das „Theater der Gestaltung" steht Martin Luserke, der bereits vor dem Ersten Weltkrieg innerhalb der Freien Schulgemeinde Wickersdorf, die er 1906 zusammen mit Gustav

---

52 So unterstellt beispielsweise Hoppe (in: Kreuzer 1983) verkürzend eine Homogenität der Bewegung, wenn er ihre Ziele allgemein als „gemeinschaftsbildend" und ihre Inhalte als auf „Volk, Vaterland, Freiheit und Gottesliebe" bezogen kennzeichnet (vgl. ebd., 317).

53 Eine umfangreiche Dokumentation der unterschiedlichen Bestrebungen findet sich bei Frantzen (Hg.), Laienspiel in der Weimarer Zeit. Münster 1969

54 vgl. Mirbt, Laienspiel und Laientheater. Vorträge und Aufsätze aus den Jahren 1923–1959. Kassel 1960; ders., Von der eigenen Gebärde. München 1954.
Zwischen 1923 und 1939 gab Mirbt die „Münchner Laienspiele" heraus, eine Sammlung von Texten und Spielvorschlägen. Eine zusammenfassende Dokumentation stellt Mirbts „Münchener Laienspielführer" aus dem Jahre 1931 dar. Die Arbeit des Münchner „Mirbtkreises" ist dokumentiert in: A. Müller, Der Jugendring und der Spielkreis Mirbt 1920–1925. Recklinghausen 1973. In Zusammenarbeit mit dem Bühnenvolksbund erschien „Das Laienspielbuch", hrsg. v. Gentges/Leibrandt/Mirbt/Sasowski. Berlin 1929

Wynecken gegründet hatte, eine Schulbühne leitete.[55] Beide beanspruchten den Begriff des Laientheaters für sich, füllten ihn allerdings mit unterschiedlichem Inhalt, wodurch die Verschiedenartigkeit ihrer Konzepte bereits deutlich wird.

Während Luserke den Begriff des Laienspiels gegen ein „priesterlich-literarisches und historisierendes Verkündigungsspiel" (Luserke, in: Gifffei, 1979, 113) abgrenzt, wie es zu Beginn der Jugendbewegung von den Jugendbünden in Anknüpfung an die geistlichen Spiele des Mittelalters praktiziert wurde, betont Mirbt vor allem den Unterschied zwischen Laien- und Berufsschauspiel (vgl. Mirbt 1960, 9–18). Ihm kommt es weniger auf Kunstfertigkeit an, als auf das gemeinschaftsbildende Erlebnis der Spielenden und den volkbildenden (im Sinne der Nationalbildung wirkenden) Charakter des Spiels.[56] Zwar grenzt sich auch Mirbt entschieden von den Texten der mittelalterlichen Spiele ab, die häufig als Inbegriff des Laienspiels der Jugendbewegung gelten, seine Vorbehalte gelten jedoch eher den antiquierten Inhalten und der „philologischen Sezierarbeit" (ebd., 15), die ihr Wiederbeleben erfordere. An den Zielsetzungen der frühen Jugendbewegung, der Bildung des „ganzen Menschen" (ebd., 33; vgl. Mirbt 1954, 12) und der Gemeinschaftsbildung durch das Spiel, hält er mit veränderten, zeitgenössische Probleme aufgreifenden Inhalten fest.

In diesem Sinne charakterisiert er die Entstehungsbedingungen des Laienspiels aus den unterschiedlichen Ansätzen der Jugendbewegung:

„Da fanden die Geistigen, die Handwerkenden, die Tanzenden Gestaltung ihrer Gemeinsamkeit im Wort-Werk des Dichters: im Spiel. Volk wird. Denn das Spiel braucht zur Auseinandersetzung mit dem Leben jeden Zu-Schauer und überläßt nicht mehr einzelnen Einsamen alles Nachdenken und Empfinden. Dies Spiel nennen wir das Laienspiel. (...) Laienspiel ist Ausdruck, Inhalt einer Geselligkeit" (ebd., 10). Die Herleitung des Spielgedankens aus seiner Funktion für das intuitive Erleben des Gemeinschaftsgeistes führt auf der anderen Seite zur Abwertung künstlerischer Formgebung. „Der Laienspieler setzt an die Stelle schauspielerischer Routine seine leidenschaftliche Ergriffenheit. Nicht auf die Leistung kommt es an: auf die Treue. (...) Die Hingabe der Spieler an das Spiel ist der Sinn des Laienspiels, nicht die künstlerische Vollendung" (ebd.,12). Demgegenüber will Luserke den Begriff des Laienspiels ausdrücklich nicht als bloßes Negativum zum Berufsschauspiel verstanden wissen (vgl. Giffei, 1979, 113). Die ein-

---

55 Neben zahlreichen Spiel- und Prosatexten sind die wichtigsten theoretischen Werke Luserkes: Jugend und Laienbühne. Bremen 1927; Pan Apollon Prospero – Zur Dramaturgie von Shakespeare-Spielen. Hamburg 1957; Agitur Ergo sum? Versuch einer morphologischen Deutung des Ur-Zusammenhangs von Theater und Bewußtsein. Nach den Manuskripten hrsg. von H. Giffei. Hamburg 1974.
    Eine zusammenfassende Darstellung von Luserkes Theaterpraxis und -theorie und eine umfangreiche Bibliographie gibt H. Giffei, Martin Luserke und das Theater. Recklinghausen 1979. Eine „biographische Rekonstruktion" zu Leben und Werk Martin Luserkes sowie eine Einordnung seines Schaffens in den jeweiligen historischen und politischen Kontext leistet U. Schwerdt (1993). In dieser neueren Arbeit findet auch eine kritische Auseinandersetzung mit Luserkes aktiver Unterstützung des Nationalsozialismus statt. Schwerdt vertritt die These, daß Luserkes kulturkritische Deutung der Gesellschaft, die entschieden anti-moderne Züge trägt, eine wesentliche Grundlage seiner Identifikation mit der Politik des Nationalsozialismus darstellt.

56 Nickel (1993, 19) weist auf die Herkunft des „Laien"-Begriffs bei Mirbt vom altgriechischen lajos (Volk) hin.

deutige Bevorzugung von Erlebnis und Ergriffenheit gegenüber künstlerischer Gestaltung ist Ausgangspunkt seiner Kritik einer Spielpraxis, die sich auf die mittelalterlichen Spiele zurückbesinnt und deren gemeinschaftsstiftende Wirkung unter den
Bedingungen der modernen Gesellschaft wiederbeleben will. Die gestalterische Arbeit
eines Ensembles könne möglicherweise gemeinschaftsfördernd wirken, jedoch nur indirekt über das gemeinsame Produzieren. Diese Wirkung ließe sich jedoch nicht von
vornherein an die ahistorisch-romantisierende Aufführung eines mittelalterlichen Ver-
kündigungsspiels binden. Im Gegensatz zu den Vertretern des gemeinschaftsbildenden
Gedankens in der Laienspielbewegung hebt Luserke die technischen und handwerklichen Fähigkeiten hervor, die das Theatermachen erfordere. Nicht in den von außen
an das Laienspiel herangetragenen bildenden Wirkungen, sondern im Prozeß des theatralen Gestaltens selbst liegt für ihn die bildende Kraft des Theaters. „Das viele Reden
von der gemeinschaftsbildenden Kraft des Laienspiels ist eben nicht nur überflüssig,
sondern auch bedenklich. Es liegt zu nahe, die unzulänglichen Mittel den feierlichen
Zweck heiligen zu lassen. Ohne ein kritisches Grundgefühl von der Unsolidität des
Theaters gibt es überhaupt kein echtes Theatererlebnis. Theater ist und bleibt Mache!
(...): man verschleiert die ungeheure Bedeutsamkeit des Theatralischen nur, wenn man
sie in seinen Nachwirkungen sucht!" (Luserke, in. Giffei 1979, 113 f).

Mirbt schätzte die Arbeit Luserkes, und trotz unterschiedlicher Ausgangspositionen
gab es zahlreiche Berührungspunkte (vgl. Mirbt 1960, 10 ff; 149 ff). Die „eigene Gebärde", die nach Mirbt dem Laienspieler angemessen ist, die Suche nach dem persönlichen, nicht angelernten Ausdruck, läßt sich nicht mit dem ungestalteten, privaten Ausdruck gleichsetzen, sondern stellt eine Auseinandersetzung des Spielenden mit seinen
jeweils eigenen Gestaltungsmöglichkeiten dar. In Übereinstimmung mit Luserke geht
es Mirbt darum, sich nicht mit „dem guten Willen des Spielers" oder dem „enthusias-
tischen Einzelvorstoß" zu begnügen (Mirbt 1960, 11). Die Arbeit an einer Rolle bein-
halte auch die Überwindung des Alltäglichen und Zufälligen (vgl. ebd.). Auf eine Gestaltung von Raum und Licht wird in der Laienspielpraxis Mirbts jedoch weitgehend
verzichtet. An die Stelle von Kostümen tritt das einfache ‚Spielkleid'. Ein Vorhang wird
kategorisch abgelehnt. Da der Schwerpunkt des Spiels auf den „Stoffen" der Dramen
und ihrer Wirkung für das Gemeinschaftserlebnis von Spielern und Zuschauern liegt,
verdienen diese Gestaltungselemente wenig Beachtung (vgl. ebd., 16).

In Teilen der Laienspielbewegung, die sich seit den zwanziger Jahren im christ-
lichen „Bühnenvolksbund" organisierten, wurde der Verzicht auf theatrale Gestaltung
noch weiter getrieben. Im Publikationsorgan des Bühnenvolksbundes, der Zeitschrift
„Gemeinschaftsbühne und Jugendbewegung"[57], bestimmt ihr Herausgeber die Berechtigung des Laienspiels aus dem „Erlebnis in der Gemeinschaft", der „Sehnsucht, einer

---

[57]   „Gemeinschaftsbühne und Jugendbewegung. Zeitschrift des Bühnenvolksbundes", hrsg. von C. Gerst.
Der 1924 erschienene Sammelband stellt einen ersten Überblick über die Arbeit des Bühnenvolksbundes dar. Unter dem Titel „Jugend und Bühne" erschien ebenfalls 1924 ein Sammelband, in dem in
verschiedenen Beiträgen „das Spiel der Jugend als Mittel der allgemeinen Kunsterziehung" reflektiert
wird (vgl. Frantzen 1969). Diese beiden Veröffentlichungen dokumentieren die Bandbreite der Positionen innerhalb der Laienspielbewegung zwischen den Polen „Gemeinschaftserziehung" und „Kunsterziehung".

freudigen oder traurigen Stimmung Ausdruck zu verleihen" und aus dem Verlangen eines „Kulturvolkes", „seine Ideen zu bekennen und im Bekenntnis Freund und Gegner zu erkennen" (Gerst 1924, 6). Er beschließt die Aufzählung der Zielsetzungen mit der Feststellung: „Das Stoffliche ist hier entscheidend, nicht die gekonnte Form" (ebd.).

Das Bemühen, das Spiel als Ausdruck des Lebensgefühls der Jugendbewegung zu etablieren und auf theatrale Gestaltung vollkommen zu verzichten, gipfelt in der Annahme, die Darsteller spielten „sich selbst". Beispielhaft für diese Vorstellung vom Laienspiel ist der enthusiastische Bericht über eine so verstandene Aufführung, der in der Zeitschrift „Gemeinschaftsbühne und Jugendbewegung" dokumentiert ist. Der Rezensent lobt die „Ursprünglichkeit" des Ortes und wendet sich dann dem Verhältnis von Zuschauenden und Spielenden zu: „Das war Gemeinschaft! – Einige aus ihrer Mitte spielten das, was ihrer aller tiefstes Erlebnis war: das Losringen von Vater und Mutter aus innerster Notwendigkeit. – Das Erlebnis der Jugendbewegung! (...). Da spielten dem Dichter völkisch verwandte Menschen nicht ein Spiel, nein sie spielten sich selbst, und jedes der Schauenden sah sich dort von Hause weg seinen Weg gehen" (Bachmann 1924, 13).

Daß es sich hier nicht um eine vereinzelte Stimme handelt, belegt ein (fiktives) Gespräch über die „Macht des Laienspiels", mit dem die Herausgeber des „Laienspielbuches" (1929) ihren Band einleiten. Exemplarisch kommt der Leiter einer Jugendspielgruppe zu Wort, der die Bedeutung des Laienspiels in Abgrenzung zum professionellen Theater charakterisiert: „Wir brauchen das Theater nicht. (...) Wir treten so, wie wir sind, mit feierlichem Ernst oder aufgelegt zu lustigen Streichen, vor unseren festlichen Kreis. (...). Wir spielen nur uns, und wir sind auch gar nicht so eingebildet, eine hohe künstlerische Wirkung erzielen zu wollen. Wir spielen für uns, wie der Vogel für sich singt. Und da wir aus innerer Ergriffenheit spielen, brauchen wir keine vielen Proben. (...) Wir spielen um die Wesenhaftigkeit unseres Volkes. (...) Wir brauchen kein Spielbild, kein Spielkleid, alles gestalten wir mit der Kraft unserer inneren Ergriffenheit" (Gentges u. a. 1929, 11).

Daß diese Position zwar unter den jugendbewegten Laienspielern verbreitet war, allerdings innerhalb der Organisation des Bühnenvolksbundes nicht unumstritten galt, wird durch einen Blick auf die Position eines seiner führenden Vertreter, Ignaz Gentges, deutlich.[58]

Gentges kam nicht aus der Jugendbewegung. Vor dem Hintergrund seiner Erfahrung als Regieassistent im professionellen Theater und bedingt durch die wissenschaftliche Reflexion der Kunst des Theaters, setzte er an den dieser Kunst spezifischen Gestaltungsmöglichkeiten an. Sein Engagement galt der Befähigung der nicht professionellen Spieler zur „Spielmächtigkeit" (vgl. Frantzen 1969, 73). Unter seinem Einfluß als Theaterreferent bezog der Bühnenvolksbund auch die Schulbühne in die Diskussion um das Laienspiel mit ein (vgl. Gentges u. a. 1929).

Gentges wendet sich gegen ein scheinbar intuitives Spiel und spricht sich statt dessen für einen methodischen Weg vom bewußten Gestalten zum unbewußten Schaffen

---

58 vgl. O. Dinges/H. Kaiser (Hg.), Spielgestaltung und Menschenbildung. Für und von Ignaz Gentges. Recklinghausen 1975. Die Schrift enthält eine Bibliographie der Arbeiten von Ignaz Gentges.

aus. „Und es ist auch nicht damit getan, heute so und morgen so einen bezeichnenden Ton zu finden, – den besten und treffendsten mir erreichbaren Ton und die sicherste und gehaltenste Gebärde muß ich aus all den Möglichkeiten herausschaffen und dann festhalten, bewußt zuerst und nachher mit unbewußter Sicherheit, um aus diesen Einzelheiten doch das organisch Ganze am Abend des Spiels unverrückbar in mir zu haben und dargeben zu können" (Gentges 1926, in: Frantzen 1969, 74f). Nur wenn die Gesetze theatralischer Gestaltung in bezug auf Raum- und Bewegungsregie und Sprachgestaltung berücksichtigt würden, könne die angestrebte Wirkung beim Zuschauer und die erzieherische Wirkung des Spiels für die Darstellenden erreicht werden.

Gentges (1928) begründet seine Position bildungstheoretisch im Rückgriff auf Schillers „Briefe".[59] Anknüpfend an Schillers Lehre von den beiden im Menschen wirkenden Trieben, dem sinnlichen Trieb und dem Formtrieb, deren Vermittlung in einem dritten, dem „Spieltrieb", möglich ist, konzipiert er die bildende Wirkung des Theaterspielens, gleichermaßen für den Laien und den Berufsschauspieler. Indem er beider Tätigkeit als „Spiel im engeren Sinn" in Analogie zu Schillers Spielbegriff setzt, gelangt er zu den Grundsätzen seiner „Spielerziehung". Weder der gestaltgebende Formtrieb darf im Spiel beherrschend sein, noch der sinnliche Trieb[60], dessen Gegenstand das Leben ist. „Hemmungslose Hingabe an das Lebensgefühl" und „Erstarrung" in bloßer Form verfehlen beide auf ihre Art den Sinn des Spiels. Erst wenn ihre Vermittlung zur „lebenden Gestalt" gelinge, die Gentges als „Ausgleich zwischen Leben und Form" bezeichnet, könne von der erzieherischen Wirkung des Spiels gesprochen werden. „So ist die Berechtigung aller Dramaturgie, aller Rollenarbeit, aller Spielführung im Spieltrieb verwurzelt. Ja, die heilende Wirkung der Spielarbeit, die Unterdrücktes und Unbefriedigtes befreit und neu bindet, beruht in der Kraft des Spieltriebes, den Ausgleich zwischen Leben und Form zu schaffen. (...) Das aber gilt es, zu solchem Spiel die Menschen zu wecken und zu erziehen" (Gentges, in: Dinges/Kaiser (Hg.) 1975, 72f). In der Bestimmung der Zielsetzung, in der die bildende Wirkung des (Theater-) Spiels gipfelt, befindet sich Gentges letztlich wieder in voller Übereinstimmung mit der stärker intuitiv argumentierenden „Fraktion" innerhalb der Laienspielbewegung. Als „Schillersche Forderungen" kennzeichnet er die „Vereinigung" von Leben und Gestalt zur „lebenden Gestalt" (vgl. ebd., 71) und die daraus zu ziehenden Konsequenzen: „Es gilt schließlich die Kraft, die solches bewirkt, in den Menschen zu wecken, sie dazu zu erziehen, und so durch das Spiel, durch das Schöne, zur Gestaltwerdung des Einzelnen und der Gemeinschaft zu führen, zur Vollendung, die auf die Weisheit des Wahren und Guten gerichtet ist" (ebd., 71).

Mit seinen Überlegungen versucht Gentges, zwischen dem einseitig inhaltsorientierten „Gesinnungstheater" und einer von der Form ausgehenden Theaterarbeit zu vermit-

---

59   Gentges, Auszug aus „Wille und Werk", 1928.In: Dinges/Kaiser (Hg.) Recklinghausen 1975, 69–77
60   In der Anthologie, hrsg. v. Dinges/Kaiser (1975), wird der Begriff des „sinnlichen Triebes" nicht verwendet. Er wird konsequent, auch in Zitaten, durch den des „Sachtriebes" ersetzt. Diese Umbenennung erfolgt auf Kosten der Verständlichkeit, da eine Unterscheidung zwischen „Sachtrieb" und „Formtrieb" schwerfällt.

teln und richtet sich vor allem gegen den Verfall des Laienspiels zu einer „instinktmä-
ßigen Spielerei" (ebd., 76). Sein Versuch, diese Argumentation auf Schillers Ansatz
zur ästhetischen Erziehung aufzubauen, führt jedoch zu einer einseitigen Anpassung
der Überlegungen Schillers an die Laienspielthematik. Abgesehen von der Einengung
des Schillerschen Spielbegriffs auf „Spiel im engeren Sinne", das heißt auf Schauspiel und Laienspiel, bleibt der utopische Charakter dieser Argumentationsfigur unberücksichtigt. Aus einem Gleichgewicht von sinnlichem Trieb und Formtrieb, das für
Schiller nur in der Idee existiert (vgl. Schiller 1989, Bd. V, 619), wird bei Gentges ein
„Ausgleich", eine „Vereinigung" von zu spielendem Inhalt und formgebenden Prinzipien auf der Bühne. Auch die am Ende vollzogene Unterordnung der Erziehung zu
Spiel und Gestaltung unter die Prinzipien des Wahren und Guten, das heißt konkret
unter die Zielsetzungen der Jugendbewegung, läßt sich nicht, wie Gentges nahelegt,
in Übereinstimmung mit Schiller rechtfertigen. Wie die Diskussion des Schillerschen
Ansatzes gezeigt hat, besteht die Bedeutung ästhetischer Bildung gerade in ihrer Indifferenz gegenüber theoretischen oder moralischen Zielsetzungen.

Für die Praxis der Laienspielbewegung und des Spiels innerhalb der Schule ist Gentges' Bemühen, den Elementen theatraler Gestaltung größere Bedeutung zukommen zu
lassen, von entscheidender Wichtigkeit gewesen. Mit einer Vielzahl von Schriften hat
er die Qualität der Laienspielpraxis nachhaltig in seinem Sinne zu beeinflussen ver-
mocht (vgl. Frantzen 1969, 73; Dinges/Kaiser (Hg.) 1975,177ff). Seine Bezugnahme
auf Schiller zur theoretischen Grundlegung der bildenden Wirkung des Laienspiels erscheint jedoch eher als Bestätigung einer von ihm bevorzugten Laienspielpraxis und
als nachträgliche Rechtfertigung der gemeinschaftsbildenden Ziele der Jugend- und
Laienspielbewegung.

Neben den unterschiedlichsten, letztlich aber doch in der apologetischen Bestimmung
des Theaterspielens übereinstimmenden Ansätzen der Vertreter des Laienspiels nimmt
derjenige Martin Luserkes eine Sonderstellung ein.[61] Wie bereits in seiner Charakterisierung von Begriff und Funktion des Laienspiels deutlich geworden ist, lehnt Luserke
jede Fremdbestimmung der bildenden Wirkung des Theaters ab.

Diese Grundannahme macht eine Beschäftigung mit dem Konzept Luserkes im
Zusammenhang mit der Frage nach der ästhetischen Bildung innerhalb der Theaterpädagogik besonders interessant.

Luserkes Ablehnung jeder ästhetisierenden oder pädagogisierenden Wirkung des
Theaters läßt sich nur vor dem Hintergrund der anthropologischen Begründung ver-
stehen, die er für das Theater annimmt. In seiner Schrift „Agitur ergo sum?", die den
Untertitel trägt: „Versuch einer morphologischen Deutung des Ur-Zusammenhangs von
Theater und Bewußtsein" und die posthum von Giffei (1974) herausgegeben wurde, ent-

---

61 Luserkes Theaterpraxis bezieht sich vorwiegend auf die Schulbühne: ab 1906 in der Freien Schulgemeinde Wickersdorf, die er von 1910–1924 leitete, zwischen 1924 und 1934 in der von ihm gegrün-
   deten „Schule am Meer" auf Juist und ab 1946 in Meldorf/Holstein. Den Begriff „Laienspiel" hat Luserke im Verlauf seiner Tätigkeit fallengelassen, er sprach stattdessen von „Bewegungspiel" bzw. von
   „musikalischem Bewegungspiel". Mit der Wiederaufnahme seiner Tätigkeit nach dem 2. Weltkrieg in
   Meldorf verwendete er den Begriff „Meldorfer Spielweise" (vgl. Giffei 1979, 13).

wickelt er sein Verständnis einer zum Wesen des Menschen gehörigen Theaterkunst.[62] Vereinfacht gesagt, besteht nach Luserke sowohl phylogenetisch als auch ontogenetisch eine notwendige Stufe der vorbegrifflichen Form der Weltaneignung im „Agitur", das heißt im Darstellen und im Vorstellen als dem inneren Darstellen.

„Agitur ergo sum – es wird dramatisch veranstaltet, und daher stammt unser Bewußtsein – ist entwicklungsgeschichtlich gemeint: Erlebnisse künstlich wiederheraufbeschwören oder Wunschträume magisch zur Verwirklichung locken, ist eine urzeitliche Erfindung wohl alles Lebendigen auf Erden, das sich höher organisiert hat. In Wechselwirkung mit der dreidimensionalen äußeren Erfahrungswelt entwickeln sich in dem inneren Raum zwischen Erdichtung, Spiel und beglaubigenden Zuschauern Gestalten. Könnte das etwa zu der geheimnisvollen Wendung des Lebens gegen sich selber geführt haben, die wir Bewußtsein nennen?" (Luserke 1974, 15).

Erst auf dieser Fähigkeit baut eine höhere Stufe bewußter Weltaneignung auf. So ist auch der Titel seiner Schrift in Abgrenzung zum cartesianischen „cogito ergo sum" zu verstehen (vgl. Giffei 1979, 95); er beinhaltet eine Kritik am aufklärerischen, einseitig vernunftbetonten Denken. Demgegenüber stellt das „Agitur" in diesem Verständnis „eine lebens- und naturnotwendige, unerläßliche, gesunde und prachtvolle Betätigung des denkenden Menschen" dar (Luserke, in: Giffei 1979, 97). Der Glaube an die Wirklichkeit des Spiels und die Lust am Wesenstausch, beide Ausdruck für die „weltschöpferische Machtentfaltung" des Spielenden, sind notwendige Bedingungen auf dem Weg zur Bewußtseinsentwicklung. Das innere Urtheater, die schöpferische Phantasie des Menschen, wird von Luserke als Wurzel für die Kunstform Theater angesehen. „Das äußerliche, künstlich veranstaltete Theater (ist) nur der ins Spiel überschlagende Teil der ... wichtigsten Fähigkeit des inneren Selbst ..." (Luserke, in: Giffei 1979, 101).

Aus dieser hier nur skizzenhaft dargestellten anthropologischen Begründung des Theaters, aus der „Urlust" des Menschen am Spiel als gestaltender Aneignung von Welt und nicht aus formal-ästhetischen oder pädagogischen Überlegungen, folgt nach Luserke die Forderung nach künstlerischer Gestaltung im theatralen Prozeß (vgl. Giffei 1979, 102 f). Die Kennzeichnung der theatralen Tätigkeit als spielerisches und kunstvolles Schaffen von Wirklichkeit, das nicht aus einem ontologischen Verhältnis zur Realität verstanden werden kann, ist auch die Grundlage für Luserkes Theaterpraxis. Die Annahme, Theater stehe nicht in einem Abbildverhältnis zur Realität, führt zur Kritik jeder Form von illusionistischer Nachahmung auf der Bühne. Die spezifische Qualität der Theaterkunst liegt, nach Luserke, vielmehr im eigenständigen Schaffen von Wirklichkeit, die an das Auftreten lebendiger Menschen gebunden ist. Nur dadurch, daß es im Augenblick des Geschehens real ist, vermag theatrales Erleben bei Zuschauern und Spielern Wirkungen zu erzielen.

---

62   Luserke nimmt für seine Theorie ausdrücklich keine wissenschaftliche Geltung in Anspruch, sie gelte vielmehr aufgrund ihrer „Evidenz" (vgl. Giffei 1979, 95). Die morphologische Deutung, die er bereits zur Untersuchung der Dramaturgie Shakespeares heranzieht, forscht „.... nach der organischen Ganzheit einer Gestalt vermöge einer notwendigen Wechselwirkung aller ihrer sog. Teilerscheinungen." (Luserke 1957, 105).

„Paradox gesagt, ist ... Theater ‚magisch' gerade nicht, weil es eine entzückende, ver-
antwortungsfreie Scheinwelt ist, sondern weil es im Gegenteil wirklichstes, dichtestes
Leben ist" (Luserke, in: Giffei 1979, 103).

Für die Theaterpraxis Luserkes ist seine Auseinandersetzung mit dem Werk Shakespeares entscheidend, deren theoretische Reflexion insbesondere in seiner Schrift „Pan
Apollon Prospero. Zur Dramaturgie von Shakespeare-Spielen" (1957) erfolgt. Bei seinen dramaturgischen Überlegungen geht er weniger vom Inhalt der Dramen Shakespeares aus, als von einer ihnen angeblich eigenen Gestalt, die er als „Polyphonie von
Stimmen" charakterisiert. „Der gesamte Sprechtext und Gedankengang (ist) nämlich
erstens, eine Musik zweitens, die nicht nur den Hintergrund macht, sondern die mit-
handelt und nur pausiert, wenn sie schweigt, zum dritten eine Bewegung der Gruppen
und Personen, die gesetzmäßig durchgehend geformt ist, und endlich ein mindestens
inneres Mitgehen der Zuschauer, die sich ständig auch hier und heute angespielt fühlen"
(Luserke 1957, 18). Auf der Grundlage dieser dramaturgischen Annahmen entwickelt
Luserke im Verlaufe seiner Arbeit mit Schülern eine besondere Darstellungsform, das
„Bewegungsspiel".[63] Dabei handelt es sich um eine Spielweise, in der, im Gegensatz
zur Praxis eines auf bloße Textreproduktion beschränkten Schultheaters, Mimik und
Bewegung dominieren. Nicht allein durch das Wort, sondern durch den körperlichen
Ausdruck, durch „großräumige Bewegungen der Darstellergruppe" (Giffei 1989, 23),
die musikalisch getragen werden, soll die theatrale Wirklichkeit geschaffen werden.
Gruppenszenen stehen im Wechselspiel mit Einzelszenen, in denen sich die Figuren
ebenfalls nicht primär am Text, sondern an den daraus zu gewinnenden Handlungen
orientieren. Das gesamte Geschehen läuft, streng zeitlich und räumlich organisiert,
ohne Unterbrechungen durch Szenenwechsel, Vorhang oder Pausen ab. Entsprechend
dieser Darstellungsform entwickelte Luserke eine „Bewegungsbühne", die das rhyth-
misch strukturierte Gruppenspiel ermöglichte. Nicht durch illusionistische Ausgestaltung, sondern durch Auftritts- und Bewegungsrichtungen, durch das Spiel der Gruppe
solle die Ortsvorstellung entstehen. Luserke ging bei seinen Inszenierungen vom objektiven Empfinden der Zuschauer für Bewegungsrichtungen aus und organisierte dementsprechend die Massenbewegungen auf der Bühne. Im Sinne dieser „Kompaßlehre"[64]
wurde beispielsweise die Darstellung von Schlachten „durch gegliederte dynamische
Massenbewegung" in Szene gesetzt (Giffei 1979, 15).[65] Auch hier verwirklicht sich
das Prinzip, Theater nicht als Vorführen von Realität oder Verweis darauf zu begreifen,
sondern als das Erzeugen von Realität durch das sichtbare und erlebbare Geschehen einer strukturierten Bewegung im Raum. Eine entscheidende Rolle spielt dabei auch die

---

63   vgl. Luserke, Shakespeare-Aufführungen als Bewegungsspiel. Heilbronn 1921
64   Zur umfassenden Darstellung des Prinzips der Bewegungsbühne und der „Kompaßlehre", einschließ-
      lich ihrer Veranschaulichung durch Skizzen, vgl. Luserke, Jugend- und Laienbühne. Eine Herleitung
      von Theorie und Praxis des Bewegungsspiels aus dem Stil des Shakespeareschen Schauspiels. Bremen
      1927; Giffei 1979, 14–36)
65   Ein aktuelles Beispiel für eine solche Darstellungsform im Bereich des professionellen Theaters bie-
      tet die Arbeit Einar Schleefs. In seiner Inszenierung des „Urgötz" (Frankfurt 1989) findet die Schlacht
      zwischen Götz und den Reichstruppen auf einem Steg im Publikum statt und läuft nach einer streng
      rhythmisierten Choreographie ab.

Musikalität, der rhythmische Ablauf des gesamten Ereignisses, den Luserke durch das dramaturgische Studium des Zeitmaßes der Einzelvorgänge eines Stückes erarbeitete (vgl. Giffei 1979, 36). Dieser Rhythmus kann erst im Moment der Aufführung „beim realen Ablauf in der Zeit und im Raum" (ebd.) erlebbar werden. An dem grundlegenden Prinzip des Erzeugens einer theatralen Realität richten sich alle von Luserke für die Schulbühne erprobten und entwickelten Gestaltungsprinzipien aus, die an dieser Stelle nicht im einzelnen dargestellt werden können. Hierin wurzelt auch die Bedeutung, die dem handwerklichen Erlernen des Theatermachens vor jeder pädagogischen Zweck-setzung zukommt. Nicht im durch das Spiel angeregten Nacheifern eines tugendhaften Inhalts und auch nicht im „Sich-selbst-Spielen" durch das Darstellen der eigenen Situ-ation, besteht die bildende Wirkung des Theaters in Luserkes Ansatz. In beiden Fällen werden „Sein" und „Schein" in unzulässiger Weise miteinander vermischt. Nach An-sicht Giffeis kann nur in einem eng auf den theatralen Gestaltungsprozeß bezogenen Sinne vom Ziel der Selbstverwirklichung im Zusammenhang mit der Arbeit Luserkes gesprochen werden. „Eine direkte pädagogische Zwecksetzung als Motivation für Dar-stellung, etwa Theater als Lernprozeß – sei es als Erziehung zur Kunst, als Einübung von Sozialverhalten oder als welches „Theater UM-ZU" auch immer – gibt es für Lu-serkes Jugendspiel nicht. Wohl aber Hilfestellung im Sinne der Selbstverwirklichung durch das Theatermachen als Tätigkeit schlechthin" (Giffei 1979, 64).

Luserke verwirklichte seine Prinzipien nicht nur in der Erarbeitung und Aufführung bereits vorliegender Dramen, sondern auch in der Produktion eigener Stücke in Zusam-menarbeit mit Schülern. Bei dieser von ihm seit Beginn der dreißiger Jahre als „Bau-hütte" bezeichneten Arbeit geht es um das gemeinsame Erstellen einer Spielvorlage, ausgehend von dramaturgischen Prinzipien, die sich, nach Ansicht Luserkes, durch das Studium der Stücke Shakespeares gewinnen lassen. Strukturiert durch die Vorgabe eines zeitlichen Rahmens und die rhythmische Gliederung in einzelne szenische Ab-schnitte werden Spiel- und Gegenspiel einer Handlung erdacht und aufgebaut. Diese Arbeit setzt also ebenfalls an der Form, an den Erfordernissen des Theaters und nicht am Inhalt oder einem vorgegebenen Thema an. Statt ins „selige Gemeinschaftsbasteln" zu verfallen, soll die Bauhüttenarbeit ein „verbindliches dramaturgisches Handwerk" vermitteln (Luserke, in: Giffei 1979, 73).[66]

---

66   Obwohl es in Luserkes Arbeit meines Wissens keinen ausdrücklichen Hinweis auf die Arbeitsprinzi-
     pien des „Bauhauses" und auf die ihnen impliziten pädagogischen Intentionen gibt, erweist sich hier
     eine deutliche Nähe, die sich nicht in der gemeinsamen Wurzel des Namens erschöpft. Mollenhauer
     (1989a) kennzeichnet diese Prinzipien, unter Bezugnahme auf theoretische Schriften und künstlerische
     Praxis führender Vertreter des „Bauhauses", unter anderem als Abwendung vom spontan expressiven
     Selbstausdruck gegenüber dem Studium und der Übung handwerklicher Fähigkeiten, der Betonung der
     Strukturen, der Maßverhältnisse des zu Gestaltenden und des Typischen (vgl. ebd., 289f). Für Mollen-
     hauer liegt darin nicht ein „Verzicht auf jedwede Ich-Thematik", sondern deren „Zuspitzung auf die
     Konfrontation des Ich mit dem kategorial Allgemeinen in jeder ästhetischen Erfahrung" (ebd., 292),
     d. h. mit den Grundbedingungen der jeweiligen Kunst. Nur auf diesem Wege kann seiner Ansicht nach
     die ästhetische Wirkung einen eigenständigen Beitrag zur Bildung des Menschen liefern, ohne sich
     unter moralische oder theoretische Zielsetzungen subsumieren zu lassen.

Daß Luserkes Ansatz in Theorie und Praxis der Theaterpädagogik auch nach dem 2. Weltkrieg wenig rezipiert wurde, wird zum einen vielfach auf seine schwer lesbaren Texte zurückgeführt (vgl. Mirbt 1960; Giffei 1979, 108 f; Nickel 1985), die sich einer kurzfristigen Vermittlung von übertragbarem Praxiswissen entziehen. Einen weiteren Grund für die geringe Verbreitung dieses Ansatz vermutet Giffei in der Zielsetzung der allgemeinbildenden Schulen in bezug auf das Schultheater. Die dort verbreitete Praxis der Unterordnung des Schultheaters unter pädagogische und didaktische Ziele habe sich nicht vereinbaren lassen mit Luserkes Anspruch, „Theater als eigene Bildungskategorie zu betrachten" (Giffei 1979, 112). Weder als Beitrag zur literarischen Bildung noch für den pädagogischen Gedanken der „Gemeinschafterziehung" ließen sich Luserkes Vorschläge zum Schultheater vereinnahmen.[67]

Gerade darin liegt die hervorragende Bedeutung dieses Konzepts für einen Ansatz ästhetischer Bildung in der Theaterpädagogik. Auch ohne eine ausdrückliche Bezugnahme auf Vorstellungen von ästhetischer Bildung ist den Überlegungen Luserkes ein solcher Ansatz implizit. Sein Versuch einer anthropologischen Begründung des Theaters führt nicht über eine mögliche Vereinseitigung der bildungstheoretischen Argumentation Schillers, Kunst als Mittel zur „Versöhnung" des in zwei entgegengesetzte Triebe zerfallenen Charakters des Menschen zu bestimmen. Er vermeidet dadurch auch die von Gentges abgeleitete Verkürzung der ästhetischen Bildung auf Bildung *durch* Kunst. Stattdessen bestimmt Luserke die künstlerische Gestaltung als eine Form von Erkenntnis und gelangt so unmittelbar zu den Grundbedingungen künstlerischer, speziell theatraler Produktion. Aus diesen leitet er sodann mögliche Wirkungen für Spieler und Publikum ab, die gegenüber dem „Wahren und Guten", das Gentges als Zielhorizont formuliert, indifferent bleiben. Luserke gelangt also auf diesem Wege zu einem Konzept ästhetischer Bildung, das, orientiert an der Auseinandersetzung der Produzierenden mit den Grundbedingungen der Kunst des Theaters, keiner nachträglichen moralischen oder theoretischen Rechtfertigung mehr bedarf. Es handelt sich dabei um eine Form der eigenständigen künstlerischen Bildung, die deshalb nicht rein ästhetizistisch bleibt, da (Theater) Kunst und Leben in diesem Konzept als eng miteinander verknüpft angesehen werden.

Damit ist allerdings gleichzeitig eine wesentliche Schwäche der daraus resultierenden Praxis benannt: Luserke bindet diese Form ästhetischer Bildung eng an eine ganz bestimmte Darstellungspraxis und an eine von ihm konstruierte Dramaturgie nach dem Vorbild der Shakespeareschen Komödien. Hierin mag ein weiterer Grund für die begrenzte Wirkung seines Konzepts liegen. Eine Verallgemeinerung über die von ihm bevorzugte Spielpraxis hinaus schließt er dadurch aus, daß er nicht von einem möglichen Stil unter anderen spricht, sondern diesen Stil als notwendige Konsequenz aus der anthropologischen Begründung des Theaters begreift (vgl. Giffei 108 f). Als Folge dieser Grundannahme, die eine Anthropologisierung einer bestimmten Dramaturgie und einer damit verbundenen Spielweise darstellt, hält sich die Theaterpraxis Luser-

---

67 Luserkes Haltung gegenüber der Spielpraxis und den gemeinschaftserzieherischen Zielen der Laienbewegung führte bereits in den dreißiger Jahren zu offenen Auseinandersetzungen mit dem Bühnenvolksbund. Vgl. B. Sasowsky. Das Volksspiel 6/1930, Heft 3, in: Frantzen 1969, 37–40

kes, darin vergleichbar mit anderen Ansätzen der Reformpädagogik, von den Werken der ästhetischen Moderne fern.

3.   Lehrstück – Große Pädagogik

Eine weitere Ausnahmeerscheinung innerhalb der theaterpädagogischen Bemühungen der zwanziger und dreißiger Jahre stellen Brechts Überlegungen zum Lehrstück dar. Ähnlich wie die Laienspielbewegung stehen sie zwar einerseits in der Tradition von Reformpädagogik und Jugendbewegung, wobei insbesondere die Schulmusikbewegung entscheidenden Einfluß auf die Lehrstückkonzeption hatte. Andererseits verfolgen die Lehrstücke, im Unterschied zu den verschiedenen Positionen der Laienspielbewegung, eine entschieden politische Zielsetzung. Sie greifen Formen des Agitproptheaters und der Agitpropmusik auf und berufen sich auf die Zielsetzungen der sozialistischen Arbeiterbewegung und die damit zusammenhängenden Prinzipien sozialistischer Erziehung (vgl. Ritter 1980). Nicht zuletzt gehören sie in den Denkzusammenhang der theaterreformerischen und -revolutionierenden Bewegung seit Beginn dieses Jahrhunderts, zu deren herausragenden Vertretern Brecht zählt. Im Unterschied zu allen bisher diskutierten reformpädagogischen Ansätzen greifen sie deshalb konsequent die Formen der ästhetischen Moderne auf und beziehen die Anfang des Jahrhunderts neuen technischen Medien, wie fotografische Projektionen, Film, Hörfunk und Schallplatte in ihre Arbeit ein.

Zwischen 1929 und 1934 schrieb Brecht sechs Lehrstücke, die sich sowohl thematisch als auch von ihrer dramatischen Struktur her ähneln:
      Das Radioexperiment „Flug der Lindberghs" (1929; der Titel wurde 1949 wegen der Sympathien Lindberghs mit dem Faschismus in „Der Ozeanflug. Ein Radiolehrstück für Knaben und Mädchen" geändert); „Das Badener Lehrstück vom Einverständnis" (1929), das mit der letzten Szene des „Ozeanflugs" beginnt und so als seine Fortführung gelten kann; „Der Jasager" und – angeregt durch die Auseinandersetzung mit Schülern der Karl-Marx-Schule in Berlin-Neukölln[68] – die Umarbeitung „Der Jasager und Der Neinsager" (1930/31); „Die Maßnahme" (1930); „Die Ausnahme und die Regel" (1930/31); „Die Horatier und die Kuratier" (1934).

Während Brechts dramatische Arbeit an den Lehrstücken und seine experimentelle Lehrstückpraxis, in Form von Lehrstück-Aufführungen mit Publikumsbeteiligung und als dramaturgische Zusammenarbeit mit Schülern einer Berliner Schule, mit seiner Emigration aus Deutschland endet, führt er die theoretische Auseinandersetzung mit dem Thema Lehrstück fort. Dabei handelt es sich um zahlreiche, größtenteils fragmentarische Texte

---

68   Eine ausführliche Darstellung dieses Prozesses gibt Albrecht Dümling, Der Jasager und der Neinsager.
      Brecht-Weills Schuloper an der Karl-Marx-Schule Neukölln 1930/31. In: *Korrespondenzen. Zeitschrift für Theaterpädagogik.* 10 (1994), Heft 19/20/21, S. 30–34

und Notate zur Theorie der Lehrstücke.[69] Aus ihnen lassen sich Hinweise zur politisch-pädagogischen Funktion und zur Spielweise der Lehrstücke entnehmen.

In einem kurzen Text „Zur Theorie des Lehrstücks" aus dem Jahr 1937 grenzt Brecht die Lehrstück-Dramaturgie von einer Dramaturgie der von ihm sogenannten „Schaustücke" ab (vgl. Steinweg 1976, 164f). Der entscheidende Unterschied zwischen Lehrstück und Schaustück liegt in der Beziehung zwischen Zuschauer und Publikum. Das Lehrstück belehrt nicht, indem es angeschaut wird, sondern indem es gespielt wird. Es dient damit vor allem der Erziehung der Spielenden.

„das lehrstück lehrt dadurch, daß es gespielt wird, nicht dadurch, daß es gesehen wird. prinzipiell ist für das lehrstück kein zuschauer nötig, jedoch kann er natürlich verwertet werden" (ebd.,164).

„Die Bedeutung des Theaterspielens für die Bildung der Charaktere" (ebd., 176), die Brecht zufolge für Kinder und Erwachsene gleichermaßen besteht, wird also nicht an eine im Stück formulierte Lehre oder Moral geknüpft, sondern setzt an der szenischen Erfahrung des gemeinsamen Handelns und Verkörperns im Spiel an. Eine wesentliche Rolle spielen dabei auch Musik und Gesang, die den Charakter des Lehrstücks entscheidend prägen. Die bildende Wirkung des Theaters wird im Prozeß der sinnlich-körperlichen Erfahrung des Spielens angesiedelt. Sie wird durch das Ausführen bestimmter Handlungsweisen und die Einnahme der damit verbundenen Haltungen in Gang gesetzt. Die Nachahmung „hochqualifizierter muster" gesellschaftlichen Handelns und ihre Kritik durch „überlegtes andersspielen" (ebd.) bilden die Grundlage der erzieherischen Beeinflussung durch die Lehrstücke.

„es liegt dem lehrstück die erwartung zugrunde, daß der spielende durch die durchführung bestimmter handlungsweisen, einnahme bestimmter haltungen, wiedergabe bestimmter reden und so weiter gesellschaftlich beeinflußt werden kann. (...)

es braucht sich keineswegs nur um die wiedergabe gesellschaftlich positiv zu bewertender handlungen und haltungen zu handeln; auch von der (möglichst großartigen) wiedergabe asozialer handlungen und haltungen kann erzieherische wirkung erwartet werden" (ebd.).

Dabei geht es am Beispiel der Lehrstücke um die szenische Untersuchung existentieller menschlicher Konflikte, die sich vor allem um das Verhältnis von Individuum und Kollektiv und die Problematik des Einverständnisses drehen. Gleichzeitig sollen die Lehrstücktexte als Material verstanden werden, das zur Einfügung und Ergänzung mit eigenen Texten auffordert, die der aktuellen Erfahrung der am Produktionsprozeß Beteiligen entspringen.

„Die Form der Lehrstücke ist streng, jedoch nur, damit Teile eigener Erfindung und aktueller Art desto leichter eingefügt werden können" (ebd.).

Der Ansatzpunkt, die bildende Wirkung des Theaters an die Nachahmung bestimmter vorgegebener Handlungs- und Haltungsmuster zu knüpfen, basiert auf der Grundannah-

---

69 Eine geschlossene „Lehrstücktheorie" wurde von Brecht nicht überliefert. Erst die Systematisierung des Lehrstückmaterials durch Steinweg (1972) läßt die sehr heterogenen Äußerungen Brechts in einem theoretischen Zusammenhang erscheinen (vgl. II. 5.3).

me Brechts, daß das Einnehmen bestimmter Haltungen und das Ausführen bestimmter Handlungen zu entsprechenden Stimmungen und Gefühlen und damit letztendlich zur sinnlichen Erfahrung gesellschaftlicher Zusammenhänge führen kann.[70]

„so wie <bestimmte> stimmungen und gedankenreihen zu haltungen und gesten führen, führen auch haltungen und gesten zu stimmungen und gedankenreihen.

das anspannen der halsmuskulatur und anhalten des atems wird als begleiterscheinung <oder folgeerscheinung> des zorns betrachtet. durch anspannen der halsmuskulatur und anhalten des atems kann aber auch zorn hervorgerufen werden. ein verlagern des körpergewichts auf das eine bein, zittrighalten der muskeln, fahriges drehen des augapfels usw. kann furcht erzeugen" (ebd.,141).

Im szenischen Prozeß des Lehrstücks sind die Handlungen und Haltungen der Spielenden damit sowohl Mittel als auch Gegenstand der Untersuchung, die Spielenden werden „zugleich zu tätigen und betrachtenden" (ebd., 71), womit Brecht die Besonderheit der bildenden Wirkung des Theaterspielens hervorhebt (vgl. III., 2.4).

„die bürgerlichen filosofen machen einen großen unterschied zwischen den tätigen und den betrachtenden. diesen unterschied macht der denkende nicht. wenn man diesen unterschied macht, dann überläßt man die politik den tätigen und die filosofie den betrachtenden während doch in wirklichkeit die politiker filosofen und die filosofen politiker sein müssen. zwischen der wahren filosofie und der wahren politik ist kein unterschied. auf diese erkenntnis folgt der vorschlag des denkenden die jungen leute durch theaterspielen zu erziehen d. h. sie zugleich zu tätigen und betrachtenden zu machen ..." (ebd., 70f).

Damit wird der Erziehung durch Theaterspielen eine weitreichende Bedeutung auf dem Wege zur gesellschaftspolitischen Veränderung beigemessen. Das Erleben der Einheit von Handeln und Betrachten gilt als Antizipation eines gesellschaftlichen Zustands ‚wahrer Politik' und ‚wahrer Philosophie' und womöglich als ein Mittel der Veränderung der herrschenden Verhältnisse im Hinblick auf diesen Zustand. In ähnlicher Weise befassen sich Brechts Ausführungen zur „Großen" und Kleinen Pädagogik" mit der Aufhebung des Unterschieds zwischen Spielenden und Zuschauenden und der Funktion dieser Aufhebung für die zukünftige, zu errrichtende Staatsform.

„Die Grosse Pädagogik verändert die rolle des spielens vollständig sie hebt das system spieler und zuschauer auf sie kennt nur mehr spieler die zugleich studierende sind nach dem grundgesetz „wo das interesse des einzelnen das interesse des staates ist bestimmt die begriffene geste die handlungsweise des einzelnen" wird das imitierende spielen zu einem hauptbestandteil der pädagogik demgegenüber führt die Kleine Pädagogik in der übergangzeit der ersten revolution lediglich eine demokratisierung des theaters durch die zweiteilung bleibt im grunde bestehen jedoch sollen die spieler möglichst aus laien bestehen ..." (ebd., 51; vgl. auch in dieser Arbeit III., 2.3)

Brechts radikaler Entwurf des Lehrstücks und der Großen Pädagogik, der eine grundsätzliche Infragestellung des institutionellen Rahmens des Theaters beinhaltet, erscheint

---

70 Zum Zusammenhang dieser These Brechts mit den Erkenntnissen der zeitgenössischen Lerntheorie
     und der Ausdruckspsychologie vgl. Berenberg-Gossler u. a. (1974)

bis heute uneingelöst. Das Aufheben der Rampe und damit die Überwindung der Kluft zwischen Kunst und Leben, wie es von zahlreichen Theaterreformern der Weimarer Republik und der jungen Sowjetunion gefordert wurde (vgl. Saße, 1987a), ist in der Praxis der Lehrstückarbeit nur unvollkommen verwirklicht worden. Brechts eigene Versuche zur Lehrstück-Praxis in den zwanziger und dreißiger Jahren haben die Möglichkeiten, die diesbezüglich in der Lehrstück-Konzeption liegen, nicht ausschöpfen können. Obwohl er sich theoretisch weiter mit der Lehrstückkonzeption beschäftigt hat und kurz vor seinem Tod, in einem Gespräch mit Manfred Wekwerth, „Die Maßnahme" als „die Form des Theaters der Zukunft" (vgl. Steinweg 1976, 201) bezeichnete, hat er nach seiner Rückkehr aus dem Exil theaterpraktisch nicht mehr an den Lehrstücken gearbeitet.

Eine Sonderstellung kommt den Überlegungen Brechts zum bildenden Charakter des Theaters in diesem Zusammenhang weniger aufgrund seiner ausdrücklich politischen Stellungnahme zu, sondern wegen seines Ansetzens an den spezifischen Möglichkeiten des Mediums Theater. Hierin unterscheidet sich sein Ansatz deutlich von den innerhalb der KPD von Edwin Hoernle begründeten Kinder-Agitproptheatergruppen (vgl. Hoernle 1973). Letztere setzten Theater als Mittel des Klassenkampfes, zur Verbreitung ihrer politischen Überzeugung ein, indem eine bereits formulierte politische Erkenntnis szenisch dargestellt wurde.

Brechts Lehrstückkonzeption setzt dagegen nicht auf die Darstellung und Übermittlung einer Lehre, sondern auf die szenische Erkundung von menschlichen Konfliktsituationen, ihre sinnliche Erfahrung durch Verkörperung. Der Ansatz des Theatermannes Brecht steht deshalb im Hinblick auf die ästhetische Bildung durch Theater der Arbeit Luserkes näher als der des Pädagogen Hoernle, dessen politische Überzeugung er teilt.

Obwohl Brecht mit der von ihm vorgeschlagenen „Bildung der Charaktere durch Theaterspielen" die Hoffnung auf die Veränderung der Gesellschaft im Hinblick auf eine konkrete politische Utopie verbindet, läßt sich das Lehrstück nicht als Mittel einer dogmatischen Belehrung über die Prinzipien der anzustrebenden Gesellschaftsordnung verstehen. Durch die szenische Auseinandersetzung mit vorgegebenen Handlungsmustern, ihr gezieltes Andersspielen und ihre Ergänzung mit eigenen Materialien der beteiligten Produzenten entsteht jeweils aktuell eine spielerische Wirklichkeit, die sich nicht auf Lehr- und Lernziele hin ausrichten läßt, sondern ihrer theatralischen Eigengesetzlichkeit folgt. Saße (1987) vergleicht diesbezüglich die Brechtsche Lehrstückkonzeption mit dem protestantischen Schultheater Christian Weises.

„Sowohl für Weise als auch für den Brecht der Lehrstücke ist das Drama nicht in erster Linie eine fiktive Welt, die in symbolvermittelter Darstellung zwar auf die Realität verweist, sie aber nicht ist, sondern eine spezifische Form von Realität, zelebriert als Spiel. In dieses Spiel haben die Akteure einzutreten, nicht um ein Gegenüber des Lebens zu entfalten, das als kritischer Spiegel und utopische Verheißung dem Zuschauer eine Realität *Als-Ob* vor Augen führt, sondern um im inszenierten Handlungsraum mit sich – in Auseinandersetzung mit der literarischen Rolle – Erfahrungen zu machen" (Saße 1987, 65).

Die vielfältigen Versuche, den Anspruch der von Brecht vorgeschlagenen Lehrstückkonzeption aufzugreifen und, zumindest im theaterpädagogischen Bereich, in Form einer politisch-ästhetischen Erziehung durch Theater einzulösen, werden an anderer Stelle noch ausführlich dargestellt (vgl. bes. II., 5.3; II.,6).

4.   „Spiel" als Bestandteil der Musischen Bildung

In der Zeit der nationalsozialistischen Diktatur waren die genannten führenden Vertreter der Laien- und Schulspielbewegung gezwungen, ihre Arbeit einzustellen. Diejenigen Spielscharen, die durch ihre völkisch-nationale Gesinnung die Ideologie des Nationalsozialismus unterstützten, gingen in der Hitlerjugend auf. Das dort praktizierte Laienspiel diente ausschließlich der Verbreitung nationalsozialistischer Ideologie und nahm in seiner Form als Massenveranstaltung nach „pseudogermanischem Vorbild" zum Teil kultischen Charakter an (vgl. Kaiser 1972, 8 f; Nickel 1993, 19).

Nach dem 2. Weltkrieg knüpft das Laienspiel, als wesentlicher Bestandteil der Musischen Bildung sowohl personell als auch inhaltlich wieder an die Tradition des Laienspiels der Jugendbewegung an.
    Die Wiederaufnahme der gewaltsam unterbrochenen Tradition der Jugendbewegung und insbesondere die Intention, diese theoretisch zu fundieren, ging in den vierziger und fünfziger Jahren vor allem von Georg Götsch und Otto Haase aus [71]. Mit ausdrücklichem Bezug auf die „Vorbilder des pädagogisch großartigen Jahrzehnts zwischen 1920 und 1930" (Haase 1960, 247) wird die Argumentation der Jugendbewegung wieder aufgenommen. An die Entdeckung der Leistung des Musischen als Hilfe gegen die weitverbreiteten Verfallserscheinungen des Jahrhunderts und bei der „Wiedergeburt der Gesittung" soll nahtlos angeknüpft werden. Das Musische nimmt diese Aufgabe wahr aufgrund der ihm eigenen Qualitäten des Elementaren, das an die ursprünglichen, schöpferischen Kräfte des Menschen appelliert, des Zyklischen als Antipode zum Linearen, Rationalistischen und des Kathartischen, das sowohl religöse als auch ästhetische und therapeutische Reinigung verspricht (vgl. Kluge 1973, 5). Aus dieser Bestimmung wird deutlich, daß das Musische nicht als gleichbedeutend mit dem Künstlerischen angesehen werden kann, sondern ein umfassenderes Phänomen meint.
    Allen begrifflichen Bestimmungsversuchen entzieht sich das Musische als eine letztlich unbestimmbare Kategorie, „ein eigentümlich schwebender Begriff" (Seidenfaden 1961, 258).[72] Festhalten läßt sich jedoch, daß das Musische nicht vom Ethischen zu trennen ist und daher eher zum Aufgabenfeld des Pädagogen als zu dem des Künstlers gehört. Musische Erziehung ist immer Mittel zum pädagogischen Zweck, ist identisch mit einer Erziehung zur ,Gesittung'. Der musische Mensch ist gekennzeichnet durch

---

71   vgl. G. Götsch, Musische Bildung. 3 Bde. Wolfenbüttel o. J. (1949 f); O. Haase, Musisches Leben. Hannover 1951
72   Eine besonders ,poetische', ans Religiöse grenzende Bestimmung des Musischen nimmt Kurt Berger (in: Kluge 1973) vor: „Weiter entfernt vom Strom des Wissens, hinter dem Bildungs- und Kulturgelände, über ihm an den Hängen hinauf liegt in dem Waldland des Gefühls der stille Teich des Musischen. Der unendliche Himmel, die ziehenden Wolken spiegeln sich am Tage in ihm. Ein Windhauch, ein Vogelfittich streift über seine Klarheit für einen Augenblick. Nachts die ewigen Sternenbilder. Hier rinnt in der Tiefe vernehmlich das Urgewässer, hier weben zwischen Licht und Schatten ursprüngliche Kräfte und Bilder. Ausruhen ist hier, Stille und Sammlung, aber auch Fragen, die weit hinausfliegen über das lärmende Land, aus dessen Bezirken wir kommen. Auch Tempel des mythischen Gottes sollen da noch im Verborgenen stehen, und irgendwo soll es dem Vernehmen nach eine sakrale Mitte geben, wo musische Rechtgläubigkeit zelebriert wird." (ebd., 170 f).

„Offenheit, freudige Lebensbejahung, Sinn für die ästhetischen Werte, gute Formen des Umgangs, Besinnlichkeit, Muße, innere Beweglichkeit, ja Jugendlichkeit in einem weiten Sinne" (ebd., 259), kurz: durch das Gleichgewicht von Eindruck und Ausdruck. Die musische Erziehung, die dieses Gleichgewicht anstrebt, läßt sich deshalb auch nicht einem Schulfach zuordnen, sondern muß als erzieherisches Prinzip verwirklicht werden. Das „musische Quadrivium" (Haase 1960, in: Kluge 1973, 251), das über die Grenzen der Fächer hinweg wirken soll, besteht nach Haase aus den Bereichen bildende Kunst, Musik, Sprache und Dichtung, Bewegung.

Musische Erziehung ist also weder Erziehung zur Kunst noch Erziehung durch Kunst, sondern meint etwas „Grundlegenderes", sie strebt eine Bildung des ganzen Menschen an. Ihren primären Anknüpfungspunkt findet das Musische deshalb auch im Spiel, das als ‚Urtrieb' des Menschen angesehen wird und sich unverstellt im Kinderspiel äußert. Als Beleg wird dazu vielfach auf Schillers Begründung der anthropologischen Bedeutung des Spiels verwiesen (vgl. ebd., 249). Dabei wird der Spielbegriff Schillers, der, in Anlehnung an Kant, das ‚freie Spiel der Erkenntniskräfte' angesichts des Umgangs mit Kunst umschreibt, mit kindlichem und geselligem Spiel identifiziert (vgl. Warner 1954, 20). Die Kluft zwischen Sinnlichkeit und Vernunft, die sich nach Schiller nicht endgültig überbrücken läßt, wird in den Konzepten der musischen Erziehung im harmonisierenden Spiel aufgehoben.[73]

Das Ziel musischer Erziehung, das wie bereits in der Jugendbewegung die harmonische Ganzheit des Menschen, die Wiederherstellung seiner leibseelischen Einheit beinhaltet, gibt auch den Maßstab für die Beschäftigung mit künstlerischen Werken vor. Das heißt, es bleibt bei einer Bevorzugung des Einfachen, der Traditionen der Volkskunst bzw. deren Verflachung zum Volks- und Kindertümlichen.[74] Das ‚musische Werk'

---

[73] In einer Anmerkung zum 13. Brief betont Schiller nochmals seine Auffassung von der Natur des Menschen, die durch widerstreitende Grundkräfte gekennzeichnet ist. Er nennt sie hier „Egoism unserer Sinne" und „Egoism unserer Vernunft". Seine anschließende Kritik einer Erziehungspraxis, die die einseitige Auflösung dieses Widerspruchs durch Unterordnung der Sinnlichkeit unter die Grundsätze der Vernunft unternimmt, liest sich fast wie eine Kritik an der Praxis musischer Erziehung und ihrem harmonistischen Menschenbild. „In dieser Operation besteht dann auch größtenteils das, was man *einen Menschen formieren* nennt, und zwar im besten Sinne des Worts, wo es Bearbeitung des innern, nicht bloß des äußern Menschen bedeutet. Ein so formierter Mensch wird freilich davor gesichert sein, rohe Natur zu sein und als solche zu erscheinen; er wird aber zugleich gegen alle Empfindungen der Natur durch Grundsätze geharnischt sein, und die Menschheit *von außen* wird ihm ebenso wenig als die Menschheit *von innen* beikommen können" (Schiller 1989, Bd. V, 610 f).

[74] Daß es sich bei den um Harmonie und Einfachheit bemühten Werken, die der musischen Erziehung als vorbildlich erscheinen, weder um Volkskunst noch um ‚hohe' Kunst handelt, weist bereits Warner (1954) in zahlreichen Beispielen nach. Insbesondere am Beispiel der rhythmischen Gymnastik, die sich durch harmonische Bewegung auszeichnet, kritisiert er die Einseitigkeit dieses ‚Heilsweges': „Wie die Musik sucht auch der Tanz unmittelbar die Form, deren Bewältigung Spannung und Lösung einschließt. Die rhythmische Gymnastik aber sucht im wesentlichen die Lösung ... (...) Man sitzt sozusagen in der Mitte des Waagebalkens und wundert sich dann, daß man nichts wiegt; aber Gewicht erhält man nur durch ‚Ex-Zentrität', durch Einseitigkeit, durch klare Entscheidung" (ebd., 47). Diese Spannungslosigkeit, so Warner, ist weder der Volkskunst noch der Kunst eigen. „Wohin führt nun der Weg? Nicht zum Volkstum und nicht zum Tanz als Kunst. Ich fürchte, er führt in eine ‚pädagogische Provinz', deren Kennzeichen es auf solchen Gebieten stets ist, sachliches Vakuum mittels lebensreformerischen Vorstellungen zu füllen" (ebd., 49).

wird danach ausgewählt, ob es zur ‚Heilung‘ des Menschen und der Welt beiträgt. Der dabei zugrunde liegende Gedanke einer prästabilierten Harmonie war bereits für die Ästhetik der Aufklärung leitend. Die äußere Harmonie einer Form, einer Bewegung soll sich auf die innere Harmonie des Menschen auswirken, der schöne, das heißt ‚gute‘ Inhalt gilt als moralisch bildend. Die ‚musische Tätigkeit‘ strebt nicht danach, ein Produkt zu erstellen, sondern ist Tun „um des bloßen Tuns willen“ (Pöggeler 1952, 57). Sie gewinnt ihren Wert allein aus der Tatsache, eine gesellige Tätigkeit zu sein und damit das Gemeinschaftserlebnis zu fördern und setzt sich damit der Kritik aus, beim „pädagogischen Kunstgewerbe“ (Groothoff) zu verharren.

Unter diesen Zielsetzungen gestaltet sich das Verhältnis der Musischen Erziehung der fünfziger Jahre zur zeitgenössischen Kunst analog zu dem der Jugendbewegung zu Beginn des Jahrhunderts (vgl. Mattenklott 1994, 3). Das heißt speziell für den Bereich Spiel und Theater, daß eine ‚moderne‘ Theaterarbeit, wie beispielsweise die des Lehrstücks, zunächst in Vergessenheit gerät. Statt dessen liegt der Akzent vorwiegend auf der allgemein menschenbildenden Funktion des Spiels, das auch terminologisch bewußt von der Kunstform Theater abgegrenzt wird. Innerhalb des „musischen Quadriviums“ (Haase) bekommt das Laienspiel eine besonders herausragende Stellung und Wirkungsweise zugewiesen, als „der geometrische Ort, in welchem sich die Koordinaten treffen“ (Haase 1960, 256), die durch bildende Kunst, Musik, Sprache und Dichtung und Bewegung angegeben sind. Von diesem zentralen Ort aus kommt dem Laienspiel die Aufgabe zu, „im beschwingten Spiel den Alltag des Lebens – und des Schullebens – in die Welt des Schönen zu erheben“ (ebd.). Auch in den Überlegungen zum Sich-selbst-Spielen, zur Ergriffenheit und zum Verkündigungscharakter des Spiels bis hin zur „Epiphanie des Göttlichen im Musischen“ (vgl. Berger 1958, in: Kluge 1973, 184ff) wird die Tradition des jugendbewegten Laienspiels fortgesetzt. Die Praxis des Laienspiels wird zur Lebenshilfe, zum Teil wird sie identisch mit dem Weg zu einem moralisch besseren Leben. Beispielhaft dafür ist Mirbts Schrift „Von der eigenen Gebärde“ (1951), in der er seine Begründung des Laienspiels aus den zwanziger Jahren wieder aufgreift. Dabei beschäftigt er sich ausdrücklich nur am Rande mit dem Gegenstand „Laienspiel“, im Mittelpunkt steht die „eigentliche Leistung“ für Spielende und Zuschauende, die „Lebensleistung“ (Mirbt 1954, 11). Diese entstehe aus dem Erlebnis des Spiels, das den „ganzen Menschen“ erfordere und heranbilde. Die Qualität der Gestaltung bleibt weiterhin nebenrangig. Insbesondere der für das Laienspiel typischen, weil nicht formalisierten oder angelernten „eigenen Gebärde“ wird diese Kraft zur Bildung der Menschlichkeit zugesprochen. „Von dem Erlebnis, ein einziges Mal eine eigene Gebärde gefunden, ja geschenkt bekommen zu haben, kann sich das ganze Leben eines Kreises und eines Menschen wandeln“ (ebd., 30f). Bereits die Formulierung macht deutlich, daß es sich dabei nicht um eine Technik oder um eine erlernbare Darstellung handelt, die in der Probenarbeit gesichert und wiederholbar gemacht werden könnte. Mirbts Ratschläge für den Spielleiter beziehen sich darum auch nicht auf theatrale Anforderungen, sondern appellieren ausschließlich an seine pädagogische Qualifikation, seine Fähigkeit, Vertrauen aufzubauen, unterstützend zu wirken und zur Selbständigkeit der Spieler beizutragen. Vorrangiges Ziel des Laienspiels, neben der Bildung des „ganzen Menschen“, bleibt die „Gemeinschaftserziehung“. Mirbt bezieht sich explizit auf die Jugendbewegung, wenn er „wie auch geartete Kunst“ und

„Leistung" als Zielsetzungen des Laienspiels zurückweist und demgegenüber formuliert: „Das Ziel des Laienspiels ist immer die Gemeinde, immer der mitmenschlich werdende Einzelne, der sich erst in dieser Mitmenschlichkeit seines eigenen Menschentums freuen kann. (...) Wer solchem Laienspiel einmal begegnet ist, vermag seine gesellige, den Nächsten suchende und liebende Begabung nicht mehr zu verbergen" (ebd., 92).

Die unterschiedlichen Bemühungen, den Bereich des Spiels als festen Bestandteil der musischen Bildung auch in der Schule zu verankern, gehen in den fünfziger Jahren und zu Beginn der Sechziger von ähnlichen emphatischen Zielformulierungen aus. Verstanden als Teil des Laienspiels, als „Schullaienspiel" (Mirbt, 1958), geht es auch hier, wie in der musischen Bildung insgesamt, um die „... unversehrte Ganzheit der Person in einem möglichst vollkommenen Bezugssystem zur Mit- und Umwelt" (Trümper 1958, 22). Wesentliche Beiträge zur pädagogischen und didaktischen Begründung des Schulspiels in der Tradition der musischen Bildung stammen von Gentges (1955), Lutz (1957) und Amtmann (1968). Auch die Schrift „Darstellendes Spiel" von Haven (1970) ist noch in diesen Zusammenhang einzuordnen. Zwar bezieht er neuere, in den siebziger Jahren populär werdende Methoden in seine Didaktik des Darstellenden Spiels ein, bleibt jedoch eindeutig der Tradition der musischen Bildung verhaftet. Der Begriff „Darstellendes Spiel" ersetzt bei ihm den älteren Begriff „Schulspiel"; beide Begriffe werden jedoch äquivalent verwendet (vgl. Haven 1970, 13). Im Sinne der musischen Bildung grenzt sich Haven gegen „Theater" ab und betont die pädagogische Funktion des Darstellenden Spiels sowie seine Wurzeln im Laienspiel der zwanziger Jahre. Die Verbundenheit mit dieser Tradition zeigt sich auch in Havens Begriffsbestimmung: „Darstellen verweist auf etwas, was außerhalb des Subjektiven liegt. Aus persönlicher Ergriffenheit wird ein Objektives erstellt, hier die Welt der ergriffenen Rolle" (ebd., 16).

Übereinstimmung herrscht zwischen den „musischen" Ansätzen im Schul- und Laienspiel sowohl in der Orientierung an den oben genannten Zielperspektiven, als auch in der Annahme einer „schöpferischen Spielkraft" im Menschen, die über verschiedene Spielaltersstufen heranreift, und deren Entwicklung mit jeweils angemessenen Spielformen zu unterstützen ist. Übereinstimmend werden auch drei Anwendungsmöglichkeiten des Spiels in der Schule, als Bildungsprinzip, -mittel und -gegenstand, differenziert.

In seiner Funktion als Bildungsprinzip verfolgt das Schulspiel allgemeinpädagogische Ziele und steht damit der Tradition der Jugendbewegung am nächsten. Als solches soll es „die Anlagen des Kindes entfalten und harmonisch entwickeln", dazu beitragen, seine „sozialen Kräfte zu wecken" und die „menschenbildnerischen Aufgaben der heutigen Schule zu erfüllen" (Lutz, 1957, 38). In der entsprechenden Formulierung Havens liegt die pädagogische Bedeutung des Schulspiels „in der individuellen Entfaltung, der mitmenschlichen Bindung und der erprobenden Erfahrung der Umwelt" (Haven 1970, 186). Er ergänzt die erzieherische Wirkung durch die heilende, die das Spiel in seiner therapeutischen Anwendung, beispielsweise im Psychodrama, findet. Amtmann nennt als Auftrag des Schulspiels „in pädagogischer Anwendung" die „kind- und jugendgemäße Daseinserprobung" und „Daseinsverwirklichung" (vgl. Amtmann 1968, 24f). In diesem Verständnis einer Erziehung durch Spiel ist das Schulspiel kein eigenständiges

Fach, sondern ein dem allgemeinen erzieherischen Auftrag der Schule dienendes Prinzip, das nicht auf Gestaltung und Aufführung hinarbeitet, sondern den Erlebniswert dieses „Instrumentes" betont (vgl. Lutz 1957, 37).

Gleichzeitig kann das Schulspiel als Bildungs- und Unterrichtsmittel in alle anderen Schulfächer „ausstrahlen" (Gentges 1955, 130). Dabei spielt es die Rolle einer veranschaulichenden Lernhilfe und eines Ausgleichs gegenüber der einseitig kognitiven Ausrichtung des Unterrichts. Durch den Einsatz des Schulspiels in didaktischem Interesse lassen sich die zu vermittelnden Inhalte „schneller, gefestigter oder lustvoller als mit anderen Methoden" (Amtmann 1969, 68) weitergeben, sind „bleibendere Eindrücke und tiefergehende Wirkungen zu erwarten" (Amtmann 1968, 25). Während Lutz das Schulspiel noch in einer Reihe mit anderen Anschauungsmitteln des Unterrichts, wie Bildtafel, Lichtbild, Schulfilm, Tonband usw. nennt (vgl. Lutz 1957, 39), warnt Haven vor einer Herabwürdigung des Darstellenden Spiels zur „Spielerei" und möchte seine Anwendung als Bildungsmittel auf Fächer beschränkt wissen, die mit dem Darstellenden Spiel die „Elemente des Wortes und der Bewegung" teilen (Haven 1970, 199). Zusätzlich zu den traditionell „musischen" Fächern und zum Deutschunterricht kommen dafür nach seiner Ansicht „Religion" und die gesellschaftswissenschaftlichen Fächer in Frage, in denen sich insbesondere die Methoden des Planspiels und des Soziodramas anbieten.

Als Bildungs- und Unterrichtsgegenstand schließlich findet das Schulspiel seine dritte „kunsterzieherische Anwendung" (Amtmann, 1968, 25). Gentges und Lutz siedeln es in dieser Funktion innerhalb des Deutschunterrichts an. Hier dient es zum einen der Auseinandersetzung mit dem dramatischen Kunstwerk im Rahmen des Literaturunterrichts und dem Erwerb von Kenntnissen im Bereich der Kunstgeschichte. Zum anderen soll auch die produktive Erarbeitung einer Spielvorlage bis hin zur Aufführung das Kunstverständnis der Schüler anregen und ihnen, im Sinne einer Erziehung zur Kunst, „Ehrfurcht vor dem Kunstwerk" (Lutz 1957, 39) vermitteln.

In der eigenen künstlerischen Betätigung sieht Amtmann die Idealform der Kunsterziehung, er beschränkt ihre Möglichkeiten jedoch fast ausschließlich auf die Theaterarbeitsgemeinschaften der gymnasialen Oberstufe. Nur hier könne das für die künstlerische Gestaltung notwendige Handwerk unter fachlich geschulter Anleitung erworben und gefestigt werden und damit einer einseitigen Priorität der Inhalte im Schulspiel entgegengewirkt werden (vgl. Amtmann 1968, 113ff). Auch Haven schränkt die Fähigkeit zur Gestaltung eines „dramatischen Kunstwerks" auf das von ihm sogenannte „vierte Spielalter" ein, das der Jugendlichen und jungen Erwachsenen. Er sieht allerdings eine Möglichkeit und Notwendigkeit der Vorbereitung des Umgangs mit dem „Spiel als Gegenstand" in der Beschäftigung mit „Kleinformen", angefangen vom Kinderreigen über das darstellende Spiel, Lesespiel, Hörspiel bis zum Drama. Ziel dabei ist es, auf allen Schulstufen darauf hinzuwirken, daß sich „das dramatische Kunstwerk erschließt" (Haven 1970, 206). Auch das Spielen einzelner Szenen habe hierin seine Berechtigung, wecke es doch „das Verlangen nach dem ganzen Kunstwerk" und öffne „durch Spiel den Weg ins Theater und für das Verständnis des Fernsehspiels" (ebd., 208). Das Schulspiel bzw. darstellende Spiel erfährt also auch in seiner kunst-didaktischen Begründung von allen genannten Autoren eine äußere Zwecksetzung, indem es als Erziehung *zur* Kunst seine Rechtfertigung aus der Vorbereitung für das Verständnis des Theaterkunstwerks, mehr noch des dramatischen Kunstwerks, bezieht.

Mit der Differenzierung der drei Anwendungsmöglichkeiten des Spiels in der Schule wird die einseitige Orientierung des Laienspiels an der gemeinschaftsbildenden Funktion des Spiels, am Spiel als „Lebenshilfe" relativiert. Diese Zielsetzung wird einem pädagogischen „Anwendungsbereich" zugeordnet, der neben anderen zur Begründung des Schulspiels beiträgt. An der fast ausschließlichen Bindung der bildenden Wirkung des Schulspiels an die Spielinhalte ändert die differenziertere Begründungsweise jedoch wenig. Große Teile der mit dem Schulspiel bzw. darstellenden Spiel befaßten Literatur konzentrieren sich auf die Problematik der geeigneten Inhalte und auf Stückempfehlungen (vgl. Trümper (Hg.) 1958; Amtmann/Kaiser (Hg.) 1966). Neben formalen Anforderungen wie Spieldauer, Anforderungen an Raumgestaltung, Besetzungsfragen u. ä. ist dabei die Frage nach dem „pädagogischen Wert" der Stücke immer wieder von herausragender Bedeutung. Ausgehend von der Annahme, daß die dargestellten menschlichen Konflikte und das Suchen nach ihren Lösungen „dem Jugendlichen in geläuterter Form" (Trümper 1958, 26) zum Erlebnis werden und dadurch einen „Selbstbildungsprozeß" in Gang setzen, werden solche Stoffe empfohlen, an denen die Tugenden der „Mitmenschlichkeit", „Barmherzigkeit", „Kameradschaft" und „Heimatliebe" (vgl. Mielke 1958, 50) nachempfunden und dadurch erworben werden können.

Als weiteres Kriterium für die Auswahl bestimmter Inhalte gelten, analog zur Festlegung der Spielformen, die Entwicklungsphasen der Spielenden, die zum Teil nochmals geschlechtsspezifische Differenzierungen erfahren. Diese häufig normativen Stufeneinteilungen folgenden Schemata werden in der Fachliteratur immer weiter ausdifferenziert.[75]

Gegenüber der vorwiegend pädagogisch-didaktischen Ausrichtung des Schulspiels/Darstellenden Spiels in den fünfziger und sechziger Jahren gibt es unter den Fachvertretern auch solche Positionen, die der Verzweckung von Spiel und Theater als pädagogisches Instrument kritisch gegenüberstehen. So versucht Giffei, in Anlehnung an Luserke, die „pädagogische Fragestellung" darauf zu richten, „ob der Bühne eigene Bildungsqualitäten abzugewinnen sind" (Giffei 1961, 122). Unter dem Titel „Was ist Theater?" unternehmen Elias/Giffei/Müller (1965) den Versuch einer theoretischen Begründung des Schultheaters, ausgehend von gestalterischen Merkmalen bestimmter Theaterformen, einem „mimisch-poetischen", einem „musikalisch-choreographischen" und einem „Montage-Theater". Der Einfluß dieser Positionen innerhalb

---

75 Die zentrale Bedeutung, die den reifungstheoretischen Erklärungen in diesen Konzepten zukommt, folgt aus der Annahme einer inneren schöpferischen Kraft des Menschen, die bestimmten Entwicklungsgesetzen gehorcht. Vgl. Gentges, Stufen des Schulspiels. In: Vierteljahreszeitschrift für wissenschaftliche Pädagogik. 1950, Heft 1, 47–82; Lutz, Das Schulspiel. München 1957, darin: Die Spielformen und Spielinhalte in den einzelnen Entwicklungsstufen, 55–146; Trümper, Das Schulbühnenspiel. In: Trümper (Hg.), Handbuch der Kunst- und Werkerziehung. Bd II/2. Berlin 1958; Amtmann, Das Schulspiel. München 1968; Haven, Darstellendes Spiel. Düsseldorf 1970, bes. 85–181

der „Schulspiel"-Diskussion, von der sie sich auch terminologisch durch die Wahl des Begriffs „Schultheater" abgrenzen, bleibt jedoch gering.[76]

Dies dokumentiert auch der Beschluß der Kultusministerkonferenz zum „Darstellenden Spiel in der Schule" vom 15.12.1967, in dem die pädagogische, didaktische und kunstdidaktische Grundlegung des Schulspiels nochmals bekräftigt und gleichzeitig der dementsprechende pädagogische Begriff etabliert wird. In dem von Theoretikern und Praktikern des Schulspiels überwiegend begrüßten Beschluß (vgl. „Das Spiel in der Schule" II/1968) heißt es: „Das darstellende Spiel in der Schule bewirkt eine Bereicherung von Unterricht und Erziehung, wenn es dort angewendet wird, wo mit seiner Hilfe ein pädagogisches Ziel leichter oder gründlicher verwirklicht werden kann. Es ist geeignet, die schöpferische Eigentätigkeit anzuregen, die Phantasie zu wecken, das Wissen um die eigenen Fähigkeiten und ihre Grenzen zu vertiefen und Erfahrungen über den Menschen und die Umwelt zu vermitteln. Zudem fördert es den Sinn für das Kunstwerk" (ebd., 65).

Die Diskussion um die bildende Wirkung des Schul- und Laienspiels, die direkt nach dem 2. Weltkrieg wieder aufgenommen wurde (vgl. Mirbt 1960), entwickelte sich in den fünfziger Jahren von einer anfänglichen Phase der Restauration des Laienspielgedankens der zwanziger Jahre zu einer pädagogisch-didaktischen Begründung im Rahmen der musischen Bildung.[77] Ansätze eines eigenständigen Konzepts ästhetischer Bildung im Bereich Spiel und Theater bleiben gegenüber der Orientierung an den allgemeinen „menschenbildenden" Zielsetzungen des Musischen marginal. Dort, wo die Eigenarten der Kunstform Theater berücksichtigt werden, bleiben sie auf ein enges kunstdidaktisches Verständnis einer „Erziehung zur Kunst" beschränkt. Die in der zweiten Hälfte der sechziger Jahre laut werdende Kritik an dieser Praxis musischer Bildung und der Einbezug von Methoden und Erkenntnissen aus Soziologie und Psychologie leiten einen Wandel innerhalb der Diskussion um die bildende Wirkung von Spiel und Theater ein.

---

76 Nach Einschätzung Müllers galt dieser Ansatz innerhalb der Schulspiel-Diskussion als eine „Außenseiterposition", die „nicht mal diskutiert" wurde und „nichts oder kaum etwas bewegt hat" (Müller in einem Brief an die Verf. vom 6.8.1993).

77 Parallel dazu läßt sich seit dem Ende der fünfziger Jahre in Teilen der außerschulischen Theaterarbeit eine allmähliche Abkehr vom Begriff des Laienspiels verzeichnen. An seine Stelle tritt zunächst der des „Laientheaters", später der Begriff „Amateurtheater" (vgl. Kaiser 1972, 87ff). Dieser Wandel ist vor allem Ausdruck eines veränderten Selbstverständnisses und einer veränderten Spiel- oder besser Theaterpraxis. Besonders im außerschulischen Bereich ließ sich die verstärkte Orientierung an theatralen Gestaltungsmitteln und der Bezug zur zeitgenössischen Dramatik, insbesondere den Texten des absurden Theaters, mit der Spielweise und den Inhalten des Laienspiels nicht mehr vereinbaren (vgl. Nickel 1993, 20f).

5. Spiel und Theater als Elemente politisch-ästhetischer Erziehung: Ansätze in den siebziger Jahren

Ähnlich wie in anderen kunstpädagogischen Disziplinen vollzieht sich auch im Bereich von Spiel und Theater ab Mitte der sechziger Jahre eine kritische Auseinandersetzung mit der Tradition der Musischen Bildung, mit ihrem harmonistischen Welt- und Menschenbild und der scheinbar unpolitischen und dadurch ideologieanfälligen Grundhaltung ihrer Vertreter.[78] Im Rahmen dieser Auseinandersetzung wird zunächst die Funktion von Spiel und Theater für die politische Bildung erörtert und in Anlehnung an von Hentigs Ausführungen zur „Ästhetischen Erziehung im politischen Zeitalter" (1967) ihre besondere gesellschaftspolitische Funktion herausgestellt (Messerschmid 1970; Schulz 1969). Als Zielsetzungen einer sich von der Musischen Bildung distanzierenden ästhetischen Bildung werden Wahrnehmungsfähigkeit, Sensibilitäts- und Kreativitätsförderung angegeben (Messerschmid 1970, 148f). Da mit diesen Zielen gleichzeitig „demokratische Grundtugenden" angestrebt werden, erweisen sich ästhetische und politische Erziehung als eng miteinander verschränkt. Spiel und Theater erscheinen dabei nach Messerschmid besonders geeignet, die politische Bildung zu unterstützen. Im Gegensatz zu denjenigen Künsten, die sich der kommunikativen Funktion durch die Hinwendung zu nicht-realistischen Formen weitgehend entziehen, erscheint ihm das Spiel „stärker gebunden an einen konkreten Stoff" (...), „auf rationale, also Formen der kritischen Darstellung und Sichtbarmachung der Wirklichkeit verwiesen" (ebd., 150). So könne im Spiel das „Modell einer zukünftigen Gesellschaft als Utopie wie als Gegenutopie" (ebd.) vorweggenommen werden, und gesellschaftliches Verhalten und soziale Beziehungen ließen sich spielerisch untersuchen. Damit schaffe das Spiel einen „ästhetischen Zugang zu gesellschaftlichen und politischen Fragen", biete eine Alternative zur wissenschaftlich diskursiven Herangehensweise. Davon verspricht sich Messerschmid eine „Überwindung (...) der sich ausbreitenden politischen Verdrossenheit" (ebd., 152). Folgt man Messerschmids Analyse, so legitimiert sich die Institutionalisierung von Spiel und Theater in Schulen und in außerschulischen Bildungseinrichtungen durch ihren unverzichtbaren Beitrag zur Aufrechterhaltung der Demokratie, der u. a. in der Abwendung der Gefahren liegt, die von „Subkultur, Gegenkultur und Kulturrevolutionen" ausgehen. So gelangt Messerschmid, ähnlich wie die von ihm kritisierten Vertreter einer Musischen Bildung, zur Formulierung einer „eigentlichen Aufgabe" des Spiels, wobei die Subjektorientierung ersetzt wird durch die einseitige Ausrichtung auf die gesellschaftspolitische Funktion von Spiel und Theater. „Sensibilität, Kreativität, Distanz und Kritik, (...) sind Voraussetzung und Verhaltensweisen einer freiheitlichen Gesellschaft in der modernen Welt ... Diese Fä-

---

78 Diese Tendenz läßt sich auch in den Beiträgen der Fachzeitschriften ablesen, in denen die Priorität der Empfehlungen für die Spiel- und Theaterpraxis zugunsten theoretischer Auseinandersetzungen zurücktritt (vgl. u. a. Schulz 1969; Müller 1969; Messerschmid 1970). Ähnliches gilt für die Neuauflage des mit Spiel und Theater befaßten Bandes des Handbuchs der Kunst- und Werkerziehung. Der Band unter dem Titel „Spiel und Theater als kreativer Prozeß" (hrsg. v. Müller 1972) weist keinerlei inhaltliche Gemeinsamkeiten oder auch nur Bezüge zum „Vorgänger"-Band „Schulbühnen – und Puppenspiel" (hrsg. v. Trümper 1958) auf.

higkeiten zu entwickeln, ist die eigentliche Aufgabe auch des Spiels; seine Funktion in der Gesellschaft ist schlechthin lebenswichtig, versteht man sie in diesen größeren Zusammenhängen" (ebd., 153).

In Messerschmids Argumentation lassen sich noch deutliche Reminiszenzen an die Vorstellungen der Musischen Bildung aufweisen. So spricht er beispielsweise weiterhin von „Spiel", betont die bildende Funktion des „Stofflichen", Realitätsabbildenden und hofft auf die Wirkung „eindrücklicher Erfahrungen" als Beitrag zur politischen Bildung. Gleichzeitig deuten sich in seinem Versuch einer Neubegründung der ästhetischen Bildung im Bereich Spiel und Theater, dessen Hauptgewicht auf dem gesellschafts-politischen Auftrag der Schule liegt, die bildungsreformerischen Bemühungen der frühen siebziger Jahre an.

Der gesellschaftspolitische und kulturelle Wandel der ausgehenden sechziger Jahre und der Übergang von einer geisteswissenschaftlichen Pädagogik zu einer sozialwissenschaftlich orientierten Erziehungswissenschaft finden einen stärkeren Ausdruck in solchen spiel- und theaterpädagogischen Ansätzen, die sich nicht nur um allgemeine Zielformulierungen, sondern gleichzeitig um eine veränderte, theoretisch fundierte Praxis bemühen. Im folgenden soll ein kurzer Überblick über drei sich zum Teil überschneidende und ergänzende Ansätze gegeben werden, auf die diese Charakterisierung zutrifft: Müller und Giffei (1972) versuchen, Theater primär als kreativen Gruppenprozeß zu begründen; der Ansatz einer „ Spiel-, Theater- und Interaktionspädagogik" (Brandes/Nickel/Lehmann 1971; Nickel 1975; 1976) zieht die Annahmen der interaktionistischen Rollentheorie heran, und das Konzept „Theater als Lernform" (Ritter 1981) knüpft an Brechts Lehrstücke und die damit verbundene pädagogische Theorie an.

5.1   Theater als kreativer Gruppenprozeß

Müllers Ansatz geht ebenfalls von der kritischen Auseinandersetzung mit dem „Schulspiel", wie es sich im Zusammenhang der Musischen Bildung etabliert hat, aus. Insbesondere kritisiert er die methodisch-didaktische Ummäntelung und den Mißbrauch des Theaters als Mittel der Veranschaulichung oder als Dekoration von Schulfeierlichkeiten, die zur Profilierung des Spielleiters beitragen (vgl. Müller 1969). Gegen den Begriff des Schulspiels, als eines auf den „Vorhof der Kunst" beschränkten Gegenstands, schlägt er die Bezeichnung „Spiel und Theater" vor. „Worauf es in unserem Zusammenhang ankommt, ist, daß wir Spiel und Theater als eine Einheit erkennen müssen: das Spiel als eine Vorstufe des Theaters und das Theater als eine Endstufe des Spiels" (ebd., 37). Im Zeitalter einer Verwissenschaftlichung von Schule könne es nicht länger um die Vermittlung unglaubwürdig gewordener moralischer Richtlinien gehen, sondern es komme auf eine fundierte Auseinandersetzung mit den Gegenständen an. Aus diesem Grunde betont Müller neben den pädagogischen Zielsetzungen wie „Bildung von Verhalten, von qualitativer Urteilsfähigkeit, von Kulturbewußtsein" (ebd., 39), daß es im Bereich von Spiel und Theater in erster Linie um (kunst-) formbezogene Ziele gehe. Angesichts solcher fachspezifischen Ziele rückt dieser Ansatz auch von dem allgemeinen Versprechen der Lebenshilfe für jedermann ab und grenzt die Wirkungsweise des

Gegenstands ein. „Spielfähigkeit wird man nicht in gleichmäßiger Verteilung voraussetzen dürfen, und ihre Entwicklungsmöglichkeiten sind differenziert zu betrachten. Welche Fortschritte werden dann allerdings erzielt werden können, wenn keine therapeutischen, gemeinschaftsbildenden oder Etcetera-Aufgaben die eigentliche Arbeit belasten!" (ebd.). Der Hinwendung zu den gestalterischen, kreativen Fähigkeiten gilt auch Müllers 1972 unternommener Versuch einer Begründung der Theaterpädagogik. Das von ihm herausgegebene Handbuch „Spiel und Theater als kreativer Prozeß" setzt sich in seinen theoretischen Beiträgen mit den Ergebnissen der Kreativiatätsforschung und ihrer Übertragbarkeit auf spiel- und theaterpädagogische Arbeit auseinander. Mit der Einführung des Begriffs der „Kreativität" grenzt sich der grundlegende theoretische Beitrag dieses Bandes (Giffei 1972) gegenüber dem Prinzip des Schöpferischen ab, dort, „wo es ausssschließlich einem vergangenen idealistischen-ästhetischen Leitbild zugeordnet ist. Nicht das Schöpferische an sich ist suspekt geworden, sondern seine musische Interpretation" (ebd., 1). Der Kreativitätsbegriff ersetzt nach Giffei die „metaphysische Intuition" des Schöpferischen durch das „bewußte Machen", dessen Bedingungen sich erforschen, systematisch beeinflussen und trainieren lassen. Theatrale Gestaltung kann vor diesem Hintergrund als eine Möglichkeit des Trainings kreativer Gruppenprozesse angesehen werden. Giffei geht zusätzlich von einer Transferierbarkeit der im Theaterprozeß erworbenen Kreativität aus. „Die in theatralischen Gruppenprozessen trainierte kreative Kraft verhält sich in jeder anderen kollektiven Tätigkeit ebenso qualitätssteigernd" (ebd., 2). Im Unterschied zur „ad-hoc Gemeinsamkeit" der Musischen Bildung schlägt Giffei damit einen scheinbar meß- und machbaren anzustrebenden Zustand der „kollektiven Kreativität" vor, der sich erst im Verlauf des gemeinsamen Gestaltungsprozesses herausbildet und durch den sich das Bemühen um künstlerische Ausdrucksformen rechtfertigt. In diesen Überlegungen spiegelt sich – neben der Orientierung an der ‚Bauhütten-Arbeit' Luserkes – unzweifelhaft der Einfluß der Curriculumforschung mit ihrer Orientierung am Zielhorizont der Qualifizierung für zukünftige Lebenssituationen wider (vgl. I., 3). Die Legitimation eines Bildungsgegenstands „Spiel und Theater" im Hinblick auf jedwede „kollektive Tätigkeit" sowie der Versuch, durch eine veränderte Begrifflichkeit und das Berufen auf die Ergebnisse der US-amerikanischen Kreativitätsforschung (vgl. Giffei 1972, 3; Müller 1972, 8) den Anschein von Rationalisierbarkeit und Operationalisierbarkeit zu erwecken, passen sich den Anforderungen der Curriculumrevision der siebziger Jahre an.[79] Giffeis Zurückweisung jeglichen instrumentellen Interesses der Kreativitätsforschung, indem er den kreativen Menschen als Folge, nicht aber als Zweck theaterpädagogischer Bemühungen deklariert, stößt hier an ihre Grenzen. Mit dem Hinweis auf die qualitätssteigernde Funktion spiel- und theaterpädagogischer Lernprozesse im Hinblick auf Gruppenprozesse im allgemeinen wird der Forderung nach Zweckmäßigkeit im Sinne der Bildungsvorstellungen der Curriculumforschung Rechnung getragen. Gleichzeitig trifft die Forderung der Curriculumrevision nach spezifischer Legitimation der jeweiligen Fachinhalte mit dem Interesse

---

79 Ritter sieht in dieser Ausrichtung auf Qualifikationen für künftige Lebenssituationen eine Rückkehr der kritisierten Zielsetzung der „Lebenshilfe" „in säkularisierter und ideologisch gereinigter Form" (Ritter 1981, 8).

Giffeis und Müllers zusammen, Spiel- und Theaterpädagogik in erster Linie an den Ge-
staltungsbedingungen der Theaterpraxis zu orientieren. Nur auf diese Weise können sie
fachspezifisch zur Ausbildung von Kreativität und Anregung von Gruppenprozessen und
damit zur Erreichung eines übergeordneten Zielhorizonts beitragen.[80]

5.2   Spiel-, Theater- und Interaktionspädagogik

Die Rezeption sozialwissenschaftlicher Ergebnisse auch im Bereich von Spiel und
Theater, die sich in allen Ansätzen der siebziger Jahre zeigt, manifestiert sich in be-
sonderem Maße im Konzept der Spiel-, Theater- und Interaktionspädagogik (Brandes/
Nickel/Lehmann 1971; Nickel 1975; 1976).[81]

Dieses Konzept zieht die interaktionistische Rollentheorie, wie sie in Anlehnung
an Goffmann von Habermas und Krappmann formuliert wurde, zur Analyse von Spiel-
und Theaterprozessen heran. Damit wird, vergleichbar dem Ansatz vom Theater als
einem kreativen sozialen Prozeß, die soziale Konstitution des Subjekts zur Voraussetzung gemacht. Im Gegensatz zu jenem wird jedoch in der Spiel-, Theater- und Interaktionspädagogik die gesellschaftliche Qualifikation der Individuen in der rollen-
bezogenen Interaktion stärker gewichtet als die Ausbildung theatraler Fähigkeiten.
Oberste Zielperspektive bleibt, im Sinne der erziehungswissenschaftlichen Rezeption
der „Kritischen Theorie" (vgl. I. 3), die Emanzipation des einzelnen und die Befreiung der Gesellschaft von überflüssigen Herrschaftsstrukturen. Während die Vertreter
einer politisch-ästhetischen Erziehung im Bereich der bildenden Kunst zum Teil auf
die Bestände der klassischen Bildungstheorie zurückgreifen und sich dabei auf deren
Modifikation im Gefolge der Kritischen Theorie berufen können [82], dominieren in den
Bildungsvorstellungen der Spiel- und Theaterpädagogik deutlich sozialisations-theo-
retische Modelle. Die kollektive Produktionsweise des Theaters mag dazu beitragen,
daß der Gedanke der intra-subjektiven „Versöhnung" gegenüber dem des intersubjektiven Kommunikationsprozesses zurücktritt.

---

80   Dieses Verständnis von Spiel und Theater als kreativer Gruppenprozeß liegt auch dem Berliner Rah-
     menplan für das Fach Darstellendes Spiel in der Sek II zugrunde, der vorwiegend von Müller konzi-
     piert wurde. Das Curriculum, das sich auf verschiedene Möglichkeiten der Gestaltung und Präsentation
     eines Theaterspiels bezieht, nennt dementsprechend Lernziele im kommunikativen und ästhetischen
     Bereich (vgl. Senator für Schulwesen, Jugend und Sport Berlin 1984).
81   Nickel weist ausdrücklich darauf hin, daß die Bezeichnung ‚Spiel-, Theater- und Interaktionspädago-
     gik' drei gleichrangige Begriffe heranzieht, die „nur verschiedene Ansätze und Akzentuierungen eines
     und desselben Arbeitsbereiches" darstellen (Nickel 1976, 6). So ist die Interaktionspädagogik auf die
     Praxis von Spiel und Theater angewiesen. Umgekehrt müssen theater- und spielpädagogisch Tätige die
     vielfältigen, in ihrem jeweiligen Arbeitsfeld auftretenden Interaktionen beobachten und in den Prozeß
     einbeziehen können. Auf diese Weise sind die drei genannten Begriffe aufeinander bezogen und um-
     schreiben das Arbeitsfeld. „Erst in der gegenseitigen Ergänzung verdeutlichen die Begriffe, was hier
     gemeint ist" (ebd.).
82   Hier ist besonders an die Schiller-Rezeption Marcuses und ihren Einfluß auf die Theorie ästhetisch-
     politischer Erziehung von Kerbs zu verweisen (vgl. I., 3).

Die Spiel-, Theater- und Interaktionspädagogik bestimmt die theatrale Situation als Lehr- und Lernfeld für gesellschaftliche Interaktionsprozesse. Sie geht dabei von der Vorstellung aus, daß im theatralen Prozeß modellhaft die Beziehungen der gesellschaftlich Interagierenden zutage treten. Das „Rollenhandeln des Schauspielers" und das Handeln des Menschen in der sozialen Wirklichkeit werden in Analogie zueinander gesetzt, beruhen sie doch jeweils auf symbolischen Interaktionen, Normen und Sanktionen (vgl. Nickel 1971, 16). Als Zielsetzungen einer Theater- und Interaktionspädagogik gelten dementsprechend, in Übereinstimmung mit den Grundqualifikationen des gesellschaftlichen Rollenhandelns im Sinne des interaktionistischen Rollenverständnisses, Empathie, Rollendistanz, Ambiguitätstoleranz, Flexibilität und Identitätsdarstellung (vgl. Nickel 1971, 18; Schulz 1971, 40). Als zentrale Methode zur Einübung dieser gesellschaftlich notwendigen Fähigkeiten gilt das Rollenspiel, das im sanktionsfreien Raum und unabhängig von pragmatischen Zwängen das Erproben des Rollenhandelns ermöglicht.[83] Gleichzeitig gelten die genannten Qualifikationen als Grundvoraussetzungen zur Herausbildung eines stabilen Selbst, das die gesellschaftlichen Ansprüche und die eigenen individuellen Bedürfnisse auszubalancieren vermag. Ohne die Herausbildung einer solchen Ich-Identität ist weder die Emanzipation des einzelnen denkbar, noch der verantwortliche Eingriff des Individuums in gesellschaftliche Prozesse, der zu ihrer Veränderung und Verbesserung führen kann. Die „Einführung in die Möglichkeit zur Veränderung von Rollensystemen" und damit zur Veränderung der Gesellschaft ist darum langfristiges Ziel der Spiel-, Theater- und Interaktionspädagogik (vgl. Nickel 1971, 21).

Neben diesen eindeutig gesellschaftspolitischen Zielsetzungen der Interaktionspädagogik bleibt in der Konzeption Nickels das Interesse an den „gestalterischen Fähigkeiten des einzelnen" (ebd.) mit den Ausdrucksmitteln des Theaters erhalten. Bezogen auf eine Theatererziehung dient die Theorie des symbolischen Interaktionismus in ihrer Funktion als Analyseinstrument mikrosoziologischer Prozesse dazu, theaterpädagogische Prozesse daraufhin zu befragen, inwieweit sie die gestalterischen Möglichkeiten des einzelnen erweitern.

Andere Ansätze, die sich ebenfalls auf die Rollentheorie des symbolischen Interaktionismus berufen, bleiben in einer vordergründigen Übertragung der sozialisationstheoretischen Grundannahmen in ein pädagogisches Trainingsprogramm befangen. Je nach gesellschaftstheoretischer Vorentscheidung geht es ihnen entweder um das Einüben gesellschaftsverändernder Fähigkeiten (Bussiek 1971) oder um eine effektivere Anpassung an gesellschaftlich erwünschtes Rollenverhalten, zum Teil in Verbindung

---

83 Eine erweiterte Form dieser Methode ist das „Aktionstheater", das neben dem Rollenspiel auch technische Medien und weitere Materialien innerhalb einer Inszenierung zusammenfaßt. Es gilt als eine „mit theatralischen Mitteln arbeitende Form alternativer Kommunikation und Erfahrung in einer Gruppe" (Mayrhofer/Zacharias 1977, 248). Das erklärte pädagogische Ziel liegt in der Sammlung von Erfahrungen über die Wirklichkeit durch ihre Widerspiegelung in der szenischen Darstellung. Wendet sich das Aktionstheater an Erwachsene, so sollen darüber hinaus komplexere Planspiele eingebaut werden und die Möglichkeit zu alternativen Rollenerfahrungen eröffnet werden. Beispiele verschiedener Aktionstheater-Projekte sind dokumentiert von Mayrhofer/Zacharias (1977, 287ff).

mit kompensatorischer Spracherziehung (Noetzel, 1971, 51 ff).[84] Die Problematik einer
ästhetischen Bildung auf der Grundlage des gestaltenden Umgangs mit den Ausdrucksmitteln des Theaters tritt dabei gegenüber den politischen und sozialen Zielsetzungen
weitgehend in den Hintergrund. So gelangt beispielsweise der Theaterwissenschaftler
Arno Paul in seiner Charakterisierung des Schulspiels zur Beschreibung einer Veranstaltung, die alle theatralen Bezüge ausdrücklich verneint. Seine Zielsetzungen lesen
sich wie eine sozialwissenschaftlich gewendete Version des jugendbewegten Laienspiels der zwanziger Jahre: „Es gibt keine Rampe. Es gibt keine Textvorlage. Es gibt
keinen Regisseur. Es gibt kein ad personam fixiertes Rollenspiel. Es gibt keine Hierarchie im Rollengeben und Rollennehmen. Alles, was es gibt, ist der sinnliche Dialog
zwischen Menschen, die sich zu einem Kollektiv zusammengeschlossen haben, um
Ich-Stärke, Liebesfähigkeit, Frustrationstoleranz, Ausdrucksfähigkeit und Solidarität
lustvoll am anderen zu erfahren" (Paul 1971, 60).[85] Spezifische Ziele einer ästhetischen
Bildung, die sich aus der Auseinandersetzung mit den Gestaltungselementen des Theaters ergeben könnten, werden hier vollständig aufgelöst zugunsten einer emphatischen
Formulierung allgemeiner Bildungsziele. Vergleichbar mit den Ansätzen einer ästhe-
tisch-politischen Erziehung im Bereich der bildenden Kunst (vgl. I. 3) wird der Bezug
zur Kunst des Theaters und den damit verbundenen Eigentümlichkeiten ästhetischer
Erfahrung aufgehoben. Der Unterschied zur allgemeinpädagogischen Zielsetzung vor
dem Hintergrund eines interaktionistischen Verständnisses des Erziehungsprozesses
und der Unterschied zu den Zielen, Inhalten und Methoden der gesellschaftswissenschaftlichen Unterrichtsfächer wird dadurch verwischt.[86]

5.3   Lehrstückpraxis – Theater als Lernform

Mit ähnlichen pädagogisch-politischen Zielsetzungen, wie sie sich Ende der sechziger
Jahre im Gefolge der Studentenbewegung herauskristallisierten, aber stärker an den
Ausdrucksmitteln des Theaters orientiert, begann zu Beginn der siebziger Jahre die

---

84   Zur Kritik der letztgenannten Ansätze vgl. Ritter 1981, 15 ff
85   Von dieser Auffassung ist Paul in der Folgezeit offenbar abgerückt. In einer Sammelrezension ver-
      schiedener theaterpädagogischer Schriften aus dem Jahre 1975 wirft er den Vertretern dieser Diszplin
      Konzeptlosigkeit vor und kritisiert die „Popularisierung der soziologischen Rollentheorie" und das
      Verständnis vom Theaterpädagogen als „ spielerisch verzuckerter Exerziermeister für Trainingspro-
      gramme im Sozialisationsbereich" (Paul 1975, 73).
86   Unabhängig davon bleibt unklar, ob die angestrebten Fähigkeiten durch ‚Simulationsmethoden' wie
      Rollenspiel, Planspiel, Aktionstheater u. ä. überhaupt erlernt werden können, oder ob nicht umgekehrt
      diese Fähigkeiten als Voraussetzung für das Rollenhandeln auch im sanktionsfreien Raum angesehen
      werden müssen und sich darum bestenfalls modifizieren lassen (vgl. Krappmann 1989, 1318). In diesem
      Zusammenhang warnt Krappmann vor einer Reduktion der Annahmen des symbolischen Interaktio-
      nismus auf pädagogisches Methodenwissen. „Empathie und Rollendistanz lassen sich nicht trainieren,
      sondern nur dadurch herausfordern, daß lustvoll erlebte Interaktionen ohne sie zu scheitern drohen.
      Würde man sie zum unmittelbaren Erziehungsprogramm erheben (etwa als „Unterrichtseinheit zur
      Förderung sozialer Sensibilität"), bestünde die Gefahr, die Kinder in Beziehungsfallen zu verstricken,
      denn derartige pädagogische Eingriffe sind doppelbödig. Sie wollen selbstbestimmte Kooperation er-
      reichen, aber zugleich auch ein Verhalten, wie es allgemein für richtig gehalten wird" (ebd.).

theoretische und praktische Neubeschäftigung mit den Lehrstücken Brechts aus den Jahren 1929 bis 1934.[87]

Ausgehend von der Rekonstruktion der Brechtschen Lehrstücktheorie durch Reiner Steinweg (1972), die in Brechts theoretischen Texten nur fragmentarisch, unsystematisch und heterogen vorliegt, wird die pädagogisch-politische Absicht der Lehrstückarbeit bestimmt. Entsprechend der von Steinweg formulierten „Basisregel" des Lehrstücks dient es dem „Spielen für sich selber, ohne Publikum" (Steinweg 1972, 87). Das heißt, es lehrt, indem es gespielt wird, durch das Nachahmen der im Text vorgegebenen Handlungsmuster, das Einnehmen der damit verbundenen Haltungen und Gesten und durch ihr Abwandeln und Andersspielen.[88] Steinweg hat Brechts Auseinandersetzung mit den Lehrstücken als eine „Theorie der politisch-ästhetischen Erziehung" bezeichnet (Steinweg 1972). Wie er an anderer Stelle ausführt (Steinweg, in: Ruping/Vaßen/ Koch 1991), nimmt er damit ausdrücklich Bezug auf die klassische Tradition der ästhetischen Erziehung, wie sie in Schillers „Briefen" begründet worden ist. Dabei betont er allerdings den Aspekt der unmittelbaren gesellschaftspolitischen Erziehung mit ästhetischen Mitteln, der bei Brecht eindeutig Priorität habe. Um der Ähnlichkeiten willen, die er zwischen den beiden von ihm als „Erziehungstheorien" (ebd., 262) bezeichneten Entwürfen annimmt, muß auch Steinweg die Widersprüchlichkeit der Schillerschen „Briefe" schlichten. So wird die Rolle, die die Vernunft im Verhältnis zum ästhetischen Zustand bei Schiller spielt, vereindeutigt. „Brecht wie Schiller geht es um eine Stärkung der Vernunft, um die Ermöglichung von »Disziplin als Grundlage der Freiheit des Menschen« (diese Formulierung stammt von Brecht; ich denke aber, sie hätte auch von Schiller gewählt werden können) und damit eines wahrhaft menschenwürdigen, die Menschenwürde achtenden und fördernden Staates" (ebd., 262). Daß dieser Staat bei Schiller eine nicht zu verwirklichende Utopie bleibt, während es bei Brecht um die Verwirklichung der Idee des Sozialismus geht, ist für Steinweg einer der entscheidenden Unterschiede zwischen den beiden Konzepten. Brechts Dramaturgie des Lehrstücks gehört für ihn darum auch in den Zusammenhang derjenigen Maßnahmen, die eine Realisierung dieses Ziels durch ästhetische Erziehung anstreben.

In seinem Ansatz zum „Theater als Lernform" schlägt Ritter (1981) neben der Lehrstückarbeit auch andere pädagogische Theaterverfahren vor, die das Nachahmen fremder Handlungsmuster zunächst vermeiden und direkt an den Erfahrungen der beteiligten Lehrlinge und Schüler ansetzen. Diese sollen durch die körperlich-szenische Darstellung zum Gegenstand der Aufarbeitung durch Theater werden und Einsichten in gesellschaftspolitische Zusammenhänge vermitteln (vgl. Ritter 1980). Dabei werden in vielfältiger Weise Verfahren der Brechtschen Theaterästhetik einbezogen, die

---

87   vgl. u. a. Steinweg 1972, 1976, 1978, Ritter 1980, 1981, 1986, 1987; Koch/Steinweg/Vaßen 1984; Ruping/Vaßen/Koch 1991; eine umfangreiche Bibliographie zu Theorie und Praxis des Lehrstücks findet sich in: Korrespondenzen. Zeitschrift für Theaterpädagogik. 10 (1994) Heft 19/20/21, S. 115–126. Steinwegs Re-Konstruktion der Lehrstücktheorie ist nicht unstritten. Auf die einzelnen Kritikpunkte an seinen Annahmen soll hier nicht näher eingegangen werden. Zur Kritik an Steinweg vgl. vor allem Berenberg-Gossler u. a. (1974).

88   Zur Darstellung der Lehrstückkonzeption vgl. II.3

dieser für das epische Theater entwickelt hat. Die szenische Veröffentlichung und die kollektive Auseinandersetzung mit den Ergebnissen des Lernprozesses durch Theater sind konstituierende Bestandteile dieser Arbeit.

Auch im Ansatz „Theater als Lernform" geht es also um die Vermittlung gesellschafts-politischer Einsichten durch theatrales Handeln. Insbesondere dort, wo die Eigenerfahrungen der Spielenden zum Ausgangspunkt genommen werden, ist die Nähe zur Methode des Rollenspiels und des Aktionstheaters nicht zu verkennen. Die Vermittlungsabsichten sind jedoch durch den Bezug zur Theatertheorie und -praxis Brechts stärker an bestimmte gestalterische Elemente gebunden. Nicht allein auf dem Wege der Inhalte oder über das Gewinnen von kognitiven Erkenntnissen über Wirklichkeit soll die „Belehrung" durch die Lehrstückpraxis stattfinden, sondern durch das Einnehmen bestimmter äußerer und damit verbundener innerer Haltungen, also durch das Experimentieren mit körperlichen Erfahrungen.

Lehrstückpraxis, aber auch die Praxis von Rollenspiel, Planspiel und Aktionstheater bleiben jedoch ideologisch befangen, wo sie durch mehr oder weniger expliziten Bezug zur materialistischen Widerspiegelungstheorie lediglich der Aufdeckung bestimmter gesellschaftlicher Gesetzmäßigkeiten dienen. Aus der Vielzahl der möglichen, mit diesen theaterpädagogischen Verfahren zu vermittelnden Erfahrungen werden dann bereits solche ausgewählt, die bestimmte gesellschaftspolitische Zusammenhänge im Medium szenischer Darstellung zu veranschaulichen vermögen. Gleichzeitig werden die ästhetischen Möglichkeiten des Mediums Theater auf ihre abbildende bzw. die soziale Wirklichkeit widerspiegelnde Funktion beschränkt.

6.   Zu Entwicklungen in den achtziger und Perspektiven in den neunziger Jahren: Kontinuitäten und Brüche

Die Entwicklungen und Perspektiven, von denen im folgenden die Rede sein wird, sind äußerst heterogen und in den meisten Fällen stark praxisorientiert. Vor allem im Bereich außerschulischer Bildung zeichnet sich im Gefolge eines „neuen Interesses an der Kultur" in den achtziger Jahren (vgl. Wagner 1993) eine Pluralisierung der spiel- und theaterpädagogischen Aktivitäten ab. Dabei handelt es sich in der Regel um eine pragmatische, zielgruppenorientierte und auf die spezifischen Bedingungen der jeweiligen Region zugeschnittene Arbeit. An die Stelle theoretischer Begründungsversuche, die sich mit der pädagogischen und/oder politischen Wirkungsweise spiel- und theaterpädagogischer Arbeit auseinandersetzen, tritt eine „Ereignis- und Erlebnis-Kultur", wie sie sich vor allem in Workshop-Euphorie und in „Aktionen" bei Straßen- und Stadtteilfesten äußert. Vielfach setzt sich die „Macher-Attitüde" gegenüber theoretischen Begründungsversuchen durch, treten „Körperbewußtsein und Sinnlichkeit als Lebensorientierung an die Stelle von politischem Bewußtsein und Aufklärungshandeln" (Wagner 1993, 15), wie es noch in den siebziger Jahren richtungsweisend war. So konstatiert und bedauert Nickel angesichts dieser Entwicklung, „fehlende Denk- und Diskutierlust, mangelndes Bewußtsein für die kultur- und fachpolitische Verantwortung, Vorrang des fröhlichen Machens vor dem kritischen Befragen ..." und warnt gleichzeitig vor den Konsequenzen einer solchen Haltung. „Theoretische und berufspolitische Selbstgenügsamkeit wird unsere Spielräume weiter schrumpfen lassen; Praxis, die sich der Theorie nicht stellt, die die Mühe des Begriffs scheut, wird bald nicht mehr viel begreifen" (Nickel 1988, 186).[89]

Vor dem Hintergrund dieser Entwicklung ist die Frage nach den mit Spiel und Theater verknüpften Bildungsvorstellungen für diesen Zeitraum nur punktuell zu beantworten. Es kann also nicht darum gehen, einen vollständigen Überblick über die heterogenen Bestrebungen dieser Zeit zu leisten, zumal sie vielfach auf Grund ihrer rein praktizistischen Ausrichtung keine Überlegungen zur Wirkungsweise von Spiel und Theater anstellen. Die folgenden Überlegungen müssen sich deshalb darauf konzentrieren, einige Tendenzen herauszustellen, die sich in denjenigen Ansätzen abzeichnen, in denen die Bildungsvorstellungen, die mit Spiel und Theater verbunden sind, reflektiert werden.

Mehr als eine skizzenhafte Darstellung dieser Tendenzen ist allerdings, insbesondere angesichts der zahlreichen Anstöße, die im Gefolge der politischen Veränderungen seit Ende der achtziger Jahre von den neuen Bundesländern ausgehen, in diesem Rahmen nicht zu leisten. Hier soll lediglich versucht werden, einzelne „Schlaglichter" auf sich in der jüngsten Vergangenheit abzeichnende Entwicklungen und Veränderungen der Bildungsvorstellungen im Bereich von Spiel und Theater zu werfen. Dabei wird vor allem auf Tagungsberichte und Dokumentationen aus dieser Zeit zurückgegriffen.

Kontinuitäten ...

Eine Weiterentwicklung unter veränderten Bedingungen erfahren die unterschiedlichen Ansätze zur Lehrstückpraxis auf der Grundlage der Brechtschen Konzeption (vgl. II., 3). Dabei werden innerhalb dieses Ansatzes einer politisch-ästhetischen Erziehung unterschiedliche Akzentuierungen der politisch-pädagogischen bzw. der gestaltenden Anteile vorgenommen (vgl. Koch/Steinweg/Vaßen 1984). Die gesellschaftspolitische Zielsetzung bleibt jedoch in allen Spielarten dieser Konzeption erhalten.

Einen besonderen Schwerpunkt behält sie weiterhin im Ansatz Steinwegs, der seine Praxis ausdrücklich als politische Bildung definiert, die theatrale Mittel benutzt. Ausgehend von der Spielerfahrung der Lehrstückszenen, sollen über die Reflexion der Szene Transfers auf Wirklichkeitserfahrung geleistet und damit Veränderungspotentiale

---

89 An einem besonders pointierten Beispiel lassen sich diese Konsequenzen verdeutlichen: Im Gefolge der sogenannten „Alltagswende" (vgl. Lenzen 1980) in der Erziehungswissenschaft versucht Reiß (1985) eine Verbindung von Theaterpädagogik und Alltagsleben aufzuzeigen, mit dem Ziel, „eine neue Sensibilität für alltägliche Zusammenhänge" zu schaffen. Als Beispiel dient ihm die Ausgestaltung von Klassenräumen durch die Schüler mit Blumen, Wohnzimmermöbeln und einer Kaffemaschine. Die pädagogische Vereinnahmung dieser Aktivitäten unter der Bezeichnung „Theaterpädagogik" (und die Vereinnahmung der Theaterpädagogik für diese Art von Pädagogik) begründet Reiß, indem er sie zur „Inszenierung von Räumen" hochstilisiert, und er schlußfolgert: „... gerade die Inszenierung von Räumen, wie in den Beispielen gezeigt, gehört zu der kreativen Gestaltung sozialer Realität und ist – was sonst – theaterpädagogische Arbeit..." (Reiß 1985, 111)

angeregt werden. Einen Schwerpunkt dieser Arbeit stellt die außerschulische Jugend-
bildung dar, wobei inhaltlich eine Konzentration auf die Gewaltproblematik stattfindet. Das Lehrstückspiel eigne sich, so Steinweg, sowohl auf Grund seiner Thematik
als auch methodisch als ein hervorragender Beitrag zur Friedenserziehung. Er ordnet
diese Arbeit deshalb in den Diskussionszusammenhang der kritischen Friedensfor-
schung ein und benennt als ihre zentralen Zielsetzungen: „Sensibilisierung gegenüber
Gewaltphänomenen und Stärkung der Vermittlungsfähigkeit des Ich gegenüber der
gesellschaftlichen Produktion von Gewalt" (Steinweg u.a. 1986, 37).

In seiner Reflexion der Lehrstückpraxis der achtziger Jahre geht Steinweg auf die
veränderten Bedingungen dieser Arbeit ein und betont die Kontinuitäten, die diese trotz
aller gesellschaftspolitischen Umbrüche anstrebt (vgl. Steinweg 1991). So knüpft er
organisatorisch an die „Bedingungen der Kurzzeitpädagogik" an. Die Lehrstückarbeit
findet in der Regel in kurzen Workshops statt und konzentriert sich auf die Arbeit mit
ausgewählten Szenen. Ästhetische Zielsetzungen treten gegenüber politisch-pädagogischen in den Hintergrund. „Es kommt nicht auf künstlerische Perfektion der Darstellung an. (...) Das Spiel wird gegenseitig (und vom Spielleiter) nicht ästhetisch bewertet, weder negativ noch positiv" (Steinweg 1991, 264). Für Steinweg stellt gerade
die Lehrstückpraxis eine angemessene Antwort auf die veränderten Anforderungen an
politische Bildung in den achtziger Jahren dar, da sie nicht nur abstraktes Lernen biete,
sondern an der sinnlichen Erfahrung der Jugendlichen, an ihrem Erlebnisdrang ansetze.
„In einer Situation, in der alle Konzepte der „Politischen Bildung", die in den siebziger
Jahren in der Bundesrepublik Deutschland entwickelt wurden, am Alltagsbewußtsein
der Jugendlichen, aber auch der Erwachsenen gescheitert sind, bot das Lehrstück die
Möglichkeit, Erlebnis und Reflexion, Sinnlichkeit und Abstraktion, Theorie und Praxis miteinander zu verbinden" (ebd., 261). Vor dem Hintergrund dieser Diagnose wird
an der erklärten Zielsetzung, über politische Bildung mit den Mitteln des Theaters zur
Veränderung der Gesellschaft beizutragen, festgehalten. „Die Veränderung der Gesellschaft in eine offene, produktive, weniger lebensfeindliche, menschenfreundliche,
in der mit Konflikten konstruktiv und nicht destruktiv umgegangen wird, führt über
die Veränderung der Person in ihrem Beziehungsgeflecht. Das alte sozialistische Ideal des ,neuen Menschen' war eine falsche, vielleicht sogar eine zerstörerische Utopie.
Und selbstzerstörerisch war vor allem, sie mit Gewalt verwirklichen zu wollen. Aber
die Strukturen der sozialen Beziehungen und der Haltungen in sozialen Situationen
zu verändern, bleibt uns aufgegeben und ist möglich. Voraussetzung dafür ist konse-
quente und kontinuierliche selbstreflexive Arbeit an diesen Strukturen" (ebd., 263). Die
Lehrstückarbeit wird in diesem Sinne als ein möglicher Weg angesehen, die Strukturen
sozialer Beziehungen zu verändern und damit zur Veränderung gesellschaftlicher Bedingungen beizutragen. Dabei nimmt Steinweg nicht für sich in Anspruch, Theaterpädagogik zu betreiben, sondern grenzt sich ausdrücklich von ästhetischen Zielsetzungen
ab und fühlt sich einer politischen Bildung verpflichtet, die theatrale Mittel einsetzt.
Hierin liegt, unabhängig von den Chancen, die man dieser Form politischer Bildung
als Beitrag zur Gesellschaftsveränderung einräumt, ein entscheidender Unterschied zu
denjenigen bisher diskutierten Ansätzen, die politische und/oder moralische Zielsetzungen als Theaterarbeit „verkleideten".

In ähnlicher Weise wie Steinweg hält auch Ehlert (1986) an der Zielsetzung fest, über theaterpädagogische Arbeit zur Emanzipation des einzelnen und damit zu gesellschaftspolitischen Veränderungen zu gelangen. Dabei argumentiert er allerdings auf einem weniger konsistenten theoretischen Hintergrund. Theaterpädagogik leitet Ehlert aus „zwei Wurzeln" ab, der Theaterarbeit und der pädagogischen Methodik (vgl. Ehlert 1986, 10). Er erläutert vor dem Hintergrund dieser Bestimmung zunächst einige ausgewählte Methodiken der Theaterarbeit, um anschließend Pädagogik und ihre Institutionen als Teilsysteme des Gesellschaftssystems zu verorten. Theaterpädagogik wird sodann als Verknüpfung autonomer Teilsysteme einer Gesellschaft („Kunst und Erziehung", „Schule und Theater") definiert (vgl. ebd., 46). Die Verknüpfung bleibt in diesem Ansatz jedoch Postulat, die einzelnen Teilsysteme werden nicht aufeinander bezogen, bleiben statt dessen rein additiv nebeneinander bestehen. So wird auch die formulierte Zielsetzung nicht aus den benannten Elementen theaterpädagogischer Arbeit hergeleitet, sondern erscheint als Reminiszenz an einen nicht mehr präsenten Theoriezusammenhang, der hier nur noch als Zitat auftritt. Die sehr vage Terminologie bei der Begriffs- und Zielbestimmung unterstützt diesen Eindruck.

„So sehe ich Theaterpädagogik als Versuch einer interaktiven Vernetzung von außerschulischer Pädagogik und künstlerischer Ästhetik außerhalb der vorgegebenen Bahnen von Staat und Kommerz. (...) Ein wichtiges Ziel dabei muß es sein, verändernd (im Sinne von innovativ) auf bestehende Institutionen (z. B. Theater und Bildung) einzuwirken. (...) Für die Theaterpädagogik heißt das, daß eine Veränderung der bestehenden Institutionen als ein zielorientiertes Handeln aufzufassen ist, das darin besteht, Unterdrückung sichtbar zu machen und über die »Bildung« individuellen kritischen Bewußtseins Unterdrückung bewußt werden zu lassen, damit eine direkte Einwirkung auf das Kommunikationssystem Gesellschaft möglich wird" (ebd., 48). Orientierungspunkt theaterpädagogischer Arbeit ist nach Ehlert ein „ganzheitliches Menschenbild" (ebd., 51). Um diesem Anspruch gerecht zu werden, bemüht er die unterschiedlichsten Theorieversatzstücke und versucht, sie in einen Zusammenhang zu bringen, der sich letztlich als passend für die am Ende dargestellte Praxis erweisen muß. Die Verknüpfung verschiedener Theatertheorien mit dem Bildungskonzept Paulo Freires liest sich dann – in bereits verkürzter Fassung – folgendermaßen: „Schöpferisches Handeln beruht auf dem Erleben (*Stanislawski*), Erleben ist sinnvoll nur im Kollektiv möglich (sic!) – einem Kollektiv, in dem es keine herkömmlichen Hierarchien gibt, sondern wo Lehrende und Lernende ihre Rollen tauschen können (*Freire*) und ihr Erleben in den gesamtgesellschaftlichen Zusammenhang von Unterdrückung und Unterdrücktwerden als zentralen Inhalt stellen, es hinterfragen und im Sinne von Idealbildern ihre Utopien dazu entwickeln (*Boal*). Aktion und Reflexion bedingen einander dabei (*Freire*)" (ebd., 57). Ehlerts Ansatz erweckt den Eindruck, als seien unter praktizistischem Interesse und zur Rechtfertigung einer bestehenden Praxis einzelne Theorieelemente ausgewählt und zusammengestellt worden. So kommt es zu einer Bildungsvorstellung, die sowohl die „Ganzheit" des Menschen, das Ingangsetzen „eigenschöpferischer Prozesse" und die Emanzipation von individueller und gesellschaftlicher Unterdrückung unhinterfragt nebeneinander bestehen lassen kann. An dieser eklektizistischen Vorgehensweise setzt auch die Kritik von Richard (1988) an den Vorstellungen Ehlerts an:

„Konzeption und praktische Empfehlung ist, diverse pädagogisch-politische Leitvor-
stellungen, didaktische Methoden, psychologische und gruppendynamische Techniken
sowie theatrale Theorien und „Schulen" miteinander zusammen(zu)fügen. Durch Addition soll aus Vielzahl und Verschiedenheit Ganzheit werden. (...) Tatsächlich wird
auf den uralten Wunsch nach Totalitätsentfaltung des menschlichen Vermögens und
Lebens, der besonders in den Utopien der Künste aufgehoben ist, zurückgegriffen. Aus
einer unerreichbaren Totalität soll nun eine dem Menschen wesensmäßige Ganzheit
werden. Sie zu erlangen hat diese Theaterpädagogik ein Lösungsversprechen parat:
Die Summe aus der Addition vielerlei didaktischer Verfahren *mit* Theater ist Ganzheit" (Richard 19988, 156).

„Kontinuitäten" zeichnen sich, ähnlich wie in der außerschulischen Bildungsarbeit, auf
die sich die bisher dargestellten Ansätze beziehen, auch im Bereich des Schultheaters
ab. Die Bemühungen der Fachverbände um ein drittes künstlerisches Fach „Darstellendes Spiel/Schulspiel" und um die Ausbildung der entsprechenden Fachlehrer werden auch in den achtziger und neunziger Jahren fortgesetzt. Daß dabei die historische
Entwicklung „vom pädagogischen Prinzip zum Schulfach" befragt und kritisch eingeschätzt wird, ist selbstverständlich für die „Entwicklung eines Fachverständnisses"
und für die weitere Arbeit unabdingbar (Hesse 1992, 59).
    Die Expertentagung „Das Darstellende Spiel an den Schulen der Bundesrepublik
Deutschland", die vom 19.–21.11.1991 in Travemünde stattfand, formulierte mit den
»Travemünder Thesen« grundlegende Bildungsvorstellungen und Forderungen an Organisationsformen und Inhaltsfelder des Unterrichtsfaches „Darstellendes Spiel". In
diesen Thesen wird das Darstellende Spiel als „ein zentraler Bereich der ästhetischen
Erziehung von Kindern und Jugendlichen" definiert. Der ästhetischen Erziehung wird
unter den gegenwärtigen Bedingungen „eine wachsende Bedeutung" zuerkannt (BAG
für das Darstellende Spiel in der Schule (Hg.) 1992, 95). Die Begründung der „ästhetischen Erziehung", die neben der Förderung sozialer Kompetenzen als Zielhorizont
angegeben wird, geschieht durch vielfältige Verweise auf ihre klassische und reformpädagogische Tradition. Vor dem Hintergrund der diesbezüglich bereits in der Tradition
des Schul- und Laienspiels geleisteten Begründungen der bildenden Wirkung von Spiel
und Theater sollen die neuen Anforderungen an die Spiel- und Theaterpädagogik der
neunziger Jahre geprüft werden (vgl. ebd., 86). Die Expertentagung knüpft hinsichtlich der Bildungsvorstellungen für das Darstellende Spiel in der Schule ausdrücklich
an die genannten Traditionen an. „Die Spielleiter geraten nie in Beweisnot, wenn von
ihnen erwartet wird, daß »das Darstellende Spiel ... wesentlicher Bestandteil der ästhetischen Erziehung des Menschen« sei (...). Von Schiller bis zu den Reformpädagogen
heute steht die Forderung, daß die ästhetische Bildung wichtig, aber nicht automatisch
und ohne Zutun erfahren werden kann" (ebd., 17). Im Sinne der Fortführung dieser
Begründungstradition wird – in einzelnen Tagungsbeiträgen – aus der ganzheitlichen
Inanspruchnahme der Spielenden im Prozeß theatraler Gestaltung die besondere Eig-
nung des Theaterspielens zur Bildung des ‚ganzen Menschen' abgeleitet. Der Verweis
auf diese Bildungsvorstellung greift sowohl inhaltlich als auch in der Terminologie die
Tradition musischer Bildung auf: „Wenn Schule den ganzen Menschen will, sind die

Künste wichtig. In ihnen geht es in erster Linie eben nicht darum, alles weiter zu zergliedern, sondern darum, Gestalt zu schaffen ..." (Schlünzen 1992, 65). Die Pluralität der Ansätze, die insgesamt kennzeichnend für die Situation der Spiel- und Theaterpädagogik seit den achtziger Jahren ist, spiegelt sich allerdings auch in der Expertendiskussion um das Darstellende Spiel in der Schule wider. Neben vielfältigen Anleihen an die Tradition der musischen Bildung werden auch Fragen an den zukünftigen „Standort" eines Unterrichtsfaches „Darstellendes Spiel" zwischen Pädagogik und Theater gestellt. Die Überlegungen zu einer solchen Einordnung sind eine wesentliche Voraussetzung für die Bestimmung der bildenden Wirkung von Spiel und Theater. Hier wird in veränderter Form die Diskussion um das Darstellende Spiel als Bildungsprinzip, -mittel und -gegenstand (vgl. II., 4) wieder aufgenommen. So wird auf der einen Seite aus der Zuordnung des Faches zur Pädagogik seine Funktion als Bildungsmittel bestimmt: „Die gemeinsame Aufgabenstellung eines solchen Faches orientiert sich an den inhaltlichen Aufgaben der Pädagogik als Wissenschaft. (...) Es geht also zentral darum, inwieweit Erkenntnisse und Aktivitäten im Bereich der spielerischen Darstellung in Erziehungsprozessen, sowie bei der Erreichung von Erziehungszielen, somit für Bildungsprozesse relevant sind" (Tschamler 1992, 74). Auf der anderen Seite wird die „Gewichtung zwischen einem pädagogisch-psychologischen Ansatz" und „einem ästhetisch-theatralen Ansatz", also zwischen seiner Rolle als ‚Bildungsmittel' oder ‚Bildungsgegenstand', als eine der grundlegenden offenen Fragen des Faches benannt, von dem weitere Entscheidungen für Ziele, Inhalte und Organisationsform abhängen (vgl. Vaßen 1992, 68 f). Damit wird eine zentrale Problemstellung theaterpädagogischen Arbeitens in Theorie und Praxis angesprochen, die in der Fachdiskussion der letzten Jahre eine entscheidende Rolle gespielt hat.

In zahlreichen Ansätzen der achtziger und neunziger Jahre wird der komplexe Zusammenhang von Theater und Pädagogik neu thematisiert. Auch hier läßt sich von einer Kontinuität der Problemstellung reden, betrifft sie doch immer das Spannungsfeld von ästhetischem Anspruch und pädagogischer Absicht, das bereits zu Beginn des Jahrhunderts Anlaß zur Diskussion unter den Vertretern des Laienspiels gab.

So zeigt Baacke (1988), daß die einfache Rechnung „Theater und Pädagogik = Theaterpädagogik", mit der er seine Überlegungen überschreibt, nicht aufgeht. Der kleinste gemeinsame Nenner, das Anliegen, bildende Wirkungen auf Menschen zu erzielen, reicht noch nicht aus, um Theater und Pädagogik zusammenzubringen. Baacke verweist deshalb auch auf die unterschiedlichen Intentionen und Wege von Künstlern auf der einen und Pädagogen („Kunst-Dilettanten") auf der anderen Seite, bei der Verfolgung ihrer jeweiligen Wirkungsabsichten. Er differenziert sie folgendermaßen: während für die professionellen Theatermacher das Werk und seine heterogenen Wirkungen im Mittelpunkt stehen, die sich als „weder plan- noch kontrollier- noch sanktionierbar" (ebd., 269) erweisen, betrachten die Pädagogen Kunst (konkret: Theater) – und davon geht Baacke selbstverständlich aus – als ein Mittel zum Zweck, „um Individuen und Gruppen zur besseren Erkenntnis ihrer subjektiven Ansprüche und Möglichkeiten zu verhelfen" (ebd., 252). In diesem Punkt stehen sich, Baacke zufolge, Kunst und Pädagogik unversöhnlich gegenüber:

„Die Funktion von Kunst ist Dysfunktionalität, das meint: ‚Funktionen' kann man ihr nicht zuweisen. Sie weist sie sich allenfalls selbst zu, und das so pluralistisch, ja heterogen, wie es keine pädagogische Theorie oder Praxis, die immer auf Vereinheitlichung drängen, sich je erlauben könnten. Pointiert: die Pädagogik hat, wie oben angegeben, im Grunde *ein* Ziel. Die Kunst hat *Ziele*, die sie selbst nur in seltenen Fällen absichtsvoll produziert, die sich vielmehr häufig erst aus ihrer Wirkungen *ergeben* – während die Pädagogik Wirkungen aus ihren Zielen ableitet (und sie zu kontrollieren sucht)" (Baacke 1988, 269).

Wie sich dieser Konflikt trotz der beschriebenen Gegensätze noch produktiv wenden läßt, zeigt Baacke in Anlehnung an Lukács auf. In den Momenten der „Punktualität", als Eigentümlichkeit und Anspruch des Kunstwerks, und „Kontinuität", als sein jeweiliger Stellenwert im sozialen und politischen Zusammenhang, sind sowohl die Absichten der Pädagogik als auch die des Theaters aufgehoben. Die theaterpädagogische Praxis sollte sich demzufolge in allen ihren Bereichen um eine ausgewogene Berücksichtigung beider Momente bemühen.

„Kulturelle Bildungsarbeit ist möglicherweise dann angemessen begründbar und durchführbar, wenn in ihr die strategischen Kategorien Punktualität – (ihre Widerstände bringen die ‚Professionellen', der Bereich des Theaters ein) und Kontinuität (sie vertritt, in unmittelbarerer gesellschaftlicher Kontrolle, die Spiel-, Theater- oder Interaktionspädagogik) verbunden sind" (ebd., 270).

Baackes Ansatz zur Bestimmung von Perspektiven der Theaterpädagogik ist insofern von Bedeutung, als er die „konstitutiven Spannungen" benennt, die die Theaterpädagogik im besonderen und die ästhetische Bildung im allgemeinen charakterisieren. Letztlich geht sein Konzept jedoch nicht über eine additive Anordnung der beiden konstitutiven Bestandteile von Theaterpädagogik hinaus, wie er sie ja bereits im Titel seiner Ausführungen vorschlägt. Kunst (Theater) und Pädagogik bekommen jeweils eigene Wirkungsweisen und -bereiche zugeordnet, die sich zwar gegenseitig befruchten und irritieren können, deren Verhältnis jedoch bei dem Nebeneinander von „ja-aber" verharrt. Dies wird am Ende von Baackes Überlegungen noch einmal besonders deutlich, wenn er sie zusammenfaßt „... als Konzept eines Spontaneität benutzenden, Kreativität entbindenden, *aber* Lernschritte und Lernziele nicht vernachlässigenden Curriculums" (ebd., 272, Hervorhebung d. Verf.). Das theoretische Nebeneinander-Ordnen der beiden grundlegenden Bestandteile von Theaterpädagogik entzieht sich zugleich den in der Praxis absehbar auftretenden Unvereinbarkeiten von Lernzielhierarchien und Spontaneität, wie sie in dem bekannten Beispiel der paradoxen pädagogischen Formulierung „Sei spontan!" pointiert zum Ausdruck kommt. Baackes Voraussetzung, Pädagogik könne sich der Kunst/des Theaters immer nur als Mittel zum Zweck bedienen, steht dem Versuch entgegen, nach anderen als pädagogischen Ansatzmöglichkeiten ästhetischer Bildung zu fragen. Eine solche Sichtweise, von den spezifischen Bedingungen der Kunstform ausgehend, bleibt jedoch in Baackes Ansatz ausgeschlossen. Seine allgemein kulturpädagogische Argumentation benutzt Theaterpädagogik lediglich als ein Beispiel zur Veranschaulichung der für Kulturpädagogik konstitutiven Spannungen. Baacke vertritt weder in Theorie noch in Praxis einen spezifisch theaterpädagogischen Ansatz. Spezifische Bildungsvorstellungen für den Bereich von Spiel und Theater lassen sich aus seinen Überlegungen deshalb nicht ableiten.

Einen anderen Zugang zu der grundlegenden Spannung von Kunst und Pädagogik wählt Ritter (1990), wenn er die in der Spiel- und Theaterpädagogik verbreitete Diskussion um eine prozeß- oder produktorientierte Arbeit aufgreift und weiterführt. Den Gegensatz zwischen pädagogisch intendiertem Anstoß von Gruppenprozessen, von sozialen und Ich-Erfahrungen innerhalb der Spielgruppe, und der künstlerischen Absicht der Erarbeitung eines ästhetischen Produkts problematisiert er anhand theaterästhetischer Kategorien. Damit setzt er, im Gegensatz zu Baacke, von vornherein an den spezifischen Bedingungen der Kunstform Theater an. Im Zentrum seiner Überlegungen steht die Kategorie der doppelten Existenz des Spielers auf der Bühne – als Darsteller einer Rolle und als Figur – in dem ästhetische und soziale Funktionen zusammentreffen. Daß es sich dabei um mehr als ein Nebeneinander von sozialen Prozessen und ästhetischen Produkten handelt, zeigt Ritter in einer „Zerfaserung der Begriffe" auf.

„Die Verhältnisse sind eben komplizierter; denn selbstverständlich führen ästhetische Prozesse zu Produkten, ebenso wie soziale Prozesse, und zwar ästhetische Prozesse sowohl zu ästhetischen als auch sozialen Produkten und umgekehrt soziale Prozesse zu sozialen und zu ästhetischen Produkten führen; das ästhetische Produkt par excellence, die Aufführung, ist ebenso ein soziales Produkt, wie beides in sich nur als Prozeß in Erscheinung tritt." (Ritter 1990, 34).

Die Tatsache, daß der Erarbeitung und Präsentation eines theatralen Ereignisses sowohl ästhetische als auch soziale Qualitäten eigen sind, wird dann deutlich, wenn man nicht – wie Baacke, im Sinne der Kulturpädagogik – von künstlerischer Tätigkeit allgemein und ihrem Verhältnis zur Pädagogik spricht, sondern die Besonderheiten theatralen Gestaltens untersucht. Die bildende Wirkung des Theaterspielens wird in diesem Sinne nicht durch pädagogische Absichten, unabhängig vom Vorgang des Gestaltens bestimmt, sondern fällt mit diesem zusammen:

„Zwar geht es um Formung, um ‚Produkte', aber diese sind – auch in ihren ausgefeiltesten Details – ‚Prozesse', und das Aufscheinen des psychischen und des sozialen Prozesses im ästhetischen Produkt ist eine der wesentlichen Voraussetzungen theatraler Wirklichkeit, und damit zugleich auch seiner Wirkung" (ebd., 38 f).

... und Brüche

Während sich die bisher vorgestellten Ansätze mit der pädagogisch-politischen, aufklärerischen und mit der ästhetischen Wirkung des Theaterspielens auseinandersetzen und dabei auch das Verhältnis beider in der Theaterpädagogik zusammentreffenden Wirkungsabsichten diskutieren, stellt das folgende Konzept ein Beispiel für die bewußte und reflektierte Abgrenzung von diesen Zusammenhängen dar. Ebert-Paris/Paris, seit Ende der sechziger Jahre Protagonisten eines aufklärerischen Kindertheaters mit dem Anspruch, auf diesem Wege zu politischen und gesellschaftlichen Veränderungen beizutragen, wenden sich in den achtziger Jahren ausdrücklich von dieser Zielsetzung ab. Kritisch beurteilen sie ihre ehemaligen politisch-pädagogischen Aktivitäten als

„Selbstüberschätzung der Pädagogik", als den Irrtum, „theaterpädagogische Tätigkeit mit politischer Aktivität zu verwechseln" (Ebert-Paris/Paris 1991, 18). Die Möglichkeiten des Transfers von den gespielten Szenen zur Wirklichkeit, auf die die Vertreter einer aufklärerischen Theaterpädagogik hofften und hoffen, zweifeln Ebert-Paris/Paris an. Vielmehr suchen Kinder und Jugendliche, ihrer Meinung nach, vor allem Unterhaltung und Erholung beim Theaterspielen. Diesem Bedürfnis wollen sie mit ihrem theaterpädagogischen Angebot gerecht werden. Sie bekennen sich zur kompensatorischen Funktion ihrer Arbeit und vertreten den Grundsatz der Trennung von Theaterarbeit und politischem Anspruch.

In ihrer theaterpädagogische Praxis setzen Ebert-Paris/Paris ausdrücklich an den vermeintlichen Interessen der Kinder und Jugendlichen an und sehen ihre Aufgabe darin, diesen zur theatralen Gestaltung ihrer Ideen zu verhelfen. Auf diese Art und Weise werden die Beteiligten allmählich an die Besonderheiten theatralen Gestaltens herangeführt und entwickeln ein Instrumentarium und eine Qualität des Ausdrucks, die den szenischen Anforderungen entsprechen. Ziel dieser Bemühungen ist das Theaterereignis, das danach strebt, künstlerischen Ansprüchen zu genügen. „Unser Theater will nie mehr sein als Theater, dem nichts heilig ist. (...) Das Komödiantische ist bei uns theatrales Element, das dem Ernst die Wucht nimmt, indem es das Banale zum Mittelpunkt der Betrachtung macht. Dieses Theater weiß, daß es die Welt nicht aus den Angeln heben kann, es verzichtet darum gern auf moralische Botschaften und pädagogische Zeigefinger, es weiß um die Folgenlosigkeit aller Kunst" (ebd., 1991).

Die Bemühungen von Ebert-Paris/Paris, sich gegen eine politisch-pädagogische Vereinnahmung des Theaters zu wenden, scheinen vor dem historischen Hintergrund der vielfältigen Inanspruchnahme theatraler Mittel für nicht-ästhetische Zielsetzungen – und der damit verbundenen unästhetischen Praxis – durchaus gerechtfertigt. Der Bruch mit dem traditionellen Verständnis der pädagogischen Bedeutung von Spiel und Theater und die Suche nach einer theaterpädagogischen Praxis, die sich am Medium Theater orientiert, sind eine notwendige Konsequenz aus der Einsicht in die Unzulänglichkeit instrumentalisierter Theaterarbeit. Gleichzeitig zeichnet sich im Bekenntnis zur kompensatorischen Funktion dieser theaterpädagogischen Arbeit, in der Betonung ihrer Erholungs- und Unterhaltungsfunktion, die Gefahr einer freizeitpädagogischen Beliebigkeit ab, der auch jegliche Wirkungsweise künstlerischen Gestaltens zum Opfer fällt. Die postulierte „Folgenlosigkeit aller Kunst" läßt vermuten, daß die Auseinandersetzung mit den Anforderungen, die künstlerische Produktion und Rezeption an den einzelnen stellt, in dieser Arbeit zugunsten eines theatralen Aktionismus vernachlässigt wird. Diese Anforderungen mit moralischen Botschaften oder pädagogischen Belehrungen zu verrechnen, ist zu kurzschlüssig und wird der Eigenart ästhetischer Wirkung und künstlerischer Absicht nicht gerecht. Ästhetische Bildung kann auf diese besonderen Herausforderungen künstlerischer Produktion und Rezeption nicht verzichten, kann sie nicht zugunsten von Zerstreuung und Spaß aufgeben. ‚Folgenlos' bleibt diese Erfahrung nur dann, wenn man den ästhetischen Schein nicht ernst nimmt, sondern ihn als trügerisch ansieht. Das heißt für die Theaterarbeit, wenn man sich auf das Spiel nicht „wirklich" einläßt, sondern lediglich etwas (Schönes/Spaßiges) vorführt. Dieser Gefahr setzt sich der Ansatz von Ebert-Paris/Paris offensichtlich aus. „Theaterspielen ist bei uns nie ‚betroffenes' Ausagieren privater Gefühle, sondern bewußt und distanziert geplante Kopf- und Körperarbeit. Bühnenfiguren werden darum niemals ‚gelebt' sondern ‚vorgezeigt'" (Ebert-Paris/Paris 1991, 50). In ihrer verständlichen Absicht, sich gegenüber dem „Sich-Selbst-Spielen" abzugrenzen, verzichten Ebert-Paris/Paris auf ein wesentliches Moment der Kunst-/Theatererfahrung und damit auf die Grundlage ästhetischer Bildung.

Eine kritische Auseinandersetzung mit der unter Vertretern der Theaterpädagogik verbreiteten Argumentation der ‚Kulturerlösung' mit den Mitteln von Spiel und Theater, die Ebert-Paris/Paris zum Ausgangspunkt ihrer Abgrenzungsversuche wählten, leistet auch Haß (1990). Die Neigung, zur Selbstlegitimation eines Berufsstandes jedes tagespolitisch aktuelle Thema aufzugreifen und mit den Mitteln von Spiel und Theater zu bearbeiten, wie es insbesondere im Rahmen kulturpädagogischer Arbeit geschieht, erscheint ihr ‚pseudopolitisch' und ‚pseudopädagogisch'. Haß wendet sich damit gegen eine bildungspolitische Argumentation, die Theaterpädagogik als Heilmittel gesellschaftlicher ‚Mißstände' von der Atom- und Umweltkatastrophe über die Jugendarbeitslosigkeit bis zur Medienüberflutung empfiehlt (vgl. Haß 1989, 19f). Über die Bildung des ‚ganzen Menschen' solle, so Haß, gesellschaftspolitisch verändernd gewirkt werden. „Die Propagandisten der Theaterpädagogik haben nicht selten die Tendenz, das Theater als Programm für den einen ganzen = unteilbaren Menschen hinzustellen und diese offensichtlich theatralen Eigenschaften als pädagogisch einzurichtende Notbremse gegen den öffentlichen Kulturzerfall zu propagieren" (ebd., 20).

Dagegen empfiehlt Haß, sich mit dem Theater als öffentlichem Raum auseinanderzusetzen und mit den Veränderungen und Herausforderungen, die die technologische und gesellschaftliche Entwicklung für den sozialen Raum „Öffentlichkeit" bedeute. Theater, verstanden als „Rohstoff von Öffentlichkeit", erfülle damit eine andere bildungspolitische Aufgabe als als pädagogische „Notbremse". In diesem Sinne fungiere „Theater als Spiel und Ausdruck von dem, was die einzelnen in ihrem Verhältnis füreinander fühlen und denken" (ebd., 23). Wenn die so begründete theaterpädagogische Arbeit wirksam sein soll, was Haß angesichts der sich ausbreitenden „Wüste aus kollektiver Unaufmerksamkeit" noch bezweifelt, darf sich Theater nicht auf Freizeitanimation und spontanen Aktionismus im kulturellen Einerlei beschränken. Im Gegensatz zu Ebert-Paris/Paris hält Haß an der Selbständigkeit des ästhetischen Scheins, an der eigenen Wirklichkeit des Theaters fest. Theater als Öffentlichkeit, so ihr Postulat, dürfe „nicht fingiert werden" (vgl. ebd., 23). In diesem Sinne faßt sie die veränderten Anforderungen an theater-pädagogische Theorie und Praxis, die eine bildende Wirkung intendieren, zusammen und weist gleichzeitig auf die Problematik einer ästhetischen Bildung hin, die nicht selbstverständlich herzustellen ist, sondern immer auch zu scheitern droht: „Die Theaterpädagogik muß von ihren Parolen der Selbstdurchsetzung und Kulturerlösung abkommen. Sie muß überhaupt erst einmal die Fragilität nicht ihrer Lage als Berufszweig, sondern ihres Gegenstandes begreifen. Sie muß die radikalen Veränderungen in der Lebenslage der Heranwachsenden begreifen. Sie muß beachten, daß die Theatermittel, mit denen sie die Kinder und Jugendlichen in Berührung bringen will, selbst kein unproblematisches Verhältnis zur Wirklichkeit haben. Es geht nicht um eine fröhliche Durchsetzung sicherer Mittel. Das Theater ist von den

Zerstörungen des sozialen Raumes selbst angegriffen und verunsichert. Eben darum hängen die Frage Theaterpädagogik und die Fragen des Theaters existentiell zusammen" (ebd., 23).

Neben die hier angeführte Kritik „aus den eigenen Reihen", die sich vor dem Hintergrund radikaler gesellschaftlicher Veränderungsprozesse von überkommenen Begründungszusammenhängen aus der spiel- und theaterpädagogischen Tradition der alten Bundesrepublik verabschieden will, treten seit Beginn des Vereinigungsprozesses der beiden deutschen Staaten Denkanstöße aus der theaterpädagogischen Diskussion der DDR. Auf die komplexe Problematik der Entwicklung dieser Diskussion unter den politischen Bedingungen der DDR und auf ihre theoretischen Wurzeln kann in diesem Rahmen nicht eingegangen werden.[90]

Für die achtziger Jahre stellt Hoffmann (1993) zahlreiche thematische Gemeinsamkeiten innerhalb der Fachdiskussionen der DDR und der Bundesrepublik fest. Probleme wie das Verhältnis von Prozeß und Produkt, von pädagogischer Absicht und künstlerischem Anspruch bestimmten auch die theaterpädagogische Diskussion der DDR. Theaterspielen als Instrument pädagogischer und politischer Belehrung gilt dabei als Relikt der offiziellen DDR-Pädagogik und wird als solches abgelehnt. Stattdessen betont Hoffmann ausdrücklich den Charakter des „Theaterspielen(s) mit Kindern als Kunstereignis" (vgl. Hoffmann 1991). „Das Theater wirkt, indem es Theater ist, und keine pädagogische Konzeption wird einer Aufführung erzieherischen Wert verleihen, wenn diese Erziehung ihren Wert nicht über das ästhetische Vergnügen nimmt" (Hoffmann 1990, 27).

Diese Position einer ästhetischen Bildung durch Theaterspielen, die sich innerhalb der theaterpädagogischen Praxis der DDR vor dem Hintergrund der Erfahrung einer staatlich monopolisierten Pädagogik und in Opposition zu dieser herausgebildet hat, ist nicht ohne Einfluß auf die Fachdiskussion in den neunziger Jahren geblieben. Inwieweit eine Hinwendung zu ästhetischen Fragestellungen innerhalb der theaterpädagogischen Diskussion, die sich vor allem seit Beginn der neunziger Jahre abzeichnet, auch von den Fachvertretern der neuen Bundesländer mit angeregt worden ist, kann hier nur vermutet werden.

Eine Tendenz zur Auseinandersetzung mit Fragen ästhetischer Bildung läßt sich vor allem in den Themen und Beiträgen der Fachtagungen der neunziger Jahre ablesen. Exemplarisch soll hier die internationale Fachtagung des Europäischen Zentrums der AITA/IATA, des Weltverbandes für das Amateurtheater, die im November 1992 in Lin-

---

90   vgl. dazu bes. M. Hametner (Hg.), Deutsches Amateurtheater woher?. Eine Sammlung von Aufsätzen und Dokumenten als Versuch, zum Zeitpunkt der deutschen Vereinigung die zuvor gegangenen unterschiedlichen Wege des ost- und westdeutschen Amateurtheaters darzustellen und seine künftige Einheit in Anerkennung der Unterschiede zu fördern. Leipzig 1993; Gärtner, A./Korn, U./Nickel, H.-W. (Hg.), Spiel und Theater in Berlin und den neuen Bundesländern. Berlin 1991

gen/Ems stattfand, genannt werden.[91] Ihr Arbeitstitel lautete „Was lehrt das Theater die Pädagogik?". Diese Frage begleitete auch die Diskussionen der Tagungsteilnehmer.[92]

Eine solche Fragestellung kehrt die Aufmerksamkeitsrichtung um: vom Ausgangspunkt der Bedürfnisse bestimmter Zielgruppen und ihres sozialen Umfeldes und der Frage, wie diesen Bedürfnissen mit theaterpädagogischen Mitteln begegnet werden kann, zu den der Kunst des Theaters eigenen Möglichkeiten und der Frage, was sie denjenigen, die sich mit ihr auseinandersetzen, zu bieten hat. In der Begründung des Tagungsthemas hieß es: „Als ein Fachbereich der Pädagogik gewinnt „Theaterpädagogik" das sie charakterisierende Profil aus den Qualitäten des Theaters als einer Kunstform sui generis. Seinem Formgesetz nach polyästhetisch, bindet Theater in einzigartiger Weise sämtliche Künste zum Zwecke des darstellerischen Befragens unserer Wirklichkeit. So war die Fragerichtung vorgezeichnet. Nicht: Was kann die Pädagogik das Theater lehren?, sondern: Was lehrt das Theater die Pädagogik?, stand als Leitmotiv dem europäischen Vergleich von Theorien und Methoden des Theaters mit Kindern voran" (Ruping 1992, 1).

Um eine Verbindung von ästhetischen und pädagogischen Zielsetzungen geht es auch bei den jüngsten Bestrebungen um die Etablierung einer grundständigen Ausbildung von Theaterpädagogen. Die „Bildungskonzeption" des Bundesverbandes Theaterpädagogik (Ruping/Schneider 1994) geht von möglichen Berufsfeldern ausgebildeter Theaterpädagogen aus und bestimmt neben zahlreichen personalen und fachlichen Kompetenzen die „ästhetische Kompetenz" als ein Grundziel theaterpädagogischer Ausbildung.

Das im Auftrag der Bundesarbeitsgemeinschaft Spiel und Theater e. V. erarbeitete „Kerncurriculum Theaterpädagogik" (Hentschel/Koch 1995) versucht auf einer anderen Stufe der Konkretisierung, einen Rahmen für zukünftige Studienordnungen im Bereich Theaterpädagogik vorzuschlagen. Dabei orientiert sich das Kerncurriculum an den Spezifika des Theaters als Gegenstandsbereich einer theaterpädagogischen Ausbildung und leitet die zu erwerbenden Kompetenzen und mögliche Inhaltsbestimmungen von daher ab. „Ausgangspunkt aller zu erwerbenden Kompetenzen ist die Erfahrung von Spiel und Theater als einer sinn- und sinnenhaften Erfahrung wesentlicher Grundstrategien menschlicher Kommunikation. Die am Beispiel der Grundstruktur theatraler

---

91   Als weitere Fachtagungen, die sich seit Beginn der neunziger Jahre mit diesem Themenkomplex auseinandersetzten, sind zu nennen:
„Theater mit Kindern". Internationales Symposium im Rahmen des 1. Welt-Kindertheater-Festes vom 20.04.1990 in Lingen/Ems (vgl. Ruping/Schneider 1991); „Theaterpädagogik auf der Grundlage pädagogischer und ästhetischer Theorie". Bundestagung des Bundesverbandes Theaterpädagogik vom 29.10. bis 01.11.1993 in Köln; „Perspektiven der Theaterpädagogik in den neunziger Jahren". Fachtagung des Landesverbandes für Spiel und Theater in Niedersachsen e. V. vom 24. bis 26.11.1989 (vgl. Dokumentation); „Die Pädagogik des Amateurtheaters: Aus- und Fortbildungsprogramme im Amateurtheater im europäischen Vergleich". Internationale Fachtagung des Europäischen Zentrums der AITA/IATA vom 03. bis 06.11.1994 in Lingen. Im Rahmen der Diskussion der Ausbildungskonzepte war das Verhältnis von Pädagogik und Theater in der Ausbildung von Multiplikatoren ein thematischer Schwerpunkt.

92   vgl. Ruping, B. (Hg.), Theaterkunst und Kinderspiel. Theater mit Kindern in Europa. (Schriftenreihe des Europäischen Zentrums der Association Internationale du Théâtre Amateur, Bd. 1). Münster, Hamburg 1992

Kommunikation zu erwerbenden Erfahrungen stellen die Grundlage der ästhetischen Bildung im Rahmen spiel- und theaterpädagogischer Arbeit dar ..." (ebd., 115f).

In beiden Entwürfen zeichnet sich die Tendenz ab, theaterpädagogische Arbeit aus ihrer Rolle als Zulieferer für die unterschiedlichsten pädagogischen, moralischen oder politischen Zielsetzungen zu befreien und sich auf die Möglichkeiten des Mediums Theater zu besinnen.

Die unterschiedlichen Bestrebungen der achtziger und neunziger Jahre, die bildenden Wirkungen von Spiel und Theater theoretisch zu benennen und in der Praxis zu nutzen, lassen sich nicht verallgemeinernd in „Schulen" oder „Richtungen" zusammenfassen. Als allgemeines Kennzeichen der Konzeptionen dieser Zeit läßt sich bestenfalls eine Pluralisierung der Ansätze verzeichnen, die in ihrer Heterogenität nebeneinander bestehen. Der Versuch, eine Auswahl aus der Vielfalt heterogener Ansätze vorzustellen und dabei Entwicklungstendenzen zu benennen, muß deshalb als vorläufig bewertet werden. Das gilt vor allem deshalb, da diese Entwicklungen erst in jüngster Zeit begonnen haben und gegenwärtig noch andauern. Die vorgenommenen Einschätzungen sind deshalb als Thesen zu verstehen, deren Gültigkeit sich erst in der Zukunft erweisen kann.

Wie die gewählte – operative – Unterscheidung in „Kontinuitäten" und „Brüche" andeutet, verläuft die gegenwärtige Entwicklung nicht eindeutig. Neben Ansätzen, die sich in der Formulierung ihrer Bildungsvorstellungen auf die unterschiedlichsten Traditionen theaterpädagogischen Arbeitens berufen, auf klassische, reformpädagogische, musische Vorbilder und auf die emanzipatorische Pädagogik der sechziger und siebziger Jahre, formulieren andere ihr Mißbehagen an diesen Traditionen und suchen, angesichts tiefgreifender sozialer Veränderungen, nach neuen Begründungszusammenhängen für die theaterpädagogische Praxis. Dabei wird deutlich, daß der Verzicht auf jegliche Wirkungsabsicht der ästhetischen Erfahrung ebenso wenig gerecht werden kann, wie die Inanspruchnahme für außer-ästhetische Zielsetzungen. In beiden Fällen wird die Besonderheit des ästhetischen Scheins verkannt. Während er zum einen als unaufrichtig und trügerisch angesehen wird und deshalb lediglich zur folgenlosen Spielerei, im pejorativen Sinne des Wortes, genutzt werden kann, gilt er zum anderen als ‚Widerschein' gesellschaftlicher Zusammenhänge und damit als Übungsfeld für das Handeln in der Wirklichkeit. Demgegenüber zeichnet sich in einem Teil der Fachdiskussionen die Anerkennung einer eigenständigen theatralen Wirklichkeit als Voraussetzung für die bildende Wirkung theatraler Ereignisse ab. Das Ansetzen an den spezifischen Bedingungen des Mediums Theater, als Ausgangspunkt für die Formulierung der Bildungsvorstellungen, kann als ein Zeichen dieser Entwicklung gewertet werden.

7.   ‚Überästhetische Begründungen' – ‚unterästhetische Praxis' – Zur kritischen Einschätzung von Bildungsvorstellungen im Bereich Spiel und Theater –

Die angeführte Auswahl von Beispielen und Überlegungen zu den mit Spiel und Theater verbundenen Bildungsvorstellungen verweist auf eine Vielzahl von Möglichkeiten, theatrale Verfahren – auch im weiteren Sinne – in den pädagogischen Prozeß einzubringen. Es scheint, als könne theaterpädagogische Arbeit sowohl Lernfortschritte in den unterschiedlichsten Unterrichtsfächern bewirken als auch erzieherische Ziele für den einzelnen und für die Gruppe/Gemeinschaft verwirklichen. Darüber hinaus scheint es möglich, mit theaterpädagogischen Mitteln auch Ziele im Bereich der politischen Bildung und Lösungen für gesellschaftspolitische Probleme anzustreben. Ansätze, die an theaterspezifische Qualitäten anknüpfen und diese zum Ausgangspunkt einer genuin ästhetischen Bildung durch Theaterspielen machen, sind allerdings nur vereinzelt anzutreffen. „Spiel", „Laienspiel", „Schulspiel", „Darstellendes Spiel" sind dann auch die Bezeichnungen für eine Praxis, die den Bezug zu den ästhetischen Anforderungen des Theaters bewußt vermeiden möchte. Während also auf der einen Seite mit den Mitteln von Spiel und Theater weitreichende Zielsetzungen angestrebt und dazu umfangreiche Begründungsversuche unternommen werden, bleibt die entsprechende Praxis häufig auf einem bewußt bescheidenen ästhetischen Niveau. Inwieweit ein Zusammenhang zwischen diesen beiden Seiten besteht, soll die folgende systematische Auswertung der unterschiedlichen spiel- und theaterpädagogischen Ansätze zeigen.

Entsprechend ihrem Begründungszusammenhang lassen sich drei Arten theoretischer Legitimation unterscheiden (vgl. Kaiser 1984), die in den diskutierten Ansätzen nicht immer isoliert, in „Reinform" und überschneidungsfrei auftreten. Es handelt sich vielmehr um den Versuch, eine operationale Unterscheidung zu treffen:

1. Die anthropologische Begründung, die davon ausgeht, daß der Bereich Spiel und Theater wesensmäßig zum Dasein des Menschen gehöre und damit als unverzichtbarer Bestandteil bzw. Inbegriff der menschlichen Bildung anzusehen sei.
2. Die kulturpädagogische Begründung, wobei der Begriff „kulturpädagogisch" hier im Sinne der geisteswissenschaftlichen Pädagogik als Weitergabe der in den Bildungsgütern bewahrten kulturellen Werte an die nächste Generation verstanden wird. Nach diesem Verständnis geht es um eine Erziehung zur Kunst, konkret zum Verständnis der dramatischen und theatralen Kunst.
3. Die sozialisationstheoretische Begründung, die das Subjekt des Bildungsprozesses und seine für zukünftiges gesellschaftliches Handeln notwendigen Qualifikationen in den Mittelpunkt stellt und theaterpädagogische Methoden als Mittel ansieht, den Menschen mit diesen Qualifikationen auszustatten. Diese Auffassung läßt sich auf die Formel der „Erziehung bzw. Bildung mittels Theater" bringen.
Vor dem Hintergrund dieses Systematisierungsversuchs unterschiedlicher Begründungszusammenhänge soll im folgenden die Bedeutung und die Problematik der oben diskutierten Ansätze zusammenfassend reflektiert werden.

Die anthropologische Begründung, die insbesondere in reformpädagogisch beeinflußten Ansätzen wie dem des jugendbewegten Laienspiels und den daran anknüpfenden Ansätzen der fünfziger Jahre herangezogen wird, verknüpft Spiel und Theater untrennbar mit dem Bildungsziel des „ganzen Menschen". Auch in jüngeren Ansätzen, bis in die Gegenwart hinein, wird immer wieder versucht, an diese Zielsetzung anzuschließen.

Die Argumentation geht dabei von der Voraussetzung eines im Menschen angelegten „Spieltriebs" aus, der geweckt und entwickelt werden müsse. Unter Berufung auf den Schillerschen Spielbegriff wird dabei zum Teil das von Schiller – mit Bezug zu Kant – intendierte „Spiel der Erkenntniskräfte" auf die Praxis des Laienspiels reduziert. Laienspielpraxis und allgemeine Menschenbildung erscheinen nach dieser Argumentation identisch. Damit verbunden ist die Hoffnung, auf diesem Wege eine Verbesserung des individuellen und des gesellschaftlichen Lebens zu erzielen. Auch diese Vorstellung wird, zum Teil ausdrücklich, aus Schillers Überlegungen zur ästhetischen Bildung hergeleitet. Sie verliert jedoch ihren von Schiller immer wieder betonten utopischen Charakter und rückt in den Bereich des mit spielpädagogischen Methoden Machbaren. Die pädagogische Inanspruchnahme des Spiels zur Einübung moralischer Tugenden, die häufig mit der anthropologischen Begründung einhergeht, konterkariert darüber hinaus den Spielbegriff Schillers völlig. Bildend wirkt nach Schiller das Spiel nur insofern, als es den Menschen den Zustand der Freiheit zur Selbstbestimmung erfahren läßt. Jede Festlegung im Sinne einer bestimmten Moral oder Erkenntnis macht diese Erfahrung zunichte.

Die weitreichende Bildungsrelevanz, die dem Bereich Spiel und Theater innerhalb dieses Begründungsmusters beigemessen wird, ist offensichtlich nicht zu vereinbaren mit einem Bezug auf die Kunstform Theater, dem in diesem Verständnis eine Eingrenzung der Wirkungsweise gleichkäme. Fragen theatraler Gestaltung müssen gegenüber dieser umfassenden Absicht in den Hintergrund treten. Das aus pädagogischer Sicht als Hoffnungsträger für ein besseres Leben bestimmte ,Spiel' nimmt seine Funktion dann am besten wahr, wenn es nicht ,Theater', sondern Ausdruck eines allgemeinen Lebensgefühls ist. Dabei wird umstandslos von einer bestimmten modellhaften Spielpraxis auf eine anzustrebende Lebens- und Gesellschaftsform geschlossen, eine Argumentation, die sich in vielfältigen Variationen auch in den ,Kulturerlösungshoffnungen' eines Teils der kulturpädagogischen Ansätze neueren Datums wiederfinden läßt. Eine solche Wirkungsweise wird in den reformpädagogisch orientierten Ansätzen der Spiel- und Theaterpädagogik immer wieder als selbstverständlich unterstellt, ohne sie mit Überlegungen zur ästhetischen Bildung zu konfrontieren, die die besonderen Bedingungen theatraler Gestaltung berücksichtigen.

Der Versuch, ästhetische Bildung im Bereich Spiel und Theater anthropologisch zu fundieren und sie infolgedessen als Inbegriff von Bildung zu verstehen, zielt in diesen Ansätzen mehr auf eine allgemeine Bildung der Sinne – oft verstanden als Kompensation zur Ausbildung des Verstandes – als auf eine produktive oder rezeptive Auseinandersetzung mit dem Kunstereignis Theater. Ästhetische Bildung kann demnach in einem sehr weiten Begriffsverständnis als Kultivierung der Sinne oder als Ausbildung der Wahrnehmungsfähigkeit verstanden werden. Als solche ist sie weitgehend identisch mit jeder Form von Erziehungs- und Bildungsbemühungen (vgl. Mollenhauer 1989, 222).

Auf dieser Grundlage läßt sich die erklärte Absicht, die bildende Bedeutung des Theaterspielens aus den besonderen Erfahrungen des Subjekts im Umgang mit dieser Kunst abzuleiten, nicht verwirklichen. Vor dem Hintergrund des erweiterten Spielbegriffs, wie er dem Laienspiel und den Ansätzen der Musischen Bildung zugrunde liegt, erübrigt sich vielmehr jeder weitere Begründungsversuch. „Spiel", definiert als anthropologische Bedingung, bedarft keiner zusätzlichen Rechtfertigung und steht gleichsam über allen kritischen Einwänden, die gegen diese Argumentation vorgebracht werden könnten.

Die zweite kulturpädagogische Argumentationsfigur, nach der die Relevanz des „Bildungsgegenstandes Theater" darin besteht, kulturelle Bildungsgüter zu tradieren, läßt sich, zumindest als ein Bestandteil, in zahlreichen der oben diskutierten Ansätze nachweisen. Insbesondere im Rahmen des „Darstellenden Spiels" in der Schule wird auf eine Begründung des Theaters als „Bildungsgegenstand" Wert gelegt. Diese Position läßt sich zum einen als „kunstdidaktisch" im engeren Sinne bestimmen. Sie zielt dann auf die Vermittlung von Kenntnissen über Theater, dessen Formen und Geschichte, im Sinne einer „Medienkunde" (vgl. Beimdick 1980). Dabei bleibt der Gegenstand der Vermittlung zum Teil auf die dramatische Kunst als Gattung der Literatur beschränkt. Diese Argumentation geht in der Regel mit einer normativen Vorstellung vom Kunstwerk einher, dessen immanente Bedeutung durch die Anwendung bestimmter (Interpretations-) Methoden und die Kenntnis kunsthistorischer Sachverhalte ermittelt werden soll. Eine solche Vorstellung, die am „Objekt" der Aneignung ansetzt, drückt sich beispielsweise in der Zielsetzung des „Kunstverständnisses" bzw. der „Ehrfucht vor dem Kunstwerk" (Lutz 1957, 39) aus. Sie erweist sich besonders dann als problematisch, wenn sie die bloße Kenntnis kunsttheoretischer Sachverhalte zum Zeichen des „Gebildetseins" erklärt und eine Verbreitung dieser Kenntnisse als Symptom einer Demokratisierung der Gesellschaft mißversteht (vgl. Beimdick 1980, 64). Diese von Adorno bekanntermaßen als „Halbbildung" gekennzeichnete Erscheinung reduziert jeden denkbaren Bildungsgegenstand auf seine Qualität, als „Bildungsgut" zum Ansehen und Statusgewinn seines Inhabers beizutragen. Die „lebendige Beziehung" zwischen dem Subjekt und dem Objekt seiner Aneignung bleibt unter diesem Gesichtspunkt völlig unbedeutend (vgl. Adorno 1980, 103). Sie läßt sich erst durch eine kontinuierliche Auseinandersetzung mit einem Gegenstand herstellen, durch eine Erfahrung, die auf der Dauerhaftigkeit des übenden Umgangs beruht (vgl. ebd., 115). So grenzt auch Adorno Halbbildung von Bildung durch ihr unterschiedliches Verhältnis zur Zeiterfahrung ab: „Halbbildung ist eine Schwäche zur Zeit, zur Erinnerung, durch welche allein jene Synthesis des Erfahrenen im Bewußtsein geriet, welche einmal Bildung meinte" (ebd., 116).

Mit diesen wenigen Hinweisen auf die Problematik einer Kunstaneignung als „Bildungsgut" soll die Notwendigkeit einer „Erziehung zur Kunst" bzw. einer „Unterrichtung über Kunst" hier nicht grundsätzlich in Frage gestellt werden. Dabei sei insbesondere auf diejenigen Konzepte hingewiesen, die ihre kunstdidaktischen Ziele auch oder vor allem auf dem Wege der produktiven Auseinandersetzung mit Theater anstreben (vgl. Amtmann 1968). Diese Bemühungen lassen sich jedoch nicht als identisch mit ästhetischer Bildung verstehen, sondern sind bestenfalls in deren „Vorhof" (vgl. Boehm 1990, 478) anzusiedeln, richten sie sich doch vor allem auf die Aneignung kognitiv erfaßbarer und verbalisierbarer Inhalte. Mollenhauer bezeichnet eine solche Unterrichtung über Kunst als „kulturell-ästhetische Alphabetisierung" (Mollenhauer 1990) und hält sie für eine wesentliche Voraussetzung der ästhetischen Bildung. Gemeint ist die Vermittlung eines Verständnisses für die Zeichen der Kunst, deren Lesbarkeit unter den Bedingungen einer segmentierten Gesellschaft, in der ästhetische Zeichen nicht mehr homolog mit der kulturellen Realität verstanden werden können, nicht selbstverständlich ist. Ohne die Fähigkeit, ästhetische Ereignisse „lesen" zu können, als Voraussetzung zur Teilhabe an den kulturellen Objektivationen einer Gesellschaft, bleibt die Auseinandersetzung mit solchen Ereignissen vermutlich folgenlos. „Ästhetische Alphabetisierung kann deshalb als der vielleicht nicht ganz treffende, aber mögliche Ausdruck für den Lernvorgang verstanden werden, in dem nicht-sprachliche kulturell produzierte Figurationen in einem historisch bestimmten Bedeutungsfeld lokalisiert, das heißt als bedeutungsvolle Zeichen ‚lesbar' werden" (Mollenhauer 1990, 11).[93] Allerdings ist die Befähigung, ästhetische Zeichen lesen zu können, nicht gleichbedeutend mit ästhetischer Bildung, die an die „Konfrontation des Zeichens mit der Selbstempfindung" (ebd., 15) und das dadurch eventuell ausgelöste Spiel der Einbildungskraft gebunden ist.

Über die engere kunstdidaktische Zielsetzung hinaus unterstellt das kulturpädagogisch argumentierende Legitimationsmuster einen den ‚Bildungsgütern' innewohnenden Bildungsgehalt, der zur Weitergabe allgemeiner kultureller und gesellschaftlicher Werte geeignet ist. Dieser wird, im Sinne materialer Bildungstheorie, an die jeweils zu vermittelnden Inhalte gebunden. Eine solche an den Bildungsinhalten und ihrer Funktionalität für die bestehende Gesellschaft orientierte Position kennzeichnet selbstverständlich die Legitimation der vormodernen Schulspielpraxis, deren Bildungsziele durch die jeweils herrschende Religion vorbestimmt waren. In einer hierarchisch strukturierten Gesellschaftsordnung, deren gesamte Praxis von einer übergeordneten Zielvorstellung abgeleitet wird, erübrigt sich die Frage nach einer eigenständigen Praxis ästhetischer Bildung.[94] Auch dort, wo eine deutliche Hinwendung zu den Gestaltungsprinzipien des Theaters zu verzeichnen ist, wie im protestantischen Schultheater Weises, geschieht dieses im Hinblick auf die Funktionalität der damit erworbenen Fähigkeiten und Kenntnisse in der Gesellschaft des 17. Jahrhunderts. Gleichzeitig weist die Übung theatralen Ausdrucks im Hinblick auf gesellschaftliche Anwendungssituationen, nämlich auf die Präsentation des Selbst, auch Kennzeichen einer sozialisationstheoretischen Begründung „avant la lettre" auf. Geht es doch in diesem Ansatz um die Befähigung der Heranwachsenden, am gesellschaftlichen Leben teilhaben zu können, was gleichbedeutend mit politischem, ökonomischem und privatem Darstellungs- und Verhandlungsgeschick war. Das Beispiel dieser vielschichtigen Erscheinungsform einer Schulspielpraxis zeigt die Schwierigkeit und theoretische Begrenztheit einer scharfen Trennung der unterschiedlichen Begründungsmuster.

---

93 Inwieweit auch diesem Konzept ein normatives Kunstverständnis zugrunde liegt, oder ob sich der Lehrende auf das Vorschlagen eines möglichen Vokabulars beschränken kann, wie Mollenhauer in Anlehnung an Klee formuliert (vgl. Lenzen (Hg.) 1990, 193), kann nur im Einzelfall entschieden werden.

94 Diesen Zusammenhang zeigt Benner (1987, 122 ff) für die pädagogische Praxis im allgemeinen auf, ohne dabei ausdrücklich auf ästhetische Bildung einzugehen.

Das Begründungsmuster materialer Bildungstheorien läßt sich jedoch auch gegenwärtig als Bestandteil der Legitimation einer bildenden Wirkung von Spiel und Theater aufweisen. Das gilt insbesondere dort, wo pädagogisch und gesellschaftlich wünschenswerte Tugenden – jedweder politischer, religiöser, moralischer Überzeugung –
als Zielvorstellungen formuliert werden, die durch die theatrale Auseinandersetzung
mit den dementsprechenden Inhalten und ‚pädagogisch wertvollen' Themen angestrebt
werden.[95] Die theoretische Begründung für einen bildenden Wert von Spiel und Theater erfolgt in den so argumentierenden Ansätzen außer-ästhetisch. Sie orientiert sich
stattdessen an der Funktionalität bestimmter zu erreichender Bildungsziele innerhalb
eines bestehenden Gesellschaftssystems. Die angestrebten Ziele sind entweder religiöser Art (wie im mittelalterlichen Laienspiel), religiös-politischer Art (wie beispielsweise im protestantischen Schulspiel des 17. Jahrhunderts) oder pädagogisch-mora-
lisch bestimmt (insbesondere bei den Philanthropisten, in der Laienspielbewegung der
zwanziger Jahre, den Ansätzen der Musischen Bildung und des Darstellenden Spiels
[96]). Von einer eigenständigen Begründung einer ästhetischen Bildung läßt sich in den
genannten spiel- und theaterpädagogischen Ansätzen nicht reden. Eine Veränderung
der gesellschaftlichen Zielsetzungen oder das Auffinden eines geeigneteren Mediums
zur Tradierung gesellschaftlicher Normvorstellungen kann damit jederzeit zu einem
Zurückdrängen bzw. völligem Verschwinden einer solchen Praxis führen.

Die sozialisationstheoretische Argumentationsfigur zur Legitimation des Bildungswertes von Spiel und Theater unterscheidet sich von der kulturpädagogischen Begründung in mehrfacher Hinsicht. Sie geht nicht vom Primat gesellschaftlich anzustrebender
Normen und Werte aus, um dabei gleichzeitig das Individuum zum „Träger gesellschaftlich wünschenswerter Eigenschaften und Qaulifikationen" (Benner 1987, 123)
zu reduzieren. Statt dessen rückt, insbesondere in der interaktionistischen Ausprägung,
die in der Spiel- und Theaterpädagogik herangezogen wird, das sich bildende Subjekt
ins Zentrum der Überlegungen. Ausgehend von den nach interaktionistischem Rollen-
verständnis notwendigen Qualifikationen für gesellschaftliches Handeln, werden Spiel
und Theater als mögliche Verfahren bestimmt, diese Qualifikationen zu vermitteln. An
die Stelle dezisionistischer Bildungsinhalte treten Ziele, die die unverzichtbaren Fähigkeiten und Fertigkeiten der sich Bildenden in ihrer Auseinandersetzung mit anderen
und mit der Gesellschaft beschreiben. Das dieser Begründungsfigur zugrunde liegende

---

95   Die starke Inhaltsorientierung und die wechselnde Aktualität bestimmter gesellschaftlich relevanter
     Themen im Bereich der Spiel- und Theaterpädagogik (Sexualität – Drogen – Frieden – Umwelt – Ge-
     walt) verweisen auch gegenwärtig auf die Vorstellung eines über die Inhaltlichkeit von transportieren-
     den Bildungsgehalts. Daß sich diese Inhalte ebenso vor dem Hintergrund der sozialisationstheoreti-
     schen Begründung rechtfertigen lassen, zeigt den engen Bezug beider Argumentationsmuster auf ge-
     sellschaftspolitische Zielsetzungen.

96   Der Bezeichnung „Darstellendes Spiel" für das mit theatraler Produktion befaßte Unterrichtsfach ist
     – neben der offensichtlichen Abstinenz gegenüber dem Begriff „Theater" – eine solche Fremdbestim-
     mung bereits inhärent. Der Begriff „Darstellung" schließt immer die Referenz auf etwas ein, das zur
     Darstellung kommt und setzt damit den Schwerpunkt auf den Sinn bzw. die Aussage des Spiels. Ro-
     land Barthes bezeichnet das Phänomen der Darstellung im Bereich der Kunst als „Raum für Alibis
     (Realität, Moral, Wahrscheinlichkeit, Lesbarkeit, Wahrheit usw.)" (Barthes 1974, 84).

interaktionistische Verständnis von Erziehung und Bildung begreift das sich bildende
Subjekt als aktiv und gestaltend am Bildungsprozeß beteiligtes Wesen und grenzt sich
damit kritisch gegen ein affirmatives Erziehungs- und Kulturverständnis ab, wie es im
Rahmen der kulturpädagogischen Argumentation vertreten wird.

Trotz dieser entscheidenden Differenzen gegenüber dem kulturpädagogischen Begründungsmuster weist die sozialisationstheoretische Argumentationsfigur im Hinblick auf eine ästhetische Bildung durch Spiel und Theater ähnliche Probleme auf
wie jene.

Zunächst scheinen – gemessen am Primat der pädagogischen Zielsetzungen – die
Inhalte, mit denen sich das Subjekt auseinandersetzt, nahezu beliebig. Im Sinne formaler Bildungstheorie, die die Fähigkeiten und Fertigkeiten der zu Bildenden zum Ausgangspunkt ihrer Bemühungen nimmt, gelten sie „lediglich als Stoffe für die Übung
und Ausbildung individueller Fähigkeiten und Kräfte" (Benner 1987, 123). Theaterpädagogische Verfahren können dementsprechend als Mittel der Sozialisation angesehen
werden. Andererseits lassen sich die angestrebten Qualifikationen selbstverständlich
nicht losgelöst von jeglichen Inhalten vermitteln. Die zielorientierte Auswahl dieser
Inhalte scheint jedoch weniger ästhetischen Kriterien zu folgen und dem Gegenstand
„Spiel und Theater" verpflichtet zu sein, als durch soziologische, sozialpsychologische
und pädagogische Kriterien bestimmt. Die sozialisationstheoretische Argumentation, die
die bildende Wirkung von Spiel und Theater im Hinblick auf zukünftiges soziales Handeln legitimiert, muß sich folgerichtig denjenigen Themen zuwenden, die gegenwärtig
und zukünftig von gesellschaftlicher Relevanz sind. Die gestalterische Bearbeitung dieser Themen mit darstellerischen Mitteln soll Einsichten in abstrakte gesellschaftliche
Zusammenhänge und eine Antizipation von Handlungsmöglichkeiten vermitteln. Hier
läßt sich beispielsweise auf die Lehrstückpraxis, speziell ihre thematische Orientierung
an „Gewalt" im Rahmen der Friedenserziehung in den achtziger Jahren verweisen.
Beispielhaft läßt sich diese Zielsetzung auch an der Form des „Aktionstheaters" aufzeigen. Den Zweck dieser Darstellungsform sehen seine Initiatoren „... einmal darin,
den Sinnzusammenhang einer durch die Szene widergespiegelten Wirklichkeit (= das
Spielthema) intensiver, das heißt erlebnisreicher zu erfassen; zum anderen bietet die
in Aktion umgesetzte Phantasiewelt die Möglichkeit zu vielfältigen Erfahrungen (...),
die zwar vom Spielthema her angeregt sind, aber gewissermaßen über dessen spezielle Anlässe hinausweisen, also von allgemeiner Bedeutung für die Bewältigung von
Lebenssituationen sind" (Mayrhofer/Zacharias 1977, 286).

In ihrer Konsequenz vergleichbar mit der kulturpädagogischen Argumentation erfolgt also auch in diesem dritten Begründungsmuster eine bevorzugte Orientierung an
„Themen" und inhaltlichen „Aussagen", die mit darstellerischen Mitteln transportiert
werden sollen. Unabhängig davon, ob der bildungstheoretische Begründungszusammenhang eher formaler oder materialer Art ist, spielen ästhetische, an den Bedingungen
theatraler Gestaltung orientierte Kriterien bei der Auswahl der Inhalte keine oder nur
eine untergeordnete Rolle. In beiden Fällen erfolgt eine Orientierung an den gesellschaftlichen Erfordernissen und Verwendungszusammenhängen, wobei im ersten Fall
eine bestmögliche Anpassung der nachfolgenden Generation an bestehende Anforderungen explizit angestrebt wird, im Falle der sozialisationstheoretischen Argumentation

eine Befähigung des Subjekts zur Auseinandersetzung mit vorgegebenen Normen und Werten zumindest auch intendiert ist. Im Hinblick auf ästhetische Bildung folgt dabei aus der sozialisationstheoretischen Begründung eine Vermischung von sozialer und ästhetischer Wirklichkeit, die sich auf zwei verschiedene Arten äußert: Einerseits – in zum Teil explizitem Bezug auf die materialistische Widerspiegelungstheorie – als eine Reduktion künstlerischer Erscheinungen auf ihre gesellschaftspolitischen Aussagen, bzw. als eine Auswahl „gesellschaftlich relevanter" Kunst. Dieses Vorgehen wird beispielsweise von Ritter konstatiert, der, rückblickend auf die Lehrstückpraxis der siebziger Jahre, ein „Versickern des Lehrstückgedankens in der allgemeinen (politischen) Pädagogik, zum Teil infolge der Unterbewertung des ästhetischen Moments" beklagt (Ritter 1994, 1). In ähnlicher Weise, wie bereits am Beispiel der kulturpädagogischen Legitimation aufgezeigt, liegt damit eine Instrumentalisierung ästhetischer Erfahrung für gesellschaftspolitische Zwecke vor. Theaterpädagogische Arbeit wird zum Mittler bereits erkannter – womöglich als „objektiv" betrachteter – gesellschaftlicher Zusammenhänge und dient damit lediglich der sinnlichen Veranschaulichung von begrifflich bereits gesichertem Wissen.[97] „Darstellung" als Bezeichnung für die szenische Umsetzung, aber auch für die begriffliche oder abstrakt symbolische Wiedergabe eines Sachverhalts, stellt eine zutreffende Bezeichnung dieses Vorgangs dar.

Ein solches Verständnis von szenischer „Darstellung" verweist auf das „Ende der Kunst" als eigenständiger Erkenntnismodus im Sinne der Ästhetik Hegels. Künstlerische Gestaltung nimmt ihren Ausgangspunkt in der begrifflichen Erkenntnis und kehrt, verwandelt in ein Lernergebnis, zu dieser zurück. Eine entscheidende Leistung des Ästhetischen für die Bildung, nämlich die Erfahrung der Autonomie von moralischer oder theoretischer Bestimmung wird damit verhindert.

Als zweite Konsequenz aus der Vermischung ästhetischer und sozialer Wirklichkeit innerhalb dieser Argumentation erfolgt eine Ausweitung des Begriffs der ästhetischen Bildung auch auf Erscheinungen der allgemeinen Lebenspraxis und -gestaltung, wie sie durch die Forderung nach Erfahrungs- und Situationsbezogenheit der Inhalte naheliegt. Zur Vorbereitung auf zukünftiges soziales Handeln durch Spiel und Theater als

---

97 Ein aktuelles Beispiel der hier kritisierten Vorgehensweise findet sich in der materialistischen Pädagogik Gamms (1991, insbes. 219–232). Unter dem Titel „Gestisches Theater gegen die Enteignung der Gefühle" versucht Gamm, Brechts Schriften zum Theater zur Grundlage einer nach seinem Verständnis „materialistischen Theaterpädagogik" zu machen. Ohne auf die theaterästhetischen Bedingungen der Lehrstückpraxis einzugehen, formuliert er die „Moral", „das Thema" einzelner Lehrstücke (vgl. ebd., 229) und verwandelt sie so in „Belehrstücke". Dabei beruft er sich u. a. auf Schillers in der Tradition der Aufklärung und der aristotelischen Theaters verfaßte Schrift „Die Schaubühne als moralische Anstalt betrachtet". Die dramatische Kunst wird in Gamms Ansatz zum Mittel der Hervorbringung einer richtigen, in diesem Falle sozialistischen Moral (z. B. Mann ist Mann: Das Sein bestimmt das Bewußtsein; Herr Puntila: Unmöglichkeit einer individualistischen Strategie bei der Überbrückung von Klassengegensätzen; Der Fischzug: Desillusionierung bürgerlicher Liebesromantik usf. , vgl. ebd., 224f). Gamms Konstruktion einer Übereinstimmung von Pädagogik und Theater beruht zum einen auf dieser Verkürzung ästhetischer Bildung zu moralischer Belehrung, zum anderen auf dem vollständigen Ignorieren theatraler Gestaltungsmittel und ihrer ästhetischen Besonderheiten. Vor diesem Hintergrund gelangt er zu einer Identifizierung von Brechts theaterästhetischem Prinzip des „Gestischen" mit pädagogischen Absichten: „So wirkt das epische Theater zugleich gestisch: es zeigt in die Richtung, wo Wahrheit zu finden wäre. Zeigen ist urtümlicher pädagogischer Akt" (ebd., 230).

„Sozialisationsfaktoren" ist das Nachahmen sozialer Wirklichkeit und das Spielen mit sozialen Handlungsmustern ein wesentliches Mittel. Dabei spielen die szenischen Bebilderung bekannter Sachverhalte und die Freude am Wiedererkennen des Bekannten eine große Rolle. Aufgrund dieser Funktion läßt sich, in Übereinstimmung mit Schulz, der Abstand dieser Praxis zur ästhetischen Bildung bestimmen:
„Unter der Perspektive *Bildung* ist ästhetisches Handeln abgrenzbar
- nicht nur von der begrifflichen Erfahrungsverarbeitung in Wissenschaften und philosophischen Systemen,
- sondern auch von jener Unfähigkeit zu originärer Erfahrung in einer ihr angemessenen Gestaltung, wie sie sich in der bloßen Wiederholung zufrieden wiedererkannter, tradierter Erfahrungen, in konventioneller Erfahrungsverarbeitung äußert, in der Zitation bestenfalls marginal variierter Gestaltungen" (Schulz, o.J., 65).

Wie bereits im Zusammenhang mit der anthropologischen Begründungsweise aufgezeigt, geht es auch den aisthetisch sozialisierenden Bemühungen nicht in erster Linie um die ästhetische Erfahrung, die möglicherweise in der Auseinandersetzung mit der theatralen Gestaltung zu gewinnen wäre, sondern um notwendige aisthetische Erfahrungen im Umgang mit der sozialen Wirklichkeit.

Die systematische Reflexion verschiedener Begründungsversuche der Bedeutung von Spiel und Theater im Bildungsprozeß weist fast ausschließlich auf außer-ästhetische Begründungen hin. Die Fragestellungen und Probleme der ästhetischen Dimension von Bildung, wie sie im ersten Teil dieser Arbeit herausgearbeitet wurden, bleiben weitgehend „unterbelichtet" gegenüber konkreten Angaben zum pädagogischen Verwendungszusammenhang und zur methodisch-didaktischen Aufbereitung.
	Konsequente, hier nicht einzuordnende Ausnahmen stellen Luserkes Überlegungen zur bildenden Wirkung des Theaters und Brechts Fragmente einer Lehrstücktheorie dar. In beiden Fällen beruht die bildende Wirkung des Theaters nicht in der Belehrung über bestimmte Inhalte, die mit theatralen Mitteln dargestellt werden, sondern auf der Erzeugung und Gestaltung einer szenischen Realität. Bildend wirken aus dieser Sicht die besonderen Erfahrungen der Spielenden im Umgang mit dieser Wirklichkeit, die nicht in ein Abbildverhältnis zur Realität gesetzt und so ‚als-ob' Wirklichkeit bestimmt wird.
	Zwar beruht der Ansatz Luserkes, vergleichbar mit denen anderer Vertreter des Laienspiels, auf einem anthropologischen Begründungshorizont. Er argumentiert jedoch weder teleologisch, im Hinblick auf eine auf dem Wege des Theaterspielens zu erreichende „Vollendung" des Einzelnen und des Menschengeschlechts, noch normativ. Theaterspielen und die dazu notwendigen Fähigkeiten gelten als eine Form der Weltaneignung. Eine normative Festschreibung dessen, *was* auf diesem Wege erkannt werden soll, nimmt Luserke jedoch nicht vor. Verantworlich dafür, daß es ihm nicht um die „Darstellung" eines Sinns und die Vermittlung bestimmter Einsichten geht, ist sein Anknüpfen an eine wesentliche Grundvoraussetzung des Theaters. An die Stelle der Darstellung und Repräsentation einer außerästhetischen Realität und des Verweisens auf diese tritt das Hervorbringen einer theatralen Wirklichkeit in jedem Augen-

blick von Produktion und Rezeption. In der Realität des Erzeugens und Erlebens einer theatralen Wirklichkeit liegt für Luserke die „Magie" des Theaters. Diese Orientierungen an den Grundvoraussetzungen der Theaterkunst, an der ihr eigenen Wirklichkeit, können als Hinweis für die im weiteren anzustellenden Überlegungen zur ästhetischen Bildung angesehen werden.

In einzelnen Ansätzen der neunziger Jahre zeichnet sich ebenfalls eine Tendenz ab, die Orientierung an den Bedingungen theatralen Gestaltens als wesentlichen Maßstab theaterpädagogischer Praxis anzusehen. Ein in postmoderner Attitüde erklärter Verzicht auf jegliche Wirkungsabsicht künstlerischer Produktion, der zum Teil damit einhergeht, gibt jedoch – so konnte gezeigt werden – gleichzeitig die Möglichkeiten ästhetischer Bildung preis.

Der überwiegenden Mehrzahl der hier diskutierten Ansätze ist gemeinsam, daß sie ihr Bildungsziel nicht aus den besonderen Anforderungen des künstlerischen Mediums Theater ableiten, sondern im Hinblick auf religiöse, politische, moralische, kulturelle, soziale und pädagogische Vorstellungen bestimmen.

Die Konsequenz aus diesem Primat nicht-theatraler Zielsetzungen im Bereich der Spiel- und Theaterpädagogik besteht vielfach in einer Vernachlässigung theaterästhetischer Ausdrucksmittel und Kriterien der Gestaltung innerhalb dieser Ansätze. Insofern trifft die von Adorno Ende der fünfziger Jahre im Hinblick auf die Musikpädagogik geäußerte Kritik an einer „überästhetischen" Begründung des Bildungswertes, die einhergeht mit „unterästhetischen" Anforderungen an die Spielpraxis (vgl. Adorno 1973, 114), auch auf die Mehrzahl der diskutierten spiel- und theaterpädagogischen Ansätze zu.

Adornos Konsequenz aus dieser Kritik, nämlich die Hinwendung kunstpädagogischer Bemühungen zum immanenten Gehalt eines Kunstwerks (vgl. ebd., 115), zum Nachvollzug und zur Analyse der autonomen Werke und damit zur Ausbildung des Kunstkenners, kann hier jedoch nicht mitvollzogen werden. Der kritisierte einseitige Bezug der theaterpädagogischen Bildungsvorstellungen auf primär pädagogische und soziale Ziele soll nicht durch die wiederum einseitige Ausrichtung auf das autonome Kunstwerk und seinen Gehalt ersetzt werden. Vielmehr soll der Versuch unternommen werden, die Grundlage einer zu formulierenden Theorie ästhetischer Bildung in der Vermittlung von sich bildendem Subjekt und dem Objekt/Ereignis seiner Aneignung zu suchen. Dabei sollen die besonderen Bedingungen theatralen Gestaltens, unter denen sich diese Vermittlung von Subjekt und Objekt vollzieht, auf ihre Bedeutung für die ästhetische Bildung hin befragt werden.

Damit sei noch einmal an die bereits im Anschluß an Teil I formulierten Voraussetzungen eines Ansatzes ästhetischer Bildung in der Theaterpädagogik erinnert. Nach der kritischen Auswertung der mit Spiel und Theater verbundenen historischen Bildungsvorstellungen lassen sich die Voraussetzungen einer solchen Theorie folgendermaßen konkretisieren:

-   Ein Ansatz ästhetischer Bildung ist nicht möglich ohne die Besinnung auf das Eigentümliche der ästhetischen Erfahrung, auch in Abgrenzung zur sinnlichen Wahrnehmung im allgemeinen, auf die sich die Theorien aisthetischer Erziehung beziehen.

-   Eine Theorie ästhetischer Bildung innerhalb der Theaterpädagogik macht eine genaue Bestimmung des Kunstphänomens „Theater" notwendig, auf das sie sich bezieht. Das schließt die Beschäftigung mit den grundlegenden Bedingungen rezeptiver und produktiver Auseinandersetzung mit der Kunst des Theaters ein.
    Damit soll der Fokus von der einseitig inhaltlichen Frage nach dem „Was" auf das „Wie", das heißt, auf die Bedingungen des theatralen Gestaltens und Wahrnehmens erweitert werden.

-   „Bildung" kann nach diesen Bestimmungen hier weder im Sinne materialer Bildungstheorien verstanden werden, noch im Sinne formaler Bildung das Kunstereignis Theater zum „Übungsstoff" für bestimmte Fähigkeiten des Individuums reduzieren. Die beiden scheinbar entgegengesetzten bildungstheoretischen Ansätze gleichen sich, wie die analysierten Beispiele zeigen, insofern, als sie einer Funktionalisierung der ästhetischen Erfahrung für pädagogisch-gesellschaftspolitische Zwecke nicht entgegenstehen. Im Unterschied dazu verzichtet ein Ansatz ästhetischer Bildung auf jegliche Zielformulierungen, die die bildende Wirkung des Theaterspielens außerästhetischen Zwecken unterordnen.

Als Grundlage ästhetischer Bildung soll statt dessen der Prozeß angesehen werden, der zwischen dem wahrnehmenden und gestaltenden Subjekt und den künstlerischen Objekten/Ereignissen, mit denen es sich auseinandersetzt, stattfindet. Mollenhauer spricht in diesem Zusammenhang von einem „Zwischenfeld" als Ort der ästhetischen Bildung.

„Ästhetische Bildung und ihre pädagogischen Voraussetzungen wären dann in einem Zwischenfeld anzusiedeln: zwischen dem Bewußtwerden eigener Sinnlichkeit und den kulturell semiologischen Symbolrepertoires unserer ästhetischen Lage (...); zwischen dem selbst erfahrenen Ausdruck einer empfundenen Empfindung und den symbolischen Repräsentationen ästhetischer Objektivationen" (Mollenhauer 1988, 458).

Welche Konsequenzen sich daraus für die Konkretisierung einer Theorie ästhetischer Bildung innerhalb der Theaterpädagogik ergeben, soll im folgenden dritten Teil dieser Arbeit expliziert werden.

III. Theaterspielen als ästhetische Bildung

Die Auswertung der Bildungsvorstellungen, die mit theaterpädagogischer Arbeit verknüpft waren und sind, hat eine Dominanz von nicht-ästhetischen Zielsetzungen ergeben, die darüber hinaus zum großen Teil indifferent gegenüber den besonderen Bedingungen des künstlerischen Mediums Theater sind.

Ziel des nun folgenden Kapitels ist es, Grundlagen einer ästhetischen Bildung im Bereich der Theaterpädagogik zu formulieren, die sich aus den Spezifika dieser Kunst ableiten lassen.

Dazu ist es zunächst erforderlich, die Grundkonstituenzien des Theaters herauszustellen, wie sie von der Theaterwissenschaft, insbesondere ihres mit der Ästhetik des Theaters befaßten Teilbereichs, definiert werden.[98]

Aus zwei Gründen bleibt der Rückgriff auf die Bestimmungen der Theaterwissenschaft für die hier anstehende Frage nach den Grundlagen ästhetischer Bildung im Rahmen der Theaterpädagogik allerdings unzureichend.

Zum einen befaßt sich die Theaterwissenschaft, wie beispielsweise Steinbeck (1970) und Paul (1971) betonen, mit ihrem „Gegenstand" lediglich auf der Ebene der Begriffe. Dabei können diese Begriffe nicht als bloße Abbildungen der Phänomene des Objektbereichs „Theater" verstanden werden. Das Verhältnis von Theorie und Praxis läßt sich also nicht auf das von Denken und Handeln reduzieren (vgl. Steinbeck 1970, 38).

Theaterwissenschaft und Theaterpraxis stellen statt dessen eine Annäherung an einen „Gegenstand" auf unterschiedlichen Ebenen dar. Demgegenüber steht theaterpädagogische Arbeit, dort, wo es ihr um künstlerisches Handeln geht, auf der Seite der Theaterpraxis. Die begrifflichen Abstraktionen der Theaterwissenschaft sind innerhalb dieser Praxis wenig hilfreich. Für die theoretischen Überlegungen zum Standort einer ästhetischen Bildung im Bereich der Theaterpädagogik vermögen die Ergebnisse der Theaterwissenschaft zwar zunächst einen Rahmen vorzugeben, der die ästhetischen Besonderheiten des Theaters absteckt. Sie müssen sich jedoch als begrenzt erweisen angesichts der Tatsache, daß ästhetische Bildung über eine Befähigung zum Verständnis des Kunstereignisses, über „ästhetische Alphabetisierung", hinausgeht.

---

98 Die Rede von *der* Theaterwissenschaft stellt selbstverständlich eine Subsumtion sehr unterschiedlicher Positionen unter eine Disziplin dar, die in dieser Weise stark vereinfachend ist. Im Verlauf der folgenden Ausführungen wird eine notwendige Differenzierung erfahren. Dabei wird bewußt an solche Positionen angeknüpft, die einen eher traditionellen Theaterbegriff vertreten (Steinbeck 1970; Paul 1971; Wekwerth 1974; Fischer-Lichte 1983; Brauneck 1986). Zwar erweisen sich Versuche, das „Wesen des Theatralischen" exklusiv und in Abgrenzung zu anderen Künsten bzw. para-theatralen Erscheinungen des Alltags zu definieren, als schwierig (vgl. Lehmann 1990; Hickethier 1985). Andererseits erscheinen Bemühungen um eine Entgrenzung des Theaterbegriffs (vgl. Sauerbier 1976; Schäfer 1988; Schramm 1994) hin zu einem erweiterten Theatralitätsbegriff sehr problematisch. Ohne eine Bestimmung ausgewählter Grundbedingungen theatraler Kommunikation lassen sich theatrale Ereignisse nicht von inszenierten Ereignissen „mystischer" oder „ideologischer Partizipation" und von „agonaler Interaktion" abgrenzen (vgl. Lazarowicz 1993, 25ff). Mit der Benennung solcher Grundkonstituenzien wird jedoch keine exklusive Bestimmung des „Wesens des Theaters" angestrebt.

Der zweite Grund, warum die Ergebnisse der Theaterwissenschaft für die hier interessierende Fragestellung allein nicht ausreichend erscheinen, liegt in der unterschiedlichen Schwerpunktsetzung in bezug auf die theatrale Wirkung. Die Theaterwissenschaft nimmt vor allem die im weitesten Sinne bildende Wirkung der Aufführung auf die Zuschauer in den Blick. Sie fragt also nach der Wirkungsweise des „Kunstproduktes" auf das ästhetische Erleben der Rezipienten. Die Spielenden sind in diesem Fall nicht Adressaten, sondern Medium dieser Wirkung, die möglicherweise bei den Zuschauern evoziert wird.[99] Im Gegensatz dazu befaßt sich die Frage nach der ästhetischen Bildung im Rahmen der Theaterpädagogik in erster Linie mit der bildenden Wirkung des Theaterspielens auf die Spielenden als nicht-professionelle Darsteller. Das schließt die Frage nach einem ähnlichen ästhetischen Erleben bei den Zuschauenden selbstverständlich nicht aus.

Im Anschluß an die Bestimmung ausgewählter, für den hier interessierenden Zusammenhang relevanter Spezifika der Kunst des Theaters durch die Theaterwissenschaft soll deshalb nach dem ästhetischen Erleben der Spielenden im Prozeß der theatralen Gestaltung gefragt werden. Dazu ist es erforderlich, Schauspieltheorien heranzuziehen, die sich mit den zentralen Problemen des künstlerischen Gestaltungsprozesses im Theater beschäftigen und dabei das spielende Subjekt in den Mittelpunkt der Aufmerksamkeit rücken. Gleichzeitig lassen sich diese Ansätze als „Künstlertheorien" auf einer mittleren Abstraktionsebene[100] ansiedeln, so daß sie Rückschlüsse auf die in Frage stehende ästhetische Praxis ermöglichen.

Schließlich sollen aus diesen Überlegungen zu den Grundbedingungen des künstlerischen Mediums Theater und den speziellen Möglichkeiten des ästhetischen Erlebens im Umgang mit diesem Medium Schlußfolgerungen hinsichtlich der Besonderheiten einer ästhetischen Bildung im Bereich der Theaterpädagogik gezogen werden.

1.   Grundbedingungen einer Ästhetik des Theaters

1.1   Gegenstand: Ereignis

Zentraler Untersuchungsgegenstand der Theaterwissenschaft ist die Aufführung. In ihr ereignet sich die künstlerische Kommunikation zwischen den Spielenden und einer Mehrheit von Zuschauenden. Diese theatrale Kommunikation kann als direkt bezeichnet werden, befinden sich doch Sender und Empfänger zur selben Zeit am selben Ort. Das theatrale Kunstwerk realisiert sich erst in der Aufführung und in Anwesenheit des Publikums, das rezipierend das ästhetische Objekt konstituiert. Im Unterschied zu an-

---

99 Auch dort, wo es, wie in der Theatersemiotik Fischer-Lichtes (1983), um die Frage nach der *Produktion* des theatralen Textes geht, werden lediglich die allgemeinen Bedingungen der Bedeutungskonstitution durch den Schauspieler untersucht. Dies geschieht jedoch immer im Hinblick auf die beim Zuschauer angestrebte ästhetische Wirkung. Fragen der konkreten Gestaltungsweise bleiben ausdrücklich ausgeschlossen (vgl. ebd. Bd. 2, 25f).

100 Zur Einordnung des Begriffs „Künstlertheorien" und der damit verbundenen Erkenntnisprozesse vgl. III., 2

deren Künsten kann von einem „Werk", im Sinne eines Kunstgegenstandes, im Falle
der Kunst des Theaters nicht gesprochen werden.[101] Treffender erscheint deshalb der
Begriff des Ereignisses, das unwiederholbar, lediglich für die Dauer einer Aufführung,
für ein bestimmtes Publikum stattfindet. Im Rahmen seiner Auseinandersetzung mit
Artauds „Theater der Grausamkeit" hebt Derrida dieses wesentliche Kennzeichen des
Theaters hervor: „Die theatralische Repräsentation ist endlich, sie hinterläßt nach ih-
rer Verwirklichung keine Spur, keinen hinwegtragbaren Gegenstand. Sie ist weder ein
Buch noch ein Werk, sondern eine Energie, und deshalb ist sie die einzige Kunst des
Lebens" (Derrida 1976, 375).

Die Einmaligkeit und Nichtreproduzierbarkeit des Theaterereignisses, die auf um-
ittelbarer Anwesenheit der (spielenden und zuschauenden) Akteure beruhen, lassen
sich auch durch technische Aufzeichnungsmöglichkeiten nicht hintergehen. Technische Aufzeichnungen sind lediglich Hilfsmittel der Erinnerung. Dieser „flüchtige"
Charakter des Theaterereignisses ist Grundbedingung der Rezeption erschwert aber
das alltägliche und das wissenschaftliche Reden über das Rezipierte. Gleichzeitig wird
es aber dadurch, mehr als andere Kunstformen, für die Rezipienten – und stärker noch
für die Produzenten – einem Erlebnis vergleichbar, das von der körperlichen Anwesenheit im Augenblick des (ästhetischen) Erlebens nicht zu trennen ist. Am Beispiel
des Zeiterlebens verdeutlicht Lehmann (1991, 93 ff) die Besonderheit des subjektiven
körperlichen Erlebens des theatralen Ereignisses. Er geht dabei von einem Vergleich
der Präsentationsform der antiken Tragödie mit dem des Epos aus, dessen mythischer
Inhalt in der Tragödie aufgegriffen wird. Lehmann kommt zu dem Schluß, daß in der
szenischen Präsentation der Tragödie nicht der Ausgang einer Entscheidungssituation
von Interesse sei, da dieser in der Regel als bekannt vorausgesetzt werden könne. Die
Besonderheit der theatralen Präsentation bestehe vielmehr darin, daß der Moment des
Zögerns vor der Entscheidung sinnlich erfahrbar werde. Ein wesentlicher Aspekt der
Wirkung des Theaters beruhe darauf, den zögernden und zwischen den Ereignissen
stehenden Menschen im Augenblick seiner existentiellen Verunsicherung zu zeigen.
Diesen Moment des „Dazwischenstehens", als „Kern menschlicher Erfahrung" (ebd.,
93), vermag nur die szenische Präsentation für Spieler und Zuschauer erlebbar zu machen. Die ereignishafte Struktur theatraler Rezeption und Produktion ermöglicht also
ein Spiel mit der Zeit. Indem die reale Zeit der Aufführung durch die Mittel von Tempo und Rhythmus zur gestalteten Zeit des Spiels wird, kann, beispielsweise über eine
Dehnung der Zeit, die Intensivierung der Augenblickserfahrung bewirkt werden.[102]

---

101 Steinbeck (1970) spricht in diesem Zusammenhang von einem „konkreten Für-uns-Sein" der Theater-
    aufführung, das in keinem „An-sich-Seienden" fundiert ist, sondern nur in der konkreten Zeit der Auf-
    führung existiert. Darin unterscheide sich die Kunst des Theaters von anderen Kunstgattungen, deren
    kategoriales „Für-uns-Sein" in ihrer Raumgestalt fixiert ist (vgl. Steinbeck 1970, 1 und Kap. IV)
102 Wie schwer zu ertragen ein solcher scheinbarer Stillstand der Zeit ist, läßt sich auch in den Inszenie-
    rungen Einar Schleefs beobachten, in denen z. B. minutenlanges Marschieren einer Gruppe von Schau-
    spielern auf der Bühne mit Empörung, Zwischenrufen und dem Verlassen des Theaters von seiten der
    Zuschauer quittiert wird. Die Äußerungen der Zuschauer auf diese „Provokation" reichen von Buh-
    Rufen und Zwischenrufen („Aufhören", „Singt doch wenigstens mal ein Lied", „Den Fernseher hätte
    ich schon längst ausgeschaltet") bis hin zum gemeinsamen Absingen von Wanderliedern. Die Zeit läßt
    sich nicht verkürzen, es sei denn durch Verweigerung der Rezeption.

Als „Objekt" läßt sich das Theaterereignis also nicht festhalten, aber es ist als Erlebnis im Gedächtnis von Spielern und Zuschauern aufgehoben. Für Brauneck (1986) liegt hier ein wesentlicher Grund für die häufig hergestellte Analogie von Theater und Leben. „Gespieltes Leben bleibt wie gelebtes Leben allein in der Erinnerung bewahrt. (...) Die exzeptionelle Seinsweise der Theaterhandlung als reine Aktualität, gleichsam wie das Leben selbst, bestimmt auch das wissenschaftlich-analytische oder das kritisch-wertende Reden über die Theateraufführung. Aussagen darüber sind stets Aussagen von Beteiligten über Erinnerungen, über Erfahrungen als Spieler oder Zuschauer; sie entziehen sich deswegen weitgehend der Objektivierung durch eine Wissenschafts-sprache. (...) So wenig wie Erfahrung überhaupt läßt sich Theatererfahrung nicht ver-mitteln, man muß sie machen" (ebd., 25).[103]

Wie keine andere Kunst ist Theater deshalb abhängig von der aktuellen geistigen und körperlichen Verfassung der Beteiligten und von ihren situativen Wahrnehmungs- und Verstehensbedingungen. Dabei handelt es sich immer um eine Produktion und Re-zeption im direkten sozialen Zusammenhang, wodurch die ästhetische Wirkung des Theatralen verstärkt werden kann, was sie aber auch gleichzeitig der sozialen Kon-trolle unterwirft.

1.2   Die theatrale Kommunikationsstruktur

Das Grundkennzeichen der theatralen Interaktion liegt in ihrer Doppelschichtigkeit. Die bloße Tatsache, daß ein Schauspieler eine Figur spielt, verweist auf seine doppelte Anwesenheit, als Schauspieler und als Figur auf dem Theater.[104] Die Person des Schau-spielers bewegt sich, sie handelt auf der Bühne, und gleichzeitig schafft sie durch ihr Spiel eine Figur in einer „zweiten Wirklichkeit". Die künstlerische Objektivation, die diese Figur darstellt und die der Schauspieler durch sein Spiel hervorgebracht hat, läßt sich jedoch nicht vom Subjekt des Gestaltenden trennen. Im Gegensatz zu anderen Kün-

---

103 Paul (1971) kommt in Bezug auf die wissenschaftliche Erfaßbarkeit des Theaterereignisses zu einer anderen Schlußfolgerung. Zwar geht auch er, wie alle anderen Theaterwissenschaftler, vom „transi-torischen" Charakter des Theaterkunstwerks aus, sieht darin aber eine besondere Anforderung an die Wissenschaftlichkeit der Untersuchungsmethoden. „Je komplexer und flüchtiger die Wirklichkeit, desto größer die Notwendigkeit, das dem Sachverhalt wesentliche, seine Struktur, herauszustellen (ebd., 74). Er vertraut dabei auf empirisch-analytische Verfahren, insbesondere auf die „systematische Beobach-tung theatralischer Prozesse" (ebd., 75). An dieser Stelle soll auf die Problematik der wissenschaftli-chen Untersuchung von Theaterprozessen nur aufmerksam gemacht werden; sie kann nicht weiterge-hend diskutiert werden.

104 Im Sinne der materialistischen Widerspiegelungsästhetik besteht für Wekwerth diese Dopplung darin, daß Theater einerseits „Teil der Wirklichkeit" ist, andererseits „Abbild der Wirklichkeit" (Wekwerth 1974, 76). Dabei wird Theater nicht als einfaches, auf die Bühne gebrachtes Modell der Wirklichkeit verstanden, sondern als Widerspiegelung der die Wirklichkeit modellierenden produzierenden Tätigkeit des Menschen. Spieler und Zuschauer sind in diesem Verständnis gleichzeitig betrachtende Subjekte und Objekt ihrer Betrachtung. In der Erfahrung des Menschen, sowohl Produzent als auch Produkt seiner Tätigkeit zu sein, liegt nach Wekwerth der „fundamentale Reiz des Theaters: Es macht wirklich erlebbar, was in Wirklichkeit nur durch lange Erfahrungen gesellschaftlicher Verallgemeinerungen festzustellen ist." (ebd., 79).

sten, in denen das Kunstwerk mit Hilfe eines Materials oder Instruments veräußerlicht werden kann, bleibt im Bereich der darstellenden Kunst das gestaltete Objekt an den Körper des produzierenden Subjekts gebunden, es gewinnt keine von ihm unabhängig existierende Gestalt. Diese Doppelschichtigkeit auf der Ebene der schauspielerischen Produktion findet ihre Entsprechung auf der Ebene der Rezeption. Ohne das reziproke Verhalten der Zuschauenden, das sich sowohl auf den Spielenden als auch auf die von ihm gespielte Figur als zwei Ebenen der Wirklichkeit bezieht, ist die Übereinkunft der theatralen Kommunikation nicht denkbar. Steinbeck betont, daß nur durch die Anwesenheit eines „verstehenden" (das heißt aber: mitspielenden, die ästhetische Wirklichkeit mitkonstituierenden) Publikums etwas „für uns" Gestalt gewinnt, das „an sich" nicht existiert. „Das Publikum sieht und hört im Theater, was an sich nicht da ist (und als An-sich-Daseiendes auch nicht vorgetäuscht wird). Es verlegt jedoch diese nur vermeinte Gestalt auf den wirklichen Schauspieler zurück und bleibt darin ebenfalls mit dem nur ‚Erscheinenden' verbunden" (Steinbeck 1970, 90).[105]

Gelingt die Balance zwischen den beiden Wirklichkeitsebenen nicht, so bricht die Übereinkunft theatraler Kommunikation zusammen. Auf der Ebene der Produktion wird aus dem Spiel dann entweder mechanische Nachahmung oder bloße Selbstdarstellung. „Beide Erscheinungen, obwohl mit dem theatralischen verwandt, sind im schöpferischen Sinne nicht als Theater zu bezeichnen. Ihr häufiges, nicht nur bei Laien zu beobachtendes Vorkommen unterstreicht die wesensmäßige Schwierigkeit des Darstellungsprozesses" (Paul 1971, 70). Auf der Seite der Zuschauenden kommt es bei einem Nicht-Verstehen der Doppelschichtigkeit theatraler Kommunikation entweder zu unangemessenen Reaktionen auf ein Spiel, das mit Realität verwechselt wird, oder zum Desinteresse gegenüber der „bloßen Verstellung" und zum Abbruch der Rezeption.[106]

---

105 Steinbeck spricht im folgenden nicht nur von einer Doppelschichtigkeit des theatralen Kunstwerks, sondern unterscheidet drei Bedeutungsschichten: reale Bedeutung, intendierte Bedeutung und vermeinte Bedeutung. Die erste Schicht entspricht der Wirklichkeit des Schauspielers als Person. Die Schicht der intendierten Bedeutung betrifft die Intention des Spielers bei der Gestaltung seiner Figur, ihr Ergebnis ist die objektivierte Gestalt; Steinbeck nennt sie auch den „Rollenträger". Sie ist das Artefakt des schauspielerischen Prozesses. Die dritte Schicht der vermeinten Bedeutung entsteht erst in der Aufführung aus dem Zusammenspiel von Spielern und Zuschauern, sie stellt gewissermaßen das ästhetische Objekt dar. Diese Sichtweise der schauspielerischen Leistung, die in der Tradition phänomenologischer Theorie steht und sich auf Roman Ingarden beruft, vermag dem vereinfachenden Verständnis vom Schauspielen als einer bloßen *Repräsentation* von Wirklichkeit entgegenzutreten. Schauspielen besteht demnach nicht im Abbilden von Wirklichkeit oder im „Realisieren" einer dramatischen Vorlage, sondern im Produzieren einer objektivierten Gestalt, die als Intention *präsentiert* wird.

106 Für den Zusammenbruch der theatralen Konvention gibt es in der Theatergeschichte zahlreiche Beispiele. So berichtet Tairov über eine tragische Verwechslung von Spiel und Realität aus dem Jahre 1909. Der amerikanische Schauspieler William Butts, der in Chicago den Jago spielte, wurde auf offener Bühne erschossen. Der Täter gab an, über Jagos Intrigen dermaßen erbost gewesen zu sein, daß er auf ihn schoß (vgl. Tairov 1980, 159). Harmlosere „Mißverständnisse" der theatralen Kommunikation lassen sich bei Kindern als Theaterzuschauer betrachten oder auch im Boulevardtheater, wenn sich Zuschauer stärker auf den medienbekannten „Star" als Person beziehen als auf die Figur, die er darstellt.

1.2.1 Zeichen- und Symbolsystem des Theaters

Die Doppelschichtigkeit der theatralen Kommunikationsstruktur bezieht sich nicht nur auf eine doppelte Anwesenheit der Spielenden, sondern kennzeichnet allgemein die im Theater verwendeten Zeichen und Symbole. Die Kunst des Theaters zeichnet sich dadurch aus, daß sie Zeichen aus unterschiedlichen kulturellen Systemen, auch aus anderen Kunstgattungen, miteinander kombiniert und sich dadurch an alle Sinne gleichzeitig wendet. Diese Kombination läßt sich nicht als ein bloßes Nebeneinander autonomer Zeichensysteme verstehen. Vielmehr werden die einzelnen beteiligten Künste in den „Dienst" der theatralen Kommunikation gestellt und tragen damit zur Verwirklichung eines autonomen Kunstphänomens bei (vgl. Steinbeck 1970, 198). Als Versuch einer Gliederung und Hierarchisierung der an der Theaterkunst beteiligten Zeichen bietet sich der Untersuchungsgesichtspunkt der „Dominantenbildung" an.[107] Unter diesem Gesichtspunkt stellt sich die Frage nach den Zeichen, deren Bedeutung in einer bestimmten Theaterform als „Leitbedeutung" angesehen werden können, und nach der Verwendung der übrigen Zeichen im Rahmen dieser Leitbedeutung.

Alle im Theater verwendeten Zeichen, wie beispielsweise der Bühnenraum, die Requisiten, Kostüme, die gesprochenen Worte und Sätze usw., sind also innerhalb der theatralen Kommunikation doppelt vorhanden. Zum einen als „Wirklichkeit des Bühnenraums", als Materialien, als Äußerungen des Schauspielers, zum anderen aber auch als „Wirklichkeit des Spiels". Da die im abendländischen Theater verwendeten Zeichen immer bereits eine Bedeutung in der sie umgebenden Kultur haben, spricht die Theatersemiotik von den Zeichen des Theaters als „Zeichen von Zeichen" (vgl. Fischer-Lichte, 1983, Bd. 1). Theatrale Kommunikation beruht entsprechend dieser Sichtweise darauf, daß sie Zeichen für die von den übrigen kulturellen Systemen hergestellten Zeichen produziert.

„Es findet also im Theater in gewissem Sinne eine „Verdoppelung" der Kultur, in der Theater gespielt wird, statt: Die vom Theater hervorgebrachten Zeichen denotieren jeweils die von den entsprechenden kulturellen Systemen hergestellten Zeichen. Die theatralischen Zeichen sind daher stets Zeichen von Zeichen, die dadurch charakterisiert sind, daß sie dieselbe materielle Beschaffenheit haben können wie die primären Zeichen, die sie bedeuten ..." (ebd., 19). Nach Fischer-Lichte kann das Theater durch diese ihm eigene Art der Zeichenverwendung zu einem Akt der Selbstdarstellung und Selbstreflexion einer Kultur werden (vgl. ebd.).

Neben der Funktion theatraler Zeichen als Zeichen von Zeichen der sie umgebenden kulturellen Systeme zeigt Fischer-Lichte, daß das Theater darüber hinaus ein kulturelles System sui generis darstellt, das heißt seine Zeichenverwendung einem eigenen

---

107 Diese Problemstellung geht auf die Prager Strukturalisten Honzl und Mukarovsky zurück (vgl. dies. in:
     v. Kesteren/Schmid (Hg.) 1975), die aufgrund der Besonderheit theatraler Zeichen die Frage nach den
     kleinsten homogenen Einheiten und deren Kombinationsregeln innerhalb der Theaterkunst für wenig
     ergiebig halten und stattdessen nach der Dominanz bestimmter Zeichensysteme fragen.

„internen Code" folgt.[108] Ebensowenig, wie der Spieler eine Figur durch die Verwendung von Zeichen bloß repräsentiert, da das „Modell" für sein Schaffen weder in der Wirklichkeit noch im Drama vorliegt, sondern erst im Prozeß des Gestaltens entsteht (vgl. Steinbecks Verständnis der Schicht der „intendierten Bedeutung"), kann die Zeichenverwendung im Theater als Abbild von Wirklichkeit verstanden werden. Folglich spricht Fischer-Lichte statt von theatraler Repräsentation von einer Konstitution theatraler Zeichen, eine Vorstellung, die sich „nicht auf die Grundlage des überlieferten dualen Zeichenbegriffs" reduzieren läßt (Fischer-Lichte 1983, Bd. 2, 130).

In ihrer ästhetischen Funktion sind theatrale Zeichen insbesondere dadurch gekennzeichnet, daß sie mit der semantischen und syntaktischen Ebene der Bedeutungserzeugung spielen können und damit deren Wandelbarkeit potenzieren. Aus dieser Eigenschaft der theatralen Zeichen folgt auch deren hohe Mobilität und Polyfunktionalität. Ein Zeichen kann gegen ein anderes ausgetauscht werden, ohne daß sich die intendierte Bedeutung verändert; jedes Zeichen kann unterschiedliche Zeichenfunktionen wahrnehmen. Vor dem Hintergrund dieser Möglichkeiten bestimmt Fischer-Lichte aus semiotischer Sicht die besondere Leistung der Ästhetik des Theaters. Sie setzt dabei voraus, daß die Leistung aller Künste unter anderem darin bestehe, die in einer Kultur gültigen Zeichen und ihre Bedeutungen in anderer Weise zu strukturieren, sie in ein (noch) nicht realisiertes Bedeutungsgefüge zu bringen. Damit vermögen sie auf noch nicht verwirklichte, aber potentiell denkbare Möglichkeiten einer Gesellschaft hinzuweisen. Für das Theater läßt sich dieser Vorgang nun in spezifischer Weise bestimmen: „Es ermöglicht nämlich die Umgruppierung der Bedeutungen, welche den von den verschiedenen kulturellen Systemen hervorgebrachten Zeichen in der gesellschaftlichen Wirklichkeit zukommen, indem es diese Zeichen selbst – also heterogene Elemente der kulturellen Wirklichkeit wie den menschlichen Körper und die Objekte der Umwelt – als seine eigenen Zeichen, als theatralische Zeichen verwendet: d. h., daß es eine Umstrukturierung des Bedeutungsgefüges ermöglicht, indem es im Bühnenraum eine quasi-faktische Umstrukturierung des materiellen Zeichengefüges dieser Kultur vollzieht und dem Zuschauer präsentiert" (ebd., Bd.1, 196).

Diese Kennzeichnung der besonderen Leistung der Theaterkunst findet innerhalb der Theaterwissenschaft weitgehend Zustimmung. Die Fähigkeit des Theaters, alltägliche Zeichen in nicht konventioneller Weise zu verwenden, eventuell damit Tabus zu brechen, aus der alltäglichen Kommunikation ausgeschlossene Bereiche theatral zu veröffentlichen, konfrontiert Spieler und Zuschauer mit befremdlichen, irritierenden (Spiel-) Situationen (vgl. Brauneck 1986, 31f). Nach Brauneck vermag das Theaterspiel die im Alltag erstarrten Kommunikationsformen, die einem hohen Grad an Konventionalisierung unterliegen und damit die Individualität des einzelnen verdrängen, aufzuweichen. Auf diese Weise „... vermag sich das Subjekt im Theaterspiel in seiner lebensgeschichtlichen Besonderheit darzustellen. Dieser Prozeß ist als kreatives Moment von größter Bedeutung; das Theater erhält aus der Aktivierung solcher Phanta-

---

108 Auf die Problematik der Rede von einem theatralen Code im abendländischen Theater, in dem es kein festgelegtes Bedeutungssystem gibt, kann an dieser Stelle nicht eingegangen werden; zur Kritik dieser Annahme vgl. Lehmann 1990; Hickethier 1985.

sie- und Spielpontentiale einen wesentlichen Teil seiner Faszination" (ebd., 32). Dem
steht die Verstehensleistung der Zuschauenden reziprok gegenüber. Konfrontiert mit
dem Befremdenden blickt er auf sein eigenes alltägliches Handeln, das dadurch seine
Selbstverständlichkeit verliert. Brauneck geht so weit, diesen Vorgang als ein „analy-
tisches Spiel für Spieler wie Zuschauer" zu bezeichnen. „Das fremde Leben wird im
Blick auf das eigene gesehen; mit Hilfe des fremden wird das eigene besser begriffen,
Verdrängtes erinnert oder geahnt" (ebd., 32). Wekwerth, der die spezifische ästhetische
Leistung des Theaters in ähnlicher Weise bestimmt, umschreibt diesen Vorgang mit
dem Begriff „Spiel". Dabei gewinnt der Spielbegriff die Bedeutung des Ermittelns von
Möglichkeiten mit dem Ziel, bisher nicht Gekanntes kennenzulernen. „In jener Vorführung, die sich Theater nennt, tritt sich der Mensch selbst gegenüber, er schaut sich
in einer von ihm geschaffenen Welt an, bestätigt sich und verwirft sich. Er kann ein
anderer sein und doch er selber. Er kann etwas tun und es doch lassen, kurz: Er beginnt zu *spielen*" (Wekwerth 1974, 96).

Zwar lassen sich, aufgrund der unterschiedlichen wissenschaftstheoretischen Voraussetzungen der Autoren und der damit verbundenen Auffassungen vom Subjekt, of-
fensichtliche Differenzen in bezug auf den Grad der Rationalisierbarkeit des beschriebenen Prozesses feststellen. Entscheidend ist jedoch die große Übereinstimmung hinsichtlich der konstitutiven Rolle des Spielens bei der Bestimmung der Ästhetik des
Theaters. Im folgenden Abschnitt soll deshalb der theatrale Kommunikationsprozeß
nochmals unter diesem besonderen, für die Herstellung des „Ästhetischen Scheins"
im Theater grundlegenden Gesichtspunkt beleuchtet werden.

1.3   Theater-Spielen

„Wollen die tragischen Schauspieler uns täuschen, so müssen sie sich selbst täuschen.
Sie müssen sich einbilden, daß sie wirklich das sind, was sie vorstellen; eine glückliche
Raserei muß sie überreden, daß sie selbst diejenigen sind, die man verrät, die man ver-
folgt. Dieser Irrtum muß aus ihrer Vorstellung in ihr Herz übergehen, und oft muß ein
eingebildetes Unglück ihnen wahrhafte Thränen auspressen" (R. de Sainte Albine, Le
Comédien, 1747, zit. n. Fischer-Lichte 1983, Bd. 2, 108).

Dieses Verständnis vom Schauspielen, formuliert zu Beginn einer Epoche, in der
sich im Theater ein Wandel von der künstlichen, stark normierten Zeichenhaftigkeit des
Barocktheaters zu einem Schauspielverständnis vollzog, das mit psychologisch wahr-
scheinlichen Zeichen arbeitete, blieb nicht unwidersprochen. Bis in die Gegenwart ist
der Grad der inneren Beteiligung der Spielenden eine der kontroversen Fragen in Theatertheorie und -praxis. Aus der Sicht der Schauspieltheorie wird diese Problematik an
anderer Stelle noch ausführlicher zu behandeln sein. Hier geht es zunächst um die Bestimmung des Verhältnisses von Wirklichkeit und Fiktion, wie es sich aus der für das
Theater kennzeichnenden Doppelschichtigkeit der Kommunikation ergibt.

Das Spezifische dieses Verhältnisses, das prinzipiell auch der Produktion und Rezeption anderer Kunstgattungen zugrundeliegt, beruht im Theater, wie oben bereits
dargestellt, auf der Untrennbarkeit von Subjekt und Objekt des künstlerischen Pro-

zesses und auf der zeitlichen und räumlichen Identität von Rezeption und Produktion. Im gesellschaftlich vereinbarten Rahmen der Theatersituation, auf den sich die Beteiligten freiwillig und bewußt einlassen, verhält sich ein Spieler so, „als ob" er die von ihm gespielte Figur sei. Dies geschieht in einem Bühnenraum, der so eingerichtet ist, „als ob" es sich um den Ort des Spiels handele. Obwohl es sich nach der bewußten Vereinbarung aller Beteiligten dabei um eine entpragmatisierte, fiktive Situation handelt, kann diese Einschätzung nicht als gleichbedeutend mit ihrer Beurteilung als „unwirklich" oder „unernsthaft" angesehen werden. Vielmehr muß dem Spiel ein eigenes, wirklichkeitskonstituierendes Moment innewohnen.

Zur Verdeutlichung des hier zugrunde liegenden Verständnisses von „Spiel" soll auf Batesons erkenntnistheoretische Analyse des Spiels Bezug genommen werden (vgl. Bateson 1981, 241 ff). Wie Batesons Analyse zeigt, handelt es sich bei der Tätigkeit des Spielens um eine hochentwickelte Form der Kommunikation, in der Bezeichnendes und Bezeichnetes sowohl gleichgesetzt als auch unterschieden werden (vgl. Bateson 1981, 241 ff). In unbewußten Denkprozessen, Bateson spricht von „Primärprozessen" und nennt als Beispiel den Traum, werden die „Karte und das Territorium" (ebd., 251), also Bezeichnendes und Bezeichnetes, nicht unterschieden. Erst kurz vor dem Erwachen ist ein Träumender in der Lage, metakommunikative Behauptungen über seinen Traum aufzustellen, beispielsweise: „Dieses ist ein Traum". Vorher kann man nicht davon sprechen, daß er zu bewußten Fiktionen greift.

Die Möglichkeit, zwischen Karte und Territorium zu unterscheiden – eine grundsätzliche Voraussetzung des Spiels – fällt in den Bereich des Sekundärprozesses, also des bewußten Denkens.[109] Hier, im Bereich der Ich-Leistungen, siedelt Bateson deshalb auch das Spiel an. Es zeichnet sich allerdings dadurch aus, daß es beide Zustände gleichzeitig verwirklicht. „Im Primärprozeß werden Karte und Territorium gleichgesetzt; im Sekundärprozeß können sie unterschieden werden. Im Spiel werden sie sowohl gleichgesetzt als auch unterschieden" (ebd., 251).

Von Theater-„Spielen" kann also in diesem Sinne nur dann geredet werden, wenn beide „Teile" der doppelten Anwesenheit des Spielenden ausbalanciert sind, wenn also der Spielende sowohl als Darsteller einer Figur handelt als auch in der Figur erlebt. Simhandl (o.J.) spricht in diesem Zusammenhang von einem „Oszillieren" der verschiedenen Bewußtseinszustände des Spielenden und vergleicht diesen Zustand mit dem Spiel des Kindes, dem die Ungefährlichkeit seines Tuns einerseits bewußt ist, das sich aber trotzdem in der gespielten Situation fürchtet. In Analogie dazu wird für Simhandl „Theater als eine Form von Spiel erkennbar: Spiel setzt immer die gleichzeitige Verwirklichung von realem und fiktivem Verhalten voraus. Dem Spielenden

---

109 Diese kurze Zusammenfassung vereinfacht die Annahmen Batesons selbstverständlich. Bateson spricht differenzierter von den paradoxen Mitteilungen, die dem Spiel zugrunde liegen und faßt die meta-kommunikative Vereinbarung des Spiels folgendermaßen zusammen: „Diese Handlungen, in die wir jetzt verwickelt sind, bezeichnen nicht, was jene Handlungen, die sie bezeichnen, bezeichnen würden" (Bateson 1981, 244). Und er erläutert am Beispiel des spielerischen Kampfes junger Tiere: „Das spielerische Zwicken bezeichnet den Biß, aber es bezeichnet nicht, was durch den Biß bezeichnet würde" (ebd.). Durch diese meta-kommunikative Vereinbarung werden die Spielhandlungen in einen Rahmen gestellt, der sie als eine eigengesetzliche Welt ausweist.

muß gleichzeitig bewußt und nicht bewußt sein, daß er sich in einer fiktiven Situation befindet. Wie das Bewußtsein sind auch seine Gefühle zweischichtig" (ebd., 6).

In ähnlicher Weise läßt sich auch die Rezeptionssituation als „Spiel" bezeichnen. Theater als Spiel kann also nur dann funktionieren, wenn sich Spielende und Zuschauende auf die Spielsituationen als „wirkliche" einlassen. Die in der Folge dieses Wahrnehmens (oder Wirklichnehmens) durch das Spiel hervorgerufenen Reaktionen und Emotionen sind wirklich, sie lassen sich kaum von denen alltäglicher Erlebnisse abgrenzen (vgl. Brauneck 1986, 16f). Nur vor diesem Hintergrund läßt sich, nach Ansicht Braunecks, die ästhetische Wirkung des Theaters erklären, die bereits in ihrer ersten Formulierung durch Aristoteles als „kathartisch" bezeichnet wurde. Braunecks Bestimmung des durch das Spiel erzeugten ästhetischen Scheins des Theaters erfolgt zunächst nicht in Abhängigkeit zur Realität, sondern einzig von seiner Funktion für das ästhetische Erleben der Beteiligten her. In seinen weiteren Ausführungen scheint Brauneck die Annahme eines selbständigen ästhetischen Scheins jedoch einzuschränken. Zumindest legen seine Formulierungen nahe, daß der ästhetische Schein als Relationsbegriff in ein Verhältnis zur Realität gesetzt wird, die er zur Erscheinung bringt: „Der Schein der Realität ist es, den das Theater so faszinierend zu erzeugen versteht, der den Zuschauer immer wieder zu ‚echten' und nicht zu gespielten Emotionen kommen läßt, so sehr sich der Zuschauer auch der Theatersituation bewußt sein mag" (ebd., 18). Nicht obwohl sich Zuschauer und Spieler der Theatersituation bewußt sind, wie Brauneck hier unterstellt, sondern gerade weil sie sich ihrer bewußt sind, können sie das Spiel und das, was es bewirkt, als „wirklich" annehmen. Nur unter diesen Voraussetzungen kann der theatrale Schein als aufrichtig und selbständig akzeptiert werden und als ästhetischer Schein gelten, wie es bereits Schiller im sechsundzwanzigsten Brief über die ästhetische Erziehung formuliert hat (vgl. Schiller 1985, 110ff). Setzt man dagegen den Schein, bzw. das Spiel, das ihn hervorbringt, in ein Verhältnis zur Realität oder zu einer Idee, die widergespiegelt oder veranschaulicht werden soll, so gelangt man zu Diffferenzierungskategorien wie „echt"/"unecht", „wahr/"unwahr". Die Eigentümlichkeit des ästhetischen Erlebens von Spiel und Theater kann damit nicht erfaßt werden.[110]

Für die Suche nach den spezifischen, von der Kunst des Theaters gesetzten Rahmenbedingungen ästhetischer Bildung ist deshalb die Voraussetzung eines selbständigen

---

110 Als Beispiel soll an dieser Stelle auf James Urmsons Schrift „Darstellung auf der Bühne" hingewiesen
     werden (vgl. Urmson , in: Henrich/Iser 1992). Urmson analysiert das Bühnengeschehen mit Hilfe der
     Sprechakttheorie Austins. Er gelangt so zu der Unterscheidung von phatischen Sprechakten, die vom
     Schauspieler vollzogen werden und als „historisch wahr" gelten, und einer „dramatischen Wahrheit",
     die er als die „natürliche Interpretation" der historischen Wahrheit „vor einem irrealen Hintergrund"
     definiert (vgl. ebd., 558). Ein bewußtes Verlassen der irrealen Interpretationsebene hält Urmson für
     ausgeschlossen. Eine historisch wahre Beschreibung des Schauspielens kann seiner Ansicht nach nur
     dann erfolgen, wenn sie von den phatischen Akten der Spieler ausgeht. Die Kategorie der historischen
     Wahrheit führt also dazu, die Handlungen der Schauspieler zu beschreiben als „Schwerter-gegenein-
     ander-schlagen" statt „sich duellieren", „einander die Hände schütteln in einem bloß physikalischen
     Sinne" und nicht als Begrüßen, „Teller, Messer und Gabeln auf den Tisch legen, aber den Tisch nicht
     decken." (ebd., 563). Daß diese Vorgehensweise nichts zur Erklärung des ästhetischen Erlebens im
     Theater beiträgt, scheint offensichtlich. Ebensogut könnte man von einem Pianisten sagen, er schlage
     eine halbe Sekunde die c-Taste, danach eine viertel Sekunde die a-Taste an usw.

ästhetischen Scheins entscheidend, der, wie sich gezeigt hat, durch die eigentümliche Wirklichkeit des Spiels hervorgebracht wird. Nur unter der Voraussetzung, daß reale und fiktionale Ebene nicht als ontologische Gegensätze definiert werden, kann vom Theaterspielen als einer eigenständigen Form der Auseinandersetzung mit Welt gesprochen werden. Auch die aus semiotischer Sicht bestimmte Besonderheit der Ästhetik des Theaters als „quasi-faktische Umstrukturierung des materiellen Zeichengefüges" einer Kultur (Fischer-Lichte, Bd. 1, 196) kann nur unter der Bedingung des Sicheinlassens auf die im Spiel produzierte Wirklichkeit dieser Umstrukturierung bedeutsam werden. Von einer ästhetisch bildenden Wirkung des Theaters läßt sich erst vor dem Hintergrund einer Erfahrung von Wirklichkeit sprechen, die durch das Spiel (und die darin liegenden Umformungsmöglichkeiten) hervorgebracht wird. Diese Erfahrung kann sowohl in der Rolle des Produzierenden als auch in der des Rezipierenden gemacht werden.

Erst das Verständnis sowohl der rezeptiven als auch der produktiven Theatererfahrung als *andere* Wirklichkeit, *andere* Form des Erlebens (und nicht als ein nicht-wirkliches Erleben), das mit der ontologischen Ambiguität der theatralen Kommunikationsstruktur zusammenhängt, erklärt das Auftreten realer Wirkungen und vor allem die Lust an den selbst geschaffenen und imaginierten Gestalten.[111]

Die hier vertretene Auffassung vom theatralen Spiel als Produzieren einer eigenständigen Wirklichkeit wirft allerdings die Frage nach dem zugrunde liegenden Wirklichkeitsverständnis und dem Übergang zwischen den unterschiedlichen Wirklichkeitsmodi auf. Zum Verständnis der Abgrenzungen der unterschiedlichen Wirklichkeitsordnungen bietet es sich an, auf die Analyse der „Strukturen der Lebenswelt" zurückzugreifen, wie sie Alfred Schütz im Zusammenhang einer phänomenologischen Sozialforschung vorgenommen hat (Schütz/Luckmann 1979).[112]

---

111 Für den Theaterpraktiker scheint ein solches Verständnis von Spiel außer Frage zu stehen. Auf die Bemerkung eines Interviewers, beim „tödlichen Schrecken" des attischen Theaters (gemeint sind die Eumeniden des Aischylos) handele es sich doch wohl nur um ein Symbol, widerspricht der Regisseur Peter Stein entschieden. „Nein, er sagt, Ich bin der tödliche Schrecken, er ist es wirklich. Aber nur im Spiel. Und an diesem Spiel hat sich seit 2500 Jahren auch nichts wesentlich geändert. Es ist das absurde Wunder des europäischen Theaters, daß es überlieferungsfähige Texte kreiert und noch heute irgendwelchen blöden Schauspielern die Möglichkeit gibt zu sagen, »Ich bin Xerxes.« Oder: »Ich bin Prometheus.« Und das nun nicht als eine postmoderne Nachahmung. Das gibt es in keiner anderen Kunst. Wenn heute jemand wie Piero della Francesca malt und sagt, ich benutze Farben aus Eierschalen, dann ist das bestenfalls eine Nachahmung. Der Schauspieler aber ahmt nicht nach. Er selbst verkörpert die Rolle, wie vor 2500 Jahren." (Theater 1993, Jahrbuch der Zeitschrift Theater heute, 18).

112 Der Rückgriff auf dieses sozialwissenschaftliche Modell eines Wechsels der Wirklichkeitsordnungen bietet sich auch insofern an, als es sich in Übereinstimmung mit neueren neurophysiologischen Erkenntnissen befindet. Über die Funktionsweise des zentralen Nervensystems gibt es in dieser Hinsicht zwar gegenwärtig nur wenige Erkenntnisse, die Neurophysiologie geht jedoch davon aus, daß die Gehirntätigkeit bei der Wahrnehmung konkreter oder imaginierter Wirklichkeiten nicht zu unterscheiden ist. Der Frankfurter Neurophysiologe und Gedächtnisforscher Wolf Singer äußert sich zu diesem Zusammenhang folgendermaßen: „Man kann bei der Analyse der Gehirntätigkeit nicht gut zwischen den Aktivierungszuständen unterscheiden, die sich einstellen, wenn eine Person einen konkreten Gegenstand wahrnimmt, und solchen, die erzeugt werden, wenn der gleiche Gegenstand imaginiert, also lediglich vorgestellt wird. In diesem Fall werden Gedächtnisinhalte von innen heraus reaktiviert, während beim Wahrnehmen die Gedächtnisinhalte von außen aktiviert werden. Das ist der einzige Unterschied." (Singer, in: Theaterschrift 8/1994, 28).

Im Sinne des lebensweltlichen Ansatzes von Schütz lassen sich „Realität" und „Fiktion", Lebenswirklichkeit und Phantasiewelt nicht als Gegensätze begreifen. Alltags- und Phantasiewelt werden nicht nach ontologischen Kriterien unterschieden, sondern gelten als verschiedene Sinngebiete, die einen ihnen entsprechenden Erlebnisstil und eine jeweils eigene Wirklichkeit (im Sinne von William James „sub-universa") besitzen. Da sich ein Erlebnisstil auf ein geschlossenes Gebiet sinnverträglicher Erfahrungen bezieht, geht es nicht darum zu entscheiden, wie „real" die jeweiligen Erfahrungen sind (vgl. Schütz/Luckmann 1979, 47ff).

„Wichtig ist vor allem zu betonen, daß die Wirklichkeitsordnungen nicht durch eine etwaige ontologische Struktur ihrer Objekte, sondern durch den Sinn unserer Erfahrungen konstituiert werden." (Schütz/Luckmann 1979, 49).

Jedem Erlebnis- und Erkenntnisstil entspricht eine spezifische Bewußtseinsspannung. Der Wechsel des Erlebnisstils, der „Sprung" von einem Sinngebiet in ein anderes wird von Schütz als ein „Schockerlebnis" gekennzeichnet, da er immer mit einem Wechsel, einer „radikale(n) Veränderung" (ebd., 50) der Bewußtseinsspannung einhergeht.

„Es gibt ebensoviele Schockerlebnisse, wie es geschlossene Sinngebiete gibt, die durch Einstellungsänderungen den Akzent der Wirklichkeit erhalten können. Wir führen hier nur einige Beispiele an: das Einschlafen als Sprung in den Traum, das Erwachen, das Öffnen des Theatervorhangs, das „Versenken" in ein Gemälde; ferner die Bewußtseinsverschiebung, wenn man zu spielen beginnt ..." (ebd., 50).

Neben der jedem Sinngebiet eigenen Bewußtseinsspannung kennzeichnet Schütz die Spezifika des Erlebnisstils der Phantasiewelt durch eine besondere Zeitperspektive, eine eigene Form der Spontaneität, der Sozialität und der Selbsterfahrung, den Wegfall des pragmatischen Motivs und der Absicht zur Tat, die Überwindung faktischer, nicht aber logischer Unverträglichkeiten und ein Handeln nach freiem Ermessen (vgl. ebd. 51ff). Wird die eigene Person zum Gegenstand des Phantasierens, so ist es möglich, sich in die unterschiedlichsten Figuren hineinzuversetzen, ohne allerdings vollständig in einer imaginierten Figur aufzugehen."Mein so imaginiertes Selbst wird nur als ein Teil meiner Gesamtpersönlichkeit erfahren, als ein Aspekt meiner selbst, das nur von meinen Gnaden besteht" (ebd., 58).

Das von Schütz beschriebene Verfahren der subjektiven Sinngebung, durch welche die Wirklichkeiten einzelner Sinngebiete konstituiert werden, verdeutlicht nochmals die Konstituierung von Wirklichkeit im Prozeß theatraler Kommunikation.[113] Im Feld theatraler Gestaltung geschieht diese Sinngebung zudem nicht ausschließlich durch subjektive Intention, sondern ist Teil eines sozial-kommunikativen Prozesses, in dem sich das Ensemble der Spielenden aufeinander bezieht und sich gemeinsam mit den sich aus der Gestaltungsaufgabe ergebenden Anforderungen auseinandersetzt. Die Mittel und Wege, die den Wechsel zwischen den verschiedenen Wirklichkeitsordnungen als Grundvoraussetzung des Theaterspielens ermöglichen, werden im Zusammenhang der Schauspielmethoden zu erörtern sein. Erst unter den dargelegten Bedingungen eines Wechsels der Wirklichkeitsordnungen – auf der Ebene der Spielenden war die Rede

---

113 An dieser Stelle sei nochmals an Luserkes Bestimmung der „Magie" des Theaters als Erzeugen von
       Wirklichkeiten erinnert (vgl. II., 2).

von einem „Oszillieren" zwischen Darstellen und Erleben[114] – läßt sich die spezifische Leistung der Ästhetik des Theaters erfassen. Der Frankfurter Theaterwissenschaftler Hans-Thies Lehmann sieht darin auch den wesentlichen Grund dafür, daß seit der Zeit der attischen Tragödie vom Theater eine Bedrohung für andere gesellschaftliche Praxen ausgehen könne.

„Was auf dem Spiel steht, ist die Infragestellung der thetischen, schließenden Diskurse (Philosophie, Geschichte, Recht) durch einen suspensiven Diskurs, der sich nicht etwa dadurch von den anderen Sprechweisen unterscheidet, daß er nur Schein wäre, sondern unentscheidbar Wahrheit und Schein mischt durch eine implizite Dekonstruktion der ‚Gewißheiten', welche diese Diskurse behaupten" (Lehmann 1991, 157).

1.4 Verkörperung

Der Begriff des „Verkörperns" als Bezeichnung für die Tätigkeit des Schauspielers, die oben als „Spielen", als Produzieren des ästhetischen Scheins im Theater unter den Bedingungen der Doppelschichtigkeit der theatralen Kommunikationsstruktur untersucht wurde, lenkt die Aufmerksamkeit nochmals auf einen besonderen Aspekt dieser Produktion.

Im Gegensatz zu den nicht-performativen Kunstgattungen bringen die Spielenden auf dem Theater die künstlerischen Zeichen mit dem eigenen Körper hervor. Die konstitutive Bedingung der körperlichen Präsenz, sowohl bei der Produktion als auch bei der Rezeption des theatralen Ereignisses, geht einher mit besonderen Modi der Selbst- und Fremdwahrnehmung, die im folgenden thematisiert werden sollen.

Infolge der grundsätzlichen Nähe des körperlichen Ausdrucksrepertoires des abendländischen Theaters zu dem alltäglichen Handelns läßt sich eine Annäherung an das Verständnis der Wahrnehmungsleistungen, die dem theatralen Ausdrucksverstehen zugrunde liegen, wiederum über die Analyse des Ausdrucksverstehens im alltäglichen Erleben vornehmen, wie sie von Schütz im Rahmen der phänomenologischen Erforschung der sozialen Wirklichkeit vorgenommen wurde (vgl. Schütz/Luckmann 1984).

Schütz ordnet das Erfahren der Gegenwart eines anderen Menschen den „mittleren Transzendenzen" zu, das heißt, in der Erfahrung eines Gegenüber stößt der Mensch an Grenzen, er kann seinen Mitmenschen immer nur mittelbar erfahren. Im Kontakt mit dem anderen erfährt sich der Mensch sowohl als Sehender als auch als Gesehener, als Empfindender und Empfundener. Obwohl der andere lediglich in seiner Körperlichkeit wahrnehmbar ist, schließt der Wahrnehmende aus der Tatsache, daß es sich beim Objekt seiner Wahrnehmung um einen Mitmenschen handelt, darauf, daß dieser „Außenseite" eine „Innenseite" korrespondiert. „Der Körper, den ich wahrnehme, verweist auf etwas, das ich nicht wahrnehmen kann, von dem ich aber ‚weiß', daß es mit-gegenwärtig ist: ein Innen. In dem Wahrnehmungskern der Erfahrung ist mir der

---

114 In diesem Zusammenhang sei noch einmal an den Begriff der „lebenden Gestalt" erinnert, die nach Schiller den Gegenstand des Spiels darstellt (vgl. I., 1). Möglicherweise wird damit zum Ausdruck gebracht, was hier als die Balance zwischen Darstellen und Erleben zu umschreiben versucht wurde.

Andere von außen gegeben, aber eben nicht als ein bloßes Außen; in der vollen Erfahrung ist mir sein Innen mit-gegeben. Das andere, dessen Körper ich wahrnehme, ist in der Erfahrung von vornherein meinesgleichen" (ebd., 153). Der Feststellung, „es handelt sich um meinesgleichen", und damit der Annahme einer Innenwelt hinter der wahrnehmbaren äußeren Körperlichkeit, liegt eine „Sinnübertragung" vom Wahrnehmenden auf den Wahrgenommenen zugrunde. Der Mensch erfährt sich selbst in der Verschränkung eines körperlichen Außen (einen Körper haben) mit einer dementsprechenden – oder auch widersprechenden – Innenwelt. Dieses „in der Selbsterfahrung begründete ‚Wissen'" (ebd., 155) ist die Grundlage für das Verstehen des Körperausdrucks des anderen, ein Verständnis, das keiner nachträglichen Interpretation bedarf, sondern der Wahrnehmung immer bereits immanent ist: „Es steht mir nicht frei, dieses ‚Wissen' der Wahrnehmung aufzusetzen oder es bei einer bloßen Wahrnehmung des Körpers bleiben zu lassen. Vielmehr verbindet sich das ‚Wissen' (meinesgleichen: ein Innen ‚hinter' dem Außen) mit dem Wahrnehmungskern der jeweils gegenwärtigen Erfahrung in automatischen Synthesen" (ebd., 153).

Die hier aus phänomenologischer Sicht beschriebenen Voraussetzungen des Ausdrucksverstehens werden, unter dem Gesichtspunkt der Wirkungsweise der Tragödie, bereits von Aristoteles in dessen Poetik erörtert. Die Fähigkeit, das „Jammervolle" und „Schauderhafte" der tragischen Darstellung mitvollziehen zu können und daran Anteil zu nehmen, beruht auf dem mimetischen Vermögen des Menschen und ist Grundlage der kathartischen Wirkung der Tragödie (vgl. Aristoteles 1982, bes. Kap. 13).

In das Ausdrucksverstehen bzw. das mimetische Vermögen des Menschen eingeschlossen bleibt die Tatsache, daß der andere immer nur mittelbar, nämlich über seine „Außenseite", erfahrbar ist. Aus der Erfahrung des Selbst weiß der Wahrnehmende, daß das Außen das Innen nur unvollständig oder auch in täuschender Absicht wiedergeben kann. Mein Gegenüber behält also immer auch den Charakter des Fremden, das nicht völlig oder immer nur versuchsweise mit den Erfahrungen des Selbst zur Deckung gebracht werden kann, dadurch aber auch Anlaß zur Erweiterung des eigenen Erfahrungsfeldes geben kann.

Das Verstehen der szenischen Handlung beruht, in ähnlicher Weise wie im alltäglichen Erleben, auf einem Ausdrucksverstehen, „... das heißt, die Sinndimension des theatralischen Handelns und seiner situationalen szenischen Arrangements wird in ihrer ausdruckshaften Verkörperung wahrgenommen und spontan verstanden" (Brauneck 1986, 31).[115] Gleichzeitig stellt das Theater keine bloßen Abbilder des alltäglichen Ausdrucksrepertoires dar. Es vermag mit den alltäglichen Erfahrungen körperlichen Ausdrucks zu spielen, sie zu überhöhen, zu erweitern und zu verfremden. Das selbstverständliche Ausdrucksverstehen, wesentlicher Bestandteil des Selbst- und Fremdverstehens, wird auf diese Weise irritiert und möglicherweise reflektiert (vgl. ebd., 35).

Dabei liegt dem theatralen Ausdrucksverstehen immer eine leibliche Wahrnehmung zugrunde, das heißt eine Wahrnehmung, die auf der Verschränktheit von Außen- und

---

115 Brauneck greift zum Verständnis dieses Vorgangs auf psychologische Erklärungen zurück, gelangt aber im Prinzip zu den gleichen Ergebnissen, was das theatrale Ausdrucksverstehen betrifft (vgl. Brauneck 1986, 30 f).

Innensicht des Körpers beruht und an der alle Sinne als sensomotorische Einheit aktiv beteiligt sind (vgl. Plessner 1980, Bd. III).

Nach Ansicht Plessners ist die Kunst des Theaters deshalb in besonderem Maße geeignet, die senso-motorische Einheit des Menschen, die sich erst aus seiner Aktivität ergibt, erfahrbar zu machen. In der Tätigkeit des Spielenden auf dem Theater, im Verkörpern einer Figur, wird die dem Menschen innewohnende Möglichkeit zum Zusammenspiel der Sinne sichtbar.

Darüber hinaus ist die schauspielerische Tätigkeit des Verkörperns – im Sinne der philosophischen Anthropologie Plessners – Paradigma der Grundbedingungen des menschlichen Daseins. Im Verkörpern einer Figur wird die den Menschen auszeichnende „exzentrische Positionalität" erfahrbar, seine Fähigkeit, von außen auf seinen Körper zu schauen und ihn als ein Instrument einsetzen zu können. Dies ist nach Plessner die Grundlage dafür, den Körper als Mittel des Ausdrucks benutzen zu können und mit diesem Ausdruck zu spielen. Gleichzeitig bezeichnet diese den Menschen auszeichnende Fähigkeit auch den „Bruch" in ihm, die Tatsache, daß er sich nicht als eine „Ganzheit" erleben kann, nicht nur Körper *ist*, sondern weiß, daß er auch einen Körper *hat*. Dieses Wissen schließt ein, daß ein Ausdruck als mißlungen, falsch oder unecht erlebt werden kann.[116] Daß das Schau-Spielen diese Grundtatsache menschlicher Existenz und auch die ihr innewohnenden Möglichkeiten erfahrbar macht, läßt den Satz Schillers, „Der Mensch spielt nur, wo er in voller Bedeutung des Wortes Mensch ist, und er ist nur da ganz Mensch, wo er spielt", in der Interpretation Plessners in neuem Licht erscheinen (vgl. Plessner 1983, Bd. VIII, 307 ff). Das Verkörpern einer Figur auf der Bühne wird somit gleichsam zu einem „anthropologischen Experiment" (Plessner 1982, Bd. VII, 415).

„Es ist kein Zufall, daß wir für die Aktion des Schauspielers das Wort Verkörperung haben, denn er zeigt sie uns. Die Verschränkung von Leib in Körper, von ‚Körper-Sein' und ‚Körper-Haben', mit der wir Menschen fertig werden müssen, wenn uns das Leben hier und jetzt gelingen soll, mit der wir ständig befaßt sind, die uns festhält, führt uns der Schauspieler vor" (Plessner 1980, Bd. III, 391). Diese Charakterisierung gilt allerdings nicht nur, wie von Plessner formuliert, für die Rezeptionssituation. Die Spielenden führen die Verschränkung von ‚Körper-Sein' und ‚Körper-Haben' nicht nur vor, sondern sie erleben sie auch. Dies gilt in besonderer Weise für die Annäherung des Spielenden an sein Gegenüber in Gestalt der Figur, die er verkörpern will. Auf diese Problematik wird im Zusammenhang mit der Diskussion ausgewählter Schauspieltheorien und -methoden ausführlicher einzugehen sein. Vorher soll jedoch eine weitere zentrale Fragestellung theatraler Produktion beleuchtet werden, der Zusammenhang von geschriebenem Text und gesprochenem Text, von Drama und Inszenierung.

---

116 Zur Verdeutlichung der Besonderheit menschlicher Erfahrung der Verschränkung von Körper und Leib verweist Plessner mehrfach auf Kleists Schrift „Über das Marionettentheater" (vgl. u. a. Gesammelte Schriften Bd. VII, 416; Bd. VIII, 310; 319). Darin erscheint sowohl die Gliederpuppe dem Tänzer als auch der fechtende Bär seinem menschlichen Fechtpartner überlegen. In beiden Fällen ist die Anmut der Bewegung ungebrochen durch das einzig dem Menschen eigene Wissen um die Außenseite des Körpers, seine Sichtbarkeit und seine Fähigkeit zum Ausdruck.

1.5   Drama und Theater

Die Frage nach dem Zusammenhang von Dramentext und Inszenierung ist sowohl
Gegenstand der Theaterwisssenschaft als auch der Literaturwissenschaft. Die äußerst
komplexe Problematik dieses Zusammenhangs kann hier aus theaterwissenschaftlicher
Perspektive nur sehr verkürzt angedeutet werden. Dabei ist vor allem die Frage nach
den Modi der Umwandlung des geschriebenen (Dramen-)Textes in den szenischen
Vorgang auf der Bühne von Interesse, ein Themenkreis, mit dem sich innerhalb der
Theaterwissenschaft insbesondere die Semiotik auseinandersetzt.[117] Bevor jedoch auf
diese Frage näher eingegangen wird, soll zunächst die Problematik des Verhältnisses
von dramatischem Text und szenischem Vorgang kurz skizziert werden.

Zum Problem wurde das Verhältnis von Drama und Inszenierung in der theaterwissenschaftlichen und -praktischen Diskussion erst nach der Emanzipation des Theaters vom
Primat des literarischen Textes. Noch im 19. Jahrhundert bestand die Tätigkeit des In-
szenierens in erster Linie in Koordinierungs- und Kontrollfunktionen (vgl. Brauneck
1988). Das Schauspielen galt als eine reproduzierende Kunstfertigkeit, die der Veranschaulichung des dramatischen Werkes zu dienen hatte.[118]
  Erst seit Beginn dieses Jahrhunderts läßt sich sowohl kunsttheoretisch als auch
theaterpraktisch eine Emanzipation vom Primat des Textes erkennen, das im deutschsprachigen Theater seit den Reformen der Neuberin und Gottscheds im ersten Drittel
des 18. Jahrhunderts vorherrschend war. Aus kunstphilosophischer Perspektive formuliert Georg Simmel Anfang des Jahrhunderts die Erkenntnis, daß Schauspielkunst und
Dichtkunst zwei voneinander zu unterscheidende Künste sind. „Schauspielen ist keine
reproduktive Kunst, denn es ist gar nichts da, was sie als *Schauspielkunst* reproduzieren
könnte, da der Dichter ja nur ein literarisches Werk gibt. Reproduktiv ist ein Schauspieler, der einen anderen kopiert" (Simmel 1921, zit.n. Lazarowicz/Balme (Hg.) 1993,
251). Theaterpraktisch läßt sich von Regiearbeit im modernen Sinne – als einer eigenständigen künstlerischen Tätigkeit – ebenfalls erst seit der Jahrhundertwende reden.
Die Regie- und Theaterkonzeptionen dieses Jahrhunderts (Appia, Craig, Mejerchol'd,
Artaud, die Bauhausbühne u. a.) entfernen sich auf verschiedenen Wegen und in unterschiedlichem Maße von der Dominanz des literarischen Textes auf der Bühne und

---

117 vgl. dazu u. a. E. Fischer-Lichte, Semiotik des Theaters. Bd. 3: Die Aufführung als Text. Tübingen 1983;
     dies., (Hg.), Das Drama und seine Inszenierung. Tübingen 1985; dies., The Dramatic Dialog – Oral
     or Literary Communication? In: Schmid/v. Kesteren (Hg.) 1984, 137–173; P. Pavis, Die Inszenierung
     zwischen Text und Aufführung. In: Zeitschrift für Semiotik. Band 11. Heft 1, 1989, 13–27
118 So bemüht sich der Hegel-Schüler Heinrich Theodor Rötscher in seiner Mitte des 19. Jahrhunderts
     entstandenen Schrift „Die Kunst der dramatischen Darstellung" zwar, das Schauspielen als Kunst zu
     etablieren; im Sinne der Hegelschen Ästhetik setzt er sich jedoch gleichzeitig dafür ein, Körper und
     Stimme des Schauspielers so auszubilden, daß sie zum sinnlichen Zeichen, zum „Organ" der dich-
     terischen Idee werden können. Stimme und Körper sind nach Rötscher „.... Material, dessen sich der
     Schauspieler zur Versinnlichung des dichterischen Inhaltes bedient. Dies Material soll mithin fähig ge-
     macht werden, die Anschauung einer idealen Welt wiederzugeben" (Rötscher 1919, 76). Um das Ziel
     zu erreichen, sich zum Instrument der dichterischen Idee auszubilden, muß der Schauspieler „auch den
     Körper sich unterwerfen, um ihn zu einem Abbild des Geistes zu machen" (ebd., 156).

wenden ihre Aufmerksamkeit den nicht-sprachlichen Elementen des Theaters zu. Dabei reicht ihre Kritik von der Ablehnung einer rein deklamatorischen Sprechweise auf dem Theater bis hin zur grundsätzlichen Forderung nach Abschaffung des Literatur-Theaters. Pointiert findet sich die Kritik am Literatur-Theater bei dem radikalen französischen Theatervisionär Antonin Artaud (1896–1948). Artaud fordert eine Abkehr des Theaters von der Dominanz des Textes und vom „Gott-Schöpfer", dem Autor (vgl. Artaud, 1969). Seine Kritik gilt einer logozentristischen Sprache auf dem Theater, die reduziert ist auf ihre Bedeutungs- und Informationsfunktion und lediglich als Repräsentation der Repräsentation angesehen werden kann (Sprache repräsentiert das Denken, der Text wiederum repräsentiert die Sprache). So verstanden ist Sprache lediglich in der Lage, Alltagssprache und -erfahrung abzubilden. Als Werkzeug des Verstandes sollte ihr im nicht-diskursiven theatralen Kunstwerk keine oder nur eine untergeordnete Funktion zukommen. Artaud wendet sich damit gleichzeitig gegen die überlieferte Vorstellung vom Schauspieler als einem „Organ" des Ausdrucks, einem bloßen Mittler von Zeichen. Er setzt dagegen die Präsenz des lebendigen Menschen auf der Bühne. Derrida faßt Artauds Kritik am abendländischen Theater folgendermaßen zusammen: „Die klassisch-okzidentale Bühne definiert ein Theater des Organs, ein Worttheater, ein Theater der Interpretation also, der Aufnahme und der Übersetzung, der Ableitung aus einem vorgefertigten Text, aus einer Tafel, die von einem Gott-Autor, welcher der alleinige Besitzer des Wortes ist, geschrieben worden ist. Eines Herrn, der das gestohlene Wort für sich behält und es seinen Sklaven, seinem Regisseur und seinen Schauspielern lediglich borgt" (Derrida 1989, 284).

Damit verdeutlicht die referierte radikale Kritik am Literaturtheater das grundsätzliche Problem einer von dramatischen Vorlagen ausgehenden Theaterpraxis, die immer noch als eine vorherrschende Form des abendländischen Gegenwartstheaters angesehen werden kann. Sie richtet sich gegen die szenische Bebilderung eines Textes mit theatralen Mitteln, die insbesondere, wenn sie von der Annahme einer einzig richtigen ‚Realisation' eines dramatischen Textes auf der Bühne ausgeht, eine Redundanz darstelle, die für Produzenten und Rezipienten gleichermaßen künstlerisch unbefriedigend und uninteresssant sei.

Es stellt sich damit die Frage nach einem anderen Verständnis der Transposition eines dramatischen Textes in einen szenischen Vorgang und nach den Berührungspunkten von Sprach- und Bühnenkunst.

Der kritisierten Praxis des Literaturtheaters liegt ein Sprachverständnis zugrunde, das Sprache und Sprechen auf seine repräsentativen, identifizierenden und diskursiven Funktionen reduziert, das infolgedessen die Theaterveranstaltung als eine Form der diskursiven Auseinandersetzung mit einer Thematik versteht. Die Kritik an der logozentristischen Sprache auf dem Theater richtet sich damit in erster Linie gegen eine bestimmte Form des literarischen Theaters, das sich nach Weber (1988) als ‚politisch-moralisch' bzw. als ‚sozialproblematisches Diskurstheater' umschreiben läßt. In Übereinstimmung mit Weber wird hier die Auffassung vertreten, daß sich diese Sprachkritik nicht grundsätzlich auf jede Form des literarischen Sprechtheaters ausweiten läßt. Eine vereinfachende Gegenüberstellung von Körper- und Bildertheater als sinnlichem Erleb-

nis und (Sprech-) Literaturtheater als einer Form des abstrakten, sich an den Verstand
wendenden Auseinandersetzung gilt demnach als verfehlt (vgl. dazu auch Weber 1988,
7 f). Weber gibt demgegenüber zu bedenken, daß Sprache und Sprechen nicht allein als
Medium des Abbildens einer außer-sprachlichen Realität fungieren, sondern vielfältige konstruktive Leistungen vollbringen. Unter dieser Voraussetzung, daß Sprache und
Sprechen nicht eine Verdoppelung der Wirklichkeit vornehmen, „... daß ihre Aussagen
über ‚Realität‘ keine ‚Nachahmungen‘ oder ‚Abbildungen‘ sein können, sondern wahr-
nehmungs- und interessengesteuerte Darstellungen (aktivierendes Gestaltungsprinzip)
und Bewertungen ...“ (Weber 1988, 8), gelangt er zu einer differenzierten Einschätzung
der ästhetischen Qualität eines von literarischen Texten ausgehenden Sprechtheaters
und des Verhältnisses von Textvorlage und szenischer Darstellung.

Er unterscheidet zu diesem Zweck verschiedene Sprachschichten (vgl. ebd., 15 ff):
eine ‚Erste Sprache‘, die er nach Roland Barthes (1988) als ‚gymnastisch‘ bezeichnet, eine ‚Zweite Sprache‘, die als Laut- und Verbalsprache die Ebene der Artikulation der Ersten Sprache darstellt, und eine Sprache der künstlerischen Gestaltung, die
zwischen beiden vermittelt und die, verschiedenartig ausgeprägt, allen Kunstformen
eigen ist. Die gymnastische oder choreographische ‚Erste Sprache‘ soll nicht als eine psychologische mißgedeutet werden, sondern wird im Sinne Barthes als „Gebärde
des in Bewegung erfaßten und nicht im Ruhezustand betrachteten Körpers“ (Barthes
1988, 16) charakterisiert. „Gymnastisch heißt: Die Person GEBÄRDET sich, sie gebärdet ihr Gefühl, ihren Intellekt“ (Weber, 1988, 15). Nicht Sprache als Abbild von
Bedeutungen wird demnach auf die Bühne gebracht, sondern sprachliche Gebärden,
„in denen Personen situativ sich bewegen“ (ebd.). In ihnen wird immer ein Verhältnis
der sprechenden Person zu den Dingen und Personen ihrer Umgebung ausgedrückt.
Die ‚Zweite Sprache‘, die nach Weber die „‘gewöhnliche , Laut- und Verbalsprache“
darstellt, hat die Aufgabe, Wirklichkeit zu erfassen und zu bearbeiten. In dieser Funktion kann sie die ‚Erste Sprache‘ sowohl artikulieren als auch zensieren. Die Gestaltungsaufgabe eines sprachkünstlerisch arbeitenden Theaters besteht nun nach Weber
darin, sich diese beiden Sprachebenen zu erarbeiten und sie zueinander in Beziehung
zu setzen. Dabei erscheint es ihm wesentlich, daß die künstlerische Gestaltung das kon-
trapunktische Verhältnis der beiden Ebenen herausarbeitet. „Im künstlerischen Sprach-
gang inszeniert sich keine illusionistisch nachgestellte Handlungsgeschichte, sondern
die Ausdrucksweise der gefühlsintelligiblen Metiers (= ‚Erste Sprache‘ d.V.), die in
Kontrapunktik zur agierenden Rhetorik des lebensbesorgenden Sprachbewußtseins (=
‚Zweite Sprache‘ d. V.) steht“ (vgl. ebd. 17).

Das widerspruchsvolle Verhältnis zwischen dem Wort und der Aktion auf der Bühne wird auch in anderen theaterwissenschaftlichen Ansätzen als zentrales Moment theatraler Produktion und Rezeption herausgehoben. So spricht Honzl (1975) allgemein
von einer „Polarität der Eindrücke“ (Honzl 1975, 138), das er als ein Gesetz theatraler
Produktion und theatraler Wahrnehmung bezeichnet. In bezug auf die Worte des Textes
und die Aktion des Schauspielers soll dieses Gesetz eine Verbildlichung der Vorstellung,
die durch die Worte ausgelöst wird, bzw. die bloße Illustration der Worte verhindern.

Nach Pavis läßt sich die Inszenierung eines Dramas als „Diskurs über Leerstellen“
(Pavis 1989, 23) verstehen. Dabei sollen den Leerstellen des Textes diejenigen der

Inszenierung gegenübergestellt werden. Dieses Verfahren konkretisiert Pavis folgendermaßen: „Auf der Bühne jene Bereiche des Textes, die klar sind zu verdunkeln und jene, die unklar sind zu erhellen – diese Verfahren zur Erzeugung von Bestimmtheit/ Unbestimmtheit bilden das Kernstück der Inszenierung" (ebd.).

Unter Bezugnahme auf Julia Kristevas Theorie des poetischen Textes kennzeichnet Fischer-Lichte die Transformation des dramatischen Textes in den auf der Bühne gesprochenen Text als „Semiotisierung des Symbolischen" (Fischer-Lichte 1983, Bd. 3, 22). Kristeva definiert die regelbefolgende Zeichenverwendung als das Symbolische, die unterhalb dieser Ebene liegende Absicht und Artikulation des Ausdrucks als das Semiotische. Den poetischen Text charakterisiert sie entsprechend als eine Semiotisierung des Symbolischen. Diese Bezeichnung überträgt Fischer-Lichte auf die Verwandlung des geschriebenen Dramentextes in die szenische Aktion durch den Schauspieler. Der Dramentext stellt nach der o. g. Definition bereits eine erste semiotisierte symbolische Ordnung dar. „Indem der Schauspieler sich diesen Text gleichsam ‚einverleibt', geschieht eine zweite Semiotisierung: Seine individuelle Physis bemächtigt sich des Textes und bringt ihn sozusagen unter den von ihr gesetzten Bedingungen zugleich als einen fremden und als ihren eigenen ein zweites Mal hervor" (ebd., 30). Auch hier wird das widersprüchliche Verhältnis zweier Sprachebenen zur Grundlage der theatralen Gestaltung eines Textes. An die Stelle seiner Verdopplung durch die szenische Aktion tritt eine Verschiebung auf eine andere Sprachebene.

Die Widersprüchlichkeit zwischen dem dramatischen Text und seiner szenischen Gestaltung läßt sich, entsprechend der hier diskutierten theaterwissenschaftlichen Ansätze, als ein konstitutives Merkmal des Verhältnisses von Drama und Theater festhalten. Nur durch sie kommt es zu einer wechselseitigen Bereicherung der beiden Kunstformen, die die produktive und rezeptive Auseinandersetzung mit der Aufführung spannungsreich gestaltet.

Unter der Voraussetzung, daß die Theateraufführung nicht als ‚Realisation' eines dramatischen Textes auf der Bühne angesehen werden kann, stellt die Theatersemiotik die Frage nach den Gelenkstellen zwischen Text und Aufführung und nach den Modi der Umwandlung eines literarischen Textes in eine szenische Handlung. Im Sinne der Semiotik sind Drama und Aufführung zwei verschiedene Kunstwerke, die auf unterschiedlichen Zeichensystemen beruhen. Von einer Übermittlung des dramatischen Textes durch ein anderes Medium kann deshalb nicht ausgegangen werden. Vor dem Hintergrund eines erweiterten Textbegriffs[119] spricht Fischer-Lichte von einem dramatischen und einem theatralischen Text und fragt nach den Möglichkeiten der ‚Übersetzung' des einen in den anderen. Da es sich dabei um die Übersetzung von einem Zeichensystem in ein anderes handelt, kennzeichnet sie diese Form der Übersetzung als ‚inter-semiotisch'. Bedingung dieser Form der Übersetzung ist, daß die dramatis personae eines dramatischen Textes den Personen der Schauspieler zugeordnet werden, der ihnen zugeordnete schriftsprachliche Text als verbalsprachliche Rede der zu ge-

---

119 Zur Problematik der Anwendung des Textbegriffs auf die ereignishafte Kunstform des Theaters vgl. Höfele 1991, 12 f.

staltenden Figur eines Schauspielers aufgefaßt wird. „Damit ist die Bedingung für die prinzipielle Übersetzbarkeit des Dramas in eine Aufführung ermittelt. (...): Der Körper des Schauspielers wird als Interpretant für das sprachliche Zeichen des Namens eingesetzt und verstanden. Entsprechend kann dann der dem Namen zugeordnete Text von dem Schauspieler, der als Interpretant dieses Namens fungiert, als mündliche Rede realisiert und auf diese Weise in theatralische Zeichen – wie beispielsweise paralinguistische und kinesische – transformiert werden" (Fischer-Lichte 1983, Bd.3, 40).[120] Der folgende Prozeß der Übersetzung unterliegt vergleichbaren Bedingungen wie die hermeneutische Sinnerschließung eines literarischen Textes. Dabei lassen sich allerdings keine konkreten theatralen Zeichen ableiten, sondern lediglich Bedeutungen erschließen. Eine verbindliche Übersetzung des dramatischen Textes in den theatralischen Text ist damit nicht gegeben. Als mögliche ‚Übersetzungsregel' gilt nach Fischer-Lichte, daß das gewählte theatrale Zeichen dem Rezipienten als Interpretant für die intendierte Bedeutung zu dienen vermag, die die Produzenten aus dem entsprechenden Zeichen des dramatischen Text erschlossen haben. Sie zieht daraus die Schlußfolgerung, „... daß die Anzahl der theatralischen Zeichen, die als Objektivation und Vermittlung einer Bedeutung wählbar sind, im heutigen abendländischen Theater beliebig groß ist" (ebd., 41). Damit ist auch die Frage der Angemessenheit einer solchen intersemiotischen Übersetzung eines dramatischen Textes in einen theatralischen Text beantwortet. „Äquivalenz", so Fischer-Lichte, „ist dann gegeben, wenn die Aufführung sich als Interpretant für die mögliche(n) Bedeutunge(en) des zugrundeliegenden Dramas verstehen lassen" (ebd., 48). Mit dieser sehr weiten Bestimmung ist praktisch jede Übersetzung eines dramatischen Zeichens in ein theatralisches Zeichen als intersemiotische Transformation zu rechtfertigen. Hinzu kommt, daß durch die unterschiedliche Qualität der Zeichen – Symbole im dramatischen Text, ikonische Zeichen im theatralischen Text – eine weitere Bedeutungsverschiebung stattfindet. Ikonische Zeichen stellen einerseits eine Konkretisierung der sprachlichen Zeichen dar, andererseits vermögen sie aufgrund ihrer besonderen Eigenschaften über den Dramentext hinaus auf weitere Bedeutungen zu verweisen. Vor diesem Hintergrund sind verbindliche Aussagen über eine Angemessenheit der Übersetzung zwischen den beiden Kunstformen nur mit Vorsicht zu treffen. Fischer-Lichte schränkt darum nochmals ein: „Der Terminus Äquivalenz, wie wir ihn hier verwenden und verstanden wissen möchten, meint vielmehr lediglich, daß beide Texte sich im Hinblick auf einen gemeinsamen Sinn interpretieren lassen" (ebd., 53). Diese Analyse läßt auch den Begriff der „Werktreue" sinnlos erscheinen. Im Sinne der Bestimmungen der Theatersemiotik ist eine werktreue Transformation eines dramatischen Textes in einen theatralischen Text nicht möglich, setzte sie doch

---

120 Diese Kriterien werden problematisch angesichts zeitgenössischer Bühnentexte, die keine dramatis personae und ihnen zugeordnete Texte aufweisen. Dazu zählen so unterschiedliche Texte wie beispielsweise Samuel Beckett, „Akt ohne Worte" (I, II); Hans Magnus Enzensberger, „Der Untergang der Titanic"; Heiner Müller, „Wolokolamsker Chaussee", „Bildbeschreibung"; Peter Handke, „Die Stunde da wir nichts voneinander wußten"; Elfriede Jelinek, „WolkenHeim"; (vgl. dazu auch A. Wirth, Dekonstruktionseffekte auf dem Theater und das Problem der Notation. In: E. Fischer-Lichte 1985, 146–163).

‚richtige', intersubjektiv gültige Kriterien der Umwandlung einer Bedeutung in ein theatrales Zeichen voraus.[121]

In ähnlicher Weise äußert sich auch der französische Theatersemiotiker Patrice Pavis zur Frage der Werktreue einer Inszenierung. Die Inszenierung kann seiner Ansicht nach nicht darin bestehen, szenische Signifikate für das im Text bereits Gesagte zu finden und dieses damit zu verdoppeln. Eine solche Auffassung lasse die bedeutungstragende Materialität von sprachlichen und szenischen Zeichen außer acht und hebe die grundsätzliche Verschiedenartigkeit verbaler und non-verbaler Zeichen auf (vgl. Pavis 1989, 15 ff). Andererseits bleibt die Inszenierung dem ihr zugrunde liegenden dramatischen Kunstwerk verpflichtet. Über die sprachlichen Zeichen des Textes, die in der Inszenierung auf der Bühne artikuliert werden, sind beide miteinander verbunden. Pavis versucht, vor diesem Hintergrund das Verhältnis von Text und Aufführung als das einer Konfrontation zweier fiktionaler Welten zu beschreiben, von denen „die eine durch den Text strukturiert und die andere durch die Bühne hervorgebracht wird" (ebd., 17).

Die Inszenierung hat für ihn den Charakter einer dargestellten, kollektiven Lektüre (vgl. ebd., 18). Dabei wird der Begriff der „Lektüre" im Unterschied zur philologischen Interpretationspraxis als ein ‚Ausloten' szenischer Aktionsmöglichkeiten angesehen, die das Verhältnis von Nonverbalem und Verbalem, von dramatischem Text und szenischer Aktion erkundet. „Das Sprechen über den Text erfolgt nicht mittels eines sprachlichen, sondern eines ganz andersartigen semiotischen Systems: des »ikonischen«„ (ebd., 19). Damit findet eine Bedeutungsverschiebung statt, die wesentlich zum Verständnis des dramatischen Textes beiträgt, und deren wichtigstes Kennzeichen nach Ansicht Pavis' darin besteht, daß die szenischen Zeichen etwas aussagen, was die Zeichen des dramatischen Textes nicht auszusagen vermögen. Erst diese Form der Konfrontation der szenischen und der verbalen Ebene, der Widerspruch zwischen Gesagtem und Gezeigtem – Pavis spricht vom Unterschied zwischen visuellem und szenischem Diskurs gegenüber auditivem und textuellem Ablauf – macht den ästhetischen Reiz der theatralen Kommunikation aus. Diese Form der Inszenierungspraxis ist in besonderem Maße geeignet, die Gefahr des Logozentrismus zu bannen, die durch eine Dominanz des Textes im Theater und den Versuch, diesen szenisch zu bebildern, gegeben ist. Im Gegensatz dazu bemüht sich die beschriebene Inszenierungspraxis nicht, eine verbindliche Bedeutung des Textes zu bestimmen, sondern vielfältige Bedeutungsmöglichkeiten offen zu halten, „... sie öffnet den dramatischen Text für das szenische Experiment" (Pavis 1985, 22). Pavis nennt Peter Brook und Antoine Vitez als Vertreter eine solchen Praxis, die „ein fortwährendes Spiel zwischen Zeigen und Verbergen, Text und Bühnengeschehen" betreibt (ebd., 23). Er zitiert in diesem Zusammenhang Vitez, der die Wirkung dieser Vorgehensweise auf die Zuschauer be-

---

121 Fischer-Lichte geht an anderer Stelle ausführlicher auf den Begriff der Werktreue ein. In Anlehnung an Mukarovsky (1970) stellt sie fest, daß der Begriff das Werk als eine unveränderliche Größe voraussetze. Als Konstante könne aber nur das Artefakt, das materielle Werk, in diesem Fall also der dramatische Text, gewertet werden. Das ästhetische Objekt, die dem Werk im Rezeptionsprozeß zugeschriebene Bedeutung dagegen müsse als mobile, instabile und von situativen Kriterien abhängige Größe angesehen werden (vgl. Fischer-Lichte 1985, 37–41).

schreibt: „Le plaisir théâtral, pour le spectateur, gît dans la différence entre ce qu´on dit et ce qu´on montre (...) autrement, quel intérêt éprouverait-il pour le théatre? C´est la différence qui est intéressante ... Ce qui me semble excitant pour le spectateur tient à cette idée: ne pas montrer ce qui est dit." (Antoine Vitez im Gespräch mit Emile Copferman, zit. n. Pavis 1985, 23).[122]

Pavis kennzeichnet diese Form der Theaterarbeit auch als intertextuelle Inszenierung. Sie versteht jeden Text vor dem Hintergrund seiner Intertextualität, das heißt seiner vielfältigen und wandelbaren Beziehungen zum sozialen Kontext, zu anderen Texten und Diskursen. Eine eindeutige Bedeutungszuschreibung ist aus dieser Sicht nicht vorzunehmen. Dieses Verständnis impliziert, daß ein dramatischer Text die Möglichkeit einer Vielzahl von Lektüren und Inszenierungen eröffnet, die einander zu relativieren vermögen. Die Praxis der Inszenierung von nicht-zeitgenössischen Dramen belegt dieses Phänomen. Der Begriff der Intertextualität hat darüber hinaus den Vorteil, das Verhältnis von Drama und Theater, im Gegensatz zur Vorstellung einer möglichen „Werktreue", als ein nicht-hierarchisches zu bestimmen bzw. das traditionelle Verhältnis umzukehren und „dramatische Texte (...) als Transkription einer gedachten Theateraufführung zu lesen" (Höfele 1991, 20).

Im Hinblick auf die hier interessierende Frage nach den dem Theaterspielen innewohnenden Möglichkeiten ästhetischer Bildung erscheint der Begriff der Intertextualität zur Bestimmung des Verhältnisses von Drama und Theater ebenfalls von Bedeutung zu sein. Er stellt die Auseinandersetzung der Spielenden mit dem Text in den Mittelpunkt und nicht eine dem Text/Werk innewohnende einzige Bedeutung, die auf der Bühne zu realisieren sei. Auf der Basis eines intertextuellen Verhältnisses von Drama und szenischer Aktion lassen sich keine normativen Maßstäbe ableiten, die eine einzig ‚richtige' Aufführungsmöglichkeit eines Textes festlegen und damit die Spielenden in den Dienst des Autors, Textes, seiner Botschaft o.ä. stellen. An die Stelle der ‚Realisation' eines Textes durch seine Bebilderung in der Inszenierung tritt die Inszenierung der (kollektiven) Auseinandersetzung mit diesem Text. Die Geschichte, die auf der Bühne erzählt wird, ist damit immer auch die Geschichte derjenigen, die sie erzählen. Sie gewinnt ihre Einzigartigkeit und Neuartigkeit durch die erneute kollektive Lektüre und ist damit auch in einen bestimmten sozialen Kontext (der Produzierenden und Rezipierenden) eingebunden. Damit widerspricht das Konzept einer intertextuellen Inszenierungspraxis sowohl einem unhistorischen Festhalten an ‚Werktreue' als auch der scheinbaren Beliebigkeit szenischer Übersetzungsmöglichkeiten eines dramatischen Textes, wie sie aus der theoretischen Analyse Fischer-Lichtes folgt.

Die Methoden der Gestaltung eines Textes auf der Bühne werden im Zusammenhang mit den Künstlertheorien eingehender erörtert.

---

122 Inwieweit die hier im Hinblick auf die Zuschauerwirkung formulierte Einsicht auch für die Spielenden gelten kann und auf welchen Wegen die genannte Widersprüchlichkeit produziert werden kann, wird an späterer Stelle diskutiert (vgl. III., 2.5).

2.   Ästhetische Erfahrung im Prozeß der theatralen Gestaltung

Im Anschluß an die Diskussion zentraler Bedingungsfaktoren des theatralen Ereignisses soll im folgenden nach den ästhetischen Erfahrungen der Spielenden im Prozeß der theatralen Gestaltung gefragt werden. Dazu ist es erforderlich, Konzepte von Theater-Praktikern, sogenannte ‚Künstlertheorien‘, heranzuziehen, die sich sowohl mit den zentralen Problemen künstlerischer Produktion im Theater beschäftigen, dabei das spielende Subjekt in den Mittelpunkt der Aufmerksamkeit rücken, als auch die damit unmittelbar verknüpfte Wirkungsweise des theatralen Ereignisses auf die Rezipienten thematisieren. Für die hier interessierende Fragestellung nach der bildenden Wirkung des Theater-Spielens ist besonders der erstgenannte Gesichtspunkt von Bedeutung. Er läßt sich jedoch nicht, wie auch die Diskussion der Künstlertheorien zeigen wird, vom Prozeß der Rezeption abtrennen.

Ihren Stellenwert für die Diskussion ästhetischer Bildung bekommen die Konzepte der Theater-Praktiker vor allem unter den, im Anschluß an Teil I und Teil II diskutierten Prämissen, daß ästhetische Bildung weder als Erziehung durch Kunst (Theater) noch als Erziehung zur Kunst, in diesem Fall Unterrichtung über Theater, verstanden werden soll. Während diese Theater zum Inhalt kunsterzieherischer Bemühungen macht, wird es für jene zur Methode, um ausgewählte Inhalte zu vermitteln und bestimmte Ziele für die beteiligten Produzenten und Rezipienten zu erreichen.

Demgegenüber wird hier die Auffassung vertreten, daß sich ästhetische Bildung im Medium der Kunst, im gestalterischen Vorgang selbst vollzieht. Damit erübrigen sich auch Zielsetzungen, die vorab bestimmt und, aus einer außer-ästhetischen Praxis abgeleitet, an die ästhetische Bildung herangetragen werden. Vor dem Hintergrund dieser Position, die sich als Ergebnis der Diskussion im ersten und zweiten Teil der Untersuchung herauskristallisierte (vgl. I., 5; II., 7), stellt die Auseinandersetzung mit der reflektierten künstlerischen Praxis, wie sie die Künstlertheorien vornehmen, eine wesentliche Grundlage für einen Ansatz ästhetischer Bildung im Bereich der Theaterpädagogik dar. Die genannte Ausgangsposition bildet gleichzeitig die Grundlage dafür, daß die Aussagen der Theaterpraktiker, die sich in der Regel auf professionelles schauspielerisches Tun beziehen, hier im Hinblick auf die Bildungsrelevanz des Theaterspielens im nicht-professionellen Bereich befragt werden können. Da es um die Frage nach dem Erfahrungsmodus geht, der der theatralen Gestaltung zugrunde liegt, ist die Unterscheidung zwischen professioneller und nicht-professioneller Herangehensweise nebenrangig. Der Prozeß des gestaltenden Umgangs mit den eigenen Erfahrungen gilt für beide Bereiche gleichermaßen.[123] Die Künstlertheorien sollen daraufhin untersucht werden, *wie* sie diesen Vorgang beschreiben, und welche Bedingungen theatrales Gestalten ermöglichen. *Was* als Ergebnis dieses Prozesses entsteht, bleibt dabei zunächst unberücksichtigt. Die Analyse der mit theatraler Produktion einhergehenden

---

123 Diese Auffassung vertritt auch Metzger (1971, 281 ff), wenn er im Rahmen der Didaktik der Bildenden Kunst keine Trennung zwischen dem bildnerischen Gestalten von Kindern und der Ausbildung bzw. dem Schaffen von Künstlern vornehmen will.

Erfahrungsmodi beinhaltet also keine wertende Aussage im Hinblick auf den Kunstcharakter des gestalteten Ergebnisses.[124]

Überlegungen zum Stellenwert von „Künstlertheorien"

Das Heranziehen von sogenannten Künstlertheorien macht es im Vorfeld notwendig,
diesen Begriff insbesondere für die Kunst des Theaters zu präzisieren und den diesen
Theorien zugrunde liegenden Erkenntnismodus zu klären.

Als Künstlertheorien lassen sich diejenigen Äußerungen von Künstlern bezeichnen,
die entweder implizit in ihren Werken zum Ausdruck kommen oder aber explizit über
diese getroffen werden (vgl. Lehnerer 1991). Die folgende Diskussion bezieht sich auf
Letztgenannte, da die Reflexion des Gestaltungsprozesses in diesem Zusammenhang
aufschlußreicher ist als der ereignishafte Ablauf der Präsentation einer Aufführung.

Abzugrenzen sind die Künstlertheorien der Theaterpraktiker auch von solchen, in
der Literatur häufig mißverständlich als „Schauspieltheorien" bezeichneten Ansätzen,
die sich ihrem Gegenstand mit einem philosophischen, historischen, soziologischen
oder psychologischen Interesse nähern.[125]

Eine weitere Unterscheidung bezieht sich auf den Grad der Elaboration einer Künstlertheorie. Da der Prozeß schauspielerischen Schaffens aufgrund der Flüchtigkeit des
Theaterereignisses im Vergleich zu anderen Kunstformen relativ wenig erforscht ist,
bietet es sich an, auch auf dem Wege der Befragungen und des Interviews von Schauspielern und Regisseuren Material über diesen Prozeß zu sammeln. Auch auf diese
Äußerungen trifft der Begriff der Künstlertheorien, so wie er bisher erörtert wurde,
zu.[126] Die niederländische Theaterwissenschaftlerin Marianne van Kerkhoven begründet diese Vorgehensweise folgendermaßen: „Jede Studie in bezug auf den Schauspieler
ist eigentlich Grundlagenforschung; durch die Flüchtigkeit der Schauspielpraxis muß
man, wie auch immer, jedesmal auf Informationen ,aus erster Hand' zurückgreifen,
weil sie die einzigen sind, die – wenn auch nur sehr kurz – ,bestehen' ..."(Van Kerkhoven 1994, 10).

Das Anknüpfen an Künstlertheorien auf dem Wege der Befragung von Schauspielern fördert jedoch zunächst sehr heterogenes Material und sich zum Teil stark wider-
sprechende Aussagen über den Prozeß der schauspielerischen Gestaltung zutage. Van
Kerkhoven gelangt deshalb im Hinblick auf eine Beschreibung des Spielens zu der
Einschätzung, daß Verallgemeinerungen in diesem Feld kaum möglich sind. „Spielen
kann scheinbar alles sein: Man kritisiert eine Figur, die Figur verpflichtet einen, individuelle Entscheidungen zu treffen, man zeigt sich selbst, man dient dem Autor, man
geht in seiner Figur auf, man sucht einen Schnittpunkt zwischen sich und der imagi-

---

124 Möglicherweise kann man mit den Begriffen der Logik die zu beschreibende ästhetische Erfahrung
     als notwendige, aber nicht als hinreichende Bedingung für ein gelungenes künstlerisches Ergebnis an-
     sehen.

125 Zum Überblick über die Forschungsergebnisse dieser Theorien einschließlich einer ausführlichen Bi-
     bliographie vgl. Bohn 1982

126 Diese Methode verfolgt beispielsweise die Zeitschrift „Theaterschrift", bezogen auf den Prozeß des
     Schauspielens, vgl. insbesondere Heft 7/1994 „Der Schauspieler"; vgl. auch Trobisch 1993

nären Figur, man hält sich ab und zu eine Maske vor usw. Keiner dieser Schauspieler ist unter einen Hut zu bekommen; jeder scheint ein Produkt dessen zu sein, was ihm/ihr über den Weg lief. Und doch helfen die in den Varianten beschriebenen Kategorien bei der Definierung dessen, was sich vor unseren Augen abspielt" (ebd., 29).

Von diesem sehr heterogenen und inkommensurablen, aus Künstlertheorien erwachsenen Material lassen sich diejenigen Ansätze unterscheiden, die nach Simhandl (1985) als konzeptionelle Überlegungen von Theaterpraktikern anzusehen sind. Im Unterschied zu der Mehrzahl der Befragungen und Interviewäußerungen stellen sie systematische Darlegungen zur Theater- und Schauspielpraxis dar, auch wenn sie vielfach nur verstreut und fragmentarisch vorliegen. Verbunden mit diesen Überlegungen ist in der Regel die Absicht einer gezielten Einflußnahme und Veränderung dieser Praxis im Hinblick auf eine bevorzugte Darstellungsweise sowie die Weitergabe und Verbreitung der aus der künstlerischen Praxis gewonnenen Einsichten.

Diese Charakterisierung enthält bereits einen Hinweis darauf, inwieweit man die letztgenannten Künstlertheorien auf einer mittleren Abstraktionsebene ansiedeln kann. Sie gehen aus von konkreten, in der künstlerischen Praxis auftretenden Problemen und versuchen, diese auf dem Wege der Reflexion und immer im experimentellen Zusammenhang mit dieser Praxis zu lösen. Ausgewählte wissenschaftliche Erkenntnisse aus den unterschiedlichsten Fachgebieten können dabei „steinbruchartig" einbezogen werden. Die dabei entstehende Begrifflichkeit beruht häufig nicht auf eindeutigen Definitionen. Stattdessen handelt es sich eher um „Arbeitsbegriffe", die in pragmatischer Absicht zur Benennung eines konkreten Problems entwickelt wurden und dabei Begriffe aus dem Gebiet der jeweiligen Kunstform, vorwissenschaftliches Verständnis und fachwissenschaftliche Termini synthetisieren.[127]

Das Bemühen der Theaterpraktiker, Bedingungsfaktoren und Realisierungsmöglichkeiten ihrer jeweiligen Praxis zu analysieren, richtet sich dabei immer auf das Ziel, die so gewonnenen Erkenntnisse wiederum an der Praxis zu überprüfen und für die Praxis nutzbar zu machen. Diese Vorgehensweise und die daraus resultierenden Erkenntnisse sind notwendigerweise stark situativ gebunden und lassen sich nur in sehr begrenztem Maße verallgemeinern. Vergleichbar mit zahlreichen Gebieten alltäglicher sozialer Erfahrung lassen sich auf dieser Basis keine Kausalzusammenhänge und Letztbegründungen formulieren.

Über diesen stark eingeschränkten Geltungsanspruch hinaus steht der Versuch des theoretischen Beschreibens und Erfassens künstlerischer Zusammenhänge immer vor

---

127 Angesichts der begrifflichen Unschärfe der Künstlertheorien und der daraus resultierenden Mißverständnisse verweist Hoffmeier (1993) auf die Notwendigkeit einer „Begriffskritik" und bezieht diese in seine Auseinandersetzung mit der Theaterkonzeption Stanislavskijs ein (vgl. ebd., 161 ff). Besonders für eine vergleichende Analyse von Künstlertheorien erscheint ihm diese Vorgehensweise unabdingbar. „Eine Begriffskritik ist notwendig. Wenn man mit anderen Lehren oder Schaffensästhetiken des Theaters ähnlich verfährt, wird man sogar herausfinden können, daß ein und derselbe Sachverhalt schauspielerischer Arbeit durchaus mit verschiedenen Begriffen bezeichnet werden kann. Das hilft, Verwandtschaften oder Übereinstimmungen zu erkennen, aber auch Unterschiede genauer zu bestimmen, wo sie tatsächlich bestehen" (ebd., 164f).

dem Problem einer Reduktion dieser Praxis, insbesondere, wenn es sich um den Versuch handelt, das simultane und ereignishafte Theatergeschehen in die sukzessive Ordnung der sprachlichen Darstellung zu bringen. Beispielhaft faßt der russische Regisseur und Theaterpädagoge Stanislavskij[128] diese Schwierigkeiten zusammen:

„Wie schwer ist es jedoch, seine Erfahrungen in einem so komplizierten Prozeß mitzuteilen, wie es das Schaffen des Schauspielers ist. Im persönlichen Kontakt mit dem Schüler kann man zeigen, vorführen, gestalten, was sich schwer in Worte fassen läßt. Die Gestaltung ist die Sphäre des Schauspielers. Greift man aber zur Feder, dann hat man die Worte, die man zur Bestimmung von Empfindungen benötigt, nicht parat, oder sie entschwinden einem" (Stanislavskij, Briefe, zit. n. Hoffmeier 1993, 376).

Gleichzeitig stellt aber gerade dieser Weg der theoretischen Reflexion erst die Bedingung dafür dar, Prozesse künstlerischer Praxis in den Blick zu bekommen und Probleme zu benennen, sie im Sinne des Wortes „fest zu stellen". Nicht zuletzt dieser Widerspruch führt zu einer ständigen Überprüfung und Revision einmal gewonnener Ergebnisse vor dem Hintergrund der praktischen künstlerischen Tätigkeit und zur Einsicht in deren begrenzte Gültigkeit und strukturelle Unabschließbarkeit.

Die Künstlertheorien, die im folgenden auf ihren Beitrag zu einem Ansatz ästhetischer Bildung im Bereich der Theaterpädagogik befragt werden sollen, gehören ausschließlich dieser letztgenannten Gruppe an. Das heißt, sie nehmen eine systematische Reflexion der Praxis mit dem Ziel ihrer Verbesserung vor.

In Abhängigkeit davon, ob sie sich stärker den Bedingungen schauspielerischen Gestaltens oder der beabsichtigten Wirkung des Theaterspielens auf das Publikum zuwenden, lassen sie sich in Produktions- bzw. Wirkungsästhetiken unterscheiden. Beispielhaft für letztere ist die Theaterästhetik Brechts, während die Konzeption Stanislavskijs sich mit den Bedingungen schauspielerischen Schaffens beschäftigt, also als Produktionsästhetik anzusehen ist.

Die folgende Untersuchung wird sich ausschließlich mit Künstlertheorien des 20. Jahrhunderts beschäftigen. Zwar läßt sich die Beschäftigung mit Fragen des schauspielerischen Erlebens, insbesondere mit dem Verhältnis von Darstellung und Einfühlung, bis ins 18. Jahrhundert zurückverfolgen[129], eine systematische Erörterung der Bedingungen, die diesem Erleben zugrunde liegen, beginnt jedoch erst um die letzte Jahrhundertwende.

---

128 Die Schreibweise der slawischen Namen richtet sich nach den neueren, in der Slawistik geltenden Regeln der Umschrift. Dort, wo die Namensnennung innerhalb von Zitaten auftritt und noch den alten Transkriptionsregeln folgt, wurde diese Schreibweise beibehalten. Dadurch treten die Eigennamen einer Person zum Teil in zwei verschiedenen Schreibweisen auf, beispielsweise: Stanislawski/Stanislavskij; Vachtangov/Wachtangow; Meyerhold/Mejerchol'd und Tairow/Tairov.

129 Zu nennen sind hier u. a. Rémond de Sainte-Albine, Le Comédien (1747); die Schrift wurde auszugsweise übersetzt von Gotthold Ephraim Lessing; Auszug aus dem „Schauspieler des Herrn Rémond von Sainte-Albine" Berlin 1754; Francesco Riccoboni, L'Art du théâtre (1750), ebenfalls in der Übersetzung von Lessing, Die Schauspielkunst (Stuttgart 1750); Denis Diderot, Paradoxe sur le Comédien (geschreiben 1769, veröffentlicht postum 1830); G.E. Lessing, Hamburgische Dramaturgie 2 Bde., Hamburg 1767–1769, insbesondere die Stücke 2–5

Zur Fragestellung und Vorgehensweise

Im Sinne der oben dargestellten Vorentscheidungen kann es selbstverständlich nicht Ziel des folgenden Kapitels sein, eine vergleichende Darstellung und Kritik ausgewählter Künstlertheorien zu leisten, sie in ihren jeweiligen gesellschaftlichen und kulturellen Zusammenhang einzuordnen und damit in Beziehung zu einer historisch vorherrschenden Darstellungspraxis zu bringen. Zahlreiche fundierte Auseinandersetzungen dieser Art liegen bereits vor und können als Material für die hier interessierende Fragestellung herangezogen werden.[130]

Ebensowenig kann es darum gehen, die in Frage stehenden Künstlertheorien auf ihre methodischen Hinweise hin zu untersuchen und zu erkunden, inwieweit sich die erprobten und empfohlenen Methoden für eine theaterpädagogische Praxis außerhalb der professionellen Schauspielausbildung eignen. Eine solche Vorgehensweise eignet sich eher zur Erstellung eines „Lehrbuchs" der Theaterpädagogik, das sich die Aufgabe einer Methodenzusammenstellung und daraus abzuleitender Übungsempfehlungen stellt. Zwar liegt eine systematische Darstellung dieser Art meines Wissens bisher nicht vor, jedoch gibt es eine Vielzahl von Praxisberichten und Seminarauswertungen, die diese Fragen aufgreifen und aus der Praxiserfahrung heraus in bezug auf einen jeweils ausgewählten Bereich der Schauspielmethodik zu beantworten versuchen.

Demgegenüber geht es im hier zu erörternden Zusammenhang um den Beitrag der Theaterpraktiker zur Frage des ästhetischen Erlebens im Prozeß der theatralen Gestaltung. Diese Fragestellung wird innerhalb der Künstlertheorien nicht unbedingt ausdrücklich und gesondert behandelt, sondern ist in den meisten Fällen den Ausführungen immer schon implizit und muß deshalb aus ihnen hergeleitet werden. Dabei können die im ersten Abschnitt dieses Kapitels diskutierten Grundkonstituenzien des Theaters leitend sein. Während diese die Eigenheiten theatralen Produzierens und Rezipierens auf den Begriff zu bringen versuchen, unterstreicht die Frage nach den dem theatralen Gestalten zugrunde liegenden Erfahrungsmodi den prozeßhaften und subjektiven Charakter dieses Vorgangs.

Es ist also zu fragen, inwieweit sich zu den im vorangegangenen Kapitel genannten theaterwissenschaftlich bestimmten Charakteristika theatraler Kommunikation Entsprechungen auf der Ebene des kunstpraktischen Vorgehens finden lassen, die dieser Differenz gerecht werden. Das heißt, es soll der Versuch unternommen werden, die Begrifflichkeit der Theaterwissenschaft zurückzubinden an Prozesse künstlerischen

---

130 vgl. u. a. Kindermann, Theatergeschichte Europas. Bd. 9, Naturalismus und Impressionismus. Salzburg 1970; Brauneck, Theater im 20. Jahrhundert. Programmschriften, Stilperioden, Reformmodelle. Reinbek 1982; ders.; Klassiker der Schauspielregie. Positionen und Kommentare zum Theater im 20. Jahrhundert. Reinbek 1988; Simhandl, Konzeptionelle Grundlagen des heutigen Theaters. In: Theaterpädagogik. Beiträge zur Praxis und Theorie der Theaterausbildung. Sonderheft. Berlin 1985; ders., Grundzüge der Theatergeschichte. Unveröffentlichtes Vorlesungsmanuskript. Berlin 1988ff; Hoffmeier, Stanislavskij. Auf der Suche nach dem Kreativen im Schauspieler. Neue Einblicke in sein Werk. Stuttgart 1993; Knebel, Michail A. Čechov und sein schöpferisches Erbe. In: Čechov, Die Kunst des Schauspielers. Moskauer Ausgabe. Stuttgart 1990, 173–283

Gestaltens, ohne damit allerdings ein lineares Abbildverhältnis unterstellen zu wollen. Die folgende Zuordnung versteht sich also nicht als zwingend notwendig, sondern als ein mögliches Konstrukt. Dahinter steht vielmehr das instrumentelle Interesse daran, Kategorien zu finden, die für die Untersuchung der Künstlertheorien im Hinblick auf die Frage nach den Erfahrungsmodi im theatralen Prozeß leitend sein können.

Auf der Grundlage dieser Vorgehensweise lassen sich folgende Untersuchungsgesichtspunkte finden:

Grundbedingungen theatraler Kommunikation	*Prozesse theatralen Gestaltens*
Doppelschichtigkeit bzw. drei Bedeutungsebenen	
	Spielen: Zwischen Darstellen und Erleben, Spieler und Figur, Annäherung und Distanz (2.1)
Zeichen von Zeichen herstellen: Verdopplung der Kultur und Umstrukturierung von kulturellen Zeichen	
Ereignischarakter	Zeiterleben: Zwischen der Ereignissen (2.2)
gleichzeitige Verwirklichung von realem und fiktivem Verhalten (Verhältnis von Sein und Schein)	doppelte Anwesenheit/räumlich: Zwischen der Situation auf der Bühne und dem Publikum (2.3)
körperliche Präsenz von Produzenten/ Rezipienten, Körper als „Instrument"	Leiblichkeit: Zwischen ‚Körper-Haben' und ‚Körper-Sein' (2.4)
Zusammenhang Text/Aufführung	Sprechen auf der Bühne: Zwischen Sinn und Sinnlichkeit (2.5)

Die damit gewonnenen Untersuchungsgesichtspunkte befinden sich, im Unterschied zu den Zustandsbeschreibungen der Theaterwissenschaft, jeweils an Schnittstellen des Erlebens. Sie bezeichnen die Übergänge, die Transgressionen, die kennzeichnend für künstlerische Gestaltung im theatralen Prozeß sind. Offensichtlich läßt sich der Modus der Erfahrung, der mit dieser Gestaltung einhergeht, zunächst allgemein als ein „Dazwischenstehen" charakterisieren.

Im Rückgriff auf die Thesen Lehmanns zur „Konstitution des Subjekts im Diskurs der antiken Tragödie" (Lehmann 1991) soll diese zentrale Kategorie theatraler Erfahrung im folgenden kurz erläutert werden.

In seiner Analyse der attischen Tragödie betont Lehmann den Moment des „Zwischen" als den entscheidenden Unterschied zwischen szenischer Darstellung und Mythos. Das antike Theater vermag erstmals, den Menschen in der Zeitspanne zwischen seinen Handlungen darzustellen, mit der Konsequenz, „daß anstelle der Taten das Verhältnis des Menschen zu seinem Tun" (Lehmann 1991, 58) thematisiert wird. Während im Epos der auktoriale Erzähler für den einheitlichen Standpunkt bürgt, von dem aus auf die Geschichte geblickt wird, vervielfältigt sich die Perspektive in der szenischen Darstellung. Die subjektive Sichtweise, ihre Gebundenheit an Körper und Zeit der handelnden Personen und damit ihre Befangenheit treten ins Bewußtsein. Gleichzeitig, so hebt Lehmann hervor, ermöglicht die szenische Verkörperung den Blick von außen auf den Körper des Darstellers und macht damit die Tatsache des „Gesehenwerdens" erfahrbar. „Mit dem Perspektivismus und dem Auftauchen einer subjektiven Zeit des Körpers geht die Akzentuierung einher, daß der Protagonist als Objekt des Blicks erscheint, daß er geradezu definiert ist durch den Umstand, gesehen zu werden" (ebd., 62).

Die solchermaßen bestimmten Leistungen der antiken Tragödie gehen zum einen einher mit einer Subjektvorstellung, die nicht das autonom sich entscheidende Subjekt in den Mittelpunkt stellt, sondern den Menschen, der sich zwischen seinen Taten, im Moment der Verunsicherung und des Zögerns entdeckt und dadurch sich selbst bewußt wird. Unter Bezugnahme auf die Theorie Lacans und die Wahrnehmungsphänomenologie Merleau-Pontys kennzeichnet Lehmann zum anderen das Subjekt durch seine „ekzentrische Position gegenüber dem Ich" (ebd., 132). Das Bewußtsein, gesehen zu werden, sichtbares Objekt zu sein, ist untrennbar verbunden mit der Erfahrung, „von Anfang an existierend im Feld des Anderen" zu sein, „der selbst Subjekt ist" (ebd., 130). Die hier zugrunde liegende Auffassung von Subjektivität, der die Annahme von Inter-Subjektivität bereits immanent ist, faßt Lehmann folgendermaßen zusammen:

„Mit dem Begriff Subjekt beschreiben wir vielmehr ein Bewußtsein von sich selbst, das untrennbar ist von einer Beziehung auf die Instanz eines ‚Anderen' und sich in der Tragödie zu erkennen gibt als Objektsein, Opfersein, Abhängigkeit und Angewiesenheit auf diese andere Instanz" (ebd., 129).

In der Erfahrung des „Dazwischen" als zentralem Erfahrungsmodus theatralen Gestaltens deutet sich damit auch der Ort an, an dem Theaterspielen als ästhetische Bildung stattfindet. Handelt es sich doch um einen Modus von Erfahrung, der nicht nur intra-subjektiv, sondern gleichzeitig immer schon intersubjektiv stattfindet und damit die Konstitution des Subjekts mit der Konstitution eines Gegenüber verbindet.

Es stellt sich nun die Frage, inwieweit sich diese Leistung des Theaters, die Lehmann für die antike Tragödie gegenüber dem Mythos herausarbeitet, auch auf den Erfahrungsmodus des Theaterspielens im allgemeinen übertragen läßt. Dazu sollen im folgenden ausgewählte Künstlertheorien befragt werden, die, in Abhängigkeit von der von ihnen bevorzugten Darstellungsweise, mit den konkreten Vollzügen des „Dazwischenstehens" als Charakteristikum theatralen Gestaltens in unterschiedlicher Weise umgehen.

2.1   Zwischen Spieler und Figur

2.1.1 Stanislavskij: Kunst des Erlebens

Die Theaterästhetik des russischen Theaterreformers, Schauspielers, Regisseurs und Theaterpädagogen Konstantin Sergeevic Stanislavskij (1863–1938) kann als ‚work in progress‘ beschrieben werden.

Zunächst stark an der Ästhetik des Naturalismus orientiert, am Bemühen um eine möglichst detailgetreue illusionistische Abbildung von Wirklichkeit, wandte sich Stanislavskij im Laufe seiner theaterpraktischen und -theoretischen Tätigkeit, auch unter dem Einfluß zeitgenössischer Dramatiker, der Ästhetik eines ‚geistig-seelischen Naturalismus‘ zu. Damit richtete er seine Aufmerksamkeit stärker auf die psychische Motivation der handelnden Personen, die sich hinter der äußeren Realität verbirgt. Gemäß dieser Vorstellung eines ‚geistig-seelischen Naturalismus‘ stellte Stanislavskij sich die Aufgabe, eine Schauspielmethodik auszuarbeiten, die eine möglichst glaubhafte, wahrhaftige Darstellung der psychischen Prozesse von Individuen zum Ziel hatte. Im Mittelpunkt seiner Schriften, von ihm selbst als „Stanislavskij-System" bezeichnet, stehen also die Bedingungen des schauspielerischen Gestaltens.

Von den ursprünglich geplanten acht Bänden seines Systems[131] konnte Stanislavskij nur zwei fertigstellen, „Mein Leben in der Kunst" (1926) und „Die Arbeit des Schauspielers an sich selbst im schöpferischen Prozeß des Erlebens. Teil 1" (1938). Die bereits von Stanislavskij im Vorwort zu diesem 1. Teil angekündigten Bände „Die Arbeit des Schauspielers an sich selbst im schöpferischen Prozeß des Verkörperns. Teil 2" und „Die Arbeit des Schauspielers an der Rolle" wurden aus seinem Nachlaß zusammengestellt und erschienen erst 1948 bzw. 1957 in russischer Sprache. Eine vollständige Übersetzung der Materialien Stanislavskijs zur „Arbeit des Schauspielers an der Rolle" stellt die von Hoffmeier (1988) herausgegebene zweibändige Ausgabe „Ausgewählte Schriften" dar.[132]

Trotz der zahlreichen Veränderungen, die Stanislavskijs „System" im Laufe seiner Auseinandersetzung mit schauspieltheoretischen und -praktischen Fragen erfahren hat, hat sich die Zielsetzung seiner schauspielpädagogischen Arbeit nicht verändert. Sie besteht für ihn darin, Schauspielen als eine „Kunst des Erlebens" zu fundieren, d. h., „... auf der Bühne das lebendige geistige Leben des Menschen zu schaffen und dies Leben in künstlerisch-bühnengemäßer Form wiederzugeben" (Ausgewählte Schriften 2, 35). Stanislavskij betont allerdings, daß das Erleben auf der Bühne nicht identisch sei mit dem alltäglichen Vorgang des Erlebens. Es handle sich stattdessen um eine Art der künstlerischen Verdichtung, eine „Kristallisation" des Alltagserlebens, das den Anforderungen der „theatermäßigen Überhöhung" folgt. Im Unterschied zum nicht-

---

131   vgl. Hoffmeier (1993, 143 ff) „Der Gesamtplan". Nach Hoffmeier lassen sich im Gesamtplan Stanislavskijs zwei Hauptteile unterscheiden: Der erste Teil befaßt sich mit den Voraussetzungen des Gestaltungsprozesses, der „Arbeit an sich selbst", der zweite mit dem Prozeß der Gestaltung, der „Arbeit an der Rolle".

132   vgl. Hoffmeier (1993, 398 ff) „Nachwort – Zur Geschichte der Stanislavskij-Rezeption und -Editionen"

gestalteten Alltagserleben betont Stanislavskij den Doppelcharakter schauspielerischer Tätigkeit. Er zitiert in diesem Zusammenhang einen Zeitgenossen, den italienischen Schauspieler Tomaso Salvini, der den Zwischenraum zwischen Figur und Spielendem pointiert beschreibt:

„Der Schauspieler lebt, er weint und lacht auf der Bühne, doch indem er lacht und weint, beobachtet er sein Lachen und seine Tränen. Und in diesem Doppelleben, in diesem Gleichgewicht zwischen Leben und Spiel besteht die Kunst" (ebd., 39).[133]

Mit seiner Forderung nach einer „Kunst des Erlebens" grenzt sich Stanislavskij vor allem gegenüber denjenigen Formen der Theaterpraxis ab, die er als ‚Handwerkeln' bzw. ‚Vorführen' bezeichnete.

„Während man bei der Kunst des ‚Erlebens' bestrebt ist, die Gefühle der Rolle jedesmal und bei jedem Schaffensakt zu empfinden, bemüht man sich bei der Kunst des ‚Vorführens', die Rolle zu Hause zu erleben, und zwar nur ein einziges Mal, zunächst um jene Form zu erfassen und dann zu handhaben, die das geistige Wesen jeder Rolle ausdrückt. Schauspieler vom Handwerklertypus vergessen das Erleben und trachten danach, immer verwendbare Formen des Gefühlsausdrucks und der szenischen Interpretation für alle Rollen und Richtungen in der Kunst hervorzubringen" (ebd., 9).

Entsprechend diesen Voraussetzungen ist Stanislavskijs theaterpädagogische Arbeit darauf gerichtet, die Möglichkeiten zu erkunden, die ein Erleben der Rolle, eine „Wahrhaftigkeit" im Spiel erzeugen (vgl. Stanislavskij 1986, Teil 1, 26). Dabei stellt sich für ihn das Problem, Vorgänge des Erlebens, die sich im alltäglichen Leben unbewußt einstellen und auf Intuition beruhen, einer bewußten künstlerischen Gestaltung zugänglich zu machen. Dies geschieht mittels der von ihm sogenannten ‚psychotechnischen Methoden'[134], die einem Grundprinzip seines Systems folgen, das Unbewußte durch das Bewußte zu erreichen.

„Es ist einer der wesentlichsten Grundsätze unserer Kunst des Erlebens, das unbewußte Wirken der Natur durch die bewußte Psychotechnik des Schauspielers anzuregen. Also: das Unbewußte durch das Bewußte, das dem Willen nicht Unterworfene durch das dem Willen Erreichbare. Überlassen wir alles Unbewußte der Zauberin Natur, nehmen wir das uns Zugängliche – das bewußte Herangehen an das künstlerische Schaffen, die bewußten Methoden der Psychotechnik" (ebd., 25 f).

Im System Stanislavskijs stellt die Psychotechnik einen Komplex elementarer schauspiel-pädagogischer Methoden dar, die zwischen der Wirklichkeit des Spielers und der Wirklichkeit der Figur vermitteln. Diese Methoden dienen dazu, den Spielenden die Übergänge zwischen den Wirklichkeiten zu erleichtern, den Übergang in die andere Wirklichkeit des Spiels nicht dem Zufall der Intuition zu überlassen, sondern systematisch hervorzubringen. Einige dieser Methoden, die den Ort des „Dazwi-

---

133 Die Kunst des Erlebens ist also, wie Hoffmeier im Zusammenhang mit den zahlreichen Mißverständnissen betont, die diese Forderung bereits zu Lebzeiten Stanislavskijs nach sich zog, kein Abbild innerpsychischer Vorgänge auf der Bühne, sondern ein"schauspielästhetisches Programm, das Wirkungsabsichten wie Gestaltungsverfahren" beinhaltet (Hoffmeier 1993, 249).

134 Stanislavskij entlieh zahlreiche Begriffe seiner Schauspieltheorie der zu Beginn dieses Jahrhunderts noch jungen psychologischen Wissenschaft, verwendete sie dann aber in einem anderen, der Theaterpraxis angepaßten Sinne. Der Begriff der Psychotechnik geht auf W. Stern zurück (vgl. Hoffmeier 1993, 87).

schenstehens" im Sinne der Schauspielmethodik Stanislavskijs bezeichnen, sollen im
folgenden ausführlicher betrachtet werden.

- *„Wenn"/Puškins Aphorismus/Vorgeschlagene Situationen*

Die Annahme des ‚Wenn' gilt nach Stanislavskij als der entscheidende „Umschalthebel" zwischen der alltäglichen Wirklichkeit und der Wirklichkeit der Phantasie. Die
Frage „Wie würde ich persönlich mich verhalten, wenn ich mich in der Situation der
von mir darzustellenden Person befände?" (Stanislavskij 1986, Teil 2, 167) stellt den
Auslöser für die Handlung auf der Bühne dar. Sie sorgt dafür, daß die Handlung, die
er als das entscheidende Element der Schauspielkunst definiert, „... innerlich begründet, logisch, folgerichtig und in der Wirklichkeit möglich" (Stanislavskij 1986, Teil 1,
53) erscheint. Um die Wirkungsweise des ‚Wenn' zu illustrieren, zitiert Stanislavskij
einen Aphorismus Puškins, den er zu einem weiteren Grundpfeiler seines Systems erklärt. „Die Echtheit der Leidenschaften, die Wahrscheinlichkeit der Empfindungen unter den vorausgesetzten Situationen – das ist es, was unser Verstand vom Dramatiker
verlangt" (ebd., 57). Stanislavskij schlägt vor, diese Forderung auch auf die Kunst des
Schauspielens zu übertragen. „Ich kann nur hinzufügen, daß der Verstand das gleiche
auch vom Schauspieler fordert, nur daß die Situationen, die der Dichter angenommen
hat, für uns Schauspieler bereits festliegen, also die uns vom Dichter vorgeschlagenen
sind" (ebd., 57). Ähnlich wie die Annahme des ‚Wenn' gelten die ‚vorgeschlagenen
Situationen' als Mittel, die Phantasie anzuregen. Das Sicheinlassen auf die Fabel eines
Stückes, auf vorgegebene Spielanlässe aller Art ermöglicht dem Spielenden den Wechsel zwischen den verschiedenen Wirklichkeitsebenen. „Das ‚Wenn' leitet immer das
Schaffen ein, die ‚vorgeschlagenen Situationen' entwickeln es" (ebd. 58). Als eine besonders wirksame Methode, die Vorstellungskraft mittels des ‚Wenn' zu fördern, gilt
die Arbeit mit sogenannten „Etüden", komplexen, selbsterdachten Situationen, die im-
provisierend erspielt werden.

Als einen weiteren Grundpfeiler des Systems, neben dem Prinzip, das Unbewußte durch das Bewußte anzuregen, und der Übertragung des Aphorismus von Puškin
auf die Schauspielkunst, nennt Stanislavskij die Handlung auf der Bühne als Basis der
schauspielerischen Tätigkeit. Er stellt dabei die Forderung auf, daß diese Handlung
sich nicht in äußerer Aktivität erschöpft, sondern immer mit einer „inneren Handlung",
dem Erleben des Spielenden, verknüpft sein sollte. Um einen solchen Zustand innerer
und äußerer Aktivität zu erreichen, empfiehlt er, die schöpferische Phantasie derge-
stalt zu üben, daß sie in der Lage ist, die ‚vorgeschlagenen Situationen' mit konkreten
Vorstellungsbildern auszugestalten. Die Spielenden sollen dadurch befähigt werden,
gleichzeitig den äußeren Vorgängen des Bühnengeschehens zu folgen und bei der inneren Handlung ihrer Phantasie zu bleiben.

„In jedem Augenblick auf der Bühne, in jedem Augenblick der äußeren und inneren Entwicklung des Stückes, der Handlung muß der Schauspieler sehen, was außerhalb seiner selbst auf der Bühne vorgeht (das heißt die äußeren gegebenen Umstände,
die vom Regisseur, Bühnenbildner und den übrigen Schöpfern der Aufführung geschaffen worden sind) und was innen, in seiner eigenen Phantasie vorgeht, das heißt

jene Bilder, die die ‚vorgeschlagenen Situationen' illustrieren. Aus diesen Momenten entsteht – teils in uns, teils außerhalb von uns – ein ununterbrochener Streifen innerer und äußerer Bildmomente, eine Art Film. Während des Schaffens läuft er pausenlos ab und wirft auf die Leinwand unserer inneren Sicht die illustrierten ‚vorgeschlagenen Situationen' der Rolle, unter denen der Darsteller der Rolle auf der Bühne auf eigene Verantwortung lebt" (ebd., 77).[135]

Mit einer Reihe von Fragen nach den genauen Umständen der Spielsituation (wer, wann, wo, warum, zu welchem Zweck) soll die Phantasie angeregt werden, die Wirklichkeit des Spiels zu konstruieren und zu bebildern. Auch mit dieser Methode folgt Stanislavskij dem Grundsatz, das Unbewußte durch das Bewußte hervorzubringen. Er unterstellt dabei gleichzeitig ein Primat der inneren Vorstellungswelten, dem die äußere Handlung auf der Bühne folgt. „Jede unserer Bewegungen auf der Bühne, jedes unserer Worte muß das Resultat eines richtigen Lebens unserer Phantasie sein" (ebd., 86).

- Emotionales Gedächtnis

Ein weiterer wichtiger Bestandteil der psychotechnischen Methode ist die von Stanislavskij so genannte Methode des „emotionalen Gedächtnisses". Sie setzt ebenfalls an

---

135 In seiner Erzählung „Das Lied vom Schein und Sein" beschreibt Cees Nooteboom einen ähnlichen Prozeß für die Arbeit des Schriftstellers. Da es sich dabei um ein besonders eindrückliches literarisches Beispiel der Phantasietätigkeit bei der Figurenerfindung handelt, soll hier eine längere Passage dieser Erzählung wiedergegeben werden. Es handelt sich um den Beginn der Erzählung.
„Das ist doch schließlich die Arbeit eines Schriftstellers", sagte der Schriftsteller. „Wie ein Adler über den Figuren zu kreisen, die er verfolgen will. In diesem Fall dem Arzt und dem Oberst."
„Die gibt es also?" fragte der andere Schriftsteller. „Du arbeitest nach tatsächlich existierenden Figuren?"
„Sie existieren von dem Augenblick an, in dem du sie erfunden hast", antwortete der Schriftsteller, der sich da gar nicht so sicher war. Das Gespräch langweilte ihn. Wie könnte er auch dem anderen Schriftsteller begreiflich machen, daß er weder den Arzt noch den Oberst vor sich sah, daß er sie eben erst, im Verlauf dieses Gesprächs, erfunden hatte, um dem geisttötenden Geschwätz (über den Beruf, mein Gott, warum schreibst du nichts mehr) ein Ende zu machen. In den leeren Hallen, in denen seine Gedanken jetzt weilten, eine Bahnhofshalle, der Warteraum eines Krankenhauses, ein Turnsaal, nahm er die vagen Umrisse einer militärischen Gestalt wahr. Epauletten, ziemlich operettenhaft. Die Geschichte spielte folglich nicht in dieser Zeit oder nicht auf diesem Kontinent. Denn wer trüge hier und jetzt noch solche Epauletten?
„Wie alt sind sie?" fragte der andere Schriftsteller.
Der Schriftsteller antwortete nicht. Wußte er jetzt schon, daß es eine Kaserne war, weil er diese Epauletten gesehen hatte? Im leeren Kasino dieser Kaserne sah er das Stethoskop vorbeigehen, von nichts und niemandem begleitet. Das Ding schwebte, ziemlich langsam, in menschlicher Höhe durch den Raum. (...)
Er sah, wie die Epauletten sich dem Stethoskop zuwandten und daß, während dieses medizinische Utensil absolut unbewegt im Raum hängenblieb, die rechte Epaulette ruckartige Bewegungen machte, die zweifellos von dem noch unsichtbaren Arm darunter herrührten. Aufregung also.
Gerade als er den Schatten eines Kopfes, die allerersten Umrisse eines Gesichts zu erkennnen glaubte, sagte der andere Schriftsteller: „Wer hätte gedacht, daß du mal einen Arztroman schreiben würdest?"
Der Schriftsteller gab keine Antwort, aus Angst, dann würde sich alles in nichts auflösen, und wurde belohnt. An der Wand hinter den Epauletten erschien, gerahmt und hinter Glas, das Porträt einer Gestalt in Uniform mit vielen Orden. Was in kyrillischen Buchstaben darunter stand, konnte er nicht entziffern, aber ihm war klar, daß es jetzt an der Zeit war, den anderen Schriftsteller hinauszukomplimentieren" (Cees Nooteboom, Das Lied von Schein und Sein. Frankfurt 1994).

der Schnittstelle von Figur und Spieler an und zwar, indem sie Erinnerungen des Spielenden für die darzustellende Figur zu beleben versucht. Stanislavskij knüpft mit diesem Begriff an den französischen Psychologen Ribot (1839–1916) an, der von einem „affektiven Gedächtnis" sprach.[136]

Das emotionale Gedächtnis ist nach Stanislavskij das Gedächtnis für Empfindungen. Im Unterschied zum Gedächtnis für Sinneseindrücke, beispielsweise optischer oder akustischer Art, sind im emotionalen Gedächtnis nicht nur äußere Eindrücke gespeichert, sondern es umfaßt die Erinnerung an die gefühlsmäßige Bewertung dieser Erlebnisse. Diese Eindrücke sollen den Spielenden helfen, die vorgeschlagenen Situationen auszugestalten, das Erleben in der Figur mit eigenem Erleben zu verknüpfen. Die Wirkungsweise des emotionalen Gedächtnisses wird dabei nicht als eine reproduktive Wiedergabe von Erlebnissen der Vergangenheit angesehen, sondern als ein produktiver Prozeß, der, angeregt durch äußere „Lockmittel", verschiedene Eindrücke – Stanislavskij spricht von „Erlebnisspuren" – synthetisiert und in die Gestaltung der Figur einfließen läßt.

„Diese Erinnerung enthält nichts Überflüssiges, sondern nur das Wesentlichste. Sie ist die Synthese aller gleichartigen Empfindungen. Diese Synthese bezieht sich also nicht auf einen kleinen, spezifischen Einzelfall, sondern auf alle gleichartigen Fälle. (...) Sie ist reiner, dichter, vollständiger, inhaltsreicher und eindringlicher als die Wirklichkeit selbst" (Stanislavskij 1986, Teil 1, 199).

Die Arbeit mit dem emotionalen Gedächtnis trägt der Tatsache Rechnung, daß die gestaltende Person immer gleichzeitig mit der Figur anwesend ist, sich das Objekt der Gestaltung nicht von ihr ablösen läßt. Die Gefühle, die dem Erleben in der Figur zugrunde liegen, müssen damit nach Ansicht Stanislavskijs immer auf denen des Spielenden beruhen, denn „... man kann sich kein Gefühl bei einem anderen Menschen oder bei der Rolle borgen". Um möglichen Mißverständnissen vorzubeugen, die daraus eine völlige Identität zwischen Spieler und Figur ableiten, betont Stanislavskij ausdrücklich die Gefahren, die eine solche Form von Identifikation für den Spielenden haben kann.

„Was immer Sie auch erträumen mögen, was immer Sie in Wirklichkeit oder in der Phantasie durchleben, Sie bleiben immer Sie selbst. Verlieren Sie niemals sich selbst auf der Bühne, handeln Sie immer aus Ihrer Person heraus, als Mensch und als Schauspieler. Man kann sich selbst nicht entgehen. (...) Übertreten Sie dieses Gesetz, so ist es, als mordeten Sie als Schauspieler die Person, die Sie darstellen wollen, als raubten Sie ihr die lebendig vibrierende menschliche Seele, die allein der toten Rolle Leben gibt" (ebd., 202).

Die Erfahrung des Spielenden im Prozeß der Gestaltung und Präsentation einer Figur zielt also nicht auf ein vollständiges Aufgehen der spielenden Person in der Rolle, wie es fälschlicherweise oft aus der Schauspielmethodik Stanislavskijs abgeleitet wird, sondern sie besteht in der notwendigen Aufrechterhaltung der Differenzerfahrung zwischen der eigenen Person und der darzustellenden Figur. Diese Differenzer-

---

136 Zum Einfluß der Psychologie Ribots auf Stanislavskijs schauspielmethodische Überlegungen und zu den Umdeutungen, die die psychologische Begrifflichkeit im System Stanislavskijs erfahren hat, vgl. Hoffmeier 1993, 223 ff.

fahrung soll jedoch, im Sinne der von Stanislavskij bevorzugten psycho-realistischen Darstellungsweise, nach außen, das heißt gegenüber den Rezipienten verborgen bleiben, so daß sich die Illusion eines ‚echten' Lebens hinter der ‚vierten Wand' auf der Bühne einstellen kann. Diese Differenz zwischen der Erfahrung der Rezipienten und der der Produzenten innerhalb eines auf psycho-realistischer Darstellungsweise beruhenden Theaters wird häufig übersehen, wenn das Erleben der Darsteller mit dem der Figuren identifiziert wird bzw. eine solche Identifikation im Gestaltungsprozeß angestrebt wird.[137] Demgegenüber beruht die psychotechnische Methode des emotionalen Gedächtnisses nach Stanislavskij darauf, die Erinnerungen und Erfahrungen der Spielenden als Material für die Gestaltung der Figur zu benutzen, ohne dabei die eigene Person zu verleugnen. Das emotionale Gedächtnis stellt somit eine weitere Nahtstelle zwischen Spieler und Figur dar, die, wenn auch für den Rezipienten unsichtbar, den Erfahrungsmodus theatraler Gestaltung entscheidend bestimmt.

„So wird also die Seele der auf der Bühne dargestellten Person vom Schauspieler aus den lebendigen menschlichen Elementen der eigenen Seele, aus eigenen emotionalen Erinnerungen und anderen mehr kombiniert und geformt" (ebd., 203).

- Physische Handlungen

Stanislavskij hat, wie bereits oben dargelegt, seine schauspielmethodische Praxis und deren Reflexion innerhalb seines Systems im Laufe seiner Tätigkeit immer wieder verändert und überarbeitet. Seine Arbeit muß deshalb als eine Suche und ein Experimentieren mit unterschiedlichen Methoden verstanden werden und nicht als ein abgeschlossenes System einmal gewonnener gültiger Erkenntnisse. Diese Tatsache wird insbesondere an seiner Methode der ‚physischen Handlungen' evident. Es gilt innerhalb der Stanislavskij-Forschung als umstritten, ob die Einführung dieser Methode in die schauspielpraktische Arbeit eine entscheidende Wende innerhalb Stanislavskijs System markiert (vgl. Hoffmeier 1993), oder ob dieser Ansatz bereits von vorneherein im System angelegt ist und lediglich durch die sowjetische Rezeption einer späteren, nachrevolutionären Schaffensphase Stanislavskijs zugeordnet wurde (vgl. Jansen 1992). Für die hier zugrunde liegende Fragestellung nach den Eigenheiten der ästhetischen Erfahrung im Prozeß theatraler Gestaltung muß diese Problematik jedoch nicht weiter verfolgt werden.

---

137 Mit der Differenz des Erlebens aus der Perspektive des Schauspielers und der Rolle beschäftigt sich Stanislavskij auch im vierten Kapitel des zweiten Bandes seines Systems (vgl. Stanislavskij 1986, Bd.2, 108ff). Hier zieht er für das den schauspielerischen Gestaltungsprozeß kennzeichnende zweigeteilte Erleben das Bild einer Straße heran, zu der parallel ein Fußpfad verläuft. Die psychotechnischen Methoden sollen verhindern, daß sich diese beiden parallelen Erlebnisperspektiven zu weit voneinander entfernen. Die unverzichtbare Perspektive des Schauspielers kennzeichnet Stanislavskij folgendermaßen: „Die Perspektive des Schauspielers – das heißt des Menschen, der die Rolle gestaltet, brauchen wir, um in jedem Augenblick auf der Bühne auch an die Zukunft zu denken, um unsere inneren schöpferischen Kräfte und äußeren Ausdrucksmöglichkeiten einander anzupassen, um sie richtig einzuteilen und das für die Rolle zusammengetragene Material klug auszuwerten" (ebd., 113).

Ähnlich wie die bisher erörterten Methoden der Psychotechnik geht auch die Methode der physischen Handlungen von dem Prinzip aus, ‚das Unbewußte durch das Bewußte‘ zu erreichen. Das heißt, Stanislavskij spricht vor dem Hintergrund seiner psychologischen Studien von einem ‚Naturgesetz‘, das sich als „untrennbare Verbindung von Seele und Körper" (vgl. Ausgewählte Schriften 1988, Bd. 2, 27) manifestiert. Während jedoch die Methode des emotionalen Gedächtnisses und der erwähnten ‚Umschalthebel‘ von der Ebene der Alltagswirklichkeit auf die Ebene der Phantasie zum Teil eine Priorität des psychischen Erlebens voraussetzt [138], dem die logischen und folgerichtigen Handlungen auf der Bühne folgen, geht die Methode der physischen Handlungen von einer psycho-physischen Einheit des Menschen aus. Diese psycho-physische Einheit wird zur Grundlage einer Schauspielmethodik, die an den physischen Handlungen der Spielenden ansetzt, um auf diesem Wege psychische Prozesse in Gang zu setzen und die ‚Kunst des Erlebens‘ zu verwirklichen. Die Prinzipien dieser Methode legt Stanislavskij vor allem in seinen Ausführungen zur Arbeit an der Rolle dar (vgl. ebd., 176 ff). Er charakterisiert sein methodisches Vorgehen als „psychotechnische(s) Verfahren der Schaffung des geistigen Lebens der Rolle mittels des körperlichen Lebens" (ebd., 286). Dabei läßt er sich wiederum von der Einsicht leiten, daß ein direkter Zugang zum inneren Erleben einer Rolle oft nicht möglich sei und nur zu einem ausgestellten theatralischen Ausdruck führe. An die Stelle des labilen psychischen Materials zur Gestaltung einer Rolle solle deshalb die physische Handlung treten, auf deren ‚Schienen‘ sich das psychische Erleben entlangbewegen kann.

„Am einfachsten ist es, Wahrhaftigkeit und Glauben im Bereich des Körpers aufzuspüren oder auszulösen in den kleinsten, einfachsten physischen Aufgaben und Handlungen. Sie sind zugänglich, stabil, greifbar, sie fügen sich den Befehlen des Bewußtseins. Außerdem lassen sie sich leichter fixieren. Das ist der Grund, warum wir in erster Linie auf sie zurückgreifen, um mit ihrer Hilfe an die Rolle heranzugehen" (Stanislavskij 1986, Teil 1, 155).

Allerdings ist in diesem Prozeß nicht die bloße äußere Handlung von Interesse. Im Sinne der psycho-realistischen Darstellungsweise, die der Theaterästhetik Stanislavskijs zugrunde liegt, geht es vor allem um das Sichtbarmachen der inneren Handlung, die der äußeren als Motivation zugrunde liegt, sie rechtfertigt. „Wichtig ist nicht, daß der Held der Tragödie sich tötet, wichtig ist vielmehr die innere Ursache dafür. Wenn es keine gibt oder sie uninteressant ist, dann wird auch der Tod selber keinen Eindruck machen" (Ausgewählte Schriften 1988, Bd. 2, 301). Die physischen Handlungen dienen somit als Auslöser für das Schaffen der emotionalen Ebene des Spiels. Stanislavskij geht dabei von einem natürlichen, untrennbaren Zusammenhang zwischen physischem und geistigem Erleben aus, „wodurch das Äußere dem Inneren hilft und das Innere das Äußere hervorruft" (Stanislavskij 1986, Teil 1, 159).

---

138 Die Ausführungen Stanislavskijs sind in dieser Frage nicht widerspruchsfrei. Die Stanislavskij-Forschung der nach-sowjetischen Zeit führt die Genese dieser Widersprüche vor allem auf die Entstehungsbedingungen des Systems zurück. Es war bereits zum großen Teil in der vorrevolutionären Zeit ausgearbeitet, wurde aber erst unter Stalin aufgezeichnet. Stanislavskij war dabei gezwungen, im Sinne der Doktrin des Marxismus/Leninismus, jene Formulierungen zu umgehen, die die Priorität des materiellen Seins vor dem Bewußtsein in Frage stellten.

Am Beispiel der Arbeit an der Rolle zeigt Stanislavskij, wie sich die physischen Handlungen aus dem dramatischen Text, aus den vorgeschlagenen Situationen ableiten lassen. Sie entstehen jedoch ebenso im improvisierenden Spiel aus der Vorgabe einer
Spielaufgabe in Form einer Etüde (vgl. ebd., 131 ff). In beiden Fällen folgt nach der
Erzählung der Stückfabel bzw. nach der Umschreibung der Spielaufgabe ein impro-
visierendes Spiel, das sich an den äußeren Geschehnissen orientiert und diese mittels
physischer Handlungen erspielt. Die Kenntnis des bereits gelernten Stücktextes gilt
dabei nicht nur als unnötig, sondern geradezu als hinderlich. Stattdessen soll sich aus
dem „Glauben an die Echtheit" der grundlegenden physischen Handlungen „das Gefühl und sein intuitives Erleben" und in der Folge eine kontinuierliche Linie von logischen und folgerichtigen Handlungen entwickeln (vgl. Ausgewählte Schriften 1988,
Bd. 2, 194), die das körperliche Leben der Figur ausmachen.

Aufgrund des „natürlichen Zusammenhang(s) zwischen den beiden Naturen der
Rolle und dem Schauspieler" (ebd.) regt das physische Handeln der spielenden Person das innere Erleben der Rolle an. Aus der ununterbrochenen Linie der physischen
Handlungen entsteht so das psychische Leben der Figur. In Stanislavskijs Beschreibung dieses Vorgangs wird die doppelte Daseinsweise von Spieler und Figur nochmals
deutlich. „Während des Spielens belausche ich mich selbst und fühle, daß in meinem
Inneren parallel zu der ununterbrochenen Linie der physischen Handlungen eine andere Linie auflebt und sich ausdehnt, die des geistigen Lebens. Sie wird von dem physischen Leben erzeugt und befindet sich mit ihr in Einklang" (ebd., 280).

Die beschriebene Vorgehensweise von den äußeren, körperlichen Handlungen des
Spielenden zum inneren Erleben in der Rolle bezeichnet wiederum eine Schnittstelle
zwischen den beiden Perspektiven schauspielerischen Gestaltens. Die in der alltäglichen
Kommunikation selbstverständliche Annahme, daß mit bestimmten äußeren Handlungen ein inneres Erleben einhergeht, wird problematisiert und ins Bewußtsein gerückt.
Im schauspielerischen Gestaltungsprozeß stellt sich dieser Zusammenhang nicht quasi-
automatisch ein, sondern bedarf der Übung, worauf auch Stanislavskij immer wieder
hinweist. Das Bewußtsein der Akteure wird dadurch einerseits intrasubjektiv auf die
Schnittstelle zwischen äußerer Handlung und innerem Erleben gelenkt. Gleichzeitig
vermittelt die Methode der physischen Handlungen „intersubjektiv" zwischen dem ‚Ich'
des Spielenden und dem ‚Anderen' in Gestalt der Rollenfigur. Ähnlich wie die Inhalte
des emotionalen Gedächtnisses werden auch die äußeren, körperlichen Handlungen
der Darsteller als Material genutzt, um die fremde Rollengestalt zu beleben.

Daß das methodische Prinzip des Ausgehens von sich selbst schauspielmethodisch
nicht unumstritten geblieben ist, wird die folgende Diskussion weiterer Künstlertheorien zeigen.

2.1.2 Michail A. Čechov, Imagination und Gestaltung

Michail Čechov (1891–1955), Neffe des Dramatikers Anton Čechov, war Schauspieler
am MChT, dem von Stanislavskij mitbegründeten und geleiteten „Moskauer Künstlerischen Theater". Als Schüler Stanislavskijs und Anhänger seines „Systems" wurde er

zu Beginn der zwanziger Jahre Leiter des „Ersten Studios des Moskauer Künstlerischen Theaters" und begann dort schauspielpädagogisch zu arbeiten. Im Verlauf der zwanziger Jahre distanzierte er sich – auch unter dem Eindruck seiner Begegnung mit Rudolf Steiner und der Auseinandersetzung mit dessen Werk – immer mehr von Stanislavskijs „Kunst des Erlebens" und von der ihr zugrunde liegenden psychotechnischen Methode. Nachdem er 1928 aus der Sowjetunion emigrieren mußte, setzte er seine Tätigkeit als Schauspieler, Theaterpädagoge und Regisseur zunächst in Deutschland, später in den USA fort. Dort entstand auch in den vierziger Jahren seine Schrift „O technike aktera", die unter dem Titel „Die Kunst des Schauspielens. Moskauer Ausgabe" 1990 in deutscher Sprache erschien. In dieser Schrift legt Čechov seine Schauspielmethodik dar, die zwar einerseits an Stanislavskij anknüpft, sich aber in wesentlichen Punkten auch von diesem unterscheidet.

Theaterästhetisch distanziert sich Čechov von der Forderung nach Lebensechtheit, die seiner Ansicht nach die Gefahr eines „groben, platten Naturalismus" in sich berge. Das Prinzip der Schauspielmethodik Stanislavskijs, daß die Spieler von sich selbst auszugehen haben, von ihren eigenen Erinnerungen und Erlebnissen, wie sie im emotionalen Gedächtnis aufbewahrt sind, lehnt Čechov demzufolge ab. Dadurch gelangt er zu anderen methodischen Vorgehensweisen bei der Entwicklung und Gestaltung einer Bühnenfigur.

Čechov betont ausdrücklich den Kunstcharakter der zu gestaltenden Figuren. Diese Kunstgestalten werden von den Spielenden in ihrer Imagination geschaffen, sie begegnen ihnen als fremde Figuren, die eine ‚Eigenexistenz' führen. Nur indem sie von einer Phantasiegestalt ausgehen, können die Akteure zu künstlerischer Qualität gelangen, das Ansetzen an der eigenen Person, so die Einsicht Čechovs, sei dazu ungeeignet.

Um die Fähigkeit zur Imagination so zu lenken, daß diese Phantasiegestalten keine Zufallsergebnisse bleiben, sondern sich auch nach den Wünschen des Akteurs richten, bedarf es der systematischen Übung der Vorstellungskraft durch spezielle Konzentrationsübungen. Den imaginierten Bühnenfiguren vermag der Spielende Fragen zu stellen, deren Beantwortung ihm bei der Gestaltung der Figur hilft. Diese Methode ist nach Čechov eine wesentliche Grundlage der Rollenarbeit.

„*Befragen* Sie die Gestalten, die Ihnen kommen, genauso, wie Sie Ihre Freunde befragen würden. (...) Unter der Einwirkung Ihrer Fragen verändern und vollenden sich Ihre Gestalten und geben Ihnen damit Antworten, die für Ihr geistiges Auge anschaulich sind. (...)

Wenn Sie beispielsweise Ihren Helden fragen, wie er unter den vom Autor vorgegebenen Umständen zum ersten Mal die Szene betritt, bekommen Sie höchstwahrscheinlich die Antwort so gut wie sofort: Die Gestalt spielt Ihnen ihren Auftritt vor" (Čechov 1990, 16 f). Auf diese Weise gewinnt der Spielende nicht nur Einsicht in die Handlungen seiner Figur, sondern auch in ihr Innenleben. Darin unterscheidet sich die Begegnung mit der Kunstgestalt von der alltäglichen Kommunikation mit einem Gegenüber.

Um dem Geschöpf der Phantasie Gestalt zu geben, empfiehlt Čechov, zunächst seine Bewegungen und seinen Ausdruck nachzuvollziehen (vgl. ebd., 97). Dieser Prozeß der Gestaltgebung vollzieht sich schrittweise. Zunächst wird ein äußeres Merkmal der Phantasiegestalt nachgeahmt, allmählich kommen weitere dazu. Dabei kann die Methode der Befragung der Figur immer wieder eingesetzt werden. In diesem Prozeß nimmt der Darsteller die Merkmale einer anderen Person an, er verwandelt sich durch das produktive Nachahmen einer von ihm selbst geschaffenen Phantasiefigur. Čechov beschreibt den Prozeß der Gestaltung einer Bühnenfigur auf dieser Grundlage wie folgt:

„Stellen Sie sich anstelle Ihres Körpers einen anderen vor, denjenigen, welchen Sie sich selbst für Ihre Rolle geschaffen haben. Er deckt sich nicht mit dem Ihren; er ist kleiner und dicker; die Arme sind vielleicht etwas länger; er bewegt sich nicht so flink und mühelos usw. Sie fühlen sich in diesem Körper ‚wie ein anderer Mensch‘. Nach und nach gewöhnen Sie sich an ihn, und er wird Ihnen so vertraut wie Ihr eigener Körper. In Übereinstimmung mit seinen Formen lernen Sie laufen, sich bewegen und sprechen. ... Als Produkt Ihrer Phantasie ist dieser imaginäre Leib dabei zugleich Seele und Leib desjenigen, den Sie auf der Bühne darstellen wollen" (ebd., 100).

Čechovs besondere Hervorhebung des Kunstcharakters einer Bühnenfigur hat auch Konsequenzen für die Bestimmung des Verhältnisses von Spieler und Figur und damit für die Art und Weise der Erfahrung der Spielenden im Prozeß der Gestaltung und der Präsentation ihrer Figur. Im Unterschied zu Stanislavskij geht er nicht von einer zweigeteilten Identität des Spielenden aus, sondern spricht von „drei Bewußtseinsstufen" (vgl. ebd., 121). Die erste Bewußtseinsstufe ist das „Ich" der alltäglichen Erfahrung. Čechov unterscheidet es von einem „höheren ICH", dem des künstlerisch inspirierten und gestaltenden Menschen. Ihm dient das alltägliche „Ich" als lebendiges Material der Gestaltung. Gleichzeitig erfüllt das Alltagsbewußtsein die Funktion eines Kontrolleurs auf der Bühne. Es sorgt als ‚gesunder Menschenverstand‘ dafür, daß die getroffenen Verabredungen zwischen den Spielern eingehalten werden. Damit zügelt es auch das „höhere ICH", verhindert, daß es sich vom Erlebnis des Spiels einfangen läßt und die Regeln des Theaters vergißt.

In Übereinstimmung mit seiner Vorstellung, daß das alltägliche Erleben der Spielenden für die schauspielerische Gestaltung unzureichend sei, teilt Čechov die Person des Spielenden also in zwei Instanzen, in eine Person des alltäglichen Lebens und eine künstlerisch schaffende Person. Erstere ist lediglich Material für letztere. Die Bühnengestalt ist immer das Ergebnis eines künstlerischen Gestaltungsprozesses, der sich nicht unmittelbar aus dem alltäglichen Erleben ableiten läßt. Die künstlerisch geschaffene Gestalt schließlich wird von Čechov als Träger des ‚dritten Bewußtseins‘ bezeichnet.

Zwar verwendet das künstlerisch arbeitende ICH eigene Erfahrungen und Erlebnisse, diese werden jedoch bearbeitet und vom alltäglichen Ich distanziert. „In Ihren inspirierten Momenten werden Ihnen ‚vergessene‘ Gefühle in einer neuen verwandelten Form wiedergeschenkt. So entsteht Ihre dritte Bewußtseinsebene – die ‚Seele‘ der Bühnengestalt" (ebd., 124). Čechov befindet sich hier in deutlicher theoretischer Nähe zu Stanislavskij, der ebenfalls von einem Prozeß der Verwandlung alltäglicher Gefühle spricht, bevor sie als Inhalte des emotionalen Gedächtnisses der künstlerischen Gestaltung zugänglich werden. Seine Erfahrungen mit der Theaterpraxis Stanislavskijs und auch mit den Mißverständnissen, die die Forderung nach einer „Kunst des Erlebens" nach sich gezogen hat, lassen ihn jedoch deutlichere Hinweise zur Distanzierung vom alltäglichen Erleben formulieren. Das schlägt sich zum einen in der Vorstellung der drei unterschiedlichen Erlebnisebenen im Prozeß schauspielerischen Gestaltens nieder.[139] Zum anderen modifiziert Čechov die Annahme, daß sich der Spielende in eine Figur einfühle, dahingehend, daß er *mit* seiner Figur fühle. Das „höhere ICH" des Spielenden, das nicht von den Gefühlen und Erlebnissen des „Ich" ausgeht, sondern von denen einer imaginierten Bühnenfigur, ist zu intensivem Mit-Gefühl für diese Figur fähig. Dieses ICH „als freier und an nichts Persönliches gebundener Schöpfer" (ebd., 124) weint und lacht mit seiner Figur als seinem Gegenüber. In dieser Frage wird die Differenz gegenüber Stanislavskij noch einmal besonders deutlich:

„Der Schauspieler irrt, wenn er glaubt, seine Rolle mittels persönlicher Gefühle darstellen zu können. Nicht immer macht er sich klar, daß seine persönlichen Gefühle nur über ihn selbst etwas aussagen, niemals über seine Rolle. Nur durch Mitgefühl ist eine fremde Seele zu verstehen. Sogar im Alltag ist Ihnen schon aufgefallen, daß Sie einen anderen Menschen nur dann wirklich verstehen können, wenn Ihr Mitgefühl angesprochen ist. Derselbe Ablauf gilt für schöpferische Momente" (ebd., 125).

Selbst wenn Čechov die Beziehung von Spieler und Figur nicht als Einfühlen, sondern als Mitfühlen kennzeichnen will, was sich vor dem Hintergrund der gegenüber Stanislavskij veränderten theaterästhetischen Grundannahmen erklären läßt, so wird doch auch in diesem Modell die komplexe Struktur schauspielerischer Erfahrungsprozesse deutlich. Anstelle der doppelten Erlebnisweise als Spieler und Figur nimmt Čechov sogar eine dreifache Schichtung der Erlebnisebenen an. Auf die Frage, „wie der Schauspieler in inspirierten Augenblicken seine schöpferische Individualität erlebt „ (ebd., 120), antwortet er entsprechend in dreifacher Weise: als Material, als Produzent und als Produkt des künstlerischen Prozesses. Da sich alle drei Instanzen letztlich in einer Person überschneiden, besteht die Kunst des Schauspielens darin, gleichzeitig auf den verschiedenen Erlebnisebenen handeln bzw. zwischen ihnen umschalten zu können.

---

139 Es soll hier noch einmal ausdrücklich darauf hingewiesen werden, daß es sich bei Čechovs Trennung von Gedächtnisinhalten und Vorstellungen der Phantasie (Imaginationen) um ein Konstrukt handelt, das in seiner theaterästhetischen Grundentscheidung gegen die abbildhafte Lebensechtheit des Stanislavskijschen Theaters wurzelt. Zur Verdeutlichung dieser Abgrenzung kann die angesprochene Trennung sinnvoll sein. Neuere Ergebnisse der Kognitionswissenschaft scheinen jedoch eher die Annahme eines „Kristallisationsprozesses" der Erinnerungen und Vorstellungswelten nahezulegen, wenn auch die Funktionsweise von Gedächtnis und Vorstellungsvermögen bisher erst wenig erforscht ist (vgl. S. J. Schmidt (Hg.) Gedächtnis. Frankfurt/Main 1992). Unter dem Gesichtspunkt der Synergetik stellt Haken (1992) folgende Überlegungen zur Arbeitsweise des Gedächtnisses an: „ Wenn wir in unseren Erinnerungen suchen, so erscheinen uns des öfteren ganz verschiedene Erlebnisinhalte miteinander verwoben, die dann erst nach längerer Gedächtnisleistung in klare, geordnete Bahnen zu gelangen scheinen, wobei aber auch hier, besonders wenn es sich um weiter zurückliegende Erlebnisse handelt, auch Phantasiestücke mit eingeflochten werden können. Ob diese Phantasiestücke einfach als Kombination anderer Erfahrungsinhalte gedeutet werden können (...), oder ob noch andere Prozesse am Werke sind, muß in dieser Diskussion offen bleiben." (Haken, in: S. J. Schmidt (Hg.) 1992, 204). Den Zusammenhang zwischen Gedächtnisleistungen und schöpferischen Vorgängen bezeichnet Haken als einen „fließenden Übergang" (ebd.).

2.1.3 Vachtangov: Phantastischer Realismus

Evgenij B. Vachtangov (1883–1922) gehörte wie Michail Čechov zunächst als Schauspieler dem MChT an. Als begeisterter Anhänger und Meisterschüler Stanislavskijs unterrichtete er ab 1912 in dessen Auftrag in verschiedenen mit dem MChT verbundenen Studios junge Schauspieler nach den Grundsätzen des ,Systems'. Damit hatte ihm Stanislavskij die experimentelle Erprobung des Systems anvertraut. In den letzten sechs Jahren seines Lebens hat sich Vachtangov allmählich von den theaterästhetischen Grundsätzen Stanislavskijs abgewandt, ohne allerdings dessen schauspielpädagogische Einsichten vollständig zu verwerfen. Seine Kritik galt, vergleichbar der M. Čechovs, vor allem der Forderung Stanislavskijs nach Lebensechtheit auf dem Theater. In seinen Inszenierungen und in seiner schauspielpädagogischen Arbeit suchte Vachtangov im Gegensatz dazu nach künstlerischen Mitteln eines theatergemäßen Ausdrucks. Er strebte dabei nach einer Synthese zwischen dem psycho-realistischen Theater Stanislavskijs und einem antipsychologischen, streng formalen „bedingten Theater", wie es von Vsevolod E. Mejerchol'd praktiziert wurde. Vachtangov prägte für die von ihm anvisierte Theaterkunst den Begriff des ,Phantastischen Realismus'. Dieses Theater sollte den Zuschauer nicht vergessen lassen, daß er sich im Theater befindet, und daß der Schauspieler jemand ist, „der meisterhaft seine Rolle spielt" (Vachtangov 1982, 150). Im folgenden soll versucht werden zu klären, wie sich unter diesen Bedingungen das Verhältnis von Spieler und Figur gestaltet.

Vachtangov hat keine ausgearbeitete Schauspielpädagogik hinterlassen.[140] Seine Theaterkonzeption läßt sich lediglich aus seinen Briefen, Notizen und Tagebuchaufzeichnungen herauslesen, aus den Mitschriften seiner Vorlesungen sowie aus Aufzeichnungen seiner Mitarbeiter über seine Regietätigkeit.[141] Zum Verständnis der Besonderheit der Theaterästhetik Vachtangovs sind letztere besonders aufschlußreich. Da sie im Gegensatz zu den Mitschriften seiner Vorlesungen und zu einem großen Teil seiner Notizen und Aufzeichnungen aus der Zeit stammen, in der Vachtangov mit den theaterästhetischen Grundsätzen Stanislavskijs nicht mehr übereinstimmte, wird sein spezifischer Zugang zur theatralen Getaltung hier besonders deutlich. Die Notate Nikolai Gorčakovs zu Vachtangovs letzter Inszenierung, ,Prinzessin Turandot' von Gozzi aus dem Jahre 1922, sind dabei von besonderem Interesse (vgl. Vachtangov 1982, 316–415). Zum einen, weil sich hier für Vachtangov beispielhaft realisierte, was er als sein Ideal des Phantastischen Realismus angesehen hat, und weil er diese Inszenierung andererseits auch aus der Motivation heraus geschaffen hat, den beteiligten jungen Schauspielern

---

140 Albert Burow, Professor an der Čuskin-Theaterhochschule Moskau, sprach in seinem Vortrag „Die Entwicklung des Theaters von K. S. Stanislavskij in den Versuchen Evgenij Vachtangovs und Michail Čechovs" beim Internationalen Symposion ,Brecht & Stanislavskij und die Folgen', vom 19.–26.3.1995 in Hannover, von einem überlieferten ,Kanon' Vachtangovs für die Schauspielausbildung, nach dem bis heute gearbeitet werde. Gegenwärtig bemühe man sich, diesen bisher nicht verschriftlichten ,Kanon' aufzuzeichnen.

141 vgl. Evgenij B. Vachtangov, Schriften. Aufzeichnungen, Briefe, Protokolle, Notate. Hrsg. v. D. Wardetzky. Berlin 1982

die Spielweise, die dem Phantastischen Realismus entspricht, nahezubringen (vgl. ebd., 301 f).

Theater im Theater

Eine wesentliche Grundlage der Schauspielpädagogik und der Inszenierungsarbeit Vachtangovs besteht in umfangreichen Improvisationen. In der Arbeit an ‚Prinzessin Turandot' erfindet er immer wieder Etüden zum Stück, die mit dem Doppel der schauspielerischen Existenz arbeiten. Die vorgeschlagenen Situationen beruhen auf einem komplizierten Doppelspiel: Die Spielenden sind italienische Schauspieler einer Wandertruppe, sie spielen das Stück von Gozzi in Anwesenheit des Autors (Vachtangov) und vor italienischen Zuschauern (ihren Kollegen), die das Spiel, je nachdem wie es ihnen gefällt, laut kommentieren.

Vachtangov stellt den Spielenden mit dieser Konstruktion eines Theaters im Theater eine hochkomplizierte Aufgabe: Sie sollen in ihren Rollen wahrhaft erleben, dadurch, daß sie an die vorgeschlagenen Umstände der Improvisation glauben und entsprechend handeln; gleichzeitig soll deutlich werden, daß es sich um ein Erleben der Bühnenfiguren handelt, und daß diese von Schauspielern gezeigt werden. Er versucht, diesen Eindruck dadurch zu erreichen, daß er zu theatergemäßen Mitteln der Darstellung greift, die mit dem Erleben des Spielers in der Rolle verbunden werden. Dabei folgt er der Überzeugung, „... daß das Erleben des Darstellers dem Publikum durch theatergemäße Mittel zugänglich gemacht werden muß" (Hoffmann/Wardetzky (Hg.) 1972, 356).

So sind die Spielenden beispielsweise in einer Szene durch den Glauben an die vorgegebenen Situationen der Improvisation, die sie mit ihrer Phantasie ausgestaltet haben, tatsächlich ergriffen, sie entwickeln Angst, ihnen kommen die Tränen. Ein Mitspieler stellt diese Gefühle mit theatergemäßen Mitteln gegenüber dem ‚italienischen Publikum' aus, er bringt ein Handtuch zum Tränentrocknen, einen Napf zum Auffangen der Tränen u. ä. (vgl. Vachtangov 1982, 343 ff).

Wesentlich für Vachtangovs Arbeitsweise während der Improvisationen ist, „die Verbindung eines im höchsten Maße wahren Spiels der Schauspieler, die sich bemühen, den Zuschauern ihre Absicht mitzuteilen und unter den vom Stück vorgegebenen Umständen zu handeln, mit möglichst sehr originellen und mit Ernsthaftigkeit ausgeführten künstlerischen Einfällen herzustellen" (ebd., 347). Die Spieler müssen sich also auch hier auf zwei Ebenen verhalten. In der Figur müssen sie entsprechend den vorgegebenen Umständen mit wahren Gefühlen reagieren, als Schauspieler aber sollten sie möglichst originelle Handlungen in der Situation finden. Um Material für diese Handlungsweisen zu finden, empfiehlt Vachtangov den Schauspielern, die Gewohnheiten anderer Menschen zu beobachten und für die Gestaltung ihrer Figuren zu nutzen (vgl. ebd., 364).

Vachtangovs theaterpraktische Arbeit hält also grundsätzlich – darin unterscheidet er sich von Čechovs Stanislavskij-Kritik – an der Forderung nach einer ‚Kunst des Erlebens' und an der Notwendigkeit aufrichtiger Gefühle der Spielenden fest.[142] Sein schauspielpädagogisches Vorgehen beruht auf der Forderung: „Erleben ist notwendig, volles Erleben in höchstem Grad!" (ebd., 394). Dementsprechend formuliert er auch die Wirkungsabsicht des Theaters. Das Publikum soll durch das Erleben der Spielenden ‚angesteckt' werden: „Erschütterungen hervorrufen, mitreißen und das Publikum auf- wühlen, ist sehr wichtig im Theater" (ebd., 399).

Dem Zweck, das Erleben der Spieler in der Rolle anzuregen, die Wahrheit des Ge- fühls hervorzubringen, dienen die Etüden und Improvisationsaufgaben. Vachtangov folgt in dieser Frage den Annahmen Stanislavskijs. Durch den Glauben an die vor- geschlagenen Situationen stellt sich das aufrichtige Erleben ein. Im Unterschied zu Stanislavskij geht jedoch Vachtangovs Versuch, die Kunst des Erlebens zu verwirkli- chen, nicht notwendig einher mit dem Abbilden der Lebenswahrheit auf der Bühne. Zum einen können die wahren Gefühle des Schauspielers in der Rolle durchaus das Ergebnis ‚phantastischer', märchenhafter Umstände sein. Zum anderen wird der kör- perliche Ausdruck der Spielenden, werden ihre Handlungen und Haltungen als Kon- sequenz eines echten Erlebens nicht allein schon als ausreichend für die Darstellung einer Figur auf der Bühne angesehen. Sie bedürfen vielmehr einer theatergemäßen Gestaltung. Die Kunst besteht darin, die Wahrheit der Gefühle in der Figur, trotz zahl- reicher Bemühungen theatergemäßer Gestaltung durch die Person des Spielenden, aufrechtzuerhalten. Am Beispiel der Probenarbeit zu Prinzessin Turandot wird dieser Widerspruch immer wieder thematisiert (vgl. Vachtangov 1982, 340 ff). Die Konstruk- tion des Theaters im Theater in den vorgeschlagenen Situtationen ist insofern für diese Vorgehensweise programmatisch. Sie hilft den Spielenden einerseits von sich auszu- gehen und aufrichtige Gefühle zu zeigen, gleichzeitig jedoch unter der Voraussetzung zu handeln, Schauspieler zu sein.

Diese Veränderungen in der Auffassung der ‚Kunst des Erlebens' und damit des Verhältnisses von Spieler und Figur zeichnen sich bereits in Vachtangovs Vorlesungen zum ‚System' aus dem Jahre 1914 ab. Während er die Terminologie und die Inhalte des Systems zugrundelegt, bemerkt er im Zusammenhang mit dem „affektiven Gedächt- nis", daß es nicht darum gehe, lebensechte Gefühle für die Bühne wachzurufen. Zwar spricht auch Stanislavskij von einem Kristallisationsprozeß der alltäglichen Erinne- rungen, bevor sie als Mittel der künstlerischen Gestaltung nutzbar werden, Vachtang- ov trennt allerdings wesentlich deutlicher. Die nicht realen, „bedingten" Ursachen auf dem Theater können und sollen keine lebensechten Emotionen hervorrufen, andernfalls „wird die Bühne aufhören, Kunst zu sein" (Vachtangov 1982, 169). Auf dem Theater gehe es demgegenüber nicht um ein lebensechtes Erleben, sondern um die Fähigkeit

---

142 An Mejerchol'ds Versuch, die wahrheitsgetreue Abbildung des Lebens aus dem Theater zu verbannen, den er grundsätzlich positiv bewertet, kritisiert Vachtangaov, daß damit gleichzeitig auch die ‚Wahrheit des Gefühls' beseitigt wurde. Hier liegt für ihn ein Motiv der Suche nach einer Synthese der beiden Konzeptionen. „Auf der Suche nach Wahrheit überhaupt brachte Stanislavskij die Lebenswahrheit auf die Bühne; Mejerchol'd dagegen entfernte die Lebenswahrheit von der Bühne und vernichtete durch seinen Übereifer auch die Wahrheit des Gefühls im Theater" (Hoffmann/Wardetzky (Hg.) 1972, 357).

zum wiederholten Erleben. Vachtangov spricht deshalb im Unterschied zu den Gefühlen des Lebens von ,szenischen Emotionen' bzw. ,affektiven Emotionen'. Während die
Bühnenfigur nur mit affektiven Emotionen gefüllt werden kann, ordnet er die gleichzeitig vorhandenen lebensechten Emotionen dem Spieler als Person zu.

„Außer den affektiven (wiederholten) Emotionen können wir auf der Bühne auch
lebensechte Emotionen haben. ... Doch diese lebensechte Emotion kann nur eins von
beiden sein: Entweder ist es mir angenehm, daß ich affektive Emotionen gut erlebe,
oder es ist mir unangenehm, daß ich sie schlecht, unehrlich erlebe" (ebd.). Nur durch
das Verwenden der affektiven Emotion ist es dem Spieler möglich, innerhalb kürzester
Zeit wechselnde, oft gegensätzliche Gefühle zu durchleben und zu zeigen. Gleichzeitig
betont Vachtangov, daß die affektiven Emotionen unbedingt die des Spielenden sind,
sie entstammen seiner persönlichen Erfahrung und werden auf der Bühne wiederholt,
um als Material zur Gestaltung zu dienen. „Der Schauspieler lebt mit seinen eigenen
Emotionen. Im Ergebnis dessen erhält der Zuschauer die vom Schauspieler geschaffene Gestalt ..." (ebd., 170).

Auch für Vachtangov kann die Quelle der theatralen Gestaltung also nur im Erleben der Person des Spielers liegen. Darin stimmt er wiederum mit Stanislavskij überein. Allerdings unterscheidet er konsequenter zwischen der Ebene alltäglicher Gefühle
und derjenigen gestalteter Gefühle. Die Spielenden müssen lernen, zwischen beiden
zu unterscheiden und zwischen den zu gestaltenden Gefühlen schnell wechseln zu
können.

„Sowohl im Theater als auch im Leben ist das Gefühl ein und dasselbe; doch Mittel und Methoden seiner Wiedergabe sind verschieden" (Hoffmann/Wardetzky (Hg.)
1972, 357).

Die Schnittstelle zwischen Spieler und Figur siedelt Vachtangov im gefühlsmäßigen
Erleben der Spielenden an. Seine Forderung nach theatergemäß gestalteten aufrichtigen
Gefühlen verlangt von den Spielenden eine Balance zwischen aufrichtigem Erleben
und dessen bewußter Gestaltung mit den angemessenen Mitteln des Theaters.[143] Der
Wechsel zwischen bewußtem und initiiertem Erleben und Distanzierung von diesem
Erleben bestimmt also auch in der Schauspielkonzeption Vachtangovs entscheidend
den Erfahrungsmodus der Spielenden im Prozeß der Gestaltung.

2.1.4 Strasberg: Die ,Method':
Emotionales Gedächtnis und Ersatzrealitäten

Die ,Method' des amerikanischen Schauspielers und Schauspielpädagogen Lee Strasberg (1901–1982) geht indirekt auf das System Stanislavskijs zurück. Als Schüler des
,American Laboratory Theatre', einer Schauspielschule, die von ehemaligen, in die

---

143 Das Publikum soll dabei Einsicht in den Vorgang der Gestaltung gewinnen. Im Sinne der Theaterästhetik Vachtangovs legen die Spieler vor den Augen der Zuschauer ihre Kostüme an, Umbauten finden bei offenem Vorhang statt. Dabei handelt es sich in jedem Fall um einen künstlerisch gestalteten
Vorgang (vgl. Vachtangov 1982, 379 ff).

USA emigrierten Mitarbeitern des Moskauer Künstlerischen Theaters in New York ge-gründet worden war, kam Strasberg ab 1923 mit der Lehre Stanislavskijs in Berührung. In seiner weiteren Tätigkeit als Schauspieler und Regisseur (ab 1931 Mitbegründer des experimentellen ‚Group Theatre') und Schauspielpädagoge (seit 1951 bis zu seinem Tod Leiter des Actors Studio, New York) bemühte er sich um eine Weiterentwicklung der Grundsätze Stanislavskijs.

Dabei setzte die US-amerikanische Version des ‚Systems', wie sie durch Strasbergs ‚Method' populär wurde, im Unterschied zu den Arbeiten Stanislavskijs eine eindeu-tige Priorität auf das innere Erleben der Spielenden als Ausgangspunkt des gestalte-rischen Prozesses.[144]

Strasberg war in erster Linie Schauspielpädagoge; insofern galt sein Interesse vor allem der konkreten Methodik des Schauspielens. Seine Schriften geben Hinweise und An-leitungen zu zahlreichen Übungen und Verfahren und ordnen diese in den Zusammen-hang der ästhetischen Annahmen der ‚Method' ein.[145]

Aus der Vielzahl der Verfahren, die zu Strasbergs Methode zählen, sollen hier le-diglich zwei ausgewählt und kurz skizziert werden, an denen das Verhältnis von Spie-ler und Figur, so wie Strasberg es in Anlehnung an Stanislavskij und Vachtangov be-stimmt, zu verdeutlichen ist: Die Methode des emotionalen Gedächtnisses, die auf Stanislavskij zurückgeht, und die Methode des Schaffens von Ersatzrealitäten, die Strasberg aus dem Ansatz Vachtangovs ableitet.

- Emotionales und sensorisches Gedächtnis

In Übereinstimmung mit den Grundsätzen Stanislavskijs und Vachtangovs geht es Strasberg darum, daß die Schauspieler mit wahren Gefühlen auf imaginäre Situationen antworten. Seine ‚Method' sucht, wie die Konzeptionen seiner Lehrer, nach „Lösungen für das Problem des schauspielerischen Ausdrucks" (vgl. Strasberg 1988, 110). Dabei richtet sich sein Hauptinteresse auf die Schwierigkeit, die erlebten Emotionen auch tat-sächlich zu einem bestimmten Zeitpunkt und an einem bestimmten Ort zum Ausdruck zu bringen und damit den Anforderungen künstlerischen Gestaltens zu entsprechen.

---

144 Dies läßt sich sowohl auf die Rezeptionsbedingungen des Stanislavskij-Systems in den USA der zwan-ziger und dreißiger Jahre zurückführen als auch auf den in den dreißiger Jahren einsetzenden Boom der amerikanischen Filmindustrie. Unter den Bedingungen des Mediums Film war Strasbergs schau-spielpädagogische Methode besonders erfolgreich.
Seine Kenntnis des Stanislavskij-Systems ging vor allem auf eine Rezeption der Arbeit Stanislavskijs zurück, wie sie zu Beginn der zwanziger Jahre von seinen ehemaligen Mitarbeitern weitergegeben wur-de. Darüber hinaus beruhte sie auf den zunächst in englischer Sprache erschienenen Werken Stanis-lavskijs ‚My Life in Art' (1924) und ‚An Actor prepares' (1936), einer stark verkürzten Ausgabe des ersten Teils von ‚Die Arbeit des Schauspielers an sich selbst', die eine einseitig psychologisierende Version des Systems vermittelt. Zu den Rezeptionsbedingungen vgl. auch Hoffmeier 1993, 154f.
145 vgl. Strasberg, Schauspieler Seminar. Schauspielhaus Bochum 9.–22. Januar 1978. Hrsg. v. Schau-spielhaus Bochum (Red. Jakob Jenisch), Bochum 1979;
Strasberg, Ein Traum der Leidenschaft. Die Entwicklung der Methode. München 1988;
Wermelskirch (Hg.), Schauspielen und das Training des Schauspielers. Berlin 1988

„Künstlerische Betätigung ist für den Schaffenden immer ein Mittel zum Selbstausdruck, aber zur Kunst wird sie nur in dem Maße, wie sie das Erlebte auch offenbart"
(ebd., 131). Zur Bearbeitung dieser Probleme, inneres Erleben zum Ausdruck zu bringen und es gezielt einsetzbar zu machen, greift Strasberg auf Stanislavskijs Arbeitsweise zurück, über das Bewußte zum Unbewußten zu gelangen. Eine zentrale Rolle in
seiner Arbeit spielt dabei die bereits im Zusammenhang mit Stanislavskijs Psychotechnik dargestellte Methode des emotionalen Gedächtnisses. Vor dem Hintergrund seiner
theaterästhetischen Überzeugung, daß Theaterspielen nicht Repräsentation von Realität
bedeute, nicht bloßes „So-tun-als-ob" sei, sondern die Erschaffung einer Wirklichkeit,
die die vollständige Präsenz der Spielenden erfordere, setzt Strasberg am emotionalen
Gedächtnis als Zentrum seiner schaupielpädagogischen Arbeit an (vgl. ebd., 136). Es
bildet die Quelle der Gestaltung, aus der heraus der Spielende seine Vorstellungskraft
belebt, damit die Voraussetzung für seinen Glauben an die hervorgebrachte Realität
schafft und diese auf der Bühne lebendig werden läßt. Im emotionalen Gedächtnis
überschneiden sich für Strasberg Spieler und Figur, so daß es zum Ausgangspunkt seiner schauspiel-methodischen Überlegungen wird. „Das Instrument des Schauspielers
jedoch ist er selbst; er arbeitet mit denselben emotionalen Bereichen, die er auch im
Leben einsetzt. (...) Insofern ist die Methode das Verfahren, mit dem der Schauspieler
die Kontrolle über sein Instrument erlangen kann, mit anderen Worten, das Verfahren,
bei dem der Schauspieler sein affektives Gedächtnis einsetzen kann, um auf der Bühne eine neue Wirklichkeit zu schaffen" (ebd., 148).

Den Weg zum emotionalen Gedächtnis findet Strasberg über das Gedächtnis der
Spielenden für Sinnesempfindungen. Die detaillierte Schilderung der in einer Situation erlebten sinnlichen Eindrücke soll das sensorische Gedächtnis anregen und gleichzeitig auf das mit ihm verbundene emotionale Gedächtnis einwirken. „Das Geheimnis
ist, sich an sinnliche Wahrnehmungen zu erinnern, also zu hören, zu sehen, zu fühlen,
zu berühren, zu schmecken, zu riechen und kinetisch zu empfinden, das heißt, Erlebnisse im Körper zu empfinden. Wir denken also nicht nur an die Situation, sondern
wir versuchen, die Situation sinnlich wieder wahrzunehmen" (Strasberg 1978, 79).
Ein besonderes Gewicht kommt in dieser Arbeit den Improvisationen zu. Dabei kann
es sich sowohl um kleine Spielanlässe handeln als auch um komplexe Spielvorschlä-
ge. Strasberg knüpft damit ausdrücklich an die Tradition der Etüden bei Stanislavskij
und Vachtangov an (vgl. Strasberg 1988, 131 ff). Auf das Training und die zahlreichen
Übungen, die notwendig sind, um die Fähigkeit auszubilden, über Improvisationen „die
eigenen Gefühle und die seiner Rolle zu erkunden" (ebd., 132), soll an dieser Stelle
nicht eingegangen werden. Strasbergs Bestimmung des Verhältnisses von Spieler und
Figur läßt sich eher an der Zielsetzung seiner Arbeit mit der Methode des emotionalen
Gedächtnisses ablesen. Hier kommt er auf die doppelte Erfahrensweise der Spielenden
zu sprechen. Auch Strasberg sieht das zentrale Problem der spielerischen Gestaltung
darin, daß die Forderung nach intensiven und echten Gefühlen in der Figur in Widerspruch steht zu der Notwendigkeit, als Spielender bestimmte Handlungen zuverlässig
ausführen zu können.

„Wenn der Schauspieler den Augenblick höchster Intensität erreicht, muß er imstande sein, die Konzentration seines Wahrnehmungsvermögens aufrechtzuerhalten, sonst

gerät sein Wille außer Kontrolle und wird von dem emotionalen Erlebnis fortgerissen. (...) Das eigentliche Ziel der Übung zum emotionalen Gedächtnis besteht ja darin, den emotionalen Ausdruck unter Kontrolle zu bringen" (Strasberg 1988, 141).

Strasbergs Ansatzpunkt für die schauspielerische Gestaltung liegt also vorwiegend im inneren Erleben der Spielenden. Auf dieser Ebene berühren sich Spieler und Figur, die Erlebnisse aus dem emotionalen Gedächtnis des Spielenden werden zum Material der Figurengestaltung. Der Spielende hat auch hier zwischen dem echten emotionalen Ausdruck in der Figur und seiner bewußten Kontrolle als Spieler zu vermitteln.

- Ersetzung/Ersatzrealiät

Bei der Suche nach dem wahren emotionalen Ausdruck fordert Strasberg die Spielenden in besonderem Maße dazu auf, von sich selbst auszugehen. Aus diesem Grund hat er eine Neuformulierung des ‚schöpferischen Wenn', das nach Stanislavskij den Prozeß der Gestaltung anregen soll, vorgenommen.[146] Stanislavskijs Formulierung wird dahingehend verändert, daß der Spielende nicht mehr fragt, ‚Wie würde ich mich in der vorgeschlagenen Situation verhalten', sondern daß er nach Ersatzrealitäten für die vom Autor vorgeschlagenen Umstände sucht, die seinen Erfahrungen näherliegen. Damit könne, so Strasberg, der Gefahr eines „So-tun-als-ob" begegnet werden. Wesentlich sei, daß der Spielende von einem persönlichen Erlebnis ausgehe und die Motivation für sein Handeln daraus ableite. „Ich suchte ... nach Anpassungen und Konditionierungen, die nicht unbedingt etwas mit dem Stück zu tun haben mußten, die aber an den Erlebnis- und Erfahrungsbereich des Schauspielers anknüpften" (ebd., 112). Der Zweck solcher Ersetzungen besteht darin, daß ein Spieler tatsächlich eine bestimmte, in einer Szene notwendige innere Haltung einnimmt (wütend ist, denkt o.ä.) und diese nicht nur simuliert. Ob er dabei mit inneren Bildern arbeitet, die durch die vorgeschlagenen Situationen des Autors hervorgerufen werden, wie Stanislavskij sich diesen Prozeß vorgestellt hat, ist unerheblich. Im Sinne der Schauspielmethodik Strasbergs „kommt es nicht darauf an, daß das, womit sich der Schauspieler beschäftigt, eine genaue Parallele zu dem jeweiligen Stück oder der Rolle aufweist, sondern darauf, daß, wenn die Bühnenfigur nachdenkt, auch der Schauspieler wirklich nachdenkt, daß, wenn die Bühnenfigur etwas empfindet, auch der Schauspieler etwas empfindet – irgend etwas" (ebd., 94).[147]

---

146 Strasberg beruft sich bei dieser Neuformulierung auf Vachtangov (vgl. Strasberg 1988, 111f), dessen Lehre er allerdings auch nur mittelbar durch dessen Schüler kennengelernt hat. Theaterästhetisch gelangt er damit zu einer den Absichten Vachtangovs geradezu entgegengesetzten Wirkung. Das Anknüpfen an Ersatzrealitäten führt zu einer verstärkten Unterstützung der Lebensechtheit der dargestellten Gefühle; diese Wirkung wollte Vachtangov unterbinden, ihm ging es um das Sichtbarmachen des Theatergemäßen im Theater.

147 Problematisch bei dieser Verfahrensweise ist, daß sie eine einseitige Anpassung theatraler Vorgänge an die jeweilige private Vorstellungswelt eines Spielenden fördert und dadurch zur Imitation individuellen Verhaltens herausfordert. Sie muß insbesondere dann beschränkt bleiben – und zu einer Vernachlässigung theatergemäßer Gestaltung führen – wenn sie nicht auf ein psycho-realistisches Theater zielt.

Am Beispiel der „Ersetzungen", die in der ‚Method' vorgeschlagen werden, um die
Gefühle der Spielenden zu stimulieren, wird die enge Verknüpfung zwischen Spieler und Figur besonders sinnfällig. Gleichzeitig zeigt sich, daß das Zurückgreifen auf
‚Ersetzungen' aus den privaten Erfahrungen der Akteure auch theaterästhetische Konsequenzen hat. Strasbergs Methode zielt auf das Schaffen einer Präsenz der Spieler,
die auf ‚lebensechten' Gefühlen beruht. Den Zuschauenden soll durch diesen Ansatz
am inneren Erleben der Spielenden die Illusion eines ‚realen Lebens' auf dem Theater vermittelt werden. Die Differenz zwischen Spieler und Figur soll ihnen möglichst
verborgen bleiben. Auch bei noch so großer Annäherung des inneren Erlebens der Figur an den persönlichen Erfahrungsbereich des Spielenden wird jedoch keine Identität zwischen beiden angestrebt. Übungen und Training zielen auf die Fähigkeit der
kontrollierten Vermittlung zwischen den eigenen Gefühlen, denen der Figur und den
bewußten Handlungen eines Akteurs auf der Bühne. Dabei werden komplexe Anforderungen an die Differenzierungsleistungen der Spielenden gestellt.

Die Komplexität dieser Vermittlungsleistung, die ein entscheidender Bestandteil
des Erfahrungsmodus schauspielerischer Gestaltung ist, wurde bereits in den bisher
dargestellten Konzeptionen deutlich. Sie wird noch einmal akzentuiert in denjenigen
Künstlertheorien, die die Schnittstelle zwischen Spieler und Figur zum produktiven
Element ihrer Theaterästhetik machen. Dieser Zusammenhang wird im folgenden am
Beispiel der theatertheoretischen Schriften Brechts verdeutlicht.

2.1.5 Brecht: Gestisches Theater/Ästhetik des Gestischen

Der Zugang des Dramatikers Bertolt Brecht (1898–1956) zu Fragen schauspielerischer
Gestaltung und den dieser Gestaltung zugrunde liegenden Erfahrungsmodi ist von dem
der bisher erörterten Künstlertheorien zu unterscheiden. Als ‚Stückeschreiber' arbeitete
Brecht vor allem an einer Erneuerung der dramatischen Kunst und suchte dementsprechend nach einer den Ansprüchen dieser neuen Dramaturgie genügenden Schauspielkunst. Die Spielweise, die ihm für seine nichtaristotelische, das heißt nicht auf Einfühlung und Katharsis beruhende Dramatik[148] am geeignetsten erschien, nannte Brecht
episch, „wegen ihres deutlich referierenden, beschreibenden Charakters und weil sie
sich kommentierender Chöre und Projektionen bediente" (16, 546)[149]. Brechts Konzept
ist deshalb weniger eine Schauspieltheorie oder -methodik als eine Wirkungsästhetik
des epischen Dramas und Theaters. Fragen der Schauspielmethodik und der Spielweise
wandte er sich in erster Linie unter dem Gesichtspunkt zu, wie die angestrebte dramatische Wirkung beim Publikum am ehesten zu erreichen sei. In einem Gespräch über
Unterschiede und Gemeinsamkeiten seiner Überlegungen und derjenigen Stanislavskijs

---

148 Begrifflich setzt Brecht sich zwar gegen das aristotelische Drama ab. Seine kritische Abgrenzung vom
     traditionellen Theater betrifft allerdings eher das auf psychologischer Wahr-Scheinlichkeit beruhende
     bürgerliche Theater als das antike Theater, das der Poetik des Aristoteles als Vorbild diente.
149 Im folgenden wird zitiert nach der ‚werkausgabe edition suhrkamp' Bertolt Brecht, Gesammelte Wer-
     ke in 20 Bänden. Frankfurt/Main 1967. Die Angaben beziehen sich auf Band und Seitenzahl.

faßt Brecht die divergierenden Herangehensweisen pointiert zusammen: „Stanislawski ist inszenierend hauptsächlich Schauspieler, ich bin inszenierend hauptsächlich Stückeschreiber" (16, 865). Unter dieser Perspektive beinhalten Brechts „Schriften zum Theater", die zum großen Teil aus Kritiken, Notizen, Fragmenten und verstreuten Aufzeichnungen aus vier Jahrzehnten bestehen, zahlreiche Bemerkungen zur Arbeitsweise von Schauspielern und zum Modus der Erfahrung im Prozeß schauspielerischen Arbeitens. Sie sollen im folgenden Gegenstand der Untersuchung sein. Brechts Theorie zur politischen Funktion des Theaters und seine Dramentheorie werden dabei nur insofern berührt, als es für den Zusammenhang der schauspieltheoretischen und -praktischen Annahmen wesentlich erscheint.

Da, wo Brecht sich konkreten Fragen des künstlerischen Gestaltens – des theatralen, insbesondere des schauspielerischen und des dramatischen – zuwendet, wo er versucht, eine Schreib- und Spielweise zu begründen, die den Erfordernissen des epischen Theaters entspricht, ist der Begriff des Gestischen unverzichtbar für das Verständnis seiner ästhetischen Prinzipien. Für die folgende Untersuchung der schauspiel-theoretischen Grundannahmen Brechts wird deshalb das theaterästhetische Prinzip des Gestischen als Ausgangspunkt gewählt.[150] Die zentralen Begriffe der Geste, der Gestik und des Gestus sind von Brecht im Laufe seiner theatertheoretischen und -praktischen Tätigkeit mehrfach und nicht immer einheitlich definiert worden, was die Annäherung an diese Begrifflichkeit erschwert. In seinem einfachsten Sinn knüpft der Begriff der Geste im Bereich schauspielerischer Gestaltung an das Alltagsverständnis an. Hier gilt die Geste zunächst als materielles, an den Körper des Akteurs gebundenes und gestaltetes Zeichen, das auf eine weitere Schicht hinter diesem Zeichen, eine bestimmte psychische Verfassung, eine Haltung o. ä. verweist – und damit auf die Parallelität von körperlichen Äußerungen und ‚Innenwelt'. Entsprechend fordert Brecht von den Spielenden auf der Bühne, „... daß alles Gefühlsmäßige nach außen gebracht werden muß, das heißt, es ist zur Geste zu entwickeln. Der Schauspieler muß einen sinnfälligen, äußeren Ausdruck für die Emotionen seiner Person finden, womöglich eine Handlung, die jene inneren Vorgänge verrät" (15, 345).

Den Begriff des Gestus definiert Brecht in einem Text aus dem Jahre 1938 zum einen als „Komplex von Gesten, Mimik und für gewöhnlich Aussagen" (15, 409), zum anderen bezeichne er die hinter den Gesten liegenden sozialen Beziehungen der Menschen. Nur wenn in den Gesten der Menschen deren Beziehung zueinander zum Ausdruck kommt, lasse sich, so Brecht, von einem (sozialen) Gestus sprechen. Der theaterästhetische Begriff des Gestus bekommt in dieser Definition auch einen gesellschaftstheoretischen Charakter. Brecht fährt in der Kennzeichnung des Gestus-Begriffs fort:

---

150 Unter der Vielzahl von Untersuchungen, die sich mit Brecht und seinem Werk befassen, gibt es nur wenige Gesamtdarstellungen, die sich auf den Begriff des Gestischen und des Gestus konzentrieren (vgl. Heinze 1992, 21 ff). Für den Zusammenhang der hier interessierenden theatertheoretischen und -praktischen Fragestellung ist grundlegend: Ritter, Das gestische Prinzip. Köln 1986.

„Ein Gestus kann allein in Worten niedergelegt werden (im Radio erscheinen); dann sind bestimmte Gestik und bestimmte Mimik in diese Worte eingegangen und leicht herauszulesen (eine demütige Verbeugung, ein Auf-die-Schulter-Klopfen).

Ebenso können (im stummen Film zu sehen) Gesten und Mimik oder (im Schattenspiel) nur Gesten Worte beinhalten.

Worte können durch andere Worte ersetzt werden, ohne daß der Gestus sich darüber ändert" (15, 409).

Der Gestus erscheint in diesem Text als die nicht-materielle Bestimmung des Verhältnisses der Menschen zueinander, die sich in unterschiedlichen gestischen Äußerungen manifestieren kann. Dabei wird auch deutlich, daß Brechts Begriff der Geste nicht auf das Phänomen der körperlichen Bewegungen beschränkt ist, sondern auch Worte, Tonfall usw. als Gesten angesehen werden können. Auch das Ausbleiben jeder Art von Äußerung (Schweigen, Unbeweglichkeit) kann unter diesen Bedingungen als gestischer Ausdruck eines Gestus gewertet werden.

Während einerseits der Gestus durch unterschiedliche gestische Äußerungen vermittelt werden kann, sind zum anderen in einem Gestus zahlreiche Gesten – ergänzend und/oder sich widersprechend – aufgehoben: „Oft kommen innerhalb eines bestimmten Gestus (wie Trauer) noch viele andere Gesten vor (wie Allezeugenanrufen, Sichzurückhalten, Ungerechtwerden usw.)" (12, 458).[151] Ritter faßt die beschriebenen Eigenheiten des Gestus als seine synthetische und zugleich verallgemeinernde Qualität zusammen (vgl. Ritter 1986, 16).

In einem späteren Text zur „Gestik" aus dem Jahre 1952 nimmt Brecht eine weitere Differenzierung des Begriffs vor. Dabei bezieht er sich auf den unterschiedlichen Geltungsbereich des Gestus-Begriffs in bezug auf eine Gruppe von Menschen und auf den einzelnen und auf seine Funktion, sowohl die Grundhaltung eines Individuums zu kennzeichnen als auch als Impuls für weitere Vorgänge bei einer Person zu dienen. Darüber hinaus hebt Brecht in diesem Zusammenhang die Eigenschaft der Kategorie des Gestischen hervor, Vorgänge zwischen Menschen als voneinander absonderbar herauszustellen.

„Wir sprechen ferner von einem Gestus. Darunter verstehen wir einen ganzen Komplex einzelner Gesten der verschiedensten Art zusammen mit Äußerungen, welcher einem absonderbaren Vorgang unter Menschen zugrunde liegt und die Gesamthaltung aller an diesem Vorgang Beteiligten betrifft (Verurteilung eines Menschen durch andere Menschen, eine Beratung, ein Kampf und so weiter), oder einen Komplex von Gesten und Äußerungen, welcher, bei einem einzelnen Menschen auftretend, gewisse Vorgänge auslöst (die zögernde Haltung des Hamlet, das Bekennertum des Galilei und so weiter), oder auch nur eine Grundhaltung eines Menschen (wie Zufriedenheit oder Warten). Ein Gestus zeichnet die Beziehungen von Menschen zueinander" (16, 752f).

---

151 Aus der Perspektive der Theatersemiotik analysiert Patrice Pavis diese komplexe Beziehung zwischen Geste und Gestus: „Words and gestures can be replaced by other words and gestures, without the *Gestus* being modified. The *Gestus* here plays the role of the *interpreter* in Pierce's semiotics. The sign meaning (gestural or prosodic) helps us to associate it with certain equivalents, to constitute the paradigms of possible variations, to establish series and networks of correspondances between voice and gesture." (Pavis 1984, 301, Hervorhebungen im Original)

Die hier herausgehobenen Qualitäten des Gestus-Begriffs lassen sich mit Ritter als analytische und konstruktive kennzeichnen (vgl. Ritter 1986, 16), ermöglichen sie doch, im Gefüge der menschlichen Beziehungen einzelne Vorgänge zu isolieren, getrennt zu betrachten und sie unter theaterästhetischen Gesichtspunkten neu zusammenzufügen. Die genannten vier Qualitäten des Gestus-Begriffs (nach Ritter: synthetische, verallgemeinernde, analytische und konstruktive Qualität) sind die grundlegenden Voraussetzungen für die von Brecht postulierte epische Spielweise. Sie bilden die Basis für das diese Spielweise kennzeichnende verfremdende Spiel, da sie den Spielenden ermöglichen, Haltungen zu bestimmen, sie in unterschiedlichen Gesten zum Ausdruck zu bringen und gegeneinander abzusetzen und damit das Verhältnis von Spieler und Figur im theatralen Prozeß zu thematisieren. Brecht betont: „Gerade die Tatsache, daß die Gesten ausgewählt sind, bringt den V-Effekt hervor" (15, 370). Als theaterästhetisches Prinzip ist das Gestische also die Grundlage der epischen Spielweise, und es ermöglicht gleichzeitig die Abgrenzung gegenüber der von Brecht kritisierten Einfühlung im illusionistischen Theater.

„Die Voraussetzung für die Hervorbringung des V-Effekts ist, daß der Schauspieler das, was er zu zeigen hat, mit dem deutlichen Gestus des Zeigens versieht. Die Vorstellung von einer vierten Wand, die fiktiv die Bühne gegen das Publikum abschließt, wodurch die Illusion entsteht, der Bühnenvorgang finde in der Wirklichkeit, ohne Publikum statt, muß natürlich fallengelassen werden. Prinzipiell ist es für die Schauspieler unter diesen Umständen möglich, sich direkt an das Publikum zu wenden" (16, 341f).

Im Unterschied dazu wird der Gestus in seiner Anwendung auf soziale Zusammenhänge vom künstlerischen Mittel der Darstellung zum Gegenstand verfremdender Darstellung.

„Es ist der Zweck des V-Effekts, den allen Vorgängen unterliegenden gesellschaftlichen Gestus zu verfremden. Mit sozialem Gestus ist der mimische und gestische Ausdruck der gesellschaftlichen Beziehungen gemeint, in denen die Menschen einer bestimmten Epoche zueinander stehen" (15, 346).

Brecht hat diese unterschiedlichen Verwendungsweisen des Gestus-Begriffes nicht explizit voneinander getrennt. Seine Künstlertheorie, die in den „Schriften zum Theater" zusammengefaßt vorliegt, stellt keine geschlossene Theorie mit stringenter Begrifflichkeit dar. Für die hier interessierende Frage nach dem Modus der Erfahrung im Prozeß schauspielerischer Gestaltung ist die getroffene Unterscheidung jedoch unumgänglich. Im Anschluß an diese Frage geht es vor allem um das gestische Prinzip als theatrales und speziell schauspielerisches Gestaltungsmittel, das der Erfahrung im Zwischenraum zwischen der eigenen Person und der zu gestaltenden Figur zugrunde liegt.

Spieler und Figur: Die nicht restlose Verwandlung

Daß Brecht die Einfühlung aus dem Theater und aus der Schauspielkunst verbannt habe, ist ein häufig kolportiertes Vorurteil. Insbesondere die Rezeption Brechts und Stanislavskijs in den frühen Jahren der DDR, in denen der sozialistische Realismus als künstlerische Doktrin galt, hat zu der verkürzenden Gegenüberstellung einer „Kunst des Erlebens" und einer „Kunst des Darstellens" geführt.[152] Im folgenden soll versucht werden zu zeigen, daß Brecht den Prozeß des schauspielerischen Gestaltens, vergleichbar mit anderen Schauspieltheoretikern und -praktikern, als eine Erfahrung gekennzeichnet hat, die zwischen der Person des Spielenden und der zu gestaltenden Figur anzusiedeln ist. Auf der Grundlage einer neuen Dramatik und einer dementsprechenden gestischen Spielweise hat er dabei allerdings andere Akzente gesetzt. Um die ambivalente Haltung Brechts gegenüber der schauspielerischen Einfühlung zu verstehen, muß zunächst noch einmal daran erinnert werden, daß es sich bei Brechts Überlegungen zum Theater in erster Linie um eine Wirkungsästhetik handelt. In dieser Hinsicht sollen die auf der Bühne dargestellten Vorgänge zwischen Menschen zum Gegenstand der kritischen Betrachtung durch das Publikum werden. Der Verzicht auf eine identifizierende Spielweise erfüllt dabei die Funktion, das Publikum ebenfalls in eine Haltung der kritischen Distanz zu versetzen. Auf diesen Gesichtspunkt wird im Abschnitt „Zwischen Bühne und Publikum" noch einzugehen sein. Gleichzeitig beinhaltet Brechts Theaterästhetik auch eine Schauspieltheorie und -methodik. Aus der Perspektive der schauspielerischen Gestaltung bekommt der Vorgang des „Einfühlens" und des Mitfühlens ein anderes Gewicht als im Rahmen der theatralen Präsentation. Brecht spricht in diesem Zusammenhang differenzierter von einer ‚nicht restlosen Verwandlung' (vgl. 15, 386f) oder vom Verzicht auf vollständiges Einfühlen und fordert deshalb von der Darstellungsweise des Schauspielers:

„In keinem Augenblick läßt er es zur restlosen Verwandlung kommen. (...) Er hat seine Figur lediglich zu zeigen oder, besser gesagt, nicht lediglich zu erleben; dies bedeutet nicht, daß er, wenn er leidenschaftliche Leute gestaltet, selber kalt sein muß. Nur sollten seine eigenen Gefühle nicht grundsätzlich die seiner Figur sein, damit die seines Publikums nicht grundsätzlich die der Figur werden" (16, 683). Die Tatsache, daß Brecht hier ‚lediglich zeigen' verbessert und ergänzt durch ‚nicht lediglich erleben', weist bereits darauf hin, daß er sich durchaus der Notwendigkeit der beiden genannten Momente für die schauspielerische Gestaltung bewußt ist. Im Gegensatz zur Schauspielästhetik eines psycho-realistischen Theaters soll die schauspielerische Gestaltungsweise, die zwischen Figur und Spieler stattfindet, allerdings nicht verborgen bleiben. Die Schnittstelle der Erfahrung, die jeder schauspielerischen Gestaltung immanent ist, die dem Zuschauer einer psycho-realistischen Spielweise jedoch nur dann bewußt wird, wenn die Spielenden einen Fehler machen, „aus der Rolle fallen" oder schlecht spielen, ist hier Bestandteil des künstlerischen Vorgangs.

„Dies, daß der Schauspieler in zweifacher Gestalt auf der Bühne steht, als Laughton und als Galilei, daß der zeigende Laughton nicht verschwindet in dem gezeigten Galilei, was dieser Spielweise auch den Namen ‚die epische' gegeben hat, bedeutet schließlich nicht mehr, als daß der wirkliche, der profane Vorgang nicht mehr verschleiert wird –

---

152 Auf die Einzelheiten der Auseinandersetzungen um die Theaterarbeit Brechts in der DDR der fünfziger Jahre, auf die damit verbundene, ideologisch begründete Gegenüberstellung zu Stanislavskij sowie auf die Stanislavskij-Konferenz in Berlin (DDR) im Jahre 1953 kann hier nicht eingegangen werden. Vgl. dazu: M. Wekwerth, Brecht und Stanislawski. Kritik der Thesen einer Stanislawski-Konferenz. In: ders., Brecht? Berichte, Erfahrungen, Polemik. München 1969; D. Hoffmeier, Über den Zugang Brechts zum Werk Stanislavskijs. In: TheaterZeitSchrift 31/32, 1992, 127–149

steht doch auf der Bühne tatsächlich Laughton und zeigt, wie er sich den Galilei denkt" (16, 683 f). Wesentlich dabei ist, daß der jeglichem schauspielerischen Tun zugrunde liegende Gestus des Zeigens eine künstlerische Gestaltung erfährt. Dies verdeutlicht Brecht zunächst mit einer ‚Hilfsvorstellung', die den Gestus des Zeigens von demjenigen des Gezeigten ‚absondert'. „Wir können die eine Hälfte der Haltung, die des Zeigens, um sie selbständig zu machen, mit einer Geste ausstatten, indem wir den Schauspieler rauchen lassen und ihn uns vorstellen, wie er jeweils die Zigarre weglegt, um uns eine weitere Verhaltensart der erdichteten Figur zu demonstrieren" (16, 684). Diese Form des verfremdeten Spiels durch das betonte Trennen der Gesten des Spielers von denen der Figur bezeichnet Brecht an anderer Stelle als die „allgemeinste, schwächste, unbestimmteste Form der Verfremdung" (15, 367). Eine wesentlich kunstvollere Form der Technik des ‚doppelten Zeigens' hat er dagegen im chinesischen Theater studiert, das ihm in dieser Hinsicht als vorbildlich für das epische Theater erscheint. In dieser Form des zeigenden Spiels unterscheidet Brecht drei parallel vorhandene Ebenen der Gestaltung: den zeigenden Schauspieler, die gezeigte Figur und den gezeigten Schauspieler im Prozeß des Gestaltens.[153]

„Zu zeigen: Ein junges Mädchen bereitet Tee. Der Schauspieler zeigt zunächst, daß Tee bereitet wird. Dann zeigt er, wie man Tee in vorgeschriebener Weise bereitet. Das sind bestimmte, immer wiederkehrende Gesten, die vollendet sind. Dann zeigt er gerade dieses Mädchen, etwa, daß sie heftig ist oder duldsam oder verliebt. Dabei zeigt er, wie der Schauspieler Heftigkeit oder Duldsamkeit oder Verliebtheit ausdrückt, in wiederkehrenden Gesten" (15, 428).

Auf diese Weise macht das verfremdende Spiel, das auf der Voraussetzung des gestischen Prinzips der Brechtschen Theaterarbeit beruht (vgl. Ritter 1986, 104), das Doppel von Spieler und Figur zur Grundlage seiner Ästhetik. Verfremdung wird erst dadurch möglich, daß der Gestus des zeigenden Spielers von demjenigen der gezeigten Figur zu unterscheiden ist, und daß beide in verschiedenen Gesten von ein und derselben Person zum Ausdruck gebracht werden können. Die Kunstfertigkeit, die zu einem solchen komplexen, vielfach aufgefächerten Handeln gehört, deutet sich in der zitierten Beschreibung chinesischer Schauspielkunst an.

Rollenstudium/Aufbau der Figur

Brechts Beschreibungen und Anweisungen zum Hervorbringen des Verfremdungseffekts sind zum größten Teil aus der Perspektive des Dramatikers bzw. der des Regisseurs formuliert. Formulierungen wie „Lassen wir ihn rauchen", „Er hat ... zu zeigen" u. ä. verweisen auf diesen Standpunkt, der den Spielenden gewissermaßen von außen

---

153 Ein Vergleich mit den drei von Čechov unterschiedenen Schichten schauspielerischen Gestaltens liegt zunächst nahe, erweist sich aber bei näherer Betrachtung als nicht fruchtbar. Während Čechov Material, Produzent und Produkt unterscheidet, spricht Brecht von einem Produzenten, der gleichzeitig zwei verschiedene Produkte hervorbringt. Die Gemeinsamkeit beschränkt sich ausschließlich auf die Komplexität einer mehrschichtigen Gestaltung, die zur selben Zeit von einem Produzierenden hervorgebracht wird und auf die dabei notwendige Fähigkeit des Produzierenden, gleichzeitig auf den verschiedenen, zum Teil sich widersprechenden Gestaltungsebenen zu handeln.

betrachtet. Die konkreten Auseinandersetzungen mit der schauspielerischen Tätigkeit, mit der ihr zugrunde liegenden Erfahrung und mit diesbezüglichen methodischen
Überlegungen der Gestaltung sind demgegenüber in seinen Schriften wesentlich weniger ausgearbeitet.

Allerdings wird deutlich, daß Brecht da, wo er sich mit dem Aufbau der Figur und
dem Probenprozeß befaßt, selbstverständlich davon ausgeht, daß es für die Spielenden
nicht möglich ist, zu einer Form der Verfremdung zu finden, das heißt, eine Figur von
sich zu distanzieren, wenn nicht vorher ein Prozeß der Annäherung stattgefunden hat.
Der Prozeß der Einfühlung spielt deshalb auch in den schauspielmethodischen Überlegungen Brechts eine Rolle, allerdings siedelt er sie in einem ‚Vorstadium‘ an, „... ir-
gendwann bei der Rollenarbeit in den Proben" (15, 342). Im „Kleinen Organon" aus
dem Jahre 1948 bezeichnet er die Einfühlung als „eine unter mehreren Methoden der
Beobachtung" (16, 686). Er distanziert sich damit von einer anzustrebenden Identifikation, die vom Spielenden selbst ausgeht und auf der Frage beruht, ‚Was wäre, wenn
ich in dieser Situation handeln müßte?‘. Stattdessen erklärt er die Beobachtung zum
wesentlichsten Element der Schauspielkunst und zur Voraussetzung einer produktiven,
nicht bloß abbildhaften Nachahmung. Anstatt die „Hamlete und Ferdinande" nur in sich
zu fühlen und dadurch möglicherweise auf die eigene Person zu reduzieren, empfiehlt
Brecht den Schauspielern, ihre ganze Umwelt als Theater zu betrachten und so das Material für die Gestaltung zu gewinnen, ohne es dabei vollständig für sich zu vereinnahmen. Brecht charakterisiert diese Vorgehensweise des Schauspielers folgendermaßen:
„Ständig eignet er sich das seiner ‚Natur‘ Fremde an, und zwar so, daß es ihm fremd
genug bleibt, das heißt so fremd, daß es sein Eigenes behält" (16, 741).

Um die Erfahrung der Spielenden an der Schnittstelle von Einfühlung und Distanzierung zu etablieren, gibt Brecht zahlreiche methodische Hinweise für den Probenprozeß. Dazu zählen beispielsweise das ‚Fixieren des Nicht-Sondern‘, eine Spielweise,
die potentiell mögliche Handlungen in einer Situation erahnen läßt, das Übertragen des
Spieltextes in die dritte Person oder in die Vergangenheit, das Mitsprechen von Spiel-
anweisungen und erfundenen Kommentaren (vgl. 15, 343f), das Tauschen der Rollen,
wobei der „Ersatz"-Spieler den ersten sowohl kopieren als auch ihm eine andere Spielweise vorführen kann (vgl. 15, 411). Bei all diesen Vorschlägen handelt es sich um Methoden, den Spielenden im Prozeß der Gestaltung ihre Position zwischen der eigenen
Person und der Figur bewußt zu machen und damit eine Spielweise zu vermitteln, die
die doppelte Anwesenheit von Spieler und Figur auf der Bühne zu zeigen vermag.

„Der Schauspieler steht ja tatsächlich auf der Bühne als Schauspieler und als Stück-
figur zugleich, und dieser Widerspruch muß sich in seinem Bewußtsein vorfinden; er
macht die Figur recht lebendig" (16, 863).

Brechts Bewertung des Verhältnisses von Spieler und Figur sowie ihre Gewichtung
innerhalb seiner Theatertheorie zeichnet sich besonders deutlich in seiner Auseinandersetzung mit dem Konzept Stanislavskijs ab. Seine erste Kritik Stanislavskijs in den
dreißiger Jahren beruhte zunächst auf einer unvollständigen Kenntnis des Systems,
vermittelt durch die englische Übersetzung, die ein vereinseitigendes psychologisie-
rendes Bild dieses Ansatzes entwarf. Zu Beginn der fünfziger Jahre nahm Brecht das

Studium des Systems noch einmal auf, diesmal anhand deutscher Übersetzungen, die die Arbeit Stanislavskijs dokumentierten (vgl. Hoffmeier 1992). Vor dem Hintergrund dieser erneuten Auseinandersetzung gelangte er zu einer differenzierten Beurteilung des Systems und stellte, vor allem, was die Beziehung von Spieler und Figur, von Einfühlung und Distanz angeht, zahlreiche Parallelen zu seinem Konzept fest.[154]

„Interessant, wie Stanislavskij Mache zuläßt – *für die Probe!* So lasse ich Einfühlung zu – für die Probe! (Und beide werden wir für die Aufführung beides zulassen müssen, wenn auch in verschiedener Mischung)" (16, 846).[155] Die Einsicht, daß das schaupielerische Erleben immer zwischen den Perspektiven des Spielers und der Figur anzusiedeln ist, unabhängig von den Schwerpunkten, die in einem spezifischen Konzept aufgrund seiner jeweiligen ästhetischen Grundentscheidung und Wirkungsabsicht gesetzt werden, faßte Brecht in einem Nachtrag zum ‚Kleinen Organon' im Jahre 1954 zusammen. Dabei kennzeichnete er die Beziehung der beiden Perspektiven nicht als ein Nach- oder Nebeneinander, sondern als ein komplexes Wechselverhältnis, das die besondere Qualität der schauspielerischen Kunst erst hervorbringt.

„Der Widerspruch zwischen Spielen (Demonstrieren) und Erleben (Einfühlen) wird von ungeschulten Köpfen so aufgefaßt, als trete in der Arbeit des Schauspielers nur das eine oder das andere auf (...). In Wirklichkeit handelt es sich natürlich um zwei einander feindliche Vorgänge, die sich in der Arbeit des Schauspielers vereinigen (das Auftreten enthält nicht nur ein bißchen von dem und ein bißchen von jenem). Aus dem Kampf und der Spannung der beiden Gegensätze, wie aus ihrer Tiefe, zieht der Schauspieler seine eigentlichen Wirkungen" (16,703).[156]

---

154 Da es in diesem Zusammenhang nicht um einen Vergleich der beiden Konzeptionen geht, sondern um den Versuch, den Erfahrungsmodus der Spielenden zwischen der eigenen Person und der Figur näher zu bestimmen, können die Unterschiede der beiden schauspiel- bzw. theatertheoretischen Ansätze hier unberücksichtigt bleiben. Sie leiten sich vor allem aus den verschiedenen Bestimmungen der gesellschaftspolitischen Funktion der Theaterkunst ab.

155 Zum Problem „Schädliche und nützliche Mache" vgl. Gorcakov, Regie. Unterricht bei Stanislavskij. Berlin 1959, 211 ff

156 In besonderer Weise zeigt sich das komplexe Wechselverhältnis zwischen Spieler und Figur in Brechts Vorschlägen zum Lehrstückspiel. Wesentliches Kennzeichen der Lehrstückdramaturgie sind die Kommentare, die die szenische Handlung unterbrechen. Kommentare können in Form von Liedern, chorischen Texten, Text- oder Bildeinblendungen u. ä. auftreten. Innerhalb der Lehrstücke finden sie sich auch in Form theoretischer Erläuterungen zum Thema, beispielsweise als Texte des „Sprechers" im „Badener Lehrstück" (vgl. Ritter 1980, 14). In dieser besonderen Form des Kommentars, im „Durchsetzen des Gestalteten mit dem Formulierten" (ebd., 109) liegt, nach Ritter, eine entscheidende Qualität des Lehrstückspiels für die Spielenden. Der Handlungsfluß, in dem sich die Figur befindet, wird angehalten zum Zweck des Betrachtens, des Reflektierens über die szenische Handlung duch den Spielenden. Szenische Präsentation und ‚diskursiver Kommentar' wechseln einander ab. Die Spielenden gewinnen durch den expliziten Kommentar ein Verhältnis zur Handlung und die Möglichkeit, „ihre Haltungen bewußter einzunehmen, ihre Handlungen bewußter durchzuführen" (ebd., 109). Dadurch wird das, der Brechtschen Theaterästhetik zugrunde liegende Verhältnis von Spieler und Figur in besonderer Weise akzentuiert. Die Übergänge vom Zeigen zum Gezeigten, von Fomuliertem zu Gestaltetem, von Betrachten und Handeln, wie sie am Beispiel der Lehrstücke besonders sinnfällig werden, schaffen wiederum Zwischenräume, in denen die Spielenden „mit dem Urteil dazwischen kommen können" (16, 694). In diesen Zwischenräumen kann der von den Lehrstücken angestrebte Prozeß des Lernens bei den Spielenden ansetzen.

2.1.6 Auswertung: Nicht-Ich und nicht Nicht-Ich,
Die Erfahrung zwischen Spieler und Figur

Die Diskussion der verschiedenen Konzeptionen der Theatertheoretiker und -praktiker hinsichtlich der Erfahrung der Spielenden im Spannungsfeld zwischen eigener Person und zu gestaltender Figur hat gezeigt, daß in dieser Frage eine weitgehende Übereinstimmung zwischen den diskutierten Ansätzen herrscht. Unabhängig von ihren jeweiligen theaterästhetischen Grundentscheidungen, ob der Bruch zwischen Spieler und Figur für das Publikum sichtbar sein soll oder nicht, ist die Erfahrung auf der Ebene der Gestaltung eine ähnliche. Für die Spielenden ist sie immer eine Erfahrung des „Sowohl-als-auch". Sie sind sowohl sie selbst als auch die Figur; ihre Erfahrungsweise ist zwischen diesen beiden Ebenen anzusiedeln.

Die Unterscheidung zwischen „Darstellen" und „Erleben" und ihre Zuordnung zu bestimmten Künstlertheorien stellt sich in diesem Zusammenhang als rein theoretische Alternative heraus. Keine der angeführten Konzeptionen bezieht sich für die Praxis des darstellerischen Prozesses nur auf eine Seite und schließt die andere völlig aus.

Ein Unterschied zwischen den Konzeptionen besteht jedoch in der Frage, ob das Doppel Spieler/Figur an seinen Nahtstellen für die Rezipienten sichtbar gemacht werden soll (was sich in den Konzeptionen von Vachtangov und Brecht abzeichnet), oder ob Methoden entwickelt werden, diesen Bruch dem Publikum gegenüber zu verbergen (wie es insbesondere Stanislavskij getan hat). Damit ist allerdings eine wirkungsästhetische Frage angesprochen, die in Abhängigkeit von der theaterästhetischen Grundentscheidung für ein illusionistisches, lebensabbildendes oder für ein theatergemäßes, sichtbar künstlerisch gestaltetes Theater zu beantworten ist.

Die Erfahrungsweise der Spielenden im Prozeß der Gestaltung geht in beiden Fällen mit einer „Spaltung" der Identität einher. Sie erfahren sich gleichzeitig als Material, Produzenten und Produkte (Subjekte und Objekte) des künstlerischen Prozesses. Wesentlich ist, daß der Bruch zwischen diesen Identitäten, das gleichzeitige Vorhandensein sowohl des einen als auch des anderen, für die Spielenden immer bewußt sein muß, da andernfalls die Absicht künstlerischer Gestaltung aufgegeben würde. Auch in dieser Frage sind sich alle angeführten Schauspieltheorien und -methoden einig, selbst wenn sie unmittelbar an den Erfahrungsbereich der Akteure als Privatpersonen anknüpfen (vgl. Strasberg).

Der amerikanische Theateranthropologe Richard Schechner spricht in diesem Zusammenhang von einer doppelten Negation, die die Eigenheit des Spielens kennzeichnet. Im Moment der Aufführung ist der Spielende ‚nicht er selbst' und ‚nicht nicht er selbst' (vgl. Schechner 1990, 10 f). Die Fähigkeit, gleichzeitig mit verschiedenen Identitäten zu spielen, sich zwischen ihnen zu bewegen, ist für Schechner eine wesentliche Erfahrung, die sich in der Praxis des Theaterspielens, im schauspielerischen Üben gewinnen läßt.

„Alle wirklichen Performer besitzen diese Qualiät des ‚nicht und nicht-nicht Seins' ihrer selbst und ihrer Figuren: Olivier ist nicht Hamlet und genauso aber nicht-nicht Hamlet. Seine Darstellung liegt zwischen der Leugnung, ein anderer zu sein (Ich bin

Ich), und der Leugnung, kein anderer zu sein (Ich bin Hamlet). Schauspieltraining richtet seinen Ehrgeiz nicht darauf, die Schüler in andere Personen zu verwandeln, sondern darauf, ihnen die Möglichkeit zu eröffnen, sich zwischen zwei Identitäten zu bewegen" (ebd., 233).

Die Frage nach dem Erfahrungsmodus des Theaterspielens auf der Ebene zwischen der eigenen Person und der zu gestaltenden Figur läßt sich also zunächst als eine des Ausbalancierens, eines labilen Gleichgewichts verschiedener Identitäten beschreiben. Im Übergang zwischen ,Nicht-Ich' und ,nicht Nicht-Ich', in der Erfahrung, Subjekt und gleichzeitig Objekt eines gestalterischen Prozesses zu sein, liegt eine wesentliche Eigenheit ästhetischer Erfahrung für die Spielenden im Prozeß theatraler Gestaltung.

Um es noch einmal deutlich zu sagen: Eine Figur spielen heißt nicht, sie abbilden. Sie existiert nicht als ,Vorbild', sondern entsteht erst in der Auseinandersetzung des Spielenden mit dem eigenen Ich und als ein bewußt gestalteter Teil dieses Ichs. In diesem Prozeß verleiht das Subjekt dem Spiel seiner Einbildungskraft einen objektivierten Ausdruck. Hier werden bereits erste Hinweise auf die mit dieser Erfahrung möglicherweise einhergehende bildende Wirkung des Theaterspielens deutlich. Bevor jedoch Schlußfolgerungen im Hinblick auf eine Theorie ästhetischer Bildung innerhalb der Theaterpädagogik gezogen werden können, sollen zunächst weitere Momente des spezifischen Erfahrungsmodus des Theaterspielens anhand der Schauspieltheorien untersucht werden.

2.2   Zwischen den Ereignissen

Im folgenden soll es um diejenigen theaterästhetischen und schaupielmethodischen Überlegungen gehen, die sich mit der Gestaltung der komplexen Handlungszusammenhänge eines Stückes bzw. einer Figur befassen. Diese Problematik und die damit für die Spielenden verbundenen Erfahrungen werden beispielhaft an den beiden Konzeptionen Brechts und Stanislavskijs verdeutlicht.

2.2.1 Stanislavskij: Abschnitte und Aufgaben

Stanislavskijs Vorschlag zur Arbeit mit einem Stück bzw. einer Rolle oder aber mit umfangreicheren Spielaufgaben besteht darin, die komplexen Handlungszusammenhänge in Abschnitte[157] von unterschiedlichem Umfang zu zerteilen, so daß sie für die

---

157 Stanislavskij hat den Begriff des Abschnitts später durch den der Episode ersetzt und damit das Eingebundensein in den Gesamtzusammenhang der Fabel zwischen die vorausgehenden und folgenden Handlungen hervorgehoben (vgl. Ausgewählte Schriften 1988, Bd. 2, 400). In seiner Schrift „Die Arbeit an der Rolle (»Der Revisor«)" schildert er die Annäherung an eine Spielvorlage ohne vorherige Lektüre, ohne die sogenannte „Arbeit am Tisch". Der erste Schritt dieser Methode besteht in der Erzählung der einzelnen Episoden einer Fabel und der Wiedergabe dieser Episoden durch die Spielenden mit einfachen physischen Handlungen. In dieser Methode sieht er auch eine Möglichkeit der Erarbeitung eines Stückes ohne Textvorlage, ausgehend von Improvisationen (vgl. Ausgewählte Schriften 1988, Bd. 2, 267ff).

Spielenden überschaubar werden. Bei der Arbeit an der Rolle geschieht das bereits zu einem frühen Zeitpunkt, um überhaupt eine erste durchgehende Handlung skizzieren zu können (vgl. Ausgewählte Schriften 1988, Bd. 2, 264). Dabei sollte zunächst eine Grobunterteilung in große Abschnitte vorgenommen werden, diese können jedoch, zum besseren Verständnis und zur Analyse des Stückes, in „kleine und kleinste Stücke" zerteilt werden. Hier handelt es sich allerdings um eine Vorarbeit am Stück und an der Rolle, Stanislavskij spricht von einer „Interimsmaßnahme" (Stanislavskij 1986, Teil 1, 136). Während des Spielens sollen die Bruchstücke, die bei der Analyse notwendig waren, wieder zu größeren Abschnitten zusammengefügt werden, um so die logische und folgerichtige Linie der durchgehenden Handlungen hervorzubringen. Diese vermittelt letztlich die Grundintention einer Figur innerhalb des Stückes, die Stanislavskij als ‚Überaufgabe der Rolle' bezeichnet.[158]

Die Aufteilung von Stück und Rolle in Abschnitte dient aber nicht nur ihrer Analyse, sondern ist vor allem als methodische Hilfe für die Spielenden gedacht. Jeder Abschnitt sollte nämlich nach Ansicht Stanislavskijs eine ‚schöpferische Aufgabe' enthalten, die zum Spielen anregt. Aufgabe und Abschnitt bedingen sich gegenseitig. „Die Aufgabe entsteht organisch aus dem Abschnitt oder umgekehrt, bringt ihn hervor" (ebd., 138). Stanislavskij spricht von ‚schöpferischen' Aufgaben, wenn sie eine ‚Verlockung' darstellen, aktiv und spielerisch handelnd mit ihnen umzugehen. Dabei gehe es nicht darum, möglichst rasch auf das Resultat der Handlung zuzusteuern, sondern sich auf dem Weg dorthin handelnd mit der Aufgabe auseinanderzusetzen. Das Resultat einer Handlung kann nicht gespielt werden, sondern nur die Absicht und die Entwicklung hin zu diesem Resultat. Aus der Betonung des Spannungsbogens zwischen der Absicht und der Ausführung einer Handlung, aus dem Abwägen der vielfältigen, widersprüchlichen Entwicklungslinien, die darin liegen, bezieht das Theater seine Wirkung. Den Schlüssel für eine solche Darstellung liefern die schöpferischen Aufgaben.

Schöpferische Aufgaben enthalten immer gleichzeitig psychische und physische Momente. Ihre enge Verknüpfung verdeutlicht Stanislavskij am Beispiel des Einakters „Mozart und Salieri" von Puškin.

„Die Psychologie Salieris, der entschlossen ist, Mozart zu töten, ist sehr kompliziert. Es ist schwer, den Griff nach dem Becher zu tun, Wein einzuschenken, das Gift hineinzuschütten und diesen Becher dem Freund zu reichen, dem Genie, dessen Musik man überall bewundert. Das sind lauter physische Handlungen und doch, wieviel Psychologie enthalten sie! Oder genauer: Das sind komplizierte psychologische Handlungen, aber wieviel Physisches enthalten sie!" (ebd., 142f.)

Gemäß seiner Methode, über die physischen Handlungen zur Gestaltung der Figur zu gelangen (vgl. 2.1.1), empfiehlt Stanislavskij, sich zunächst auf die physische Seite der Aufgaben zu konzentrieren und mit ihrer Hilfe die entsprechende innere Haltung in

---

158 Neben der Überaufgabe einer Rolle spricht Stanislavskij auch von der Überaufgabe des Stückes, die sich umschreiben läßt als Intention einer Inszenierung. Der Begriff der Überaufgabe hat allerdings im Verlauf der Arbeit Stanislavskijs an seinem System eine Wandlung erfahren und ist nicht eindeutig zu bestimmen. Insbesondere läßt sich der Einfluß ideologischer Interessen auf Vorstellungen von der ‚Überaufgabe' eines Stückes bzw. einer Inszenierung schwer einschätzen. Zum Wandel und zur Problematik des Begriffs vgl. Hoffmeier 1993, 166f.

der Situation zu schaffen. Der erste Schritt, um die einem Abschnitt immanente Aufgabe herauszufinden, besteht darin, den Abschnitt zu benennen. Die Bennennung stellt dabei eine ‚Synthese‘, einen ‚Extrakt‘ des Abschnitts dar. „Das Wort, das das Wesen eines Abschnitts bezeichnet, erschließt die darin verborgene Aufgabe" (ebd., 144). Da die schöpferische Aufgabe für die Spielenden in einer aktiven und konkreten Handlung bestehen soll, erscheint es Stanislavskij unabdingbar, daß sie mit einem Verb bezeichnet wird. Bei der Umwandlung einer substantivischen Benennung eines Abschnitts empfiehlt er darum, die Worte ‚ich will‘ voranzustellen und eine konkrete Aktivität anzufügen. „Also: ‚Ich will – was? – tun‘" (ebd., 145). Damit soll vermieden werden, daß die Spielenden versuchen, einen Zustand darzustellen (ich will ... sein) bzw. das Ergebnis einer Handlung zu spielen, wodurch keinerlei Aktivität zum Ausdruck kommen kann. ‚Ich will‘ geht im Gegensatz dazu der Handlung voraus, bezeichnet einen Entschluß, auf den dann eine aktive, produktive Handlung folgt. Mit Hilfe dieser Methode bekommt die Gestaltung der Zeitspanne zwischen Absicht und Handlung einer Figur einen besonderen Akzent und wird als Spannungsmoment des Spiels betont. Das Spiel bewegt sich also immer auf eine bestimmte Handlung zu. Die Spielenden erfahren sich in der Figur in der zeitlichen Perspektive zumeist *vor* einer Handlung.

Gleichzeitig soll das methodische Prinzip des ‚ich will‘ verhindern, daß eine unmittelbare Darstellung von inneren Haltungen und Gefühlen angestrebt wird. In seinen Vorlesungen zum Stanislavskij-System aus dem Jahre 1914 verdeutlicht Vachtangov diese Rolle des Willens im Prozeß der schauspielerischen Gestaltung. Der unmittelbare Zugriff auf ein Gefühl, so Vachtangov, führe lediglich zu dessen gekünstelter Vorführung. Die Formulierung einer Handlungsabsicht mit Verben wie ‚weinen‘, ‚lachen‘, ‚lieben‘ und ‚hassen‘, sei deshalb ungeeignet, weil sie keine produktive und konkrete Aufgaben enthielten, die einer bewußten Gestaltung zugänglich gemacht werden könnten.[159] Nur über das Prinzip des Wollens, durch das Formulieren von aktiven Aufgaben bekomme der Spieler einen Zugang zu den Motiven, die die Handlungsabsicht ausdrücken und zu den damit verbundenen Emotionen.

„Demzufolge ist jedes Gefühl das Ergebnis eines befriedigten oder unbefriedigten Wollens (...) und der bewußten (manchmal auch unbewußten) Handlung des Menschen. Deshalb soll der Schauspieler, so lehrt Stanislavskij, vor allem darüber nach-

---

159 Für die Darstellung einer Handlungsabsicht gibt Stanislavskij an anderer Stelle Beispiele. In seinen „Materialien zum Unterricht nach dem System" (Stanislavskij 1986, Teil 2, 320ff) geht er noch einmal auf den Fehler ein, Gefühle oder Zustände zeigen zu wollen. Statt zu zeigen, daß die Figur etwas fühlt, sollte versucht werden, physische Handlungen auszuführen, die das Gefühl wachrufen. Er schlägt deshalb Übungen vor, die darin bestehen, eine bestimmte Empfindung zu verbergen. Die Aufgabe ‚Ich will weinen‘ ist sinnlos und wenig produktiv, stattdessen schlägt Stanislavskij vor zu versuchen, das Weinen vor anderen zu verbergen. Damit sind zahlreiche Handlungen verbunden. Ähnliches gilt für den Zustand des Verliebtseins einer Figur. Die Aufgabe solle nicht lauten, ich will verliebt sein, sondern ich will meine Verliebtheit verheimlichen. Stanislavskij faßt seine Methode folgendermaßen zusammen: „Die wirksamste Methode, eine bestimmte Empfindung in sich wachzurufen, besteht darin, daß man vor anderen die in Wirklichkeit noch nicht vorhandenen Gefühle zu verbergen sucht. Die Wahrhaftigkeit der Anpassungsmittel und der physischen Handlung des Verbergens bringt uns auf das noch nicht vorhandene Gefühl, das durch derartige Assoziationen ganz von selbst lebendig wird" (ebd., 332).

denken, was er (als handelnde Person des Stückes) in jedem Augenblick seiner Rolle will, was er zur Erfüllung dieser Aufgabe zu tun gedenkt. Er soll nicht versuchen zu fühlen" (Vachtangov 1982, 213).

Mit Hilfe des methodischen Prinzips des ‚ich will' werden also zunächst die schöpferischen Aufgaben der einzelnen Abschnitte bestimmt, um den Spielenden erste physische Handlungen in der Figur zu ermöglichen. Zur weiteren Ausdifferenzierung der Handlungen, zur Hervorbringung einer durchgehenden Linie von äußeren und inneren Handlungen sieht Stanislavskij vor, die in der Spielvorlage gegebenen Tatsachen zu rechtfertigen. Dadurch sollen Brüche in der Entwicklung von Stück und Figur vermieden werden. „Ungerechtfertigte Tatsachen sind Brüche in der Entwicklung der Rolle (...), sind Schlaglöcher auf einer glatten Straße, stören die ungehinderte Bewegung und das Beharrungsvermögen des inneren Gefühls. Das Schlagloch muß entweder zugeschüttet oder überbrückt werden. Dazu brauchen wir den Prozeß der Tatsachenrechtfertigung" (Ausgewählte Schriften 1988, Bd. 2, 223). Während der Vorgang des ‚ich will' produktive Aufgaben im Hinblick auf eine zukünftige Handlung formuliert, eine auf die Zukunft gerichtete Intention benennt, wendet sich die Tatsachenrechtfertigung zurück zum Vorausgegangenen und fragt nach der Ursache für eine gegebene Handlung. Die Spielenden werden aufgefordert, sich – in Übereinstimmung mit dem Text – Ereignisse auszudenken, von denen die im Stück vorgeschlagene Situation möglicherweise ihren Ausgang genommen hat. Wie bei der Formulierung der schöpferischen Aufgaben kommt es auch hier darauf an, möglichst phantasievoll solche Ereignisse zu benennen, die das Spiel anregen, von denen eine „magische Kraft" ausgeht. Um die Spielenden in die Lage zu versetzen, Handlungen nicht lediglich nachzuahmen, sondern sich „als Initiatoren und Urheber von Handlung" (ebd., 223) zu erfahren, soll jede einzelne auf der Bühne stattfindende Handlung zwischen einem sie rechtfertigenden, in der Vergangenheit liegenden Motiv (das in der Regel ein widerspruchsvolles Bedingungsgefüge ist) und im Hinblick auf eine zukünftige Handlungsabsicht, einen bestimmten Zweck vollzogen werden. Im Prozeß der Erarbeitung des komplexen Handlungszusammenhangs der Figuren in einem Stück geschieht dies durch das bewußte Ansiedeln einer augenblicklichen Handlung zwischen dem Vorausgegangenen und dem Folgenden und durch das physische und gedankliche Durchspielen der unterschiedlichen Bedingungsfaktoren einer Handlungssituation. Damit werden Zusammenhänge aufgedeckt, die im alltäglichen Leben eng miteinander verflochten sind und in der Regel keine besondere Aufmerksamkeit auf sich ziehen. Die schauspielerische Gestaltung einer komplexen Handlung im Sinne der Methodik Stanislavskijs macht das Handeln als einen Vorgang bewußt, der zum einen zwischen Intention und Ausführung der Handlung liegt, zum anderen zwischen Motiv und Absicht angesiedelt ist. Durch die besondere Aufmerksamkeit auf die „inneren" Zwischenräume komplexer Situationen werden die vielfältigen Bedingungsfaktoren des Handelns und Entscheidens aufgefächert und damit einer künstlerischen Gestaltung zugänglich.

Im System Stanislavskijs ist dieser Vorgang allerdings lediglich ein Arbeitsschritt auf dem Weg zur bruchlosen und folgerichtigen Linie der Handlungen und des Erlebens, wie sie dem Publikum präsentiert wird. Wie Ritter in diesem Zusammenhang konstatiert, kennzeichnet Stanislavskijs Arbeitsprinzip des ‚ich will' „... jede schauspielerische Handlung als ‚intentional', was im Alltagsverhalten, auch nicht im Verhalten der Figur, die aus der intentionalen Schöpfung des Schauspielers hervorgeht, keineswegs der Fall ist" (Ritter 1993, 68).

In der Theaterästhetik Stanislavskijs, in der das intentional gestaltende Subjekt hinter der Figur zurücktritt, werden die Schnittstellen, die ein konstitutiver Bestandteil des bewußten Gestaltens der Motive und Absichten einer Bühnenhandlung sind, gegenüber dem Publikum verborgen. Das folgende Beispiel der Arbeitsweise Brechts soll zeigen, auf welche Weise bei einer sonst durchaus vergleichbaren Herangehensweise an die Gestaltung vielschichtiger Handlungszusammenhänge das „Wie" dieser Gestaltung als wesentliches Element in die Theaterästhetik integriert wird.

2.2.2 Brecht: Unterbrechungen und ‚auffällige Knoten'

Zum Verständnis der Herangehensweise Brechts an die dramatische und theatrale Gestaltung komplexer Situationen ist die Kennzeichnung seiner Dramaturgie und seines Theaterverständnisses als ‚gestisch' (vgl. 2.1.5) grundlegend. Insbesondere die von Brecht hervorgehobene Eigenschaft des Gestus, Vorgänge zwischen Menschen als voneinander „absonderbar" erfassen zu können (vgl. 16, 752), spielt in diesem Zusammenhang eine wesentliche Rolle.

In Anlehnung an Benjamin verdeutlicht Ritter (1986, 20ff) die analytische und konstruktive Qualität des Gestus und seines theatralen Materials, der Geste. Gesten zeichnen sich demnach dadurch aus, daß sie „einen fixierbaren Anfang und ein fixierbares Ende" (Benjamin 1971, 19) haben, sie entstehen durch das Anhalten einer ablaufenden Handlung, so daß ‚Tableaus' entstehen, die einem Betrachter die Grundsituation, die Beziehung der Beteiligten unmittelbar verdeutlichen (vgl. Benjamin 1971, 20f). Benjamin zieht daraus den Schluß: „Gesten erhalten wir um so mehr, je häufiger wir einen Handelnden unterbrechen. Für das epische Theater steht daher die Unterbrechung der Handlung im Vordergrunde" (ebd., 19).

Beispiele für eine ‚Sammlung von Gesten', die durch die Unterbrechung der Handlungen entstehen, gibt Brecht anhand des Stückes ‚Furcht und Elend des Dritten Reiches': „... der Blick des Verfolgten über die Schulter zurück (und der des Verfolgers); das plötzliche Verstummen; die Hand, die sich vor den eigenen Mund legt, der beinahe zuviel gesagt hätte, und die Hand, die sich auf die Schulter des Ertappten legt ..." (16, 602).

Die Funktion der Unterbrechungen von Handlungen im gestischen Theater besteht darin, dem Publikum eine kritische Sicht auf diese Vorgänge zu ermöglichen. Jede einzelne Episode, die durch die Unterbrechungen entsteht, hat dabei einen eigenen Grundgestus. Alltägliche Vorgänge werden isoliert, ausgestellt, können neu montiert werden; die oft widersprüchlichen Haltungen hinter den Handlungen werden auffällig. Damit erfüllt die Dramaturgie der Unterbrechungen die Hauptaufgabe des Theaters im Sinne Brechts, nämlich die Fabel als „Gesamtkomposition aller gestischen Vorgänge" zu vermitteln und zu verfremden (vgl. 16, 693 ff). Die Aufgabe des Stückeschreibers, der dieses Ziel verfolgt und sich dabei gegen eine Dramaturgie wendet, die den Zuschauer in einen „Fluß von Stimmungen und gefühlsmäßigen Notierungen" (15, 365) hineinversetzt, umreißt Brecht folgendermaßen:

„Da das Publikum ja nicht eingeladen werde, sich in die Fabel wie in einen Fluß zu werfen, um sich hierhin und dorthin treiben zu lassen, müssen die einzelnen Geschehnisse so verknüpft sein, daß die Knoten auffällig werden. Die Geschehnisse dürfen sich nicht unmerklich folgen, sondern man muß mit dem Urteil dazwischen kommen können. Die Teile der Fabel sind also sorgfältig gegeneinander zu setzen, indem ihnen ihre eigene Struktur, eines Stückchens im Stück gegeben wird" (16, 694). Eine Methode, diese Art der Dramaturgie zu schaffen, ‚auffällige Knoten' zwischen den einzelnen Episoden zu knüpfen, besteht darin, sie mit einem Titel zu versehen. Brecht gibt Beispiele, in welcher Art die Titel den Grundgestus eines Handlungszusammenhangs zu benennen vermögen.

„Jedes Einzelgeschehnis hat seinen Grundgestus: Richard Gloster wirbt um die Witwe seines Opfers. Vermittels eines Kreidekreises wird die wahre Kindesmutter ausgefunden. Gott wettet mit dem Teufel um die Seele des Doktor Faust. Woyzeck kauft ein billiges Messer, seine Frau umzubringen" (16, 693). Im Unterschied zu Stanislavskijs Methode, durch die Benennung der Abschnitte Aufgaben für die einzelnen Schauspieler zu finden, betonen die Titel Brechts stärker die gesellschaftliche Beziehung der Menschen, die durch den Gestus bezeichnet werden. Gleichzeitig sollen die Titel aber auch die Ausgangsbasis bilden, um das Arrangement und das gestische Material für einen Vorgang zu finden. „Die Titel sollen die gesellschaftliche Pointe enthalten, zugleich aber etwas über die wünschenswerte Art der Darstellung aussagen ..." (16, 694).

In diesem Punkt lassen sich Parallelen zur Vorgehensweise Stanislavskijs feststellen, aus der Formulierung der Synthese eines Abschnitts die physischen Aufgaben für die Schauspieler abzuleiten. Das gestische Material der Darstellung ist hier vergleichbar mit den Aufgaben im System Stanislavskijs (vgl. Ritter 1986, 137).

Aus dem Grundgestus eines Vorgangs lassen sich unterschiedliche Gesten ableiten, die ihn auf der Bühne zum Ausdruck bringen. Wesentlich dabei ist, daß es keine eindeutige Entsprechung bestimmter Gesten zu einem Gestus gibt und daß innerhalb eines Gestus sich ergänzend oder widersprechend verschiedene Gesten aufgehoben sein können.[160] Im einzelnen sind Brechts arbeitsmethodische Hinweise hier weit weniger detailliert als die Stanislavskijs. In seinen szenischen Analysen und Regienotaten läßt sich allerdings Anschauungsmaterial zu dieser Vorgehensweise finden. Am Beispiel von zwei seiner Inszenierungen der „Mutter Courage" zeigt Brecht die Ambivalenz der Gesten gegenüber dem Gestus auf. „Der Krieg hat die Mutter in eine Ecke gedrängt", benennt er den Gestus des Vorgangs in der 3. Szene, in der die Courage um das Leben ihres redlichen Sohnes Eilif handelt. In beiden Inszenierungen, der Berliner Model-

---

160 Patrice Pavis spricht deshalb von einer besonderen Aktivität des Zuschauers und des Schauspielers, die durch dieses Verhältnis von Gestus und Gesten herausgefordert wird: „The Gestus does not lead to a puppet-like use of gesture, where the slightest indication of behavior immediately takes on the function of a signal: the spectator (and the actor) is constantly invited to select a few details from the gesture in order to have them reveal a social conduct which is not delivered in its definitive form but remains the object of critical appraisal. So the Gestus is in no sense the ‚cheap imitation' of a fixed sociological vision of human behavior" (Pavis 1984, 303).

linszenierung mit Helene Weigel in der Titelrolle und der Münchner Inszenierung mit Therese Giehse als Mutter Courage, drückt das szenische Arrangement diesen Sachverhalt in gleicher Weise aus. Brecht beschreibt den unterschiedlichen gestischen Ausdruck, den die beiden Protagonistinnen gefunden haben, um den Gestus des Vorgangs zum Ausdruck zu bringen.

„Wenn die Salven den Tod des Sohnes ankündigen, sinkt die Giehse zusammen wie von den Kugeln getroffen. Die Weigel wirft ihren Kopf zurück, mit offenem Munde einen stummen Schrei zeigend. Eine minimale Bewegung drückt aus, daß dieser Schrei aus dem Mutterschoße kommt. Der Krieg hat über eines der größten aller menschlichen Gefühle gesiegt" (Theaterarbeit, 1952, 319).

Am Beispiel eines weiteren Vorgangs aus der 3. Szene, den Brecht „Mutter Courages Verleugnung ihres toten Sohnes" betitelt hat, zeigt sich der Gestus der Mutter Courage als widersprüchliche Einheit zahlreicher darin vorhandener gestischer Momente.

„Wo die Weigel uns mit ihrem verbissenen Ausdruck schon ihre Verhärtung zeigt, zeigt die Giehse uns Schwäche, zwar nur eine Sekunde: Wenn sie die Schritte der Soldaten hört, die die Leiche ihres Sohnes bringen, saugt sie Kraft aus Kattrin, ihren Kopf an sie lehnend. Dann bereitet sie sich vor, und zwar deutlich. Rank, Hand in die Hüfte, frech, fast kokett empfängt sie den Feldwebel. (...) Ihr Kopfschütteln ist eine kleine, völlig gleichgültige pro-forma-Aussage. Wie eine Gräfin geht sie von der Bahre weg ..." (ebd., 319).

Das Beispiel dieser Darstellung zeigt, wie innerhalb einer Grundhaltung, hier der der Trauer und Verzweiflung, zahlreiche andere Haltungen enthalten sein können und gestisch zum Ausdruck gebracht werden. Der Vorgang könnte in seinem Ablauf immer wieder unterbrochen werden und würde als ‚Tableau‘ jeweils eine isolierte Geste herausstellen.[161] Der Wechsel zwischen den einzelnen Elementen innerhalb einer Grundhaltung, die sogenannten ‚Drehpunkte‘, werden von der Schauspielerin bewußt, durch die Veränderung der Körperhaltung, gestaltet und hervorgehoben. Dadurch wird der Eindruck der Widersprüchlichkeit jeder Haltung auch für die Zuschauenden verstärkt, ihnen wird ermöglicht, „mit dem Urteil dazwischen kommen (zu) können". Eine ähnliche Funktion hat Brechts Anweisung an die Schauspieler, ihr Spiel nach dem Prinzip des ‚Nicht-Sondern‘ zu gestalten, das heißt, die nicht verwirklichten Handlungsmöglichkeiten in einer Situation zu durchdenken und so miteinzubeziehen, daß sie in der Szene angedeutet werden. Eine Geste wird in der Weise zum Ausdruck gebracht, daß auch ihr Gegenteil erahnbar wird. „Der Schauspieler soll bei allen wesentlichen Punkten zu dem, was er macht, noch etwas ausfindig machen, namhaft und ahnbar machen, was er nicht macht" (15, 409). In ihrer Wirkung auf die Spielenden und auf das Publikum ist diese Methode vergleichbar mit dem Spielen des psychischen Vorgangs

---

161 An anderer Stelle beschreibt Brecht diesen Vorgang des Unterbrechens und Anhaltens einer Handlung und die daraus entstehende Vielfalt der Gesten.
„Der Stückeschreiber nahm einen Film von der Weigel beim Schminken. Er zerschnitt ihn, und jedes einzelne Bildchen zeigte einen vollendeten Ausdruck, in sich abgeschlossen und mit eigener Bedeutung. »Man sieht, was für eine Schauspielerin sie ist« sagte er bewundernd. »Jede Geste kann in beliebig viel Gesten zerlegt werden, die alle für sich vollkommen sind. Da ist eines für das andere da und zugleich für sich selber. Der Sprung ist schön und auch der Anlauf.« Aber das wichtigste schien ihm, daß jede Muskelverschiebung beim Schminken einen vollkommenen seelischen Ausdruck hervorrief" (16, 606).

der inneren Handlung einer Figur, wie es Stanislavskij vorschlägt. Diese Spielweise erfüllt eine ähnliche Funktion, nämlich vor der Ausführung einer physischen Handlung verschiedene Bedingungsfaktoren zu erwägen und die Handlungsabsicht der Figur zu verdeutlichen. Durch das gestische Spiel wird jedoch die Widersprüchlichkeit der Haltungen hinter den Handlungen deutlicher hervorgehoben. Bei Stanislavskij steht auch dort, wo er empfiehlt, die gegenteilige Haltung zum Ausdruck zu bringen (Beispiel: Ich will verbergen, daß ..., vgl. 2.2.1) die psychologische Wahrscheinlichkeit der Haltungen und Handlungen im Vordergund.

Die für die Brechtsche Dramaturgie und das gestische Theater charakteristische Widersprüchlichkeit jeder einzelnen Haltung ist, nach Ritter, die konstitutive Bedingung für das Zerschneiden der Gesten bis hin zu gestischen Details und für die Möglichkeit ihrer Montage mit auffälligen Nahtstellen. „Die einzelnen Haltungen von Personen können zur Gesamthaltung aller an einem Vorgang Beteiligten (...) zusammengefaßt bzw. aus dieser Gesamthaltung herausgelöst werden. Die Zusammenfassung des Gestus einzelner Vorgänge kann weiter zum Gestus einer Szene, schließlich zum Gestus eines ganzen Handlungszusammenhangs, mit einem Brechtschen Begriff: zur *Fabel*, zusammengefaßt, die Fabel auf kleinere gestische Einheiten bis zur konkreten Geste zurückgeführt werden" (Ritter 1986, 30).

So entwickeln die Spielenden ihre Handlungen auf der Bühne aus dem Zerschneiden eines komplexen Handlungszusammenhangs in immer kleinere widersprüchliche Bestandteile, deren Gestus sich in einer konkreten Geste zum Ausdruck bringen läßt. Brecht spricht von einem schrittweisen, induktiven Vorgehen beim Aufbau der Figur und des Stückes im Probenprozeß. Ähnlich wie bei Stanislavskij werden die Szenen zunächst skizziert, „stückweise auf die Bühne übertragen (...) auf eine vorläufige, *ungefähre, andeutende Art*" (15, 421). Diese soll jedoch, im Unterschied zur Inszenierungspraxis Stanislavskijs, in der Aufführung noch erahnbar sein. Die Inszenierung soll als „logische Kette von Details" ihren brüchigen Charakter bewahren. Dadurch, so Brecht, werde erst die *Logik* der Aufeinanderfolge der Einzelgeschehnisse deutlich, die durch ein „nietenloses Ineinanderschweißen" der Vorgänge verdeckt werde (vgl. 15, 420ff).

Die Absicht Brechtscher Theaterästhetik besteht darin, dem Zuschauer Gelegenheit zum kritischen Nachdenken über das Gesehene zu geben. Diese Wirkung wird erzielt, indem der Vorgang der Gestaltung transparent gemacht wird. Nicht das illusionistische, lebensechte Abbilden eines Vorgangs, sondern das Zeigen des ‚Wie' theatraler Produktion ist dafür die Voraussetzung. In einem gestischen Theater sind die Technik der Unterbrechung und der auffälligen Knoten die konstitutiven Bedingungen für diese Absicht.

2.2.3 Auswertung: Handeln zwischen dem Vorausgegangenen und dem Folgenden, zwischen „Nicht" und „Sondern"

Im gestaltenden Umgang mit komplexen theatralen Handlungssituationen weisen die beiden Konzeptionen Brechts und Stanislavskijs Parallelen in ihrer Vorgehensweise auf. Die Einteilung vielschichtiger Zusammenhänge in Vorgänge von überschaubarem Umfang, die Benennung bzw. Betitelung dieser Vorgänge, das Gewinnen des konkreten gestischen Materials bzw. der physischen Aufgaben aus dieser Einteilung zeigen diese Ähnlichkeit des methodischen Vorgehens. Differenzen ergeben sich aus den unterschiedlichen theaterästhetischen Positionen der beiden diskutierten Ansätze. Ritter weist darauf hin, „... daß der Gestusbegriff – und mit ihm der Titel – sehr viel stärker eingegrenzt ist durch den Aspekt der Beziehung zwischen Menschen ..." (Ritter 1986, 137), und daß die Titel damit deutlicher auf einen gesellschaftlichen Zusammenhang Bezug nehmen, während Stanislavskijs Aufgaben subjektive Problemstellungen, für den einzelnen Schauspieler formulieren (vgl. ebd.). Darüber hinaus sind die Unterbrechungen ein konstitutives ästhetisches Prinzip des gestischen Theaters, sie bleiben auch in der Aufführung erhalten und werden durch auffällige Knoten (Titelformulierungen) markiert. Stanislavskij sieht die Aufteilung in Abschnitte (Episoden) dagegen als einen methodischen Zwischenschritt an. Der Aufführung darf man diesen Vorgang der Gestaltung nicht mehr anmerken.

Unabhängig von diesen Unterschieden sind die Erfahrungen der Spielenden im Prozeß der Gestaltung vergleichbar. Die Gestaltung der szenischen Handlung zergliedert einen Prozeß, der im alltäglichen Leben als ein ungeteiltes Ganzes erscheinen kann, und macht ihn dadurch in seinem vielschichtigen Bedingungszusammenhang bewußt. Dabei werden bestimmte Momente dieses Prozesses besonders betont. Die Zeitspanne zwischen Handlungsabsicht und Durchführung, zwischen dem, was erwogen und nicht realisiert wird, und dem, was stattdessen ausgeführt wird, erscheint gedehnt. Sei es, um die Zuschauenden zur Einfühlung zu veranlassen, oder dazu, mit ihrem Urteil zwischen die Einzelereignisse zu kommen. In beiden Fällen findet für die Spielenden eine an ihren Körper gebundene Zeiterfahrung statt, die zwischen der Intention, dem Abwägen der komplexen Bedingungen und Abhängigkeiten, die mit den Handlungsalternativen verbunden sind, und der Durchführung der Handlung angesiedelt ist. Das Zögern, das Lehmann als Charakteristikum des Helden der attischen Tragödie benennt (vgl. Lehmann 1991, 133 ff), ist ein wesentliches Element jeder Form von Theater, das sich mit den Beziehungen zwischen Menschen befaßt. In der Frage „Was werde ich tun?" (ebd., 133), die diese Zeitspanne zwischen dem vorausgegangenen und dem folgenden Ereignis kennzeichnet, manifestiert sich ein wesentliches Erfahrungsmoment der Spielenden im Prozeß theatraler Gestaltung.[162] Das Subjekt, das sich diese Frage

---

162 Aus literaturwissenschaftlicher Sicht läßt sich in diesem Zusammenhang von einer triadischen Struktur der dramatischen Handlung sprechen. Pfister unterscheidet die Handlungssegmente ‚Ausgangssituation‘, ‚Veränderungsversuch‘ und ‚veränderte Situation‘ (vgl. Pfister 1988, 269). Die Perspektive auf die Makrostruktur eines Dramas unter literaturwissenschaftlichen Gesichtspunkten führt allerdings zu völlig anderen Erkenntnissen als der hier unternommene Versuch einer theater- und schauspielästhetischen Herangehensweise. Pfister spricht, vor dem Hintergrund seiner Definition von dramatischer Handlung, von ‚handlungslosen Dramen‘, wie sie besonders für die Moderne kennzeichnend seien. Er geht dabei offensichtlich von einem Mangel an aktiven, autonom erscheinenden und nach außen gerichteten Handlungen aus. Aus der Perspektive der schauspielerischen Gestaltung ist die Rede von der Handlungslosigkeit eines Dramas nicht zutreffend. Auch in den von Pfister angeführten Dramen Becketts, in denen Handlung „zum zeitvertreibenden Spiel verkommen" scheint (ebd., 271), läßt sich dieses Spiel nur von handelnden Figuren (und erst recht von handelnden Spielern) gestalten. Die Notwendigkeit einer theater- und schauspielspezifischen Fragestellung zur Erörterung der spezifischen Erfahrungen der Spielenden im Prozeß der Gestaltung wird an diesem Beispiel wiederum deutlich.

stellt, ist dabei wiederum sowohl Spieler als auch Figur, wie es bereits im vorangegangenen Abschnitt erörtert wurde. Aus der Perspektive der Figur steht es dabei eher
zwischen Motiv, Absicht und Handlung auf der Bühne, aus der Perspektive des Spielenden überwiegt die Stellung zwischen Gestaltungsabsicht und Gestaltungsrealisati-
on. Diese Perspektiven zwischen der Handlung auf der Bühne und der Handlung für
das Publikum werden im folgenden Abschnitt thematisiert.

2.3   Zwischen Bühne und Publikum

2.3.1 Stanislavskij: Öffentliche Einsamkeit

Die schauspielerische Gestaltung unter den Bedingungen öffentlicher Präsentation beruht im theaterästhetischen Denken Stanislavskijs auf ‚unnatürlichen‘ Produktionsbedingungen (vgl. Stanislavskij 1986, Teil 2, 281). Die Aufführung vor Publikum spielt
mit der vierten Wand. Sie erweckt so die Illusion, daß auf der Bühne ein unbeobacht-
bares Geschehen stattfindet. Die Spielenden sollen sich dementsprechend verhalten,
als ob sie nicht beobachtet würden. Dabei soll ihr Befinden[163] auf der Bühne dem im
alltäglichen Leben gleichen und nicht zur Schau gestellt wirken. Für diesen besonderen Zustand des ‚inneren Befindens auf der Bühne‘ hat Stanislavskij auch den Begriff
der ‚öffentlichen Einsamkeit‘ geprägt (vgl. ebd.). Die Spielenden sollen das anwe-
sende Publikum ‚vergessen‘, in ihren Figuren handeln, als seien sie unter sich. Gleichzeitig ist die Aufführung in Anwesenheit des Publikums eine konstitutive Bedingung
des Theaters. Für die Schauspieler realisiert sich erst im Moment der Aufführung die
von ihnen gestaltete Figur. Diese Tatsache hebt auch Stanislavskij hervor, wenn er
vom gemeinsamen Schaffen des Publikums mit den Spielern spricht, von dem Echo
und der Energie, die durch die Anwesenheit lebendiger Menschen im Zuschauerraum
auf die Bühne ausstrahlen (vgl. ebd., 282). Die Produktionsbedingungen, die Stanislavskij ‚unnatürlich‘ nennt, erweisen sich also als in hohem Maße widersprüchlich.
Dieser Widerspruch, der im Begriff der öffentlichen Einsamkeit zugespitzt ist, beruht
zunächst einmal auf dem Doppel von Spieler und Figur. Die Bühnenfiguren leben in
einem gegenüber dem Publikum scheinbar isolierten Raum, die Spielenden dagegen

---

163 Der Begriff, der von dem deutschen Herausgeber der Stanislavskij-Schriften zunächst mit „Selbstge-
     fühl", später mit „Befinden" übersetzt wurde, soll nach dessen Angaben im umgangssprachlichen Sinne
     verstanden werden. Der Herausgeber faßt diesen Sinn folgendermaßen zusammen: „Es handelt sich
     also um das Gefühl, das der Mensch von sich selbst hat" (Hoffmeier, in: Stanislavskij, Die Arbeit des
     Schauspielers an der Rolle. 1986, 87). Die Frage nach dem Befinden richtet demnach die Aufmerk-
     samkeit des Subjekts reflexiv auf sein Gefühl vom eigenen Körper und Empfinden. Übertragen auf
     das Befinden der Spielenden im Prozeß der Gestaltung läßt sich der Begriff umschreiben als „... das
     Gefühl von der im eigenen Körper werdenden Rollengestalt oder – anders ausgedrückt – das Gefühl
     des sich zur Rollengestalt umgestaltenden eigenen Körpers des Schauspielers" (ebd.). Bei dieser Um-
     schreibung wird von einer psycho-physischen Einheit ausgegangen. Der Übersetzer und Herausgeber
     betont, daß der Begriff des Befindens nur eine Annäherung an das von Stanislavskij Gemeinte darstellt,
     was bei seinen vielfältigen Verwendungsweisen berücksichtigt werden müsse.

sind auf die anwesenden Rezipienten angewiesen. Spieler und Publikum beeinflussen sich wechselseitig, tragen beide zum Zustandekommen der Aufführung bei.

Stanislavskij sieht das öffentliche Schaffen auf der Bühne dann als hinderlich für die Schauspieler an, wenn es mit ihrem Erleben in Konflikt gerät. Die Konfrontation mit dem Publikum kann sie in Angst und Verlegenheit versetzen, sie verführen, sich zu produzieren und sich hinter übertriebenem Spiel zu verstecken.[164] Wenn die Aufmerksamkeit der Spielenden auf diese Weise auf das Publikum gelenkt wird, spricht Stanislavskij von einem falschen Mimen-Befinden oder von „schauspielerhaftem Befinden" auf der Bühne (vgl. Ausgewählte Schriften 1988, Bd. 2, 40). Dieses ordnet er dem ‚Handwerkeln' auf dem Theater zu. Im Gegensatz dazu soll der Schauspieler in der Kunst des Erlebens lernen, sich in einen „normaleren menschlichen Zustand" zu versetzen, der als Voraussetzung für eine künstlerische Gestaltung gelten kann. „Einen solchen Normalzustand des Schauspielers auf der Bühne wollen wir *schöpferisches Befinden* nennen" (ebd., 40). Das schöpferische Befinden, das Stanislavskij zur Basis schauspielerischer Gestaltung erklärt, setzt sich aus zahlreichen physischen und psychischen Elementen, wie Phantasie, Entspannung, Konzentration u. ä. zusammen, die mit Hilfe der psychotechnischen Methoden in die Arbeit einbezogen werden können.

Aufmerksamkeitspunkte und -kreise

Ein wesentliches Element im Prozeß des öffentlichen Schaffens vor Publikum stellt die Fähigkeit zur Konzentration dar. Sie hilft, das schauspielerhafte Befinden auf der Bühne aufzugeben, das lediglich darauf gerichtet ist, dem Publikum zu gefallen. Die Konzentration wird zu diesem Zweck auf das Geschehen auf der Bühne gelenkt. „Um den Zuschauerraum zu vergessen, muß man sich für das interessieren, was auf der Bühne vorgeht" (Stanislavskij 1986, Teil 1, 91). Die gezielte Aufmerksamkeit auf ein interessantes Objekt auf der Bühne soll die Spielenden von der Bedrohung ablenken, die vom ‚schwarzen Loch' ausgeht, wie Stanislavskij die Öffnung zum Zuschauerraum bezeichnet. Er hat zu diesem Zweck das Prinzip der Aufmerksamkeitspunkte und Aufmerksamkeitskreise in die schauspielmethodische Arbeit eingeführt. In den Übungen mit dieser Methode soll sich die Konzentration der Handelnden auf der Bühne auf unterschiedlich weit entfernte Punkte oder Objekte richten, bzw. innerhalb der Grenzen verschieden großer Kreise verbleiben. Diese Punkte bzw. Kreise werden zunächst durch Licht markiert, später kann das Ziel oder Feld der Aufmerksamkeit ohne dieses Hilfsmittel erfaßt werden. Alle Aufmerksamkeitspunkte und -kreise befinden sich bei dieser Übung auf der Bühne, damit die Aufmerksamkeit nicht vom Zuschauerraum in Anspruch genommen wird. Ziel dieser Übungen ist es, die widersprüchliche

---

164 Stanislavskijs häufig angesprochene Einschätzung des Publikums als ein die Spieler einschränkender Faktor im Theater wird von Hoffmeier auf die historischen Besonderheiten des Rezeptionsverhaltens des damaligen Publikums zurückgeführt, „... das sich den Vorgängen auf der Bühne größtenteils passiv und träge, bestenfalls in Erwartung kräftiger Effekte hingebe. Schöpferisches Befinden könne darum nur auf der Bühne in subjektiver Absolutheit entstehen, nur abgekapselt von störenden Auswirkungen der überwiegenden Mehrzahl damaliger bürgerlicher Zuschauer im zaristischen Staat" (Hoffmeier 1993, 253).

Empfindung der öffentlichen Einsamkeit aufrechtzuerhalten, auch wenn die äußeren Bedingungen der Aufführung gegen diesen Zustand gerichtet sind. Dabei muß das bewußte und gezielte Wahrnehmen vor den Augen des Publikums erst erlernt werden, wenn es über ein mechanisches und lebloses Fixieren hinausgehen soll. „Alles, sogar die einfachsten, elementarsten Tätigkeiten, die wir im Leben vorzüglich beherrschen, setzen aus, sobald der Mensch auf die Bühne tritt, vor die erleuchtete Rampe, vor eine tausendköpfige Menge. Deshalb müssen Gehen, Sitzen, Liegen, Sichbewegen auf der Bühne neu erlernt werden. ... Im Zusammenhang mit der Konzentrationsübung füge ich noch hinzu, daß Sie unbedingt auf der Bühne sehen und wahrnehmen, hören und aufnehmen lernen müssen" (Stanislavskij 1986, Teil 1, 94).

Um weder den Eindruck des ‚Stierens‘ mit leerem Blick noch den des unaufmerksamen Abschweifens zu erwecken, empfiehlt Stanislavskij, handelnd in eine Wechselbeziehung zu einem Objekt der Aufmerksamkeit zu treten. Dadurch werde die Konzentration lebendig und die gezielte Aufmerksamkeit gesteigert. Er thematisiert in diesem Zusammenhang auch die Auswirkungen dieser Übungen auf Alltagssituationen. Am Beispiel des Verhaltens auf der Straße zeigt er auf, wie durch das bewußte und konzentrierte Wahrnehmen bisher belanglose Einzelheiten plötzlich an Bedeutung gewinnen, wie ein Bewußtsein darüber entsteht, daß die Aufmerksamkeit immer bestimmte Objekte und Sachverhalte ausschließt, um andere konzentriert zu betrachten (vgl. ebd., 104f).

Noch wichtiger als die Befähigung zur Konzentration auf äußere Objekte erscheint innerhalb der Kunst des Erlebens die Fähigkeit, die Aufmerksamkeit nach innen, das heißt, auf die eigenen Bilder der Phantasie zu richten. Nur dadurch kann die gestaltete Figur belebt werden. Unter den Bedingungen der öffentlichen Aufführung ist diese Form des aufmerksamen Wahrnehmens innerer Bilder nochmals erschwert, da sie in Konkurrenz zu den äußeren Eindrücken steht. Das Spielen mit Objekten, ihre phantasievolle Verwandlung erscheint im System Stanislavskijs als ein methodischer Weg, das Aufrechterhalten eigener Vorstellungsbilder im Widerspruch zu den äußeren Bedingungen zu üben. Die Tatsache, daß der Mensch, wie Stanislavskij formuliert, über eine ‚mehrschichtige Aufmerksamkeit‘ verfügt, trägt dazu bei, die genannten Widersprüche im Spiel produktiv zu nutzen. Die Blickrichtung im Raum gilt beispielsweise als ein besonders geeignetes Mittel, um den Ort der Aufmerksamkeit einer Figur zu verdeutlichen, ohne daß der Spieler die Konzentration auf andere wesentliche Elemente der Bühnenhandlung verliert (vgl. ebd., 112). Analog zum Oszillieren zwischen Spieler und Figur ist die Aufmerksamkeit der Spieler zwischen mehreren Objekten und Personen geteilt. Dazu gehören auch, wie Stanislavskij einräumt, die Zuschauer, für die die Bühnenhandlung letztlich gedacht ist. Die Fähigkeit zum Wechsel zwischen den verschiedenen Orten der Aufmerksamkeit, ohne daß dabei ein Teil der Aufmerksamkeit beeinträchtigt wird, ist deshalb ein wesentliches Ziel der beschriebenen Konzentrationsübungen (vgl. ebd., 111f).

Eine weitere Funktion der Ausbildung der Aufmerksamkeit sieht Stanislavskij im Sammeln des Materials für die schauspielerische Arbeit. Die aufmerksame Beobachtung des alltäglichen Lebens, die aktive, phantasievolle Rechtfertigung des Beobachteten ist eine wesentliche Quelle für die schauspielerische Gestaltung auf der Bühne.

„Der Schauspieler muß nicht nur auf der Bühne, sondern auch im Leben aufmerksam sein, er muß sein ganzes Wesen auf alles konzentrieren, was ihn anzieht. Sein Sehen darf nicht so flüchtig sein, wie das eines oberflächlichen Betrachters. (...) Ohne intensives Beobachten wäre unsere schöpferische Methode einseitig, unecht, lebensfern, ohne Verbindung mit der Gegenwart" (ebd., 113). An diese Voraussetzungen knüpft Stanislavskij auch seine wirkungsästhetischen Überlegungen. Die Kommunikation zwischen Schauspieler und Publikum kann seiner Ansicht nach nur dann gelingen, wenn der Zuschauer sich von den dargestellten Gefühlen und Erlebnissen mitreißen läßt, wenn er sich mit dem Gezeigten identifizieren kann, nicht nur geistig, sondern auch physisch an ihm teilnimmt. Unter diesen Bedingungen spricht Stanislavskij von einer „Kommunikation von Seele zu Seele", die zwischen Zuschauer und Schauspieler stattfinde und unter deren Einfluß der Zuschauer „einfach Mensch" werde (vgl. Ausgewählte Schriften 1988, Bd. 2, 46). Hier formuliert Stanislavskij seine Hoffnung auf eine ästhetische Erziehung des Publikums durch das Theater, das auf diesem Weg „zu einem der kollektiven Schöpfer der Aufführung" (ebd., 47) werden könne.

Inwieweit es sich dabei um eine idealisierende Sichtweise der Funktion des Theaters für die Öffentlichkeit handelt, soll an dieser Stelle nicht diskutiert werden. Das würde die Reflexion der besonderen historischen und gesellschaftlichen Bedingungen erfordern, unter denen Stanislavskij diese Hoffnung formuliert hat. Im folgenden soll vielmehr anhand weiterer Künstlertheorien die Frage nach den spezifischen Erfahrungen der Spielenden zwischen Bühne und Publikum verfolgt werden. Die jeweilige Wirkungsabsicht einer Theaterkonzeption stellt dabei selbstverständlich die Antriebskraft für die Bestimmung des Verhältnisses zwischen Produzenten und Rezipienten dar.

2.3.2 Strasberg: ‚private moment'

Lee Strasberg knüpfte unmittelbar an Stanislavskijs Überlegungen zur öffentlichen Einsamkeit an. In dem Bemühen, die festgefahrenen Ausdrucksgewohnheiten der Schauspieler vor Publikum zu durchbrechen und damit ihre Ausdrucksfähigkeit zu steigern, suchte er, angeregt durch Stanislavskij, nach Situationen, in denen die Expressivität der Spielenden nicht eingeschränkt war. Solche Augenblicke vermutete er da, wo sich ein Mensch unbeobachtet, in seiner privaten Sphäre fühlt. Aus diesem Grunde entwickelte er die Übung zum ‚private moment' (vgl. Strasberg 1988, 170 ff).

Strasberg betont in dieser Übung vor allem die Fähigkeit zur inneren Aufmerksamkeit, die Konzentration auf die eigenen Vorstellungsbilder. Die Spielenden werden dabei aufgefordert, eine Situation zu erschaffen und vor Publikum darzustellen, in der sie das Gefühl der Privatheit haben. Es geht dabei nicht darum, eine bestimmte private Handlung zu imitieren, sondern die Empfindung des privaten Moments präsent zu erleben. Jede Imitation eines solchen Moments würde, so Strasberg, die Aufmerksamkeit für das Publikum erhöhen (vgl. ebd., 172). Dabei geht es gerade darum, die Aufmerksamkeit in einer Weise auf die in der Phantasie geschaffene Situation zu lenken, daß sie sich gegen die Ablenkungen von außen behaupten kann. Das Publikum erscheint also auch hier zunächst als ein die Expressivität des Schauspielers ein-

schränkender Faktor. „Eine Funktion dieser Übung besteht darin, daß sie den Schauspieler in die Lage versetzen soll, diese Rücksicht auf das Publikum hintanzustellen
und sich voll und ohne Verlegenheit auf das Erlebnis einzulassen, das er gerade hervorbringt" (ebd., 172).

Gleichzeitig geht es in der Übung darum, die Präsenz und Ausdrucksfähigkeit der
Spielenden auf der Bühne angesichts der öffentlichen Präsentation zu steigern. Ziel
dieser Übungen ist, ähnlich wie bei Stanislavskij, eine flexiblere Umgehensweise mit
der eigenen Konzentrationsfähigkeit. „Es fällt ... dann zusehends leichter, in der Öffentlichkeit einsam zu sein" (ebd., 173). Die Fähigkeit zur gezielten und gesteigerten
Aufmerksamkeit, die durch die Übung zum ‚private moment' ausgebildet werden soll,
stellt allerdings erst die Grundlage für die szenische Arbeit dar. Wie auf das ‚schöpferische Befinden' Stanislavskijs baut der Schauspieler auf dieser Basis seine gestaltende Arbeit auf.

In Strasbergs Übungsvorschlägen zeigt sich eine große Ähnlichkeit mit dem methodischen Vorgehen Stanislavskijs. Allerdings legt Strasberg wesentlich mehr Wert auf
die Fähigkeit zur Konzentration auf die inneren Vorstellungsbilder, die in diesem Fall
aus den privaten Erfahrungen und Verhaltensweisen der Schauspieler gespeist werden.
Die Aufmerksamkeit der Spielenden hat somit die Aufgabe, zwischen der eigenen ‚Innenwelt' und der dazu im Widerspruch stehenden Außenwelt zu vermitteln.

2.3.3 Čechov: ‚Die soziale Funktion des höheren »ICH«,

Entsprechend seiner Voraussetzung einer Dreiteilung des schauspielerisch tätigen Menschen in ein alltägliches Ich (Material der Gestaltung), ein höheres, gestaltendes ICH
und in das Ich der Bühnengestalt ordnet Čechov dem höheren ICH, dem künstlerisch
gestaltenden Menschen, die Aufgabe zu, zwischen dem Geschehen auf der Bühne und
dem Publikum zu vermitteln. Das ICH, das die Figuren erfindet und gestaltet, ist die
einzige Instanz, die die künstlerischen Ideen und Intentionen an das Publikum weitergeben kann. Zu diesem Zweck muß das ICH nach den Vorstellungen Čechovs zwischen
der Rolle des Produzierenden und der des Rezipierenden wechseln können. Es muß in
der Lage sein, das Ergebnis der eigenen gestaltenden Arbeit auch aus der Perspektive
eines Zuschauers, gewissermaßen von außen, betrachten zu können. Die Zuschauerre-
aktion wird hier also von vornherein mit einbezogen, es wird sogar versucht, sie durch
die Imaginationsfähigkeit der Produzierenden zu antizipieren.

„Ein Schauspieler mit wachem »ICH« versteht den Zuschauerraum als lebendiges
Bindeglied zwischen sich und den Anforderungen, die das moderne Pubikum an die
Kunst stellt" (Čechov 1990, 127). An seinen Überlegungen zur Vermittlung zwischen
Bühne und Zuschauerraum werden Čechovs Vorstellungen von der Ethik der schauspielerischen Tätigkeit deutlich. Die Spielenden sollen lernen, „sich als Teil des sozialen Lebens zu fühlen" (ebd.) und in ihrem Schaffen deutlich Bezug auf die zu erwar-
tenden Zuschauer nehmen. Čechov schlägt deshalb auch Übungen vor, die das Sozi-
algefühl des schöpferischen ICH fördern sollen. Die Spielenden sollen sich beispielsweise in ihrer Vorstellung das Stück vom Zuschauerraum aus ansehen und sich dabei

in die Haltung der Zuschauer hineinversetzen, kritische Fragen an das Stück und die Inszenierung stellen. Diese Übung wird variiert, indem von verschiedenen, sozial jeweils anders zusammengesetzten Publikumsgruppen ausgegangen wird und die entsprechende Reaktion bzw. die Bedürfnisse dieses Publikums vorausgedacht werden (vgl. ebd., 30 f; 127 f). Das Verfahren des Perspektivwechsels zwischen Bühne und Zuschauerraum sensibilisiert für die spezifischen Anforderungen eines Publikums und eröffnet gleichzeitig eine andere Sicht auf die eigene Darstellung. „Abgesehen davon, daß solche Übungen Spaß machen können, entwickeln sie in Ihnen ein neues »Sinnesorgan« für das soziale Leben, und dieses Organ gliedert sich ein in den komplexen Organismus Ihres höheren »ICH«„, (ebd., 128).

Das Eingebundensein des Theaters in das soziale Leben spielt in der Konzeption Čechovs eine wesentliche Rolle (vgl. auch Knebel, in: Čechov 1990, 254ff). Erst in der Wechselwirkung zwischen Spielern und Zuschauern entsteht für ihn das Schauspiel. Unter den geeigneten Bedingungen, die denen des ‚schöpferischen Befindens‘ ähnlich sind, beginnt der Zuschauer mitzuspielen (vgl. Čechov 1990, 26).

In Čechovs Konzeption zeichnet sich eine deutlichere Bezugnahme auf das Publikum ab, als in denen Stanislavskijs und Strasbergs. Das ausdrückliche Einbeziehen der antizipierten Publikumswünsche in die gestalterischen Überlegungen steht im Gegensatz zu der Vorstellung von einem das schöpferische Befinden störende Publikum. Čechov fördert damit eine ‚Außensicht‘ des Spielenden auf die Bühnenfigur, die bereits im Prozeß der Gestaltung angelegt ist (vgl. 2.1.2). Der Wechsel der Perspektive findet in diesem Falle nicht nur zwischen verschiedenen (inneren und äußeren) Orten der Aufmerksamkeit von Spieler und Figur statt, sondern stellt einen eindeutigen (wenn auch imaginären) Rollenwechsel vom Produzenten zum Rezipienten dar. Die Fähigkeit, sich in die Sichtweise des Gegenübers hineinzuversetzen, geht dabei einher mit dem Wechsel zwischen einer ‚inneren‘ und einer ‚äußeren‘ Wahrnehmung der Bühnengestalt (vgl. dazu ausführlicher 2.4).

2.3.4 Brecht: Schauspielkunst und Zuschaukunst

Brechts Schriften zum Theater lassen sich, wie bereits erläutert, in erster Linie als eine Wirkungsästhetik charakterisieren. Die Beziehung zwischen Schauspielern und Publikum nimmt deshalb in seinen Schriften eine zentrale Stellung ein. Überlegungen zur Wirkung des Gezeigten durchziehen immanent seine gesamte Arbeit. Hier sollen nur einige zentrale Punkte herausgegriffen werden, die sich ausdrücklich mit diesem Phänomen beschäftigen.

Brecht kennzeichnet die Beziehung von Schauspielern und Publikum als eine direkte und offene. Die vierte Wand wird durchbrochen, die Akteure auf der Bühne beziehen sich unmittelbar auf das Publikum. Das Publikum kann direkt angesprochen werden, und es wird als gleichberechtigter Partner der Kommunikation angesehen. Brecht vergleicht dieses Verhältnis mit anderen, alltäglichen Kommunikationssituationen, in denen ein Partner einem anderen etwas mitteilt, und versucht dadurch, die Lebensnähe der theatralen Kommunikation hervorzuheben. Entscheidend ist, daß das Verhältnis

Spieler/Publikum in jedem Fall durch den Gestus des Zeigens und durch das Zeigen des Zeigens bestimmt wird.

„Die Beziehung des Schauspielers zu seinem Publikum sollte die allerfreieste und direkteste sein. Er hat ihm einfach etwas mitzuteilen und vorzuführen, und die Haltung des bloß Mitteilenden und Vorführenden sollte allem nunmehr unterliegen. Hier macht es noch keinen Unterschied aus, ob seine Mitteilung und Vorführung mitten unter dem Publikum, auf einer Straße oder in einem Wohnzimmer stattfindet oder auf der Bühne (...). Es tritt nur einer auf und zeigt etwas in aller Öffentlichkeit, *auch das Zeigen* (...). Seine Person bleibt so gewahrt als eine gewöhnliche, von andern unterschiedene Person mit eigenen Zügen, eine Person, die dadurch allen andern gleicht, die ihr zusehen" (15, 406 f.).

Mit dieser Bestimmung der Verhältnisses von Schauspielern und Publikum unterscheidet sich Brecht wesentlich von den bisher diskutierten Theaterkonzeptionen. Die Aufmerksamkeit auf den Zuschauerraum gilt nicht als eine mögliche Fehlerquelle des Spielens, die aus Eitelkeit oder Angst herrührt, wie es bei Stanislavskij und Strasberg anklingt, sondern ist ein grundlegender Bestandteil der Brechtschen Theaterästhetik. Auch ist das Bezugnehmen auf die Zuschauenden nicht nur ein methodischer Schritt, sondern wird zum Bestandteil der Produktion. Die Blickrichtung zum Publikum und das betont deutliche Herausstreichen des Zeigens sind dabei nur die unkünstlerischsten Mittel des verfremdenden Spiels. Um die Differenz zu den damals gültigen Theaterkonventionen herauszustellen, hat Brecht diese Mittel explizit hervorgehoben. In erster Linie geht es ihm darum, die Grundhaltung des Zeigens, die die Verfremdung hervorbringt, darzustellen. Er verlangt dabei gleichzeitig, daß die künstlerischen Mittel, die diese Grundhaltung hervorbringen, verfeinert werden.[165]

„Der Schauspieler hat üblicherweise nicht als Grundhaltung das, daß er die Zuschauer anblickt, bevor er seine Vorführung veranstaltet (...). Dieses Aug-in-Aug, »Gib acht, was der, den ich dir vorführe, jetzt macht«, dieses »Hast du es gesehen?« mag, künstlerisch gehandhabt, indem es sich in vielen Abschattungen gibt, alles Starre, Primitive abstreifen, es muß aber doch bleiben, und es ist die Grundhaltung des V-Effekts; er kann in keiner andern angelegt werden" (15, 407).

In einem kurzen Text aus den frühen fünfziger Jahren faßt Brecht seine Auffassung des wechselseitigen Aufeinanderbezogensein von Zuschauern und Schauspielern pointiert zusammen, indem er anmerkt: „Es gilt zwei Künste zu entwickeln: die Schauspielkunst und die Zuschaukunst" (16, 710). Als vorbildlich für die Ausbildung der Zuschaukunst hat er bereits in einem früheren Text das chinesische Theater gekennzeichnet (vgl. 15, 428). Die Zuschaukunst, die Brecht im chinesischen Theater bewundert, beruht zunächst im Wissen um die Regeln und Vereinbarungen, die diese Kunst zu ihrem Verständnis voraussetzt. Da das komplexe Zeichensystem des chinesischen Theaters sich nicht unmittelbar gefühlsmäßig erschließt, erscheint es not-

---

165 Zahlreiche Beispiele für die kunstvolle Handhabung des Zeigens des Zeigens gibt Brecht in den Kommentaren zu seiner Berliner und Münchner Inszenierung der ‚Mutter Courage' (vgl. Theaterarbeit 1952, 227 ff).

wendig, daß die Zuschaukunst „... erst gelernt, ausgebildet, dann im Theater ständig geübt werden muß" (15, 428). Einen ähnlichen Prozeß des Erlernens der Zuschaukunst und der Schauspielkunst strebt Brecht für das epische Theater an, das von den Beteiligten neue, bisher nicht durch Konventionen geprägte Spiel- und Zuschauweisen verlangt. Die drei Grundelemente eines solchen Lernprozesses werden von Ritter benannt: „Zuschaukunst ist gebunden (ebenso wie Schauspielkunst) an ein reichhaltiges gestisches Vokabular, über das auf beiden Seiten der Rampe verfügt werden kann. Das bedeutet die Fähigkeit, soziale Vorgänge in ihren Elementen genau lesen (und produzieren) zu können, und zugleich die Fähigkeit, die Regeln, nach denen sie produziert und gelesen werden können, im Prozeß des Theatervorgangs zu erkennen und anzuwenden" (Ritter 1986, 128).

Die Mittel des chinesischen Theaters, auf denen die enge Verknüpfung der Schauspieler und der Zuschauer beruht und mit denen die Zuschaukunst kultiviert wird, erläutert Brecht in einem Text über die ‚Verfremdungseffekte in der chinesischen Schauspielkunst' (vgl. 16, 619f). Er nennt u. a. den Verzicht auf die vierte Wand, das Sich-selber-Zusehen, die Distanzierung von der Figur, die Möglichkeit, das Spiel jederzeit zu unterbrechen und einzelne Gesten auszustellen, und das Zeigen des Zeigens. Diese Merkmale, die Brecht auch für das epische Theater herausstellt, faßt er modellhaft zusammen am Beispiel eines alltäglichen Geschehens an einer Straßenecke. In seiner Schrift ‚Die Straßenszene – Grundmodell einer Szene des epischen Theaters' kristallisiert sich das Verhältnis zwischen Schaupielern und Publikum, wie es im epischen Theater intendiert wird, nochmals in besonderer Weise heraus.

Beispiel : „Straßenszene"

Brecht wählt das Beispiel einer „... alltäglichen, mit Kunst wenig zu schaffen habenden, kleinen Szene natürlichen Theaters an der Straßenecke" (16, 554) als Modell für das epische Theater. In dieser Szene an der Straßenecke demonstriert der Zeuge eines Unfalls den hinzukommenden Menschen seine Sicht des Geschehens. Er setzt dabei alltägliche Mittel des doppelten Zeigens ein, wie sie für das epische Theater kennzeichnend sind. Die Demonstration des Augenzeugen hat den Charakter einer Wiederholung. Er rekonstruiert das Beobachtete für die Menschenmenge; dabei bemüht er sich nicht darum, „... seine Demonstration zu einem »Erlebnis« der Zuschauer zu machen" (16, 548). Entscheidendes Kriterium des Vorbildcharakters der Straßenszene für das epische Theater stellt die Zweckgebundenheit der alltäglichen Demonstration dar. Indem sie praktische Zwecke verfolgt (z. B. Klärung der Frage, wer den Unfall verursacht hat), gewinnt die Demonstration gesellschaftliche Bedeutung. Parallel dazu siedelt Brecht die Funktion des epischen Theaters an, das, indem es praktische Zwecke verfolgt, gesellschaftliche Bedeutung gewinnt (vgl. ebd., 548). Die Art und Weise, in der die Handlungen der am Unfall Beteiligten imitiert werden, ist grundlegend vom Zweck der Demonstration abhängig. Der Demonstrant kann beispielsweise einzelne Details herausgreifen und sie dadurch den Zuschauenden besonders auffällig machen, oder er unterbricht seine Demonstration und gibt – als Demonstrant – Erläuterungen dazu ab („er bewegte sich dreimal so schnell" 16, 547).

Neben der Zweckgebundenheit des Gezeigten ist die Standortgebundenheit des Augenzeugen dem Geschehen gegenüber ein wesentlicher Betandteil der Demonstration. In der Straßenszene teilt sich diese der Menge an der Straßenecke mit, da der Augenzeuge sich niemals restlos in einen der Unfallbeteiligten verwandelt. So erhalten die hinzukommenden Menschen Gelegenheit, sich ein Urteil über den Hergang des Unfalls zu bilden.

„Ein wesentliches Element der *Straßenszene* besteht in der natürlichen Haltung, die der Straßendemonstrant in doppelter Hinsicht einnimmt; er trägt ständig zwei Situationen Rechnung. Er benimmt sich natürlich als Demonstrant, und er läßt den Demonstrierten sich natürlich benehmen. Er vergißt nie und gestattet nie, zu vergessen, daß er nicht der Demonstrierte, sondern der Demonstrant ist. Das heißt: Was das Publikum sieht, ist nicht eine Fusion zwischen Demonstrant und Demonstriertem, nicht ein selbständiges, widerspruchsloses Drittes mit aufgelösten Konturen von 1 (Demonstrant) und 2 (Demonstriertem), wie das uns gewohnte Theater es uns in seinen Produktionen darbietet. Die Meinungen und Gefühle von Demonstrant und Demonstriertem sind nicht gleichgeschaltet" (16, 553).

Indem Brecht den alltäglichen Vorgang einer Straßenszene zum Modell des epischen Theaters macht und die Elemente seiner Theaterästhetik an dieser Alltagsszene verdeutlicht, verleugnet er nicht den künstlerischen Anspruch des epischen Theaters. Es geht ihm vielmehr darum zu zeigen, daß alle Grundbedingungen seiner theaterästhetischen Prinzipien bereits in der Alltagssituation des demonstrierenden Zeigens angelegt sind, auch wenn sie im Theater selbstverständlich künstlerisch ausgefeilter und komplexer in Erscheinung treten. Dem Theater, das in dieser Weise die Grundbedingungen alltäglichen Zeigeverhaltens teilt, wird damit eine gesellschaftliche Funktion zuteil. „Es liegt dem epischen Theater daran, sein Grundmodell an eine Straßenecke zu legen, das heißt zurückzugehen auf allereinfachstes, »natürliches« Theater, auf ein gesellschaftliches Unternehmen, dessen Beweggründe, Mittel und Zwecke praktische, irdische sind" (16, 554f).

Das Verhältnis von Spielern und Publikum wird damit aus dem alltäglichen Zeigen zum Zwecke des Betrachtens abgeleitet (vgl. Ritter 1987). Die Zeigehaltung des Spielenden auf der Bühne hebt dabei die einzelnen Momente des Zeigens und Wahrnehmens deutlich ins Bewußtsein: die Standort- und Zweckgebundenheit des Zeigens und Wahrnehmens, deren Ausschnitthaftigkeit und konstruktive Qualität.

„Das Zeigen von Vorgängen zwischen Menschen in ihrem Zusammenhang und in ihren Details (und das Zeigen auf sie) schafft analytische (gestische) Einheiten. Das Zeigen bedeutet darüber hinaus zugleich einen Eingriff in gegebene Zusammenhänge und eine Umordnung der ihnen zugehörigen Momente im Bewußtsein – oder kann es zumindest bedeuten. Das gestische Prinzip des Brechtschen Theaters baut auf diesen Prozessen des Alltags auf und radikalisiert sie. Es stellt den vorhandenen Tatbeständen und ihren Zusammenhängen ein neu zusammengefügtes Bild gezeigter, das heißt zusammen-gedachter Tatbestände gegenüber" (Ritter 1986, 96).

Die Beziehung zwischen Spielern und Publikum, die in der Theaterkonzeption Brechts auf den Grundvorgang alltäglichen Zeigens und des Zeigens des Zeigens zu-

rückgeführt wird, trägt auf diese Weise zur Ausbildung der Schauspiel- und der Zuschaukunst bei. Die Straßenszene und das Verhältnis zwischen dem Demonstranten
und der schaulustigen Menge sind das Paradigma dieses Vorgangs, der das gestische
Theater Brechts bestimmt.

2.3.5 Auswertung: Zwischen Bühne und Publikum – Wahrnehmen des Wahrnehmens und Zeigen des Zeigens

Gemäß der Fragestellung nach den Erfahrungsmodi der Spielenden im Prozeß schauspielerischer Gestaltung geht der hier unternommene Versuch, das Verhältnis von
Spieler und Publikum vor dem Hintergrund der Annahmen der Künstlertheorien näher
zu bestimmen, vor allem von der Perspektive der Akteure auf der Bühne aus. Dabei
kristallisieren sich zunächst zwei konträre Positionen heraus. Das Spielen hinter der
vierten Wand, das eine möglichst vollständige Isolierung der Bühne vom Zuschauerraum anstrebt (vgl. Stanislavskij und Strasberg), und das Aufheben der vierten Wand,
bis hin zur direkten Kommunikation zwischen Spielern und Publikum, in der Konzeption Brechts. Der Ansatz Čechovs gibt in dieser Frage einen Hinweis auf Gemeinsamkeiten, die hinter diesen konträren Positionen liegen. Die Annahme des gestaltenden
„höheren ICH" als Vermittlungsinstanz zwischen Bühne und Publikum, die er zum
Ausgangspunkt seiner Bestimmung dieses Verhältnisses macht, verweist darauf, daß
die Abgeschlossenheit gegenüber den Zuschauern nur eine vermeintliche sein kann.
Ein Teil der Person des Schauspielers ist, auch unter den Bedingungen der scheinbaren
Abgeschlossenheit hinter der vierten Wand, dem Publikum zugewandt, an das sich die
Aufführung letztlich richtet. Stanislavskijs Begriff der ‚öffentlichen Einsamkeit' beschreibt diesen widersprüchlichen Zustand. Die Erfahrung der Spielenden zwischen
Bühne und Publikum läßt sich dementsprechend, analog der Erfahrung zwischen Spieler und Figur, als die einer Differenz kennzeichnen, die nicht – oder jedenfalls nicht
dauerhaft – zu einer Seite aufgelöst werden kann.

Damit einher geht die Anforderung, die Konzentration gleichzeitig auf unterschiedliche Orte zu richten, zwischen ihnen zu wechseln, ohne daß einer von ihnen der Aufmerksamkeit entgeht. Insbesondere die Vermittlung zwischen der inneren Wirklichkeit
der Vorstellungsbilder und der äußeren Wirklichkeit des Theaters, das gleichzeitige
Aufrechterhalten zweier sich widersprechender Wirklichkeiten, spielt eine wesentliche
Rolle in der Erfahrung der Spielenden. Die Erfahrung des Wechselns des Aufmerksam-
keitsortes zwischen Bühnenwirklichkeit und Wirklichkeit des Zuschauerraums kann als
konstitutiv für die schauspielerische Gestaltung angesehen werden. Sie gilt wiederum
für alle angesprochenen Theaterkonzeptionen, mit dem Unterschied, daß der Wechsel
der Aufmerksamkeit nur im Rahmen der theaterästhetischen Annahmen Brechts zum
künstlerisch ausgestalteten Bestandteil der Präsentation werden kann.

Voraussetzung für die Ausbildung einer solchen flexiblen Aufmerksamkeit ist das
bewußte Wahrnehmen des eigenen Wahrnehmungsverhaltens. Erst eine reflexive Haltung zum eigenen Wahrnehmen ermöglicht ein gezieltes und flexibles Umgehen mit
der Fähigkeit zur Aufmerksamkeit. Auf diese Weise wird die Aufmerksamkeit sowohl

auf Besonderheiten von Objekten und Situationen der Außenwelt gelenkt als auch auf die Funktionsweise der Wahrnehmung selbst. Insbesondere die Tatsache des Wechselns zwischen Hintergrund und Objekt der Wahrnehmung gerät dabei ins Bewußtsein. Diese von Stanislavskij im Zusammenhang mit seinen Übungsvorschlägen beschriebenen Fähigkeiten, die in der Gestaltung des Verhältnisses zwischen Spielern und Publikum unverzichtbar sind, lassen sich auch im gestischen Theater Brechts nachweisen. Das Zeigen und das Zeigen des Zeigens als Basis der Brechtschen Bestimmung der Beziehung Schauspieler/Publikum setzt das bewußte Wahrnehmen und das Wahrnehmen des Wahrnehmens voraus, es lenkt das Bewußtsein auf die Ausschnitthaftigkeit beider Tätigkeiten. Die Einsicht in die Funktionsweise der Wahrnehmung ist einerseits Bedingung dafür, daß gestische Details isoliert und neu montiert werden können, daß Standort- und Zweckgebundenheit des Zeigens und Wahrnehmens erkannt werden. Andererseits werden diese Fähigkeiten durch die genannten Mittel des gestischen Theaters erst verfeinert, wird so die Schauspiel- und Zuschaukunst ausgebildet.

Das reflexive Verhältnis des Subjekts zu sich selbst, das sich hier in der Erfahrung zwischen Bühne und Publikum bereits in Teilbereichen andeutet, kann als ein grundlegendes Element des schauspielerischen Gestaltens angesehen werden.[166] Im folgenden Abschnitt wird dieser Rückbezüglichkeit schauspielerischen Tuns unter dem umfassenderen Gesichtspunkt des Verkörperns nachgegangen.

2.4   Zwischen ‚Körper-Haben‘ und ‚Körper-Sein‘

Die Erfahrung von ‚Körper-Haben‘ und ‚Körper-Sein‘, von der im folgenden Abschnitt die Rede sein wird, greift noch einmal auf die Doppelerfahrung von Spieler und Figur zurück, die bereits ausführlich im Kapitel 2.1 diskutiert wurde. Hier soll versucht werden, diese Erfahrung nochmals unter dem besonderen Gesichtspunkt ihrer Leiblichkeit zu thematisieren.

Auf den zentralen Aspekt des Verkörperns zielen generell alle Überlegungen der Schauspieltheorien, ist doch die leibliche Anwesenheit der Produzenten eine konstitutive Bedingung schauspielerischer Gestaltung und Präsentation. Das hier zu behandelnde Problem ist also den Ansätzen der Schauspielmethodik immer schon implizit. Um weitgehende Überschneidungen mit den anderen Abschnitten zu vermeiden und die Diskussion auf die spezielle Fragestellung der leiblichen Erfahrung zu konzentrieren,

---

166 Der japanische Noh-Schauspieler Yoshi Oida, der seit Ende der 60er Jahre im Ensemble Peter Brooks arbeitet, beschreibt ein ähnliches Gestaltungsprinzip aus der Perspektive des Noh-Theaters, das auf dessen Begründer Zeami Motokiyo (ca. 1363–1443) zurückgeht. „»Riken« ist ein Begriff des Noh-Theaters, den Zeami prägte. Im Unterschied zu »Gaken«, der nur subjektiven Sicht des Noh-Spielers auf sich selbst, bezieht sich »Riken« auf die Erscheinung des Spielers in den Augen des Zuschauers. Zeami fordert vom Noh-Spieler, sowohl »Gaken« als auch »Riken« zu entwickeln, also ständig Betrachter des eigenen Spiels aus subjektiver und objektiver Sicht heraus zu sein" (Oida 1994, 53). Nach längerer Erfahrung mit diesem Prinzip, das darauf beruht, sich die fremde Sicht zu eigen zu machen, meint Oida, die Perspektive gefunden zu haben, von der aus er auf sich selbst blickt. „Von einer Stelle hinter meinem Kopf sehe ich mich selbst agieren" (ebd).

beziehen sich die folgenden Überlegungen deshalb ausschließlich auf die expliziten Äußerungen der Künstlertheorien zum Verkörpern und zur Erfahrung der Innen- und Außenperspektive im Gestaltungsprozeß, in der die Doppelerfahrung von ‚Körper-Haben‘ und ‚Körper-Sein‘ anklingt. Dabei werden sich Überschneidungen zum Zusammenhang von Spieler und Figur nicht immer vermeiden lassen.

2.4.1 Stanislavskij: Der schöpferische Prozeß des Verkörperns

Stanislavskij hat den zweiten Band seines Systems in zwei Teilen konzipiert. Der erste Teil der „Arbeit des Schaupielers an sich selbst“ beschäftigt sich mit dem Prozeß des schauspielerischen Erlebens, der zweite Teil trägt den Titel „Die Arbeit des Schauspielers an sich selbst im schöpferischen Prozeß des Verkörperns“.[167] Die Trennung von Erleben und Verkörpern, auf die diese Zweiteilung hinweist, muß allerdings als eine operationale verstanden werden. Zum Zeitpunkt der Niederschrift seines Systems hatte Stanislavskij seine anfängliche Position eines Dualismus von Körper und Geist bereits zugunsten der Annahme eines psycho-physischen Parallelismus überwunden. Die Komplexität des schauspielerischen Gestaltungsprozesses veranlaßte ihn jedoch, auch um der besseren Darstellbarkeit und Lesbarkeit willen an der Zweiteilung seines Gegenstands festzuhalten (vgl. Hoffmeier 1993, 366 f). Die zahlreichen Überschneidungen zwischen erstem und zweitem Teil der ‚Arbeit an sich selbst‘ (vgl. besonders zur „Logik und Folgerichtigkeit“ und zum „Befinden auf der Bühne“) belegen die theoretische Verzahnung und die Untrennbarkeit dieser Bereiche in der schauspielerischen Praxis.

Im Laufe der künstlerischen Entwicklung Stanislavskijs gewinnt der Bereich des Verkörperns, das heißt die äußere Gestaltung innerer Prozesse, immer mehr an Bedeutung. Ein Schlüsselerlebnis stellt dabei seine Darstellung der Rolle des Salieri in Puschkins Einakter ‚Mozart und Salieri‘ im Jahre 1915 dar. Seine Darstellung wurde von der Kritik sehr ambivalent aufgenommen. Insbesondere seine Sprechtechnik der Puschkinschen Verse stieß auf eine ablehnende Haltung, so daß er sich eine Vernachlässigung äußerer Gestaltungmittel vorwerfen mußte (vgl. Ausgewählte Schriften 1988, Bd. 1, 538; Hoffmeier 1993, 280 ff). In seinen Notizen im Zusammenhang mit der Erarbeitung der Salieri-Rolle findet sich folgende Eintragung: „Der Schauspieler braucht Zeichen, Ge-

---

167 Die Aufteilung der ‚Arbeit des Schauspielers an sich selbst‘ in zwei Bücher hatte äußere Ursachen, wie Stanislavskij in einer Skizze seines Systems mitteilt: „Zuerst hatte ich vor, beides in einem Band zu vereinen. Als ich aber dann im Ausland den Umfang des Textes berechnete, kam ich auf 1200 Druckseiten. Ich war erschrocken und habe mich daraufhin entschlossen, zwei Bücher daraus zu machen (‚Erleben und Verkörpern‘). Jetzt, nach den enormen Kürzungen, wäre es eigentlich wieder möglich, aus Erleben und Verkörpern zusammen den zweiten Band (‚Die Arbeit an sich selbst‘) zu machen“ (Stanislavskij, Briefe ..., zit. n. Hoffmeier 1993, 144). Die Tatsache, daß der zweite Teilband erst postum 1948 erschien, zehn Jahre nach dem ersten Teil, hat zu schwerwiegenden Mißverständnissen des Systems geführt. Die psychologistischen Vereinseitigungen, die Stanislavskijs Schauspielmethodik erfahren hat, lassen sich daraus erklären, daß der Teil des ‚Erlebens‘ bereits für das Ganze angesehen wurde.

sten, Worte, Formen, um es (das Gefühl, d.V.) wiederzugeben. Er braucht Methoden, um es auf andere zu übertragen. Gefühle brauchen Worte, um ausgedrückt zu werden, Worte brauchen Stimme, und die Stimme wird ergänzt durch Illustrationen, das heißt durch Gesten" (vgl. Ausgewählte Schriften 1988, Bd. 1, 201).

Der zweite Teil der ‚Arbeit des Schauspielers an sich selbst' befaßt sich in diesem Sinne mit der körperlichen Ausdrucksfähigkeit, mit Methoden der Ausbildung von Körper und Stimme, um „dem *unsichtbaren* schöpferischen Leben des Schauspielers sichtbare Gestalt (zu) verleihen" (Stanislavskij 1986, Teil 2, 12). Als Mittel der Gestaltung gelten dabei die körperliche Ausdrucksfähigkeit, Stimme und Sprechen, Gesang, der Wechsel von Tempo, Rhythmus u.ä. Das Training dieser Gestaltungsmittel ist die unverzichtbare Grundlage für die Ausbildung der Expressivität der Spielenden, Stanislavskij spricht in diesem Zusammenhang auch vom „äußeren Befinden auf der Bühne" (ebd., 231 ff). Die Elemente der Gestaltung „müssen geschmeidig, ausdrucksstark und außerordentlich feinfühlig sein, um kaum wahrzunehmende und wiederzugebende Schattierungen des inneren Gefühls in Intonation, Sprechweise, Stimmklang, Bewegungen, Körper, Mimik, Blick usw. zum Ausdruck zu bringen" (vgl. Ausgewählte Schriften 1988, Bd.1, 414).
    Die von Stanislavskij im Hinblick darauf vorgeschlagenen Methoden zur Verfeinerung dieser Mittel sollen hier nicht im einzelnen behandelt werden. Vielmehr soll der Vorgang des Verkörperns, wie Stanislavskij ihn sich vorstellt, insgesamt auf seine ihm impliziten Erfahrungen für die Spielenden befragt werden. Entscheidend dabei ist, daß Stanislavskij nicht von einer ausschließlich auf den körperlichen Ausdruck gerichteten Methodik ausgeht, sondern immer von einer Verknüpfung innerer und äußerer Gestaltungsmittel, von deren wechselseitiger Beeinflussung. Diese Tatsache schlägt sich auch in seiner Terminologie nieder, er spricht von innerem und äußerem Befinden, innerem und äußerem Rhythmus, innerer und äußerer Charakteristik usf. (vgl. Kristi, in: Stanislavskij 1986, Teil 2, 412f). Von dieser Verknüpfung innerer und äußerer Vorgänge war bereits mehrfach im Zusammenhang mit der Psychotechnik, den physischen Handlungen und der inneren und äußeren Rechfertigung die Rede (vgl. Abschnitte 2.1; 2.2).

Maskerade

Ein Beispiel, wie über die äußere Charakterisierung einer Figur zu ihrer inneren Anlage gefunden werden kann, wobei zwar einerseits Intuition notwendig ist, aber auch äußere ‚Tricks' eingesetzt werden können, gibt Stanislavskij anhand einer Maskerade. Die fiktiven Studenten des Schauspielseminars, die Stanislavskij zur Veranschaulichung seiner Lehre erdacht hat, werden aufgefordert, eine Maskerade zu veranstalten und dabei, von äußeren Merkmalen wie Kostüm und Maske ausgehend, zur Charakterisierung einer Figur zu finden. Der Prozeß der Verwandlung vom Entdecken des ersten Kostümteils bis zum Spielen der Figur wird dabei als ein schrittweises Aufbauen der Figurenvorstellung im Wechsel zwischen der Aneignung äußerer Merkmale und innerer Haltungen beschrieben (vgl. Stanislavskij 1986, Teil 2, 175ff). Wesentlich in diesem Prozeß ist für Stanislavskij, daß die Spielenden jeweils von sich selbst ausgehen, sich fragen,

„Was täte ich, wenn ...“ und damit die gegebenen Umstände ihrer Figuren rechtfertig-
ten. Das Benutzen der eigenen Person als Material zur Charakterisierung einer Figur
vergleicht Stanislavskij mit einer Maskerade. Die Verwandlung hinter dem Schutz der
Maske läßt das Wechselspiel des Sichverbergens und Sichpreisgebens als lustvolles
Erlebnis erscheinen. In ähnlicher Weise kann der Schauspieler das Charakteristische
einer Figur als Maske benutzen. „Auch das Charakteristische ist eine Maske, die den
eigentlichen Menschen im Schauspieler verbirgt. In einer solchen Maskierung kann er
die intimsten und pikantesten seelischen Details preisgeben. Das sind Eigenschaften
des Charakteristischen, die für uns sehr bedeutsam sind“ (ebd., 192 f).

Dieses Vorgehen setzt eine genaue Selbstbeobachtung der eigenen Person in der
Figur, ihrer äußeren Handlungen und inneren Beweggründe voraus. Stanislavskij läßt
einen fiktiven Studenten diese Erfahrungen bei der Gestaltung der Figur eines ‚Kritikasters‘ reflektieren:

„Heute beim Waschen fiel mir plötzlich ein, daß ich, als ich in der Gestalt des Kritikasters lebte, meine eigene (...) Persönlichkeit dabei keineswegs abgelegt hatte. Zu
dieser Schlußfolgerung kam ich, weil es mir beim Spielen außerordentlich viel Freude
gemacht hatte, meine Verwandlung zu beobachten.

Im Grunde war ich mein eigener Zuschauer, während der andere Teil meines Wesens das mir fremde Leben des Kritikasters führte.

Aber kann ich wirklich behaupten, daß dieses Leben mir fremd gewesen sei?
Schließlich und endlich war der Kritikaster aus mir selbst genommen. Ich hatte mich
gleichsam in zwei Hälften aufgespalten. Die eine Hälfte lebte das Leben des Schauspielers, des Gestalters der Rolle, während die andere sie dabei wie ein Zuschauer be-
trachtete“ (ebd., 183).

Die Fähigkeit, den Blick von außen auf sich selbst zu richten, sich selbst beim Verkörpern einer Figur zu beobachten, ist die Grundlage der Doppelerfahrung von ‚Körper-
Haben‘ und ‚Körper-Sein‘ (vgl. 1.4). Die dazu notwendige Distanzierung von sich
selbst wurde bereits im Zusammenhang mit dem Verhältnis von Spieler und Figur
angesprochen.[168] Unter dem Titel ‚Selbstbeherrschung und Vollendung‘ geht Stanislavskij im zweiten Teil der ‚Arbeit des Schauspielers an sich selbst‘ nochmals auf diese grundlegende schauspielerische Eigenschaft ein. Er greift dazu auf die Analogie
mit einem Bildhauer zurück, der bei der Gestaltung einer Skulptur von einer inneren
Vorstellung ausgeht und das Ergebnis immer wieder mit dieser Vorstellung vergleicht
(vgl. ebd., 198 f). In ähnlicher Weise sollte der Schauspieler ein Bewußtsein von der
Figur haben, die er gestaltet. Er sollte seine Gestik und Mimik von außen beobachten
können, um Übertreibungen und Eintönigkeit zu vermeiden und subtile Gestaltungsmittel einsetzen zu können. Gleichzeitig muß er ein Bewußtsein für die Verbindung von
körperlichem und seelischem Leben einer Figur entwickeln. Ist der Körper nicht in der

---

168 Pointiert faßt Stanislavskij dieses Phänomen zusammen, wenn er den italienischen Schauspieler Salvini zitiert. An dieses bereits oben angeführte Zitat soll hier nochmal erinnert werden: „Der Schauspieler
lebt, er weint und lacht auf der Bühne, doch indem er lacht und weint, beobachtet er sein Lachen und
seine Tränen“ (Stanislavskij 1986, Teil 1, 39).

Lage, das innere Leben einer Figur auszudrücken oder kommt es zu Unstimmigkeiten zwischen den beiden Seiten des Erlebens, so spricht Stanislavskij von »Verrenkungen« (vgl. Ausgewählte Schriften 1988, Bd.1, 413 f). „Vor allem darf der Schauspieler seinen Verkörperungsapparat – Mimik, Stimme, Gestik und Körper – nicht »verrenken«. Deshalb darf er den unmittelbaren Zusammenhang zwischen Verkörperungsapparat und innerem Leben, das heißt den Wünschen, den willensmäßigen Anstößen und dem gesamten geistigen Leben der Rolle nicht zerreißen" (ebd.).

Das Verkörpern als schauspielerische Tätigkeit des bewußten Gestaltens, wie es von Stanislavskij beschrieben wird, setzt also sowohl den ,fremden' Blick von außen auf die eigene Person in einer Figur voraus als auch die Einsicht in den Zusammenhang inneren Erlebens und körperlichen Ausdrucks. Auf beiden Ebenen läßt sich von der Doppelerfahrung von ,Körper-Haben' und ,Körper-Sein' sprechen, von einem selbstverständlichen Umgang mit Gefühlen und Handlungen einerseits und andererseits von ihrer Problematisierung durch das bewußte Umgehen damit in der schauspielerischen Praxis.[169] Die Schwierigkeit dieser Erfahrung der Spielenden im Prozeß der Gestaltung faßt Stanislavskij folgendermaßen zusammen: „Sobald man sich seiner gewohnten Empfindungen oder mechanischen Handlungen bewußt wird, ist man erstaunt, wie kompliziert sie sind, und wie schwer uns etwas fällt, was wir im Leben mühelos und meistens sogar unbewußt ausführen. Beim Studium des ,Systems' und vor allem bei der Arbeit am Befinden auf der Bühne geschieht dasselbe. Der Zustand, den wir behandeln, ist an sich einfach, natürlich und uns allen wohl vertraut, seine Analyse jedoch ist schwierig" (ebd., 237).

2.4.2 Čechov: Selbstbeobachtung und Distanz von sich selbst

Wie bereits aus Čechovs Überlegungen zur Imagination und Gestaltung einer Figur und zu den drei am Gestaltungsprozeß beteiligten Bewußtseinsebenen hervorgeht (vgl. 2.1.2), ist die Distanzierung der Spielenden von sich selbst ein wesentliches Moment seiner Schauspielkonzeption. Seine Vorschläge, die Spielenden mögen sich in die Zuschauerrolle versetzen und ihr Spiel auch aus dieser Perspektive betrachten, streben eine ähnliche Wirkung an (vgl. Abschnitt 2.3.3). Die Fähigkeit zur distanzierten Selbstbeobachtung ist für Čechov – in Übereinstimmung mit Rudolf Steiner – eine wichtige Grundlage des schauspielerischen Gestaltens, die dazu beiträgt, die gestalterischen Fähigkeiten des einzelnen zu entfalten (vgl. Čechov, 1990, 125 f). „Diese Fähigkeit leistet einen großen Beitrag für die Emanzipation Ihres schöpferischen »ICH« und schenkt Ihnen immer öfter Augenblicke der Inspiration" (ebd., 126). Im Sinne seiner Annahme der Dreiteilung der spielenden Person in Subjekt, Objekt und Material des

---

169 Im Zusammenhang mit seinen Ausführungen zur Funktion der Überaufgabe des Stückes und einer Rolle verdeutlicht Stanislavskij diese Perspektive des Spielenden, der von außen auf seine Tätigkeit schaut. Aus dieser Perspektive hat er die Entwicklung des Stückes und der Rolle im Auge und ist in der Lage, ökonomisch mit den physischen und psychischen Anforderungen an die Verkörperung einer Figur umzugehen (vgl. Stanislavskij 1986, Teil 2, 108 ff).

gestalterischen Prozesses (vgl. 2.1.2) vergleicht Chechov den Schauspieler mit einem bildenden Künstler, der sein Material von außen betrachten kann. „So wie ein Maler beispielswiese *außerhalb* des Materials steht, das er für die Realisierung seiner Bilder benützt, stehen auch Sie, der Schauspieler, bei inspiriertem Spiel *außerhalb* des Leibes und *außerhalb* der schöpferischen Emotionen. Sie stehen *über* sich" (ebd., 122). Eine schrittweise Erarbeitung dieser Haltung beginnt mit den ersten ‚Skizzen' zur Bühnenfigur, für die Čechov ein spezielles Verfahren entwickelt hat.

Die Psychologische Gebärde

Čechov geht von der Annahme allgemeiner menschlicher Gebärden aus, wie Abstoßung, Anziehung, Öffnung, Schließung u. ä., die den individuellen Gebärden zugrunde liegen und die unsichtbar im psychischen Bereich vollzogen werden. Sie werden im alltäglichen Zusammenhang nicht physisch ausgeführt, sondern gelten vielmehr als „Urbilder" der individuellen Alltagsgestik. Diese Gebärden nennt er psychologische Gebärden (vgl. ebd., 45 ff). Das physische Ausagieren der im Alltag unsichtbaren psychologischen Gebärde stellt einen ersten intuitiven Entwurf einer zu gestaltenden Figur dar, eine erste „Kohleskizze auf der Leinwand" (ebd., 47). Wenn im Prozeß der Imagination einer Bühnengestalt ein erster Eindruck von dieser Gestalt entstanden ist, empfiehlt Čechov, diesen nicht zu analysieren, sondern ihn intuitiv in einer psychologischen Gebärde zu verkörpern. Ausgehend von dieser ersten Grundbewegung lassen sich weitere psychologische Gebärden finden und entwickeln. Die psychologischen Gebärden sind jedoch nur erste Annäherungen an die Verkörperung der Figur, sie stellen ein Arbeitsverfahren für ein frühes Probenstadium dar. Auf ihrer Basis erarbeitet der Schauspieler die charakteristischen Äußerungen seiner Figur. Das Grundprinzip dieser ersten Verkörperungsskizzen besteht – unabhängig von seinen anthroposophischen Implikationen, auf die hier nicht eingegangen werden soll – darin, unsichtbare Haltungen und Stimmungen einer imaginierten Figur in einem fundamentalen Bewegungsausdruck zu verkörpern, der seinerseits zu weiteren Gestaltungsmöglichkeiten des inneren und äußeren Lebens der Figur anregt. In gleicher Weise wie zur Gestaltung einer Figur eignet sich die psychologische Gebärde auch, um einzelne Momente einer Rolle zu erfahren oder die Grundatmosphäre einer Szene bzw. eines Stückes durch körperliches Ausagieren ihrer Stimmung zu erkunden (vgl. ebd., 53 ff). Die fundamentale Erfahrung, die diese vorbereitenden Übungen vermittelt, ist die eines untrennbaren Zusammenhangs von psychischen und pysischen Prozessen. Rein physische Übungen (‚Turnen') zur Entwicklung der körperlichen Ausdrucksfähigkeit betrachtet Čechov als ungeeignet für die schauspielerische Ausbildung (vgl. ebd., 83). Allen Übungen, die er zur Ausgestaltung der Figur empfiehlt, liegt das Prinzip der Verknüpfung innerer und äußerer Prozesse zugrunde. Die Selbstbeobachtung der sich entwickelnden Form einer Gestaltung spielt dabei jeweils eine zentrale Rolle (vgl. ebd., Kap. V: Der Leib des Schauspielers).

Der imaginäre Leib
Čechov beschreibt die Verwandlung des Spielenden in die Figur als einen doppelten Prozeß: Einerseits paßt der Spieler die Figur an seine Person an, andererseits paßt er

sich der Figur an. Zu diesem Zweck schafft er die betreffende Figur in seiner Imagination und verwandelt sich Schritt für Schritt in sie (vgl. 2.1.2).

Ein grundlegendes Verfahren zur Variation körperlicher Ausdrucksmöglichkeiten besteht in der Vorstellung eines imaginären Zentrums im Körper der Figur. Dieses Zentrum verleiht der zu gestaltenden Figur einen typischen Ausdruck und verändert dementsprechend auch ihre innere Haltung. Čechov gibt zahlreiche Beispiele von Bühnengestalten, deren Zentrum beispielsweise im Kopf, im Becken, in den Schultern usw. angesiedelt ist. Diese Vorgehensweise führt nach seiner Ansicht weg von einem „groben, platten Naturalismus" (ebd., 102) und hin zu einer phantasievollen Gestaltung der Figuren. Das Spielen mit den Veränderungen, die das Verschieben des imaginären Zentrums im Körper bewirkt, macht den Spielenden wiederum die Verbindung von äußerer Erscheinung und innerer Haltung bewußt und vermittelt ihnen sowohl die Erfahrung einer Distanz zum eigenen Körper als auch die einer Übereinstimmung mit dem imaginierten Leib. „Haben Sie im Imaginären einen Leib und ein Zentrum gefunden, dann stellen Sie, soweit das die Szene zuläßt, darin eine Flexibilität und Veränderlichkeit fest. Sie stellen fest, daß nicht nur Sie es sind, der mit einem selbstgeschaffenen Leib und Zentrum spielt, sondern diese auch mit Ihnen spielen und dabei in Ihrer Darstellung immer neue seelische und leibliche Nuancen aufrufen" (ebd., 101).

Das Wechselspiel zwischen der Erfahrung, den eigenen Körper (hand)haben zu können und in einem selbstgeschaffenen, imaginierten Körper zu sein, scheint in dieser Weise grundlegend mit Čechovs Vorstellungen vom ‚Verkörpern‘ einer Figur, von der Befähigung zur körperlichen Ausdrucksfähigkeit verbunden zu sein. Im Unterschied zu Stanislavskijs Vorstellung von der Maskerade des ‚Ich‘ beinhaltet die Vorstellung eines imaginären Leibs als Vorbild der Gestaltung allerdings eine größere Distanzierung zwischen den beiden Erfahrungen.

Ebenso arbeitet das Prinzip der Verkörperung einer psychologischen Gebärde in einer körperlichen Bewegung mit der Doppelerfahrung von ‚Körper-Sein‘ und ‚Körper-Haben‘. Eine im Bereich des ‚Körper-Seins‘ anzusiedelnde innere Haltung (z. B. Verschlossenheit, wachsende Anspannung) wird durch das Benennen und Ausagieren ihres Charakters zunächst bewußtgemacht. In einem weiteren Schritt wird der Ausdruck beobachtet, körperlich variiert und damit für den Spielenden handhabbar. Schließlich geht er, für das Publikum ‚unsichtbar‘, in die Gestaltung der Figur ein und wird wiederum zur Grundlage des ‚Körper-Seins‘ in der Bühnengestalt. Die Verschränktheit der beiden Momente dieser leiblichen Erfahrung wird bei der von Čechov erarbeiteten Vorgehensweise zur Verkörperung einer Figur besonders evident.

2.4.3 Strasberg: Tierübungen

Für Strasberg stellt die Fähigkeit der Schauspieler, ihrem inneren Erleben auf der Bühne einen sichtbaren körperlichen Ausdruck zu verleihen, ein zentrales Problem der Schauspielkunst dar. Die von ihm vorgeschlagenen Verfahren zur Ausbildung zielen sämtlich auf diese Schwierigkeit. An dieser Stelle soll lediglich ein ausgewählter Aspekt dargestellt werden, der sich besonders mit der äußeren Charakterisierung einer Figur, der zu verkörpernden Gestalt auseinandersetzt.

Zu diesem Zweck schlägt Strasberg sogenannte Tierübungen vor. Die Übenden werden dabei angehalten, ein Tier zu beobachten und in seinen Bewegungen und seinem äußeren Verhalten möglichst genau zu imitieren. Dabei sollen sie ausschließlich vom physischen Eindruck ausgehen, ohne den Tieren bestimmte vermenschlichte Gefühle zu unterstellen. Es geht zunächst darum, die Eigenschaften des betreffenden Tieres mit dem eigenen Körper wiederzugeben. Nach einiger Zeit stellen sich dementsprechende Gefühlsreaktionen ein. Zu diesem Zeitpunkt sollen die Tierdarsteller sich langsam in ihre menschliche Gestalt zurückverwandeln, ohne dabei die besonderen Qualitäten des dargestellten Tieres zu verlieren. Allmählich nehmen die Darsteller immer mehr menschliche Züge an, bis sie zu „Menschen mit Tiereigenschaften" geworden sind (Strasberg 1988, 175). Auf diese Weise gelingt es ihnen, Charaktere hervorzubringen, die in ihrem äußeren Verhalten von den eigenen konventionalisierten Verhaltensmustern distanziert werden können. „Die Forderung, Tierverhalten darzustellen, den Körper Dinge tun zu lassen, an die er nicht gewöhnt ist, ruft einen Konflikt mit den Gewohnheiten des Schauspielers hervor ..." (ebd., 176).

Auch hier, am Beispiel der Tierübungen Strasbergs, wird die Doppelerfahrung von Körper-Haben und ‚Körper-Sein' deutlich. Die Aufgabe, einen ungewöhnlichen physischen Ausdruck zu verkörpern, stellt selbstverständliches Verhalten in Frage und macht die Spannung zwischen ‚Körper-Sein' und ‚Körper-Haben' bewußt. Für Strasberg besteht der Sinn der Übung darin, daß der Spielende „den Unterschied zwischen sich und der von ihm verkörperten Gestalt" erfährt (ebd., 174). Vergleichbar mit den Übungen zum imaginären Zentrum bei Čechov, zielen auch die Tierübungen darauf, mit dem eigenen Körper ungewöhnliche Gestaltungsvorgänge zu realisieren. Diese Prozesse setzen das bewußte Umgehen mit dem Körper (‚Körper-Haben'), das heißt auch ein Bewußtsein über dessen ‚Außenseite' voraus. Gleichzeitig erfordert das Spielen mit der gestalteten (Tier-) Figur auch Selbstvergessenheit (‚Körper-Sein'), um nicht auf ein mechanisches Vorführen begrenzt zu sein. Die Differenzerfahrung von ‚Körper-Haben' und ‚Körper-Sein' erweist sich somit als Grundbedingung schauspielerischer Gestaltungsprozesse.

2.4.4　Mejerchol'd: Die Kunst des körperlichen Ausdrucks

Der Schauspieler, Regisseur und Theaterpädagoge Vsevolod E. Mejerchol'd (1874–1940) gehörte mit Stanislavskij u. a. zu den Gründungsmitgliedern des Moskauer Künstlerischen Theaters (MChT). Nach vier Jahren schauspielerischer Tätigkeit verließ er das MChT und gründete ein eigenes Ensemble, mit dem er sich einem antinaturalistischen, symbolistischen Theater zuwandte. Eine Studiobühne, die Stanislavskij gemeinsam mit ihm gründete, und die sich vor allem mit experimentellen Methoden des Schauspiels und der Regie auseinandersetzen sollte, wurde im Jahre 1905 nach wenigen Monaten wieder geschlossen. In seiner weiteren Theaterarbeit wandte sich Mejerchol'd theoretisch und praktisch experimentellen Schauspielmethoden zu, wobei er sich vor allem

durch das Studium des fernöstlichen Theaters, der Commedia dell'arte und des Volkstheaters anregen ließ. In seinen Schriften setzte er sich kritisch mit der Theaterästhetik
Stanislavskijs auseinander, forderte ein stilisiertes, „bedingtes Theater", das der zeitgenössischen symbolistischen Dramatik gerecht werden sollte.[170]

Unter dem Eindruck der Oktoberrevolution formulierte er 1920 das Programm des
„Theateroktober", eines revolutionären Theaters als Instrument kommunistischer Agi-
tation und Propaganda.

Als Theaterleiter, Regisseur und Theaterpädagoge setzte Mejerchol'd bis 1938
seine Suche nach neuen szenischen Formen fort. Seit Mitte der dreißiger Jahre geriet
Mejerchol'ds künstlerisches Schaffen immer mehr in die Kritik, stimmte es doch nicht
mit der 1934 verordneten Doktrin des sozialistischen Realismus überein. 1938 wurde das von ihm geleitete Staatliche Mejerchol'd-Theater geschlossen. Im Rahmen der
stalinistischen Säuberungsaktionen wurde Mejerchol'd im darauffolgenden Jahr verhaftet und Anfang 1940 im Gefängnis ermordet.

Der Körper als plastisches Gestaltungsmittel

Als Vertreter einer anti-psychologischen Theaterästhetik, die die Kunst des theatergemäßen Ausdrucks betont, legt Mejerchol'd besonderen Wert auf den körperlichen
Ausdruck der Spielenden. Seine theoretischen und praktischen theaterpädagogischen
Bemühungen beziehen sich darum schwerpunktmäßig auf die körperliche Ausbildung
von Schauspielern. Im Hinblick auf die Frage nach den spezifisch körperlichen Erfahrungen der Spielenden im Gestaltungsprozeß zwischen ‚Körper-Haben' und ‚Körper-
Sein', wird sich die folgende Diskussion der Mejerchol'dschen Theaterkonzeption
deshalb auf diesen Ausschnitt seiner Überlegungen konzentrieren.

Im Mittelpunkt der Kunst des Theaters steht, nach Auffassung Mejerchol'ds, die Bewegung der Spielenden im Raum, die ‚plastische Gestaltungsweise' theatraler Vorgänge.
Dem Körper als dem hervorragendsten Instrument des theatralischen Ausdrucks ob-
liegt es, innere Vorgänge durch Bewegungen auszudrücken (vgl. Mejerchol'd, 1979,
Bd. 1, 127 ff). Dabei soll das Verhältnis zwischen gesprochenem Wort und Bewegung
so gestaltet sein, daß die Beziehung der Figuren hinter dem äußeren Dialog aufscheint.
Das kann unter Umständen auch ein widerspruchsvolles Gestalten von akustischer und
visueller Ebene erforderlich machen. Die Aufgabe für die Spielenden besteht in diesem Fall darin, einen „den Worten nicht adäquaten körperlichen Ausdruck" (ebd., 128)
hervorzubringen. Mejerchol'd spricht in diesem Zusammenhang auch die wirkungsästhetische Absicht dieser Gestaltungsweise an:

„Gesten, Haltungen, Blicke, Schweigen bestimmen die *wahren* Beziehungen der
Menschen. Worte sagen nicht alles. Also ist die *Struktur der Bewegungen* auf der Bühne unentbehrlich, um aus dem Zuschauer einen scharfsichtigen Beobachter zu machen
..." (ebd., 129).

---

170 vgl. W.E. Mejerchol'd, Zur Geschichte und Technik des Theaters (1907), in: ders., Schriften, Bd. 1,
      1979, 97–136

Das neue, nicht-dekorative und antinaturalistische Theater, das Mejerchol'd anstrebt, verlangt nach neuen Schauspielern, die bewußt und artistisch mit ihrem Körper umzugehen verstehen. Ein am Vorbild der Bildhauerei orientierter „skulpturhafter körperlicher Ausdruck" (ebd., 130) soll darum zur Grundlage der Schauspielkunst werden.

N = A 1 + A 2, Biomechanik

In den zwanziger Jahren entwickelt Mejerchol'd unter dem Eindruck der gesellschaftlichen Veränderungen in den frühen Jahren der Sowjetunion eine spezielle Methode zur Ausbildung der körperlichen Ausdrucksmöglichkeiten des ‚Schauspielers der Zukunft'.[171] Orientiert an den Forschungen zur Rationalisierung der Industriearbeit, wie sie durch den US-amerikanischen Taylorismus eingeleitet wurden, bemüht sich Mejerchol'd um ein experimentelles Erforschen der Bewegungsgesetze und der Bewegungsökonomie des Schauspielens. Seine Methode der ‚Biomechanik', die das künstlerische Schaffen an wissenschaftlichen Erkenntnissen der Arbeitsorganisation orientiert, steht damit in ausdrücklicher Opposition zur ‚Kunst des Erlebens'. In Anlehnung an den Konstruktivismus, der seine Theaterästhetik in dieser Phase maßgeblich beeinflußte, betrachtet Mejerchol'd den Körper des Schauspielers als einen Konstruktionsapparat, dessen Bewegungen zu organisieren seien. „Die Kunst des Schauspielers besteht in der Organisation seines Materials, das heißt, in dem Vermögen, die Ausdrucksmittel seines Körpers richtig einzusetzen" (ebd., 479). Die Einheit von Künstler und Material im Falle des Schauspielens drückt Mejerchol'd in einer Formel aus: „N=A1+A2, wobei N der Schauspieler ist, A1 der Konstrukteur, der die Idee konzipiert und befiehlt, sie zu realisieren. A2 – das ist der Körper des Schauspielers, der die Aufgaben des Konstrukteurs (A1) ausführt" (ebd.). Bei der Zweiteilung des „Akrobat-Schauspielers", wie Mejerchol'd ihn an anderer Stelle nennt, in ein aktives und ein passives Element, bekommt das passive Element A2 nach seiner Vorstellung auch die Funktion einer Arbeitskraft, „die sich bei der Erfüllung ihres Auftrages als Maschine begreift" (ebd., 33). Das Studium und Training der Mechanik körperlicher Bewegungen versetzt die Spielenden in die Lage, den sich bewegenden Körper als Objekt im Sinne einer Marionette zu benutzen. Auf dieser Fähigkeit, den eigenen Körper als Medium der Darstellung einzusetzen und zu vervollkommnen, beruht Mejerchol'ds Trainingsmethode der

---

171 vgl. Der Schauspieler der Zukunft und die Biomechanik. Referat vom 12. Juni 1922. In: Mejerchol'd, Schriften. Bd. 2, 478–480

Biomechanik.[172] Die Möglichkeiten des gezielten Verfügens über den eigenen Körper werden durch dieses Training erweitert, so daß die Erfahrung des ‚Körper-Habens' stärker ins Bewußtsein der Spielenden gerückt wird. Mejerchol'd weist jedoch auch auf die Doppelschichtigkeit dieser Erfahrung hin: „Das ist es ja gerade, daß im Menschen (...) nebeneinander existieren: Körperbewegungen, die manchmal anarchisch frei erscheinen, und jenes (...) System, das den sich im Raum Bewegenden in die Situation einer mechanischen Puppe versetzt" (ebd., 33).

Das Ausgehen von den Gesetzen der Biomechanik, vom Studium der ‚Mechanik' des Körpers hat Konsequenzen sowohl für den Prozeß schauspielerischer Gestaltung als auch für die bevorzugte Spielweise innerhalb der Konzeption Mejerchol'ds.

Der Weg der Gestaltung verläuft nicht vom inneren Erleben zum körperlichen Ausdruck, sondern umgekehrt vom Äußeren zum Inneren. Mejerchol'd spricht von einer „natürlichen Begabung zur reflektierenden Erregbarkeit", die dem Schauspieler eigen sein sollte. Er geht davon aus, daß sich durch das Hervorbringen eines physischen Zustands die entsprechenden Emotionen einstellen.[173] Auf diese Weise behält der Spielende die Kontrolle über sein Spiel und kann seine emotionalen Äußerungen auf der Bühne einer bewußten Steuerung unterwerfen (vgl. ebd., 480). Mit dieser Methode wendet er sich ausdrücklich gegen psychologisierende Vorgehensweisen schauspielerischer Gestaltung, die er mit von ihm auf der „Grundlage von Biomechanik und Kynetik" erarbeiteten „präzisen Bewegungsgesetzen" kontrastiert. „Ein einziges Händeheben ergibt die Echtheit der schwierigsten Interjektion »Ach«, von den »Verinnerlichern« mit impotenten Seufzern immer wieder vergebens aus sich herausgequält. (...) Die Bewegung ist es, die Ausruf und Wort gebiert" (ebd., 26). Das Training der körperlichen Ausdrucksfähigkeit, auf das sich die Methode der Biomechanik richtet, ist damit die grundlegende Voraussetzung für eine Gestaltung, deren Wirkung auf Körperbeherrschung beruht. Durch die Kenntnis der Zusammenhänge physischer und psychischer

---

172 Anläßlich des Symposions „Brecht und Stanislavskij und die Folgen" in Hannover (19.–26.3.95) äußerte sich Andrej Droznin, Regisseur und Professor für szenische Bewegung, im Podiumsgespräch zur aktuellen Bedeutung des Ansatzes von Mejerchol'd. Seiner Ansicht nach kann gegenwärtig an die ästhetischen Voraussetzungen Mejerchol'ds, die sich am Modell des Taylorismus und der Ökonomie maschinenartiger Bewegungsabläufe orientieren, nicht mehr angeknüpft werden. Von größtem Interesse erscheinen ihm dagegen weiterhin die Grundideen Mejerchol'ds, die in der Anwendung der Prinzipien der Biomechanik auf die Schauspielkunst bestehen. Diese Prinzipien, die Droznin als grundlegend für die Schauspielausbildung kennzeichnet, lassen sich folgendermaßen zusammenfassen (nach Vortrags-Mitschrift d. V. vom 25.3.95):
- Jede Bewegung bezieht den ganzen Körper mit ein, sie beruht auf den Bedingungen des Gleichgewichts und der Schwerkraft.
- Bewegungskombinationen sind möglich im Spannungsfeld von Dynamik und Statik, exzentrischen und konzentrischen Bewegungen, Wiederholung und Steigerung der Intensität.
- Je größer die eingesetzte Energie zur Überwindung eines Hindernisses, desto wichtiger erscheint das zu erreichende Ziel.
- Die Bewegung in Gegenrichtung („Verzichtbewegung"), die der eigentlichen Bewegung vorausgeht, ist eine wesentliche Grundlage theatraler Wirkung.

173 Mit dieser Annahme beruft sich Mejerchol'd auf den amerikanischen Psychologen W. James, der das Auftreten psychischer Reaktionen als Konsequenz physischer Abläufe analysiert hat (vgl. Mejerchol'd 1979, Bd. 2, 528).

Ausdruckselemente und die Fähigkeit, diese bewußt und gezielt einzusetzen, sollen die Gefahren psychologisierenden Gestaltens vermieden werden.[174]

„Die Schauspieler werden nur nervös, wenn man sie zwingt, sich durch besondere Manipulationen in Trauer zu versetzen. Wir sagen folgendes: Wenn ich Sie die Haltung eines traurigen Menschen einnehmen lasse, dann wird auch ein trauriger Satz dabei herauskommen" (ebd., 275).

Das Trainingssystem der Biomechanik stellt eine wesentliche Voraussetzung für die von Mejerchol'd für ein neues Theater bevorzugte Spielweise dar. Diese Spielweise ist hoch artistisch, die Gesten sind sorgfältig ausgewählt und streng rhythmisiert. Sie sollen leicht und ökonomisch wirken. Mejerchol'd orientiert sich in seinen Inszenierungen unter anderem an der Oper und legt besonderen Wert auf musikalische und rhythmische Gestaltungsmittel. Die Bewegungen der Spielenden sind präzise gestaltet. Durch Pausen, die nicht psychologischer Art sind, sondern ein präzises Innehalten in einer Bewegung, wird die Musikalität dieser Darstellung noch unterstrichen. Der Wechsel von artistisch vollendeter Bewegung und statuarischem Spiel hebt die kunstvoll theatrale Gestaltung hervor und verhindert jede abbildhafte Lebensechtheit der Darstellung. Auf dem Weg der Vervollkommnung körperlicher Ausdrucksmittel wird eine Spieltechnik angestrebt, die bereits zahlreiche Hinweise auf die Technik des verfremdenden Spiels enthält. Das sparsame, technisch vollkommene Spiel der Filmkomiker Chaplin und Lloyd wird von Mejerchol'd als vorbildlich für die von ihm angestrebte Spielweise hervorgehoben (vgl. ebd., Bd. 2, 58 ff).

Ohne von seiner grundsätzlichen Überzeugung einer von außen nach innen vorgehenden schauspielerischen Gestaltungsweise abzuweichen, wandelt sich Mejerchol'ds theaterästhetische Überzeugung in den dreißiger Jahren von einem streng stilisierten zu einem stilisiert-realistischen Theater, das sich vor allem auf die Mittel der Burleske und des Volkstheaters beruft. Neben dem biomechanischen Training wird dabei die Arbeit am Stück und am gesprochenen Text als besonders bedeutsam angesehen. Andernfalls, so Mejerchol'd, drohe dem Theater eine mechanistische Verarmung. Einer Vereinseitigung der Ausbildung körperlicher Ausdrucksmittel, wie sie anfänglich als Antithese zum Naturalismus gerechtfertigt gewesen sei, müsse nun durch das Training des Denkens und des Sprechens entgegengetreten werden (vgl. ebd., 233). Zwar hält Mejerchol'd an der hervorragenden Bedeutung der Körperbeherrschung für die schauspielerische Gestaltung fest, er schätzt jedoch auch die Gefahren der Überbetonung des ‚Körper-Habens' ein: „Der mechanische Defekt besteht darin, daß die Rolle zwar gut einstudiert, aber ohne seelisches Leben ist und eine Schablone zu werden beginnt, daß sie sich in verschiedenen akrobatischen Techniken erschöpft. Der Schauspieler wird zur Puppe. Das führt zu nichts Gutem" (ebd., 269). Eine grundlegende Forderung an die schauspiele-

---

174 Diese Überlegungen Mejerchol'ds blieben nicht ohne Einfluß auf Stanislavskij. Hoffmeier (1993, 86 ff) weist auf die gegenseitige theoretische und praktische Beeinflussung der beiden Regisseure und Theaterpädagogen hin. Insbesondere Stanislavskijs Methode der physischen Handlungen führt er auf entscheidende Anregungen Mejerchol'ds und auf die Weiterentwicklung der Mejerchol'dschen Methodik zurück.

rische Gestaltungsweise, in der sich Mejerchol'd und Stanislavskij letztlich nicht widersprechen, besteht in der notwendigen Verknüpfung äußeren Handelns und inneren Erlebens. Auch für Mejerchol'd ist die körperliche Aktion auf dem Theater nichtssagend, wenn sie nicht innerlich gerechtfertigt erscheint. „Bei der Arbeit an der Rolle und dem Aufbau der Inszenierung geben wir jeder Bewegung ein Motiv, das mit der Idee des Stücks und mit der Psychologie der betreffenden Gestalt in Zusammenhang steht" (ebd., 266). Insofern lassen sich die Vorgehensweisen der schauspielerischen Arbeit, vom inneren Erleben zur äußeren Gestaltung bzw. von der körperlichen Aktion zum inneren Erleben, nicht als Alternativen gegeneinander ausspielen. Sie beruhen beide auf der grundlegenden Einsicht in einen nicht trennbaren Zusammenhang von physischen und psychischen Prozessen. Beide Vorgehensweisen treten darüber hinaus niemals in Reinform auf, sondern lassen sich nur theoretisch unterscheiden. In der Praxis trägt ihre Verknüpfung der Tatsache Rechnung, daß die leibliche Erfahrung von ‚Körper-Haben‘ und ‚Körper-Sein‘ nur als eine Doppelerfahrung denkbar ist.

In Mejerchol'ds Theaterkonzeption wird die Erfahrung, den eigenen Körper zu beherrschen, ihn von außen betrachten und bewußt handhaben zu können, allerdings in besonderem Maße gefördert und methodisch ausgebildet. Die körperliche Ausbildung mit dem Ziel, den eigenen Körper als Objekt zu ‚haben‘, ihn wie eine Marionette handhaben zu können, steht dabei im Dienst eines kunstvollen Theaters, das seine theatergemäßen Mittel bewußt artistisch einsetzt.

Mejerchol'ds Vorgehensweise einer schauspielerischen Gestaltung von außen nach innen verweist damit besonders deutlich auf die Tatsache der bewußten Gestaltung und auf die Notwendigkeit, um die Wirkungsweise des eigenen körperlichen Ausdrucks zu wissen. Die Erfahrung der Verfügbarkeit des Körpers allein reicht jedoch für die schauspielerische Gestaltung nicht aus, wie die von Mejerchol'd selbst skizzierten Folgen dieser Vereinseitigung zeigen. Vachtangovs kritische Würdigung der Methode Mejerchol'ds faßt auch dessen entscheidende Schwäche zusammen. Zwar habe Mejerchol'd den Weg zum ‚wahren Theater‘ vorgezeichnet, jedoch „... indem er die Wahrheit des Theaters suchte, beseitigte er die Wahrheit des Gefühls" (Hoffmann/ Wardetzky (Hg.) 1972, 356).

Erst das Wechselspiel von ‚Körper-Haben‘ und ‚Körper-Sein‘, die Erfahrung, daß das Theaterspielen die bewußte Gestaltung einer Figur mit dem eigenen Körper voraussetzt und das „Sein" in dieser Figur, macht die Besonderheit dieser eigenleiblichen Gestaltung aus. Bei der Suche nach Spieltechniken, die diese beiden Momente miteinander verbinden, können die experimentellen Arbeiten Mejerchol'ds als richtungsweisend gelten.

2.4.5 Brecht: Techniken verfremdenden Spielens

Im Hinblick auf seine theoretische und praktische Arbeit an einer verfremdenden Spielweise sucht Brecht nach einer solchen Synthese zwischen der „Imitation" des Lebens, wie er sie bei Stanislavskij vorzufinden meint, und der „Abstraktion des Lebens", die das Theater Mejerchol'ds seiner Ansicht nach vornimmt (vgl. Brecht 1967, Bd. 15, 386).

Ausgehend von dem Grundsatz, „daß alles Gefühlsmäßige nach außen gebracht werden
muß" (15, 345), einen gestischen Ausdruck finden muß, bestimmt auch er die Funktion des schauspielerischen Verkörperns vor dem Hintergrund eines psycho-physischen
Zusammenhangs. Dabei grenzt er sich gegen einen „einfachen Idealismus" ab, der in
der Verkörperung des Spielenden lediglich ein veräußerlichtes Abbild dichterischer
Ideen sieht (vgl. 16, 856). Im Gegensatz dazu geht es ihm, wie bereits oben mehrfach
ausgeführt, um eine theatergemäße Gestaltung innerer Vorgänge, die ein artistisches,
verfremdendes Spiel verlangen. „Die betreffende Emotion muß heraustreten, sich
emanzipieren, damit sie groß behandelt werden kann. Besondere Eleganz, Kraft und
Anmut der Geste ergibt den V-Effekt" (15, 345). So hebt er in seiner Auseinandersetzung mit den Methoden Stanislavskijs, Vachtangovs und Mejerchol'ds die ‚Betonung
des Artistischen‘ in Mejerchol'ds Methode als vorbildlich für die schauspielerische
Praxis hervor (vgl. 15, 385 f). In einer Notiz zur athletischen Ausbildung warnt er jedoch gleichzeitig vor einem einseitigen körperlichen Training. Dabei weist er auch auf
die Doppelerfahrung von ‚Körper-Haben‘ und ‚Körper-Sein‘ hin, die der schauspielerischen Praxis eigen ist.

„Die Ausbildung in den athletischen Künsten (der Tanzkunst, der Fechtkunst, auch
der Ringkunst) ist gewiß wichtig für den Schauspieler, da er seinen Körper in die Hand
bekommen muß. Jedoch ist es noch wichtiger, daß er lernt, den Gestus seinem ganzen
Körper mitzuteilen, wofür eine Ausbildung der Sinnlichkeit gebraucht wird. Den Körper als Instrument auszubilden, ist nicht ungefährlich, er darf nicht nur das Objekt, er
muß auch das Subjekt der Kunst sein" (15, 424).

Brecht hat keine eigene, spezielle Methode zur Ausbildung körperlicher Ausdrucksfähigkeit entwickelt. Aus seinen Überlegungen zur Technik des verfremdenden Spiels
lassen sich jedoch Hinweise auf bestimmte Verfahren zur Verkörperung einer Figur
erschließen.

Dabei verweist bereits die erste Bedingung für das verfremdende Spiel, der allem
zugrunde liegende Gestus des Zeigens, auf die notwendige Fähigkeit der Spielenden,
zwischen einer Außen- und einer Innenperspektive im Spiel wechseln zu können. Diese das gestische Theater Brechts bestimmende Differenz zwischen Spieler und Figur
wurde bereits an anderer Stelle ausführlich diskutiert (vgl. bes. Abschnitt 2.1.5). Diese grundlegende Differenz bestimmt auch die anderen Verfahren des verfremdenden
Spiels, das Fixieren des Nicht-Sondern, das Trennen von Mimik und Gestik und damit
einhergehend die strenge Auswahl der Gesten, die widersprüchliche Haltung des Spielenden beim Zitieren einer Figur u. ä. Allen diesen teilweise bereits oben erläuterten
Verfahren liegt selbstverständlich auch die Doppelerfahrung von ‚Körper-Haben‘ und
‚Körper-Sein‘ zugrunde. Sie fordert von den Spielenden, jeweils zwischen der bewußten
körperlichen Gestaltung und Präsentation einer Figur und der Verwandlung in die Figur
zu vermitteln. Der V-Effekt tritt dabei nach Ansicht Brechts eher dann auf, wenn die
Spielenden ihren Körper nicht zum lebensechten Zeichen von Emotionen machen, was
durch äußere Beeinflussung der Haltung zu trainieren ist: „Durch ein Anschwellenlas-
sen der Stimme und ein Anhalten der Atmung zusammen mit einem Zusammenziehen
der Halsmuskeln, wodurch das Blut in den Kopf schießt, kann der Schauspieler leicht

in sich Zorn erzeugen" (16, 624f). Die verfremdende Wirkung stellt sich stattdessen dann ein, wenn die Spielenden, so Brecht, die äußeren Zeichen innerer Erregung auf ‚mechanische Weise' hervorbringen. Eine plötzlich auftretende Blässe kann beispielsweise erzeugt werden, indem der Spielende sein Gesicht in den Händen verbirgt, die mit weißer Schminke präpariert sind. Eine solche Form der Verkörperung erscheint Brecht „würdiger eines denkenden Wesens", und im Vergleich zur Produktion ‚natürlicher' Zeichen kennzeichnet er diesen Prozeß als „höher geartet, weil er in die Sphäre des Bewußtseins gehoben ist" (16, 625).

Das Vorbild der chinesischen Schauspielkunst

Zum Paradigma für die verfremdende Spielweise wählt Brecht das chinesische Theater, vor allem aufgrund der Fähigkeit seiner Schauspieler zur Selbstbeobachtung, die gleichzeitig für das Publikum sichtbar geschieht.[175]

Der Verfremdungseffekt in der chinesischen Schauspielkunst beruht zum einen darauf, daß der Schauspieler ohne vierte Wand spielt, das heißt in dem Bewußtsein, für das Publikum sichtbar zu sein. „*Er bringt zum Ausdruck, daß er weiß, es wird ihm zugesehen.* (...) Eine weitere Maßnahme ist: Der Artist *sieht sich selber zu.* Etwa eine Wolke darstellend, ihr unvermutetes Auftauchen, ihre weiche und starke Entwicklung, schnelle und doch allmähliche Veränderung vorführend, sieht er mitunter nach dem Zuschauer, als wolle er sagen: Ist es nicht genau so? Aber er sieht auch auf seine eigenen Arme und Beine, sie anführend, überprüfend, am Ende vielleicht lobend. (...) Der Artist trennt so die Mimik (Darstellung des Betrachtens) von der Gestik (Darstellung der Wolke), aber die letztere verliert nicht dadurch, denn die Haltung des Körpers wirkt auf das Antlitz zurück, verleiht ihm ganz seinen Ausdruck" (16, 620f).

Diese von Brecht dargestellte gleichzeitige Verwirklichung zweier Zustände in der komplexen Verschränkung von Handeln und Betrachten entspricht der Erfahrung von ‚Körper-Sein' und ‚Körper-Haben'. Dabei wird die Fähigkeit zum Wechsel der Perspektive zwischen dem Handeln in einer Figur (‚Körper-Sein') und dem Betrachten des eigenen Handelns (‚Körper-Haben') vorausgesetzt. Im Unterschied zu anderen Schauspielkonzeptionen, für die diese Doppelerfahrung ebenfalls grundlegend ist, wird sie in einer verfremdenden Spielweise, wie Brecht sie sich vorstellt, auch für das Publikum sichtbar gemacht. Die verfremdende Wirkung erzielt der chinesische Schauspieler, indem „er sich selbst und seine Darbietungen mit Fremdheit betrachtet" (ebd., 621). Der Zuschauer kann sich infolgedessen in die betrachtende Haltung des Spielenden hineinversetzen, gemeinsam mit ihm die handelnde Figur betrachten, „so wird seine betrachtende, zuschauende Haltung kultiviert" (16, 622).

Ritter (1987) versteht den Begriff des Betrachtens als eine Synthese von sinnlicher Wahrnehmung und Reflexion des Wahrgenommenen. „Die ständige Rückbeziehung des

---

175 vgl. dazu auch „Das »asiatische« Vorbild" (15, 202f). Brecht betont hier, daß die Orientierung am asiatischen Theater weder aus Gründen der Exotik geschähe noch, um eine mystische, unerreichbare Heiligkeit zu reklamieren. Zur Verdeutlichung des Gemeinten verweist er auf die Aufführungen Karl Valentins, auf die sich der Begriff des ‚Asiatischen' ebenfalls anwenden lasse.

Denkens auf das Wahrnehmen oder innerer Handlungen auf äußere (und umgekehrt), die im Alltagsverständnis mit dem Begriff des Betrachtens angesprochen ist, scheint mir konstituierend zu sein für eine Situation, in der Theater – in welcher Gestalt auch immer – existent wird" (Ritter 1987, 10).

Damit deutet sich im Zustand des handelnd (sich) Betrachtenden und des (sich selbst) betrachtend Handelnden, wie er auf der Bühne stattfindet, die Verwirklichung eines Zustands zwischen sinnlicher Wahrnehmung und Sinn-Wahrnehmung an, die in der Diskussion um die ästhetische Bildung des Menschen eine zentrale Rolle spielt (vgl.I., 4.3).

2.4.6 Auswertung: Zwischen ‚Körper-Haben' und ‚Körper-Sein' – Spielen und sich selbst zuschauen

In allen hier diskutierten Schauspieltheorien wird die Erfahrung der Spielenden zwischen ‚Körper-Haben' und ‚Körper-Sein', wenn auch unterschiedlich akzentuiert, als eine Grundbedingung schauspielerischer Gestaltung angesehen. Es läßt sich zwar bei denjenigen Ansätzen, die nicht mit psycho-realistischen Zeichen arbeiten, eine Tendenz feststellen, die Seite des ‚Körper-Habens' stärker zu betonen. Grundsätzlich setzt jedoch jede bewußte Gestaltung mit dem eigenen Körper dessen Objektivierung voraus, eine Tatsache, die im psycho-realistischen Theater dem Publikum gegenüber zu verbergen versucht wird. Mit dieser notwendigen Distanzierung von sich selbst geht die Fähigkeit zur Selbstbeobachtung einher, die ebenfalls in allen angesprochenen Künstlertheorien als konstituierende Bedingung schauspielerischer Gestaltung hervorgehoben wird. Die Vorstellung einer ‚Teilung' des Selbst, wobei die eine Hälfte der anderen quasi fremd gegenübertritt, ihr von außen zuschaut, läßt sich demzufolge als ein wesentlicher Bestandteil der Erfahrung der Spielenden im Gestaltungsprozeß festhalten. Der Wechsel der Perspektive zwischen dem Betrachten des eigenen Körpers von außen und dem Handeln und Erleben im eigenen Körper ist dabei vergleichbar mit der Differenzerfahrung zwischen Spieler und Figur.

Aus der unterschiedlichen Akzentuierung, die die Schauspieltheorien zwischen den Erfahrungen ‚Körper-Haben' und ‚Körper-Sein' vornehmen, lassen sich – idealtypisch – verschiedene Herangehensweisen im Gestaltungsprozeß unterscheiden. So betonen die anti-psychologischen Ansätze ihre Herangehensweise vom Äußeren zum Inneren, während die psycho-realistischen Konzeptionen eher umgekehrt verfahren. In keinem Fall kann es sich dabei jedoch um die ausschließliche Verfolgung nur einer der beiden Möglichkeiten handeln. Alle Ansätze gehen von einem engen psycho-physischen Zusammenwirken aus, so daß ihre Gestaltungsweise immer auf einer Wechselwirkung der beiden Seiten beruht. Die Tatsache, daß die Erfahrungen von ‚Körper-Haben' und ‚Körper-Sein' nicht unabhängig voneinander existieren, läßt das ausschließliche Ansetzen an einer der beiden Seiten von vornherein sinnlos erscheinen. Daß es zur Überbetonung und Vereinseitigung einer der beiden Momente kommen kann oder zur Unfähigkeit, sie einer bestimmten Intention entsprechend zueinander in Beziehung zu setzen, ist damit selbstverständlich nicht ausgeschlossen. Jedoch bleibt unabhängig von der Akzentuierung, die innerhalb einer Methode bei der Erarbeitung einer Figur vorgenommen wird, die Erfahrung der Differenz zwischen ‚Körper-Haben' und ‚Körper-Sein' für die Spielenden evident.

Das heißt, mit der Doppelerfahrung von ‚Körper-Sein' und ‚Körper-Haben' müssen grundsätzlich alle Arbeitsweisen umgehen. Schauspielerische Gestaltung ohne ein Bewußtsein über das entscheidende Mittel dieser Gestaltung, den eigenen Körper, ist nicht denkbar.[176] Die Erfahrung des Theaterspielens vermittelt deshalb zunächst ein Bewußtsein über diese Differenz zwischen ‚Körper-Haben' und ‚Körper-Sein'. Selbstverständliches Alltagsverhalten wird auf der Bühne problematisch und muß ‚neu' erlernt werden, wenn die Gestaltung einer Figur nicht mit Selbstdarstellung verwechselt werden soll. Nicht die ‚Ganzheit' ist also die leibliche Erfahrung, die sich aus den Grundkonstituenzien schauspielerischen Gestaltens ergibt. Indem die Möglichkeiten, den eigenen Körper als Objekt handhaben zu können, im Training erweitert werden und der Zusammenhang zwischen innerem Erleben und äußerem Handeln bewußt gestaltet wird, entsteht vielmehr ein Bewußtsein über die nicht hintergehbare Differenz zwischen ‚Körper-Haben' und ‚Körper-Sein'. Die Notwendigkeit, innere Vorgänge auf der Bühne sichtbar zu machen und über entsprechende Ausdrucksmittel zu verfügen, bestimmt die leibliche Erfahrung des Spielenden, die Plessner mit den Worten zusammenfaßt: „Er ist *nur*, wenn er sich *hat*" (Plessner 1982, Bd. VII, 409).

2.5   Zwischen Sinn und Sinnlichkeit – Sprechen auf der Bühne

Der folgende Abschnitt behandelt einen spezifischen Teil schauspielerischen Verkörperns, das Sprechen auf der Bühne als ein wesentliches Element des leiblichen Ausdrucks. Sofern diese Problematik in den Schauspielkonzeptionen angesprochen wird, bezieht sie sich vor allem auf die Schwierigkeit der Verwandlung eines geschriebenen Textes in einen gesprochenen Text. Dieser Prozeß stellt an die Spielenden sowohl die Aufgabe einer gedanklichen Auseinandersetzung mit dem Sinn eines Textes als auch die sinnliche Aufgabe, den Text sprechend zu verkörpern. Dabei handelt es sich nicht um ein Nacheinander, etwa um die Versinnlichung eines in Textform vorliegenden Sachverhalts, sondern um einen Vorgang, der sich gleichzeitig auf beiden Ebenen abspielt. Die Überlegungen der Künstlertheorien zu dieser Tätigkeit der Spielenden, sinnlich Sinn zu konstituieren, sind Gegenstand der folgenden Diskussion.

Die Auseinandersetzung mit den Verfahren der Textgestaltung für und auf der Bühne und ihren theoretischen Implikationen soll sich auf die Ansätze Stanislavskijs und Brechts konzentrieren. In diesen Ansätzen wird, vor dem Hintergrund eines literarisch orientierten Theaters, den Fragen der Gestaltung des gesprochenen Textes besonders

---

176   Diese Feststellung gilt selbstverständlich für jede Kunstform. Mit Adorno läßt sich der künstlerische Ausdruck dahingehend bestimmen, „daß durch subjektive Leistung ein Objektives sich enthüllt" (Adorno 1970, 173). Nicht in der Verdopplung des Subjektiven lasse sich demzufolge der künstlerische Ausdruck auffinden, sondern in der Distanzierung von ihm. „Der Ausdruck am Kunstwerke ist das nicht Subjektive am Subjekt, dessen eigener Ausdruck weniger als sein Abdruck" (ebd., 172). Für den speziellen Fall der Schauspielkunst, in der Subjekt und Objekt der Gestaltung zusammenfallen, ergeben sich aus dieser Bestimmung besondere Konsequenzen für die leibliche Erfahrung der Spielenden.

differenziert und nicht nur auf methodisch-technische Probleme beschränkt nachgegangen. Gleichzeitig wird mit der Auswahl dieser beiden Konzeptionen die Bandbreite vom psycho-realistischen Spiel bis zur verfremdenden, gestischen Spielweise und deren unterschiedliche Gestaltungsverfahren angesprochen.

2.5.1 Stanislavskij: Sprechend Vorstellungsbilder zeichnen

Als Vertreter eines literarisch orientierten Theaters widmet Stanislavskij dem Sprechen als einem speziellen Bereich des schauspielerischen Verkörperns ein umfangreiches Kapitel innerhalb seines Systems (vgl. Stanislavskij 1986, Teil 2, Kap. III).

Wie alle Tätigkeiten, die im alltäglichen Leben selbstverständlich gelingen, ist auch das Sprechen auf der Bühne besonderen Gesetzen unterworfen und muß deshalb, so Stanislavskij, neu erlernt werden. Während in der alltäglichen Kommunikationssituation in der Regel mit einer bestimmten Zielsetzung, „um einer *echten produktiven und zweckmäßigen Worthandlung willen*" (ebd., 60), gesprochen wird, besteht auf der Bühne die Gefahr, daß die Spielenden den ihnen fremden Text des Autors lediglich handwerklich vortragen bzw. ihn nur mechanisch nachsprechen. Ähnliche Probleme stellt Stanislavskij beim Zuhören auf der Bühne fest. Die Spielenden seien versucht, nur so zu tun, als ob sie zuhörten, dabei auf ihr Stichwort zu warten und dann den Text ‚abzuliefern'. Dabei gehe der Bezug zum Partner verloren, es entstehe ein schablonenhaftes und konventionelles Zusammenspiel. Vor dem Hintergrund dieser Diagnose des schauspielerhaften, handwerklichen Sprechens sucht Stanislavskij nach Wegen, das Sprechen auf der Bühne lebendig zu gestalten. Entsprechend seiner psycho-realistischen Theaterästhetik geht er dabei von einer Idealvorstellung des Sprechens als eines wechselseitigen Austausches von Vorstellungsbildern aus und betont gleichzeitig den unhintergehbar dialogischen Charakter des Sprechens.[177]

„Zuhören bedeutet in unserer Sprache, das vor uns zu sehen, wovon man spricht, sprechen dagegen heißt nichts anderes, als Vorstellungsbilder zeichnen" (ebd., 66).

Untertext

Analog zu den physischen Handlungen auf der Bühne soll auch für das Sprechen, dessen Handlungscharakter Stanislavskij durch den Begriff der „Worthandlung" hervorhebt, eine durchgehende Linie geschaffen werden. Diese Aufgabe erfüllt der Untertext.

---

177 Stanislavskijs Auffassung von einer Übertragbarkeit oder Weitergabe von Vorstellungsbildern, bzw. von der notwendigen Fähigkeit des Schauspielers, mit seinen Vorstellungsbildern ansteckend wirken zu können (vgl. Stanislavskij 1986, Teil 2, 69ff), läßt die Problematik subjektiver Konnotationen im Prozeß des Verstehens unberücksichtigt. Insbesondere für das Verstehen eines künstlerischen Ereignisses muß jedoch von einem dynamischen und konstruktiven Verständnis der Verstehensleistung ausgegangen werden. Die kreative Leistung des Rezipienten, Vorstellungsbilder auf der Grundlage eines fiktionalen Textes zu produzieren, erläutert W. Iser am Beispiel des Lesevorgangs (vgl. Iser 1990, 219ff). Dieser Prozeß läßt sich auch auf andere Kunstformen übertragen.

„Das, was wir im Bereich des Tuns die durchgehende Handlung nennen, bezeichnen wir auf dem Gebiet des Sprechens als Untertext" (ebd., 62).

Der Untertext, „... das nicht offen ersichtliche, aber innerlich spürbare *,geistige Leben der Rolle'*, das beständig unter den Worten des Textes strömt und sie unablässig rechtfertigt und belebt" (ebd.), fügt dem artikulierten Text des Stückes auf der Bühne eine zweite Ebene der Gestaltung hinzu. Diese läßt die äußere ,Sinnschicht' des Textes erst lebendig erscheinen und bindet sie in an einen situativen Kontext. Dadurch wird es möglich, daß der gesprochene Text auf der Bühne nicht nur Sinn vermittelt, sondern auch vielfältige Sinneseindrücke auszulösen vermag. Hierin liegt für Stanislavskij der „Sinn eines Werkes", der jeweils aktuell durch den Untertext des Spielenden hervorgebracht und sinnlich konkretisiert werden muß. „Wort und Rollentext sind nicht für sich allein und um ihrer selbst willen wertvoll, sondern einzig durch ihren inneren Gehalt oder den *Untertext.* (...) Im Augenblick des Gestaltens kommen die Worte vom Dichter, der Untertext dagegen vom Schauspieler" (ebd., 63).

Zur Erarbeitung des Untertextes empfiehlt Stanislavskij, ähnlich wie bei der Annäherung an die innere Rechtfertigung und Logik der Handlungen auf der Bühne, die Methode der Psychotechnik. Die Annahme des ,Wenn' und der ,vorgeschlagenen Situationen' gilt auch im Bereich des Sprechens als Mittel, die Phantasie der Spielenden anzuregen. Damit der Text der Figur glaubhaft aus einem inneren Erleben heraus gestaltet wird, ist ein ,Umschalten' auf die Ebene der schöpferischen Phantasietätigkeit notwendig. „... denn wie könnte man sie (die Worte, d. V.) wohl aufrichtig sprechen ohne gedankliche Vorstellungen, wie sie durch die Phantasie, durch das magische ,Wenn' und durch die vorgeschlagenen Situationen geschaffen werden? Es ist notwendig, das alles mit seinem inneren Auge vor sich zu sehen" (ebd., 67).

An diesem Punkt nimmt Stanislavskij eine wesentliche Ergänzung der psychotechnischen Methoden für den Bereich des Sprechens vor. Im Sinne seiner Annahme, Sprechen sei das Zeichnen von Vorstellungsbildern, empfiehlt er den Spielenden, den Untertext mit Vorstellungsbildern zu verknüpfen, die sie wie einen Film vor ihrem inneren Auge ablaufen lassen können.[178] Die Konzentration auf diesen inneren Film, den

---

178 Die Begrifflichkeit von Unter*text* und Vorstellungs*bildern* ist irreführend, legt sie doch nahe, daß es sich um zwei verschiedene Phänomene handle, die miteinander verknüpft werden müßten. Stanislavskij selbst war mit der Wahl des Wortes „Vorstellungsbilder" unzufrieden und hat in Notizen darauf hingewiesen, daß damit nicht nur visuelle Eindrücke gemeint seien (vgl. Stanislavskij 1986, Teil 2, 427). Vor diesem Hintergrund scheint es naheliegend, das unter dem Text liegende ,geistige Leben der Rolle' als ein Konglomerat von Bildern, Worten, Wortfetzen und anderen Sinneseindrücken anzusehen. Mit dem ,Untertext' liegt demzufolge keine syntaktisch strukturierte Formulierung vor. In Anlehnung an Vygotskij weist Ritter (1989, 133 ff) darauf hin, daß die ,innere Sprache' und die ,äußere', die Ebene des artikulierten Sprechens von gänzlich verschiedener Struktur sind. Während die äußere Sprache durch Syntax und Phonetik strukturiert ist, handelt es sich bei der inneren Sprache um eine asyntaktische Sinnzusammenballung. „Der Untertext ist also nicht eigentlich – oder nur hilfsweise – als ausformulierte »innere Rede« zu begreifen, sondern als nahezu »wortlose«, »asyntaktisch« verschmolzene Sinneinheit, als vereinzelt auftauchende Worte, vollgesogen mit Sinn, als Aufscheinen eines Gesamtsinns hinter den gesprochenen Sätzen" (Ritter 1989, 163). Diese Bestimmung des Phänomens ,Untertext' macht auch deutlich, daß er auf vielfältige Weise zum Ausdruck kommen kann, durch Blicke, Mimik, Gestik, jede Art von körperlicher Aktion, und sich nicht nur , wie Hoffmeier annimmt, in „der Eigenart von Intonationen" (Hoffmeier 1993, 160) äußern kann.

illustrierten Untertext, wie Stanislavskij ihn nennt, versetze den Spielenden in die Lage, das innere Leben einer Figur zu schaffen und damit die durchgehende Linie der Rolle anzulegen. Das Sprechen von den in der Phantasie geschaffenen Vorstellungsbildern rufe die entsprechenden Empfindungen hervor und damit die Echtheit des Erlebens, die ein mechanisches Vortragen des Textes verhindere. Wesentlich scheint ihm dabei, daß die Vorstellungsbilder ausschließlich die der Figur sind und nicht dem Privatleben des Schauspielers entstammen. Aufgabe des Spielenden ist es, „... auf der Bühne (...) unablässig die Vorstellungen (...) zu sehen, die den Vorstellungen der darzustellenden Person am nächsten kommt" (ebd., 70).

Darüber hinaus sieht Stanislavskij einen engen Zusammenhang zwischen den Vorstellungsbildern und dem emotionalen Gedächtnis der Spielenden. Übungen zur Konzentration auf den illustrierten Untertext und das Sprechen in Kontakt mit diesen Bildern der Phantasie sollen verhindern, daß die Spielenden versuchen, Gefühle darzustellen. Das Betrachten der inneren Bilder stelle dagegen ein ideales ‚Lockmittel‘ für das emotionale Gedächtnis dar. „Indem wir diese Linie beibehalten und immer nur von dem sprechen, was wir vor uns sehen, rufen wir auch wirklich immer wieder von neuem die Empfindungen in uns wach, die unser emotionales Gedächtnis aufbewahrt und die wir zum Erleben der Rolle so notwendig brauchen" (ebd., 72). Die Vorstellungsbilder erfüllen damit die gleiche Funktion, die Stanislavskij bereits im Bereich der Bewegung den physischen Handlungen zugesprochen hat. „Auf dem Gebiet der Bewegung waren die physischen Handlungen die Lockmittel für das Gefühl und das Erleben, während jetzt, im Bereich von *Wort und Sprache*, unsere *Vorstellungen* die Rolle der Lockmittel für Gefühl und Erleben übernehmen" (ebd.).[179]

Stanislavskijs Vorgehensweise beruht also darauf, Worte und Sätze, die zunächst nur ‚äußerlich‘, aufgrund ihrer Zugehörigkeit zu einem bestimmten Sprachsystem,

---

179 Peter Brook beschreibt in seiner Schrift „Der leere Raum" einen Vorgang des Sprechens, der Vorstellungsbilder evoziert. Zwar handelt es sich dabei um ein einmaliges, nicht wiederholtes Lesen eines Textes, der allein durch seinen Inhalt ein hohes Maß an Betroffenheit herstellt, doch läßt sich hier möglicherweise ein Beispiel für das sprechende Zeichnen von Vorstellungsbildern finden. Brook berichtet von einer Demonstration, in deren Verlauf er einen Studenten bat, einer größeren Zuhörerschaft einen Text vorzulesen. Es handelte sich dabei um einen Auszug aus Peter Weiss, „Die Ermittlung. Oratorium in 11 Gesängen". Das Stück basiert auf Dokumentationen des Frankfurter Auschwitz-Prozesses von 1963–65 und schildert sehr detailliert den Ablauf der Menschenvernichtung im Konzentrationslager Auschwitz. Der Text ist zum großen Teil wörtlich den Prozeßakten und -berichten entnommen. Weiss hat sie für die Bühne bearbeitet, strukturiert und sprachlich in die Form reimloser Verse mit freien Rhythmen gebracht.
Brook schildert das Lesen des Studenten und die Reaktion der Zuhörer.
„Die ersten Worte erhielten ihr Gesicht durch ihren eigenen scheußlichen Sinngehalt und die Reaktion des Vorlesenden darauf. Sofort begannen die Zuhörer zu verstehen. Sie wurden eins mit ihm, mit der Rede – der Vortragssaal und der Freiwillige, der auf die Bühne gekommen war, waren den Blicken entschwunden – das nackte Geschehen von Auschwitz war so machtvoll, daß es alles beherrschte. Nicht nur fuhr der Vorleser fort, in ein angespanntes Schweigen des Schocks hineinzusprechen, sondern sein Lesen war auch, rein technisch gesprochen, vollkommen – es war weder plump, weder geschickt noch ungeschickt –, es war vollkommen, weil er für die Befangenheit keine Aufmerksamkeit erübrigen konnte oder für die Überlegung, ob er die richtige Intonation getroffen hatte. Er wußte, daß die Zuhörer hören wollten; die Bilder fanden ihre eigene Ebene und leiteten seine Stimme unbewußt zur richtigen Lautstärke und Lage" (Brook 1983, 31 f).

verstanden werden, an die Sinne der Spielenden zurückzubinden und damit die Voraussetzung für eine lebendige Gestaltung zu schaffen. Indem die Spielenden Vorstellungsbilder zu den im Text benannten Situationen produzieren und diese in ihrer Phantasie ausgestalten, wird der fremde Sinn für sie sinnlich erfahrbar. Die Phantasiebilder werden zur Brücke zwischen den Anforderungen der äußeren Textgestaltung und dem subjektiven Ausdruck.[180]

Neben den psychotechnischen Methoden zur Schaffung des illustrierten Untertextes, die vor allem die Basis dafür bilden, daß das Sprechen auf der Bühne nicht schauspielerhaft, sondern lebendig, aus einem inneren Erleben heraus gestaltet wird, befaßt sich Stanislavskij ausführlich mit den non-verbalen Gestaltungsmitteln des Sprechens, mit Intonation, Pausen- und Akzentsetzung und insbesondere mit dem zeitgliedernden Mittel des Tempo-Rhythmus.[181] Dabei hat sich in bezug auf die sprecherische Gestaltung im Laufe der praktischen Tätigkeit Stanislavskijs ein Wandel vollzogen. Sein Mitarbeiter Nikolaj Gorčakov faßt die Phasen dieser Entwicklung zusammen (vgl. Gorčakov 1954). In Abgrenzung zum damals üblichen Deklamationstheater legte Stanislavskij zunächst wenig Wert auf sprechtechnisches Können. Er versuchte stattdessen, das alltägliche Sprechen möglichst ,lebenswahr' auf die Bühne zu bringen. Diese Sprechweise stieß jedoch auf die Kritik sowohl der Zuschauer als auch seiner Mitarbeiter. Zur Zeit der Niederschrift seines Systems ist Stanislavskij von der Notwendigkeit eines kunstvoll gestalteten Sprechens auf der Bühne überzeugt. Wenn er davon spricht, daß die Worte eines Textes ,erfühlt' werden müssen, so geht es ihm sowohl um das innere Erleben und Ausgestalten des Textes mit Vorstellungsbildern als auch um die Arbeit an der technischen Seite des Sprechens auf der Bühne, das sich von alltäglichem Sprechen deutlich zu unterscheiden hat. Stanislavskij verwendet in diesem Zusammenhang Analogien aus dem Bereich der Musik, um das gestaltete Sprechen auf der Bühne zu kennzeichnen (vgl. Stanislavskij 1986, Teil 2, 282). „Die Sprache ist Musik. Der Text der Rolle oder des Stückes ist die Melodie. Die Kunst der richtigen Aussprache auf der Bühne ist nicht weniger schwer als die Gesangskunst, sie verlangt eine an Virtuosiät grenzende gründliche Ausbildung und Technik. Wenn ein Schauspieler mit einer gut geschulten Stimme und einer virtuosen Sprechtechnik seine Rolle auf der Bühne klangvoll spricht, bin ich gepackt von seinem Können. Wenn er rhythmisches Gefühl besitzt und sich unwillkürlich selbst an Rhythmus und Phonetik seines Sprechens begeistert, so erschüttert er mich. (...) Wenn er das, was in seinem Innern lebt, mit Hilfe von Klang und Intonation anschau-

---

180 Stanislavskijs Übungen, zunächst konkrete Begriffe, dann abstrakte Sachverhalte mit bildhaften Vorstellungen zu verknüpfen (vgl. Stanislavskij 1986, Teil 2, 64ff), weisen eine große Nähe zur antiken Rhetorik und ihrer Lehre von der Mnemotechnik auf, ohne daß von Stanislavskij ein ausdrücklicher Bezug hergestellt wird. Auch dort werden, mit dem Ziel, das Gedächtnis zu unterstützen und zur freien Rede zu befähigen, abstrakte Sachverhalte an Bilder gebunden und an konkreten Orten festgelegt. Prinzipiell beruhen beide Vorgehensweisen darauf, den Zusammenhang von äußerer Rede und innerer Vorstellung zur Gestaltung des Vortrags bzw. der Szene zu nutzen.

181 Auf die Darstellung der einzelnen Methoden der sprecherischen Gestaltung soll an dieser Stelle verzichtet werden. Für die Frage nach den Erfahrungsmodi der Spielenden ist lediglich der Zusammenhang des technischen Könnens mit dem inneren Erleben, wie Stanislavskij ihn beurteilt, interessant.

lich macht und klar umreißt, so läßt er vor meinem inneren Auge die Gestalten und Bilder erstehen, von denen seine Worte sprechen und die seine schöpferische Phantasie hervorgebracht hat" (ebd.).

Stanislavskij stellt also hohe Anforderungen auch an die technischen Fähigkeiten des Sprechens der Spielenden. Er wendet sich jedoch zugleich gegen eine ausschließliche Anwendung von Sprechtechnik, ohne daß die Worte des Textes erfühlt werden. Der Sinn des Textes läßt sich nicht vom sinnlichen Erleben der gesprochenen Worte trennen. Daß ‚äußere Technik' und ‚inneres Erleben' eng miteinander verknüpft sind, und daß dieser Zusammenhang durch das neu zu erlernende Sprechen eines fremden Textes auf der Bühne ins Bewußtsein der Spielenden gerückt werden muß, veranschaulicht Stanislavskij an zahlreichen Beispielen aus dem Bereich der Tempo-Rhythmus-Gestaltung. Hier kann die Anwendung einer bestimmten Technik, eines festgelegten Tempo-Rhythmus, zum auslösenden Faktor für ein entsprechendes Gefühl werden, ein Zusammenhang, der insbesondere beim Sprechen von Versen von Bedeutung ist (vgl. ebd., 114–160). Auf dieses Phänomen wird im folgenden am Beispiel der Brechtschen Annahmen zum gestischen Sprechen noch einzugehen sein.

2.5.2 Brecht: Gestisches Sprechen

Brechts Interesse am gesprochenen Wort auf der Bühne ist selbstverständlich untrennbar mit seiner Tätigkeit als Dramatiker und mit seiner Arbeit an einer Sprache für die Bühne verbunden. Sein Verhältnis zum Theater beschreibt er, indem er sich als jemanden kennzeichnet, der „inszenierend hauptsächlich Stückeschreiber" ist (16, 865). In diesem Sinne steht für Brecht die Literatur im Mittelpunkt des Interesses. Die sprachliche Gestaltung für das Theater versteht er jedoch, insbesondere vor dem Hintergrund seiner eigenen Theaterpraxis, als eng verflochten mit der sprecherischen Gestaltung auf der Bühne. Insofern lassen sich die Fragen der Gestaltung eines dramatischen Textes auf der Bühne in Brechts Theaterkonzeption nicht unabhängig von den von ihm erarbeiteten literarischen Gestaltungsprinzipien behandeln. Die Verknüpfung von Sprache und Sprechen innerhalb seiner Arbeit stellt Brecht folgendermaßen dar: „Man muß dabei im Auge behalten, daß ich meine Hauptarbeit auf dem Theater verrichtete; ich dachte immer an das Sprechen. Und ich hatte mir für das Sprechen (sei es der Prosa oder des Verses) eine ganz bestimmte Technik erarbeitet. Ich nannte sie gestisch. Das bedeutet: die Sprache sollte ganz dem Gestus der sprechenden Person folgen" (19, 398).

Die gestische Sprechweise, die Brecht für das Theater entwickelt, ist einerseits eine künstlerisch gestaltete Sprechweise, die einer bestimmten Form literarischer Gestaltung angemessen ist. Andererseits fordert Brecht, ähnlich wie Stanislavskij, eine Reinigung der Bühnensprache von unangemessener Künstlichkeit, eine Wiederbelebung ihrer leer gewordenen, starren Form (vgl. 16, 747). Dazu ist es notwendig, daß die Schauspieler ihre Sprache „lebensnah erhalten, sie dürfen nie aufhören, »dem Volk aufs Maul zu schauen«" (ebd.). Auf diese Weise bedienen sie sich einer gehobenen Sprache, ohne die dargestellte Situation oder Figur künstlich erscheinen zu lassen.[182] Auf diesem Grundmerkmal einer gleichermaßen stilisierten und natürlichen Sprache beruhen Brechts Überlegungen zur gestischen Sprache und zum gestischen Sprechen. Er grenzt sich damit sowohl von einer literarischen Sprache ab, die rein stilisiert ist, „gespreizt und geschrieben" klingt, als auch von einer Sprache, die eine „bloße Imitation des alltäglichen Redens" (12, 458) darstellt. Seine Vorgehensweise bei der Gestaltung der gestischen Sprache beschreibt Brecht im ‚Me-ti/Buch der Wendungen'.

„Der Dichter Kinje darf für sich das Verdienst in Anspruch nehmen, die Sprache der Literatur erneuert zu haben. (...) Er wandte eine Sprachweise an, die zugleich stilisiert und natürlich war. Dies erreichte er, indem er auf die Haltungen achtete, die den Sätzen zugrunde liegen: Er brachte nur Haltungen in Sätze und ließ durch die Sätze die Haltungen immer durchscheinen. Eine solche Sprache nannte er gestisch, weil sie nur ein Ausdruck für die Gesten der Menschen war. Man kann seine Sätze am besten lesen, wenn man dabei gewisse körperliche Bewegungen vollführt, die dazu passen, Bewegungen, welche Höflichkeit oder Zorn oder Überredenwollen oder Spotten oder Memorieren oder Überrumpeln oder Warnen oder Furchtbekommen oder Furchteinflößen bedeuten. Oft kommen innerhalb eines bestimmten Gestus (wie Trauer) noch viele andere Gesten vor (wie Allezeugenanrufen, Sichzurückhalten, Ungerechtwerden usw.). Der Dichter Kin erkannte die Sprache als ein Werkzeug des Handelns und wußte, daß einer auch dann mit andern spricht, wenn er mit sich spricht" (12, 458 f).[183]

Im Sinne des bereits diskutierten Gestus-Begriffs von Brecht, läßt sich die gestische Sprache, die Brecht als Werkzeug des Handelns charakterisiert, als ein Ausdruck der Beziehungen zwischen Menschen begreifen. Das impliziert, daß das Sprechen auf der Bühne immer als eine zwischenmenschliche Handlung angesehen werden muß, auch dann, wie Brecht betont, wenn es äußerlich nicht dialogisch, sondern monologisch strukturiert ist.

----

182 Der Dramatiker Heiner Müller kennzeichnet diese Sprache in seinen Überlegungen zu Brechts ‚Fatzer-Fragment' folgendermaßen: „Es gibt keinen Satz darin, der nicht in dem Brechtschen Sinn gestisch formuliert ist. Keiner ist ablösbar von der Situation der Figur. Man kann so was nicht zitieren, wie man Schiller zitiert" (Müller, in: DIE ZEIT, 17.3.1978).

183 In seiner Schrift „Über reimlose Lyrik mit unregelmäßigen Rhythmen" (19, 395ff) führt Brecht ein Beispiel für die gestische Sprache an, indem er zwei Versionen eines Bibelsatzes gegenüberstellt: ‚Reiße das Auge aus, das dich ärgert' und – in der Lutherschen Formulierung –, Wenn dich dein Auge ärgert: reiß es aus!'. Dem erstgenannten Satz unterliegt, so die Analyse Brechts, der Gestus des Befehls, jedoch kommt dieser Gestus nicht rein zum Ausdruck, „da »das dich ärgert« eigentlich noch einen anderen Gestus hat, der nicht zum Ausdruck kommt, nämlich den einer Begründung" (19, 398). Brecht bezeichnet die Formulierung Luthers als „gestisch viel reiner und reicher" und weist auf die darin enthaltenen unterschiedlichen Gesten hin: „Der erste Satz (»wenn dich dein Auge ärgert:«, d. V.) enthält eine Annahme, und das Eigentümliche, Besondere in ihr kann im Tonfall voll ausgedrückt werden. Dann kommt eine kleine Pause der Ratlosigkeit und dann der verblüffende Rat" (ebd., 398). Im Falle der Formulierung Luthers, „der »dem Volk aufs Maul sah«" (ebd.), folgt die Sprache dem Gestus einer sprechenden Person. Der Gestus, Bedingung – Ratlosigkeit – Rat, wechselt mehrfach innerhalb des Satzes, und die einzelnen Gesten sind deutlich voneinander abzusondern. Deshalb bezeichnet Brecht ihn als ‚reich' und ‚rein' (vgl. Ritter 1986, 40). Brecht empfiehlt, Texte auf ihren gestischen Reichtum bzw. ihre gestische Armut hin zu überprüfen, indem man, „die Verse sprechend, darauf achtet, wie oft sich der eigene Gestus dabei ändert" (15, 399).

Darüber hinaus lassen sich auch in Brechts Konzeption, wie bereits in Stanislavskijs Vorstellung von Text und Untertext, zwei Schichten der Sprache bzw. des Sprechens festmachen. Eine artikulierte Sinn-Schicht, die sich verbal- oder schriftsprachlich manifestiert, und eine ihr latent zugrunde liegende Schicht von Haltungen (Gesten), die nicht mit dem vermittelten semantischen Sinn zusammenfällt, sondern sich sinnlich durch das Einnehmen einer bestimmten körperlichen Haltung, das Ausführen bestimmter Bewegungen, einen Tonfall oder auch durch das Fehlen eines erwarteten Ausdrucks zu äußern vermag. Durch diese Gesten, die in ihrer Vielfalt und Komplexität die sinnlich wahrnehmbaren Zeichen der hinter den Worten liegenden inneren Haltung darstellen, wird eine zweite Sinnebene konstituiert.[184]

Daß Brecht von einer solchen Doppelschichtigkeit des Sprechens ausgeht, belegen auch seine Übungsstücke für Schauspieler aus dem Jahre 1939. Er entwickelt hier unter anderem eine Methode der ‚Parallelszenen‘, die den Spielenden die szenische Arbeit erleichtern soll. Dabei werden zu einzelnen Szenen aus klassischen Stücken Parallelen ersonnen, die diese in einen alltäglichen, ‚prosaischen‘ Zusammenhang bringen. Auf diese Weise soll einerseits in den Spielenden das Interesse an den Vorgängen, die sich in einer Szene zwischen den Beteiligten abspielen, wieder geweckt werden. Andererseits soll durch diese Form der Verfremdung klassischer Szenen ein besonderes Gefühl für die stilisierte Verssprache der Originalszene entstehen (vgl. 7, 3003). Die Begegnung von Elisabeth und Maria Stuart (Schiller, Maria Stuart III. Akt) wird beispielsweise von Brecht in eine Parallelszene mit dem Titel „Der Streit der Fischweiber“ übertragen (vgl. 7, 3007 f). Der Grundgestus der Figuren, die Haltung der beiden Frauen zueinander, die ihre Auseinandersetzung bestimmt, bleibt in der klassischen Szene und in der Parallelszene im wesentlichen gleich, während die artikulierte Schicht des Textes jeweils eine völlig andere ist. Brecht unterscheidet hier zwischen dem Sinn eines Textes, der sich über den Wortlaut vermittelt, und den Gesten, die als Bestandteile sinnlicher Erfahrung (in diesem Falle des Streitens) unterhalb des artikulierten Wortes liegen. In diesem Sinne empfiehlt er an anderer Stelle eine Vorgehensweise für Schauspieler, sich dem gestischen Sprechen zu nähern: „Um die Gesten zu finden, die den Sätzen zugrunde liegen, erfindet er probierend andere Sätze, vulgäre, die nicht den betreffenden Sinn, sondern nur die Geste enthalten" (15, 396).

Ritter faßt diese Vorgehensweise Brechts, in der die Erfahrung der Spielenden zwischen der Ebene des artikulierten Wortes und der Haltung, die dem Wort zugrunde liegt, sichtbar wird, folgendermaßen zusammen: „Gestisches Sprechen setzt also (...) eine gewisse Distanz vom konkreten Wortlaut und seinem begrenzten Sinn voraus. Dies

---

184 Am Beispiel des Sprechens von Versen verdeutlicht Brecht einen möglichen Zusammenhang von gestischer Sprachgestaltung und gestischem Sprechen. Gestische Formulierungen sind, nach seiner Ansicht, untrennbar verbunden mit unregelmäßigen Rhythmen in der Sprache. Neben diesen unregelmäßigen Rhythmen stellen die synkopierten Verse, durch die der syntaktische Aufbau an der Versgrenze gebrochen wird, ein weiteres Kennzeichen Brechtscher Lyrik dar. Beim Sprechen solcher Verse beobachtet Brecht einerseits, daß es kraftvoller erscheint als das Sprechen von regelmäßigen Rhythmen, die durch ihre ‚ölige Glätte‘ einschläfern. Zum anderen legen die ungewöhnlichen Zäsuren Atem- und Sprechzäsuren nahe, durch die die widersprüchlichen gestischen Wendungen des Sprechenden sinnlich verdeutlicht werden (vgl. 19, 395ff).

kann so weit gehen, daß der Schauspieler, um die betreffende Grundhaltung zu finden, sich zunächst ganz von diesem Sinn und Wortlaut löst" (Ritter 1986, 34).[185]

Ein Beispiel aus der Inszenierungsarbeit Brechts, das den umgekehrten Weg beschreibt, belegt diesen Zusammenhang zwischen der in Worten und Sätzen artikulierten Sinnschicht eines szenischen Vorgangs und der ‚gestischen Schicht' hinter den Worten. Auf die Frage, wie die Ausdrucksweise der stummen Kattrin in ‚Mutter Courage' am besten zu erarbeiten sei, antwortet Brecht: „Man erreicht sie, wenn die Darstellerin der Kattrin bei den ersten Proben voll ausspricht, was sie später durch Gesten und kleine Laute ausdrücken muß. Dadurch bekommt sie die Gesten, die zum Inhalt der Sätze gehören. (...) Allmählich nimmt man auf den Proben die Deutlichkeit der Wörter weg, so daß nur Laute zurückbleiben" (Theaterarbeit 1952, 303).

Auf die Möglichkeit einer Differenzierung der beiden Ebenen des Sprechens, artikulatorische und gestische Ebene, verweisen auch Brechts Vorschläge zum verfremdenden Sprechen. Der gestische Abstand bzw. Widerspruch zum Wortlaut des Textes stellt die Basis eines verfremdenden Sprechens dar, wie Brecht es am Beispiel des Zitierens oder Referierens einer Figur beschreibt. Sinnebene und sinnliche Ebene des schauspielerischen Ausdrucks verhalten sich in diesem Fall widersprüchlich zueinander. „In direkter, freier Beziehung stehend, läßt der Schauspieler seine Figur sprechen und sich bewegen, er referiert. Daß der Text nicht momentan entsteht, daß er memoriert ist, etwas Fixiertes, braucht er nicht vergessen zu machen (...). Er zitiert eine Figur, er ist der Zeuge bei einem Prozeß (...), seine Haltung hat einen gewissen Widerspruch in sich, im Ganzen angenommen (...). Nehmen wir an, die Figur sagt etwas, was sie wahr glaubt. Der Schauspieler kann ausdrücken, muß ausdrücken können, daß es unwahr ist, oder: daß das Sagen dieser Wahrheit verhängnisvoll ist oder anderes" (15, 351 f).

An diesem Beispiel wird die Komplexität des Sprechens auf der Bühne noch einmal besonders deutlich. In Brechts Konzept des gestischen Sprechens werden die verschiedenen Sprechebenen, die die Spielenden beim Sprechen auf der Bühne verwirklichen, nicht nur auf die Figur bezogen, sondern es wird zusätzlich zwischen der Haltung der Figur und der des Spielenden unterschieden. Die Widersprüchlichkeit der jeweiligen dem gestischen Sprechen zugrunde liegenden Haltungen kann dann als ästhetisches Mittel verfremdenden Sprechens und Spielens eingesetzt werden. Die Spielenden stehen damit vor der Aufgabe, mit dem Sprechen des Textes drei Schichten des Ausdrucks zu vermitteln, die Schicht des artikulierten Wortlauts, die der darunterliegenden Haltung der Figur und die der Haltung des Spielenden zu seiner Figur. Letztere sollte nach Brecht immer von einem Kopfschütteln, einem Sichwundern ausgehen. In der ersten Begegnung mit der Figur, beim Lesen des Stücks, empfiehlt er den Spielenden als „Hauptgeste das Kopfschütteln". Nach einer Phase der Einfühlung in der Probenar-

---

185 Diese Form der ‚Verfremdung' eines Textes findet Brecht auch bei Stanislavskij vor, der den Schauspielern empfiehlt, Verse zunächst durch Prosa oder andere Bilder und Ausdrücke zu ersetzen. Zur Verfremdung im Sinne Brechts wird diese Vorgehensweise jedoch nur, wenn die Spielenden später zum Sprechen der Verse zurückkehren und diese nun als eine ganz spezielle, gestaltete Sprachform erfahren, die den Abstand zum alltäglichen Sprechen herausstellt (vgl. 16, 845).

beit sollte der Schauspieler sich dieser Geste des „Mißtrauens und der Bewunderung" erinnern und auf dieser Grundlage die Figur und den Text präsentieren (vgl. 16, 843). Auf dieser Grundlage des Kopfschüttelns lassen sich spielerisch und sprecherisch die unterschiedlichen Ebenen der Gestaltung einer Figur erarbeiten.

2.5.3 Auswertung: Zwischen Sinn und Sinnlichkeit – Sprechen als intra- und intersubjektive Handlung

Den oben dargestellten Vorstellungen der beiden Theaterkonzeptionen Stanislavskijs und Brechts hinsichtlich des Sprechens auf der Bühne sind zahlreiche sprach- und sprechwissenschaftliche, kommunikationstheoretische und sprachphilosophische Voraussetzungen implizit, auf die in diesem Zusammenhang nicht im einzelnen eingegangen werden kann. Die Auswertung im Hinblick auf die Frage nach den Erfahrungen der Spielenden im Prozeß sprecherischer Gestaltung geht vor allem von den Annahmen der Künstlertheorien aus und versucht, ohne die genannten Implikationen zu problematisieren, Thesen zu den Eigenarten dieser Erfahrung zu formulieren.

Sprechen auf der Bühne gilt sowohl in den Überlegungen Stanislavskijs als auch in Brechts Konzept des gestischen Sprechens als ein konstitutives Element des schauspielerischen Verkörperns. Es gilt demnach nicht als bloße Verlautbarung des geschriebenen Textes oder als Ausdruck eines Gedankens, sondern erfährt in der Verkörperung durch die sprechende Person eine neue Dimension, die in der schriftsprachlichen Form des Textes nicht enthalten sein kann.[186] Die Übertragung in ein anderes Medium, von der Schriftsprache in Körper und Stimme des sprechenden Schauspielers, projiziert den Text in Raum und Zeit und macht den bereits sinnlich gestalteten Textsinn damit zum erneuten Gegenstand sinnlicher Erfahrung. Der Ausdruck, den der Text durch das Spiel auf der Bühne gewinnt, kann deshalb nicht als Verdoppelung, respektive Repräsentation des geschriebenen Textes angesehen werden. Sinn entsteht erst im Augenblick des Dialogs auf der Bühne, in Abhängigkeit vom jeweiligen situativen Kontext. Das ist gemeint, wenn in den Theaterkonzeptionen Stanislavskijs und Brechts übereinstimmend von der Vorstellung des Sprechens als einem Werkzeug des Handelns und von seinem grundsätzlich dialogischen Charakter ausgegangen wird. Als solches ist Miteinander-Sprechen nicht die Verwendung und der Austausch lexikalischer Bedeutungen und deren regelgerechte Kombination, sondern immer eingebunden in den situativen und intentionalen Zusammenhang der miteinander in Beziehung tretenden

---

186 Beispielhaft läßt sich hier Brechts Hinweis bei den Proben zu Strittmatters „Katzgraben" aus dem Jahre 1953 anführen. „Bitte, gebt mir nicht das Gedachte, sondern das Denken. Was ist ein Rat, wenn er nicht aus der Ratlosigkeit kommt?" (16, 814).

Menschen.[187] Nur unter dieser Bedingung kann das Miteinander-Sprechen ebenso wie das Einander-Verstehen als ein dynamischer und produktiver Vorgang angesehen werden, andernfalls könnte es lediglich im statischen Wiederholen des wechselseitig bereits Gewußten bestehen.

Um diesen in der alltäglichen Kommunikation selbstverständlichen und von der Sprachwissenschaft und Kommunikationstheorie vielfach analysierten Sachverhalt auf der Bühne zum Ausdruck zu bringen, unterscheiden Stanislavskij und Brecht jeweils zwischen einer artikulierten Ebene des Sprechens bzw. der Sprache und einer darunterliegenden nicht-verbalen Ebene (Untertext bzw. Gestus, Geste). Der Sinn eines Textes wird demnach sowohl auf der Ebene konventioneller (Laut-) Zeichen vermittelt, die der Reflexion zugänglich sind, als auch als leiblicher Ausdruck, der als ein sinnliches Phänomen begriffen werden muß. Dabei sind beide Ebenen nicht voneinander zu trennen, sondern müssen als miteinander verflochten verstanden werden. Sinn wird – im Text und auf der Bühne – sinnlich präsentiert. Hier läßt sich von einer „sinnlich organisierten Einheit von Sinn und Sinnlichkeit" (Boehm 1980, 19) sprechen, die den Prozeß künstlerischen Produzierens auszeichnet. Aufgabe der Spielenden ist es, zwischen diesen Sprachschichten zu vermitteln, das heißt, weder lediglich schriftlich fixierten Text zu artikulieren, noch ausschließlich auf der inneren „Ausdrucksebene" zu spielen und den Wortlaut des Textes zu vernachlässigen. Auf diese Weise realisieren sie die Verschränkung von Sinn und Sinnlichkeit.[188]

Im Unterschied zu Brecht, der auch den Gestus der Spielenden, ihre Haltung zur Figur und zum szenischen Geschehen, als ästhetisches Element der Darstellung mitein-bezieht, bleibt diese Ebene im System Stanislavskijs dem Zuschauer verborgen. Prinzi-

---

187 Diese Auffassung befindet sich in Übereinstimmung mit den Analysen der pragmatischen Linguistik, die Sprechen immer in seiner Funktion in einem konkreten Verwendungszusammenhang thematisiert. „Die Befreiung von einer Lexikon-Konzeption, welche die Wörter als Fertigteile ansieht, die unter dem Kommando der Syntax sich in eine Links-Rechts-Reihe anordnen, die Befreiung von einer derartigen Lexikon-Konzeption ist Voraussetzung dafür, daß wir uns in einer Funktionsanalyse sprachlichen Geschehens die intentionale Dynamik klarmachen können, welche Meinen und Verstehen als Akte handelnder Menschen durchzieht" (Hörmann 1976, 121).

188 Daß es sich bei diesen beiden Ebenen nicht um ein Neben- oder Nacheinander handelt, sondern um eine Verknüpfung innerer und äußerer, motorisch-sinnlicher und intellektueller Anteile des Sprechens, die lediglich theoretisch zu unterscheiden sind, wird an einem Beispiel aus der Probenarbeit Peter Brooks deutlich. Der japanische Schauspieler Yoshi Oida beschreibt eine Textarbeit, die nicht von der möglichen zu interpretierenden Bedeutung des Textes, sondern von ersten, sinnlichen Eindrücken ausgeht: „Statt zuerst Entscheidungen über den Text zu treffen, beginnt man einfach damit, ihn laut zu sprechen. Man hört auf den Klang der Worte und beobachtet, wie Zunge und Lippen von den Worten geformt werden. Man wird feststellen, wie dadurch bestimmte Gefühle geweckt werden. Über diese physischen Empfindungen gewinnt man den ersten Zugang zu Shakespeares Welt und kann nun zu neuen Entdeckungen über die Rolle gelangen. Natürlich reicht es nicht, den Text nur laut zu sprechen. Man muß auf ihn hören und bereit sein, auf innere Vorgänge zu reagieren. Beim *Mahabharata* begannen wir die Erarbeitung der englischen Fassung (...) mit einer Übung zur gefühlsmäßigen Einstimmung der Schauspieler auf den Gebrauch des Englischen. Ein englischer Kollege hatte ein paar glänzende Shakespeare-Sätze ausgesucht und sprach sie uns vor, und wir wiederholten sie Satz für Satz im selben Stil wie er. Obwohl ich nicht wußte, was die Worte, die ich sprach, zu bedeuten hatten, fühlte ich mich auf einmal tief berührt von den Lauten, die ich artikulierte. Ich bekam eine Ahnung von dem, was die Welt Shakespeares ist" (Oida 1994, 66f).

piell muß jedoch davon ausgegangen werden, daß auch der Untertext doppelt vorhanden ist, als Untertext der Figur und als Untertext des Spielenden (vgl. 2.1).

Sprechen als Werkzeug des Handelns auf der Bühne findet also zum einen intersubjektiv zwischen den an einem Dialog beteiligten Subjekten statt, zum anderen intra-subjektiv zwischen den inneren Vorstellungen des einzelnen, seiner Haltung dem jeweiligen Vorgang gegenüber und dem Wortlaut seiner Rede, der Vermittlung nach außen (vgl. Geissner 1988, 104f). Dieser Prozeß wird in der alltäglichen Kommunikation in der Regel nicht problematisiert, auch oder besonders dann nicht, wenn er scheitert, bzw. an die Stelle des Miteinanderhandelns der Austausch von Konventionen getreten ist.

Die Anforderungen schauspielerischer Gestaltung – so lautet die hier vertretene These – machen die Komplexität dieses Vorgangs erst (wieder) bewußt. Mit anderen Worten, er muß neu erlernt werden, wie Stanislavskij hervorhebt. Insbesondere unter den Bedingungen der Gestaltung eines fremden literarischen Textes wird die Eigenheit dieses Prozesses erst vollständig erfahrbar. Mißversteht man den dramatischen Text nicht als Abbild alltäglicher Kommunikation, sondern faßt ihn als entpragmatisierte, ästhetische Kommunikation auf, so fordert er die Spielenden in besonderer Weise heraus, ihm produktiv zu begegnen (vgl. Hentschel 1992). In diesem Verständnis steht nicht ein zu verhandelndes Thema, ein „Stoff" im Mittelpunkt des dramatischen Textes, sondern der Akt des Miteinandersprechens selbst und das Scheitern dieses Aktes werden thematisiert.[189] Daß Sprechen/Verstehen inter-subjektives Handeln ist, daß es intra-subjektiv eine Stellungnahme zum Geschehen erfordert, wird durch die szenische Gestaltung dramatischer Texte unmittelbar erfahren. Der dramatische Text als Paradigma sprechenden Handelns und nicht als Instrument der Information, der Darstellung oder Belehrung bezeichnet demzufolge den Ort der Verschränkung von Sinn und Sinnlichkeit. Nach Peter Stein liegt gerade darin die entscheidende Qualität eines auf literarischen Texten beruhenden Theaters.

„Die einzige Erfindung des Theaters seit seinem Beginn in der griechischen Antike sind Worte, geschriebene Worte, die eine Verkörperung evozieren und eben dadurch eine Verwobenheit von intellektuellen und emotionalen Anreizen. Es geht in einem wirklichen Theatertext immer um diese besondere Kombination von Vorgeschriebenem und Unbeschreibbarem, statt dessen nur Spielbarem" (Peter Stein im Gespräch mit Peter von Becker. In: Theater 1993. Jahrbuch der Zeitschrift Theater heute, 9–28, 12).

---

189 Das gilt nicht erst seit Beckett, der oft als Protagonist eines Dramas der gescheiterten Kommunikation benannt wird, sondern läßt sich an zahllosen Beispielen der dramatischen Literatur aus unterschiedlichen Stilrichtungen aufzeigen. Denn wer wollte beispielsweise den folgenden Dialog als Information über das Bildungswesen Moskaus verstehen?
„- Ich gehe mit dir nach Moskau, Andrjusa, an die Universität.
- An welche? In Moskau gibt es zwei Universitäten.
- In Moskau gibt es eine Universität.
- Und ich sage Ihnen – es gibt zwei.
- Meinetwegen auch drei. Um so besser.
- In Moskau gibt es zwei Universitäten. (...) In Moskau gibt es zwei Universitäten: die alte und die neue. Und wenn Sie es nicht hören wollen, wenn meine Worte Sie reizen, kann ich auch schweigen." (A. Čechov , Drei Schwestern II).

IV. Schluß

Die Frage nach der Bedeutung des Theaterspielens im Bildungsprozeß des produktiv gestaltenden Subjekts ging aus von der Diskussion ausgewählter Ansätze ästhetischer Bildung. Dabei ging es zunächst, vor dem Hintergrund einer gegenwärtigen ‚Konjunktur' des Ästhetischen, um die Frage, inwieweit an das Konzept ästhetischer Bildung angeknüpft werden kann.

Die Diskussion unterschiedlicher Ansätze zur ästhetischen Bildung zeigte, daß künstlerischen Ereignissen/Objekten immer wieder eine herausragende Bedeutung im Bildungsprozeß zuerkannt wurde und wird. Gleichzeitig wurde deutlich, daß die Bestimmung der Bildungsbedeutung von Kunst durch einen grundsätzlichen Widerspruch gekennzeichnet ist.

Diese Aporie des Konzepts ästhetischer Bildung deutet sich bereits in Schillers geschichtsphilosophischen Überlegungen an: Die politische Funktion, die er der Kunst bei der Errichtung des ‚Vernunftstaates' zuspricht, das darin immanente Konzept einer Erziehung zur politischen Freiheit durch Kunst, ist mit der autonomieästhetischen Grundlegung ästhetischer Bildung nicht zu vereinbaren. Aus dieser Sicht liegt die spezifische Bedeutung der Kunsterfahrung in ihrer Unabhängigkeit von außerästhetischen, durch theoretische oder praktische Erkenntnisse bestimmte Zwecksetzungen. Allein durch diese Qualität vermag sie den Menschen in den Zustand der Bestimmungsfreiheit zu setzen und ihm die Möglichkeit der Selbstbestimmung zu eröffnen.

Zwar löst Schiller den benannten Widerspruch nicht auf, am Ende seiner ‚Briefe' zur ästhetischen Erziehung scheint er jedoch gegenüber der politischen Funktion der Kunsterziehung skeptisch, letztlich verwirft er jegliche Funktionalisierung der Kunsterfahrung.

Die Vorstellung, ästhetische Bildung auf ein geschichtsphilosophisch abzuleitendes Ziel hin zu konzipieren, bleibt jedoch seit Schillers ‚Briefen' die entscheidende Aporie des Konzepts. Die Verzweckung eines Tuns, dessen bildende Wirkung in seiner Zweckfreiheit begründet ist, läßt sich in philosophischen und in pädagogisch anwendungsorientierten Ansätzen ästhetischer Bildung nachweisen. Dabei zeigte sich, daß ein notwendiger Zusammenhang zwischen der Instrumentalisierung der Kunst für außerästhetische Zwecke und einer Abwendung von den Eigenheiten künstlerischer Objekte/Ereignisse besteht.

Auch in den modernitätskritischen Ansätzen, die auf eine geschichtsphilosophische Perspektive von einem zu erreichenden Endzustand der Geschichte verzichten und die Inkommensurabilität und Heterogenität gesellschaftlicher Sprachspiele propagieren, zeichnet sich keine Überwindung der Instrumentalisierung der Kunsterfahrung ab. Im Gegenteil: Unter veränderten Zielsetzungen dient ästhetische Bildung wiederum der Vorbereitung auf eine diesmal als radikal pluralistisch definierte Gesellschaft. Kunsterfahrung und die Sensibilisierung für allgemeine Sinnes- oder Sinnerfahrung tragen dabei gleichermaßen zu dieser Zielsetzung bei. Im Hinblick darauf wird konsequenterweise auf eine Differenzierung zwischen ästhetischer und aisthetischer Bildung verzichtet. Das Spezifische der Kunsterfahrung verschwindet im Ästhetisierungseinerlei.

Ein möglicher Ausweg aus dem Widerspruch, der das Konzept ästhetischer Bildung kennzeichnet, wurde im Anschluß an die diskutierten Ansätze in einer Umkehrung der Perspektive vermutet: In Abgrenzung zur Ausweitung des Gegenstands ästhetischer Bildung wurde nach den *Besonderheiten* der ästhetischen Erfahrung im Prozeß der wahrnehmenden und gestaltenden Auseinandersetzung mit Kunst gefragt – und nach den Bedingungen, die durch die Materialität der Kunstform diesen Erfahrungen gesetzt werden. Dabei wurde bewußt auf jede vorherige Bestimmung von Zielen dieses Prozesses verzichtet. Auf diese Weise sollte nicht an auf theatralem Wege zu vermittelnden Inhalten angesetzt werden, sondern an der Eigenart der Kunstform und an den dadurch zu gewinnenden besonderen ästhetischen Erfahrungen des Subjekts.

Damit wurde auch der Versuch unternommen, über die Funktionalisierung theatraler Mittel für alle möglichen Zwecke, wie sie sich in den historischen Bildungsvorstellungen der Spiel- und Theaterpädagogik abzeichnet, hinauszugehen.

Gleichzeitig konnte, im Anschluß an diejenigen spiel- und theaterpädagogischen Ansätze, die keine heteronome Zielbestimmung der bildenden Wirkung des Theaterspielens vornehmen, sondern an der Spezifik der Kunstform Theater ansetzen, ein wesentliches Kriterium ästhetischer Bildung innerhalb der Theaterpädagogik gewonnen werden: Nicht das Darstellen oder Abbilden von Wirklichkeit mit theatralen Mitteln wird in ästhetisch bildender Absicht angestrebt. Vielmehr wird davon ausgegangen, daß im Spiel eine eigene, theatrale Wirklichkeit erzeugt und dabei gleichzeitig die spezifische Medialität von Theater transparent wird.

Damit zeichneten sich die Voraussetzungen einer Theorie ästhetischer Bildung innerhalb der Theaterpädagogik ab, nach denen eingangs gefragt wurde:

Eine solche Theorie setzt an der Besonderheit der Materialität der Kunstform Theater an; ihr Gegenstand sind die spezifischen Erfahrungen der produzierenden Subjekte in diesem Prozeß; sie geht nicht von vorher bestimmten inhaltlichen Zielen aus; das heißt in der Konsequenz, es geht nicht um die Darstellung eines bestimmten Inhalts mit theatralen Mitteln, sondern um die Erzeugung einer theatralen Wirklichkeit.

Diese Vorgaben verwiesen auf die Künstlertheorien, in denen eine qualifizierte Auseinandersetzung mit den konkreten sinnlichen Erfahrungen der produzierenden Subjekte stattfindet. Zentral war dabei nicht die Frage danach, *was* mit den Mitteln der Theaterkunst dargestellt wird, welche Inhalte auf diesem Weg übermittelt werden, sondern *wie* theatrale Wirklichkeit erzeugt werden kann.

Im folgenden sollen zunächst die Ergebnisse der Diskussion der Künstlertheorien abschließend zusammengefaßt und gleichzeitig, im Sinne der einleitend formulierten Frage, auf ihre Implikationen hin befragt werden, die über den theaterpädagogischen Zusammmenhang hinausweisen (1). Sodann werden mögliche Konsequenzen aus den in dieser Untersuchung gewonnenen Erkenntnissen reflektiert (2).

1.   Zur Bildungsbedeutung des Theaterspielens – Zusammenfassende Auswertung

Welche Ergebnisse hat die Untersuchung der Künstlertheorien hinsichtlich der Frage nach der bildenden Wirkung des Theaterspielens erbracht? Die bildenden Wirkungen, die bereits der Beschreibung der Erfahrungsmodi der theaterspielenden Subjekte implizit waren, sollen hier noch einmal explizit genannt und zusammenfassend erläutert werden.

Der entscheidende Ausgangspunkt zur Annäherung an diese Wirkung ist, wie die Diskussion der Künstlertheorien gezeigt hat, das besondere Verhältnis von Subjekt und Objekt, von Produzierendem und Produkt/Material, das die Kunst des Theaterspielens gegenüber anderen Künsten auszeichnet. Durch die Unablösbarkeit des produzierenden Subjekts vom Produkt seiner Gestaltung bekommt die Bildungsbewegung, die das künstlerisch tätige Subjekt in diesem Prozeß vollzieht, die ihr eigene Qualität. Damit tritt die Konstitution des ästhetischen Objekts/Ereignisses im szenischen Gestaltungsprozeß an die Stelle von Zielbestimmungen, die sich aus einer Pädagogisierung der Kunsterfahrung (Erziehung *durch* Theater), einer Didaktik der Kunsterziehung (Erziehung *zum* Theater) oder einer allgemeinen Warhnehmungserziehung mit ‚theateraffinen‘ Mitteln ergeben.

Die Segmentierung dieser Grundbedingung ästhetischer Erfahrung im Prozeß des szenischen Gestaltens in einzelne Elemente wird im folgenden aus operationalen Gründen vorgenommen. Es handelt sich dabei selbstverständlich um ein Feld von sich gegenseitig bedingenden und überschneidenden Erfahrungszusammenhängen.

Ambiguitätserfahrung/Differenzerfahrung/Erfahrung des ‚Dazwischenstehens‘

Als durchgängiges Kennzeichen der Erfahrung der Produzierenden im szenischen Prozeß läßt sich die der Ambiguität der Spielsituation hervorheben. Die Tätigkeit des Spielens ist immer verbunden mit dem Konstituieren und Akzeptieren unterschiedlicher, nebeneinander möglicher Wirklichkeiten. Voraussetzung dabei ist allerdings, daß Theaterspielen nicht als Darstellen einer Wirklichkeit im Sinne des Abbildens/Repräsentierens dieser Wirklichkeit verstanden wird. Erst die Bedingung, daß im Spiel eine eigenständige theatrale Wirklichkeit erzeugt wird, führt zu der Erfahrung des ‚Dazwischenstehens‘, deren Paradigma das Verhältnis von Spieler und Figur ist.

Als ‚Ambiguität‘ läßt sich diese Erfahrung insofern kennzeichnen, als es sich nicht um ein Nacheinander sich widersprechender Erfahrungen handelt, sondern um das gleichzeitige Nebeneinander von nicht zu vereinbarenden Zuständen und Situationen. Dieses ‚Sowohl-als-auch‘ gewinnt in der szenischen Gestaltung seine spezifische Evidenz dadurch, daß es von den Spielenden konstituiert und am eigenen Leib erfahren wird. Nur solange die Wirklichkeiten von Spieler und Figur ‚oszillieren‘, das heißt, solange sie in der Schwebe gehalten werden, kann, so wurde gezeigt, die szenische Gestaltung gelingen.

Der zentrale Erfahrungsmodus theatraler Gestaltung, das ‚Dazwischenstehen‘, ist also dadurch gekennzeichnet, daß es an keiner Stelle zum Stillstand kommt. Es läßt sich vielmehr mit Geissner als ‚Vollzugsqualität‘ beschreiben, die keinen festen Ort hat. Insofern trifft die Rede vom „Unort", dem „'ou topos' des Zwischen", das Geissner auf die Kommunikationssituation im allgemeinen bezieht, auch auf die Erfahrung des Theaterspielens zu (vgl. Geissner 1988, 105).

In der spielerischen Auseinandersetzung mit der zu gestaltenden Figur läßt sich der Spieler auf solche ‚Utopien' des Spiels ein. Voraussetzung dafür ist die Offenheit für das Erleben in unterschiedlichen Wirklichkeiten und die Fähigkeit zur selbstbestimmten Konstitution dieser idiosynkratischen Wirklichkeiten, die sich in der Begegnung mit anderen idiosynkratischen Entwürfen von Wirklichkeit zu bewähren haben.

Als Modell eines sich in dieser Weise mit Wirklichkeitsentwürfen auseinandersetzenden Subjekts zieht Ritter Musils „Mann ohne Eigenschaften" heran, den er als einen „positiv getönten Entwurf des modernen Menschen" (Ritter 1993, 24) charakterisiert. Der „Möglichkeitsmensch", der sich durch die Fähigkeit zur Konstitution ambiguoser Wirklichkeiten auszeichnet, wird dabei folgendermaßen gekennzeichnet: „Der Mensch mit dem Sinn für die möglichen Wirklichkeiten (gegenüber dem Menschen mit dem Sinn für die wirklichen Möglichkeiten) setzt demnach sein Vertrauen in das Mögliche als das Werdende, gibt überhaupt weniger auf das Sein als auf das Werden. Er hat nicht ‚Freude an der Wirklichkeit von Eigenschaften', an ihrem ‚Besitz', sondern an der produktiven, die Eigenschaften bestimmenden und produzierenden Kraft, an den Verwandlungen von Eigenschaften. Er ist eigentlich also kein ‚Mann ohne Eigenschaften', sondern diese ‚Eigenschaften' sind in ihm in Fluß, sie sind nicht feste Ausprägungen, sondern Gestaltungsprozesse" (ebd.).

Die in dieser Weise beschriebene Bildungsbewegung findet möglicherweise ein Vorbild in künstlerischen, speziell schauspielerischen Gestaltungsprozessen. Sie strebt nicht auf ein zu erreichendes, inhaltlich bestimmtes Ziel, das die Selbstverwirklichung des Subjekts und der Menschheit festschreibt, sondern sie ist identisch mit der subjektiven Suchbewegung *zwischen* den selbstbestimmt konstituierten Wirklichkeiten. In diesem Sinne schließt sie an die eingangs mit Mollenhauer formulierte Skepsis gegenüber der Subsumierung ästhetischer Bildung unter das Bildungsprojekt der Moderne an. Nicht gattungsgeschichtlich abzuleitende Ziele sollen demnach in der ästhetischen Bildung richtungsweisend sein, sondern die idiosynkratischen Geschichten des einzelnen, kontingenten Selbst.

Die Fähigkeit, unterschiedliche Wirklichkeiten zu konstituieren und nebeneinander bestehen zu lassen, die in der Auseinandersetzung mit der szenischen Gestaltung gewonnen werden kann, hängt eng mit einer zweiten Grundvoraussetzung dieser Form künstlerischer Gestaltung zusammen.

Die Erfahrung des Doppels von Gestaltung und Erleben

Die spielerische Gestaltung, die sich weder vollständig als Erleben in der Figur noch einseitig als Präsentieren einer Figur auflösen läßt, verweist auf das in der künstlerischen Produktion notwendige Gleichgewicht von gestaltenden und subjektiv erlebten Momenten.

Weder geht es nur um subjektive Expressivität im Sinne bloßer Selbstdarstellung noch ausschließlich um distanziertes Darstellen durch das Anwenden einer theatralen Formensprache. Die Bewegung, die den Prozeß theatraler Gestaltung kennzeichnet, läßt sich vielmehr als ein Bemühen um Objektivierung eines subjektiven Ausdrucks beschreiben, dem immer die Subjektivierung bereits objektivierter Sachverhalte/Gegenstände vorausgeht. Auf diese Weise wird der Prozeß theatraler Gestaltung weder zum Feld intuitiven Gefühlsausdrucks noch wird der subjektive Anteil des Erlebens aus diesem Prozeß ausgeschlossen, wodurch er auf die bloße Nachahmung des Wirklichen reduziert und verharmlost würde. Erst der Durchgang durch diese Erfahrung macht das Produkt theatraler Gestaltung wiederum zum Gegenstand/Ereignis subjektiver, ästhetischer Aneignung, zum Anlaß der Konstitution weiterer Wirklichkeiten und liefert nicht nur ein wiederzuerkennendes, möglicherweise schwaches Abbild von Wirklichkeit. Allerdings ist dieser Prozeß in allen seinen Phasen vom Scheitern bedroht. Die Spannung von Gestaltung und Erleben, die durch ein labiles Gleichgewicht aufrechterhalten wird, kann jederzeit zu einer Seite aufgelöst werden, die intendierte Gestaltung dadurch mißlingen. Das labile Gleichgewicht von bewußtem Gestalten und subjektivem Erleben, das sich mit der ambiguosen Erfahrung von Spieler und Figur überschneidet, ist kennzeichnend für die Differenzerfahrungen des künstlerisch gestaltenden Subjekts und für die Bildungsbewegung, die in diesem Prozeß stattfinden kann. Sie läßt sich, in Anlehnung an Adorno, als Wechselspiel von Subjektivierung des Objektiven und Objektivation des Subjektiven umschreiben (vgl. Adorno 1970, 169ff).

Diese Erfahrung, die mit dem Hervorbringen des künstlerischen Ausdrucks einhergeht, steht, darauf verweist Adorno in seiner Ästhetischen Theorie, im Gegensatz zum Wunsch nach Eindeutigkeit, nach Auflösung der diesen Ausdruck konstituierenden Spannung von Gestaltungsanforderung und subjektivem Erleben. Die kunstfremde Haltung, die eine solche Spannung einseitig aufzulösen wünscht, charakterisiert er unter Bezugnahme auf die soziologischen Erkenntnisse zur autoritären Persönlichkeitsstruktur. Dadurch wird einerseits ihre ästhetische Konsequenz deutlich, und gleichzeitig werden die damit verbundenen bildungstheoretischen Implikationen thematisiert. „Die in Rede stehende Haltung ist die der ‚intolerance of ambiguity‘, Unduldsamkeit gegen das Ambivalente, nicht säuberlich Subsumierbare; am Ende gegen das Offene, von keiner Instanz Vorentschiedene, gegen Erfahrung selbst" (Adorno, 1970, 176).

Die Darstellung des ‚Nicht-Darstellbaren‘

Die von Adorno für die Kunst im allgemeinen reklamierte Wechselbeziehung von subjektivem Erleben und Gestaltung gewinnt in der Erfahrung des Theaterspielens ihre besondere Qualität dadurch, daß die gestalteten Objektivationen im schauspielerischen Ausdruck mit dem eigenen Körper hervorgebracht werden, die Notwendigkeit zur Objektivation also am eigenen Leib erfahren wird. Die Spielenden erfahren sich als Subjekt, Objekt und Material des künstlerischen Prozesses.

Da das künstlerisch gestaltete Zeichen im Falle des Theaterspielens nicht ablösbar von den Zeichenproduzenten ist, bleibt das Bezeichnende (Spieler) im Bezeichneten (Figur) immer anwesend. Dies setzt auch die zeitlich/räumliche Gegenwart aller am theatralen

Kommunikationsprozeß Beteiligten voraus. Insofern läßt sich die theatrale Kommunikation als eine archaische Form der Kommunikation bezeichnen.

Für die Spielenden birgt diese Kommunikationsform eine einzigartige Möglichkeit, die ‚Nicht-Darstellbarkeit‘ von Wirklichkeit zu erfahren. Leiden, Schmerz, Trauer und Tod finden nicht auf der Bühne statt, es müssen vielmehr Zeichen für sie gefunden werden. Diese sind niemals identisch mit dem Bezeichneten, im Gegenteil: Je stärker sie sich um das Abbild der Wirklichkeit bemühen, desto schwächer, unwirksamer, unwirklicher können sie auf der Bühne werden (vgl. Lehmann 1993). Der häufig im theatralen Gestaltungsprozeß von jugendlichen Spielern geäußerte Protest: ‚Aber so ist es doch nicht wirklich!‘, kann sich mit zunehmender Spielerfahrung in ein Wissen um die Undarstellbarkeit des ‚Wirklichen‘ verwandeln, in ein Wissen um die unhintergehbare Kluft zwischen Sein und Schein. Gleichzeitig ermöglicht diese Einsicht die Suche nach einer Darstellung, die nicht darstellt, nach künstlerischen Mitteln, die der Darstellung des ‚Nicht-Darstellbaren‘ gerecht werden. Im Rückgriff auf und in Abwandlung von Welschs Überlegungen (vgl. I., 4.3) läßt sich diese ästhetisch bildende Wirkung folgendermaßen beschreiben: Der Erfahrung des Anästhetischen, des Verschwindens von Wirklichkeit in ihren Abbildern wird durch die Herstellung theatraler Wirklichkeit begegnet, durch das konkrete und sinnliche Hervorbringen von Zeichen, die die Kluft zwischen Sein und Schein nicht verleugnen, sondern ins Bewußtsein bringen, sie möglicherweise sogar, im Zeigen des Zeigens, zum Mittel der Gestaltung machen.

Der Berliner Regisseur Frank Castorf beschreibt diese Verfahrensweise, die für Zuschauer und Spieler gleichermaßen das Verhältnis von Signifikat und Signifikant thematisiert und auf diese Weise ästhetische Erfahrung ermöglicht, als das Zusammenbringen von „extremer Konstruktion und extremer Glaubwürdigkeit“, mit dem Ziel, „Verabredungen extrem zu mobilisieren und zu zeigen, daß hinter dieser Verstellung oder Darstellung immer noch etwas anderes zu sehen ist“ (In: Wilzopolski 1992, 192 f).

Die damit einhergehende Fähigkeit, den Prozeß der Zeichengebung, das heißt die grundsätzliche Zweiwertigkeit jeglicher Zeichenverwendung, zu durchschauen, stellt eine wesentliche Kompetenz im Umgang mit neuen Medien und Formen technologischer Kommunikation dar. Indem die szenische Aktion den Prozeß der Konstitution von Wirklichkeit durch theatrale Zeichen erlebbar macht, verweist sie auf die Unmöglichkeit der Abbildung von Realität. Damit vermag sie dem Verschwinden von Realität und dem Verschwinden des Mediums im Prozeß der Kommunikation entgegenzuwirken.

Die zunehmende Bedeutung, die diese Wirkung theatraler Produktion und Rezeption gegenwärtig hat, zeichnet sich auch in einer Vielzahl von zeitgenössischen Theaterproduktionen ab, die das ‚Theatermachen‘ auf dem Theater thematisieren, und in Künstlertheorien bzw. -äußerungen, die sich mit dieser Frage beschäftigen (vgl. Theaterschrift 3, 1993 „Border Violations“).

Erfahrungsfähigkeit und Selbstvergessenheit

Als eine wesentliche Voraussetzung schauspielerischer Gestaltung erwies sich die Bereitschaft der Produzierenden, Bekanntes neu zu lernen, sich auf Erfahrungen immer wieder neu einzulassen, auch dann, wenn sie scheinbar alltäglich sind bzw. zum wiederholten Mal auftreten. Damit ist wiederum eine grundsätzlich ambiguose Erfahrung angesprochen: Die Fähigkeit, sich mit einem Teil des Ichs auf das Erleben des Augenblicks einzulassen und gleichzeitig die Erfahrungen des Vorausgegangenen und das Wissen um die zukünftige Entwicklung zu bewahren. (Darin wurzelt die ‚Dummheit' des Kammersängers, der auch nach der vierundachtzigsten Aufführung im ersten Akt den fünften Akt noch nicht kennt.) Theaterspielen stellt also zum einen Anforderungen an ein synthesefähiges Ich, zum anderen fordert es die spielerische Naivität dieses Ichs heraus, beruht auf seiner Offenheit für neue Erfahrungen.

Modische bzw. postmodische Vorstellungen von einer wünschenswerten „Identitätslosigkeit" (Horx 1988) bzw. von „Desidentifizierung" oder „Identitätspluralisierung" (vgl. Welsch 1990), die durch die Kunsterfahrung bewirkt werden können, müssen vor diesem Hintergrund zurückgewiesen werden. Die naheliegende Schlußfolgerung, mit dem Theaterspielen, dem Verwandeln in unterschiedliche Figuren, könne in affirmativ sozialpädagogischer Absicht eine Vorbereitung auf eine sich rasch wandelnde Gesellschaft und deren Bedürfnis nach flexiblen Individuen mit heteronomen Identitäten einhergehen, trifft nur bei oberflächlicher Betrachtung zu. Sie stellt lediglich die postmoderne Variante der in den sechziger und siebziger Jahren propagierten „ästhetischen Sozialisation" dar. Dabei zeigt sich auch hier, daß ästhetische Erfahrung sich nicht linear in sozial wünschenswerte Kompetenzen ummünzen läßt.

Die Fähigkeit zur und die Freude an der Verwandlung als *ästhetisches* Erleben geht vielmehr mit der Leistung des Subjekts einher, seine Erfahrungen zu synthetisieren, sich selbst in diesen Erfahrungen als Kontinuität zu erleben, und ist nur vor dem Hintergrund eines Ich denkbar, das zu solchen Konsistenzleistungen in der Lage ist. Konsistenz und Verwandlung sind zwei Seiten einer Medaille.

Die Diskussion der Künstlertheorien hat gezeigt, in welcher Weise diese beiden Seiten im Prozeß szenischer Gestaltung in Bewegung geraten. Dabei läßt sich nicht von einer Identitätsauflösung sprechen, von einem Verschwinden des Spielenden in der jeweiligen Figur.

Allerdings fordert die Notwendigkeit zur Offenheit gegenüber neuen Erfahrungen die Einsicht in die Unabschließbarkeit und Erneuerungsbedürftigkeit einmal erreichter Konsistenzleistungen. Die damit einhergehende Vorstellung von Identität ist nicht die einer statischen Größe, die am Ende eines Entwicklungsprozesses als Gipfel des Erreichbaren steht. Identität wird statt dessen als Potential von Wandlungen und Veränderungen verstanden. Sie wird durch die mit der künstlerischen Produktion notwendig einhergehende Selbstvergessenheit und Erfahrungsfähigkeit immer wieder relativiert. In diesem Sinne handelt es sich um einen prinzipiell unabschließbaren Prozeß.[190]

---

190 Jenseits aller sozialwissenschaftlichen und psychologischen Identitätstheorien, einschließlich der vielfältigen Kritik, die sie erfahren haben, vermochte der *Künstler* Schiller vor zweihundert Jahren bereits ein solches Verständnis von Identität zu formulieren. Er fand es in der Bestimmung des Spieltriebs als Vermittler von Formtrieb und sinnlichem Trieb.
„Der sinnliche Trieb will, daß Veränderung sei, daß die Zeit einen Inhalt habe; der Formtrieb will, daß die Zeit aufgehoben, daß keine Veränderung sei. Derjenige Trieb also, in welchem beide verbunden wirken (...), der Spieltrieb also, würde dahin gerichtet sein, die Zeit *in der Zeit* aufzuheben, Werden mit absolutem Sein, Veränderung mit Identität zu vereinbaren" (Schiller 1989, Bd. V, 612f).

Möglicherweise kann Theaterspielen als ästhetische Bildung einen Beitrag zur Identitätsbildung im so verstandenen Sinne leisten. Indem Erfahrungsfähigkeit und Selbstvergessenheit als wesentliche Kompetenzen des gestalterischen Prozesses, nicht nur in der Auseinandersetzung mit der zu gestaltenden Figur, sondern auch in der Begegnung mit den Partnern auf der Bühne unverzichtbar sind, können fixierte, normative Vorstellungen vom Selbst eventuell in Bewegung geraten.

„Naivetät" nennt Adorno diese Kompetenz zur Erfahrung des Neuen und zur Begegnung mit Kunst, eine Fähigkeit, die im Kontrast zur Borniertheit und zur Befangenheit im Vorgegebenen steht (vgl. Adorno 1970, 401). Und er bezeichnet sie an anderer Stelle als Voraussetzung jeglicher Erfahrungsfähigkeit. „Die Möglichkeit von Erfahrung selbst und die, auf Neues anzusprechen, sind identisch. Hätte der Begriff der Naivetät noch einen legitimen Sinn, so wäre es diese Fähigkeit" (Adorno 1973, 377).

Selbstreflexivität

Naivität und Selbstvergessenheit sind zwar wesentliche Elemente des Gestaltungsprozesses, sie werden jedoch erst im Verbund mit der Fähigkeit zur Selbstreflexivität zu Bestandteilen künstlerischen Erlebens. Die Notwendigkeit zum bewußten Umgehen mit der eigenen Aufmerksamkeit und mit dem eigenen Körper, die von allen Künstlertheorien übereinstimmend hervorgehoben wurde, fordert die exzentrische Betrachtung des eigenen Selbst. Dieser Blick von außen auf sich selbst verweist einerseits auf die Beziehung zum anderen, als dessen sichtbares Objekt das Selbst existiert (vgl. Lehmann 1991), andererseits macht es den Facettenreichtum möglicher Wahrnehmung bewußt. Es relativiert also das eigene Empfinden und die eigene Wahrnehmung vor dem Hintergrund möglicher ‚fremder‘ Wahrnehmungen aus anderen Positionen. In diesem Sinne läßt sich nicht von einer Herstellung von ‚Ganzheit‘ durch die produktive szenische Gestaltung reden, sondern im Gegenteil von der Notwendigkeit zur Differenzierungsfähigkeit, die mit diesem Tun einhergeht. Die Absicht, Theaterspielen als Kompensation in einer einseitig intellektuell ausgerichteten Institution Schule zu legitimieren, erweist sich ebenfalls als unhaltbar. Die komplexen Anforderungen, die diese Tätigkeit an die Wahrnehmungs- und Gestaltungfähigkeit der produzierenden Subjekte richtet, lassen sich nicht intuitiv ‚erfühlen‘. Die Fähigkeit zur Selbstwahrnehmung und Selbstreflexion setzt vielmehr ein hohes Maß an Selbstdistanz und Differenzierungsfähigkeit voraus und verspricht gleichzeitig einen Einblick in die Funktionsweise des Wahrnehmungsprozesses. Die ästhetisch bildende Wirkung des Theaterspielens nähert sich in diesem Punkt womöglich einer aisthetischen Bildung an und weist damit auch über den Zusammenhang der theaterpädagogischen Arbeit hinaus.

In Übereinstimmung mit Welsch läßt sich hier von einer möglichen Sensibilisierung und Differenzierung der Wahrnehmung gegenüber den eigenen Blindheiten ausgehen (vgl. Welsch 1991).

„Die Not der Welt", so der Schriftsteller Adolf Muschg in seiner Dankesrede zur Verleihung des Büchner-Preises 1994, „ist ein Produkt ihrer miserablen Repräsentation durch unser Bewußtsein." Und er äußert im Hinblick auf die Kunst, insbesondere das Theater, eine „schwache Hoffnung":

„Die Kunst könnte unserem Nervensystem behilflich sein, einen Bruchteil der komplexen Organisation, ohne die es selbst nicht funktionieren würde, auch im Aufbau der Wirklichkeit wiederzufinden – und zu ertragen ...“ (Muschg, In: Die Zeit, 21.10.94).

Inwieweit dazu insbesondere der produktiv gestaltende Umgang mit der Kunst des Theaters beitragen kann, hat die Auseinandersetzung mit den Erfahrungsmodi der Produzierenden vor dem Hintergrund der Künstlertheorien versucht zu zeigen.

2.   Ästhetische Bildung als Heilslehre oder Plädoyer für das Besondere?

Produktives künstlerisches Tun als Antwort auf die „Not der Welt“!?

Rückt damit der hier vorgelegte Ansatz ästhetischer Bildung innerhalb der Theaterpädagogik doch wieder in die Reihe der Heilslehren? Handelt es sich zum x-ten mal um eine Neubegründung der Kulturerlösungshoffnung?

Nein, die angeführten Erfahrungen und die bildenden Wirkungen, die mit ihnen einhergehen können, beschreiben *Möglichkeiten*, die die produktive Auseinandersetzung mit der Kunst des Theaters beinhaltet. Damit werden keine Regeln angegeben, unter denen diese Möglichkeiten zu verwirklichen sind. Da sie gebunden sind an eine ästhetische Praxis, wäre das gleichbedeutend mit ‚Rezepten‘ zur Kunstproduktion. Eine gezielte (pädagogische) Einflußnahme auf die in diesen Prozessen stattfindenden Erfahrungen ist somit nicht denkbar.

Darüber hinaus handelt es sich bei dem Eintreten in ein Spiel, dem Sicheinlassen auf Imaginationen, auf die Konstitution theatraler Wirklichkeiten um dezidiert subjektive Prozesse, die in pädagogischer Absicht nicht herstellbar und steuerbar sind, sondern von der Entscheidung bzw. den Möglichkeiten des einzelnen abhängen. Es kann also bestenfalls darum gehen, Bedingungen zu schaffen, unter denen ästhetisch bildende Prozesse möglich werden. Ihr tatsächliches Zustandekommen entzieht sich jeder gezielten Einflußnahme, so wie auch die Mehrzahl der Faktoren, die für ihr mögliches Scheitern verantwortlich sind.

Ungeklärt bleibt auch die Frage nach der gesellschaftlichen Wirksamkeit des subjektiven ästhetischen Erlebens. Nach dem Auseinanderfallen des Zusammenhangs von einzelnem und Gesellschaft, von ‚System und Lebenswelt‘ (Habermas) unter den Bedingungen der Moderne lassen sich aus den beschriebenen subjektiven Erfahrungen, angesichts der Auseinandersetzung mit Kunst, keine linearen Folgerungen im Hinblick auf gesellschaftlich wünschenswerte Zielsetzungen ableiten. Die klassische bildungstheoretische Vorstellung einer Überwindung gesellschaftlicher Zerfalls- und Entfremdungserscheinungen durch die ästhetische Bildung des einzelnen läßt sich unter gegenwärtigen Bedingungen nicht aufrechterhalten. Ebenso wenig, wie sich Zielsetzungen ästhetischer Bildung aus anderen Bereichen gesellschaftlicher Praxis ableiten lassen, können mit ästhetischer Bildung einhergehende Kompetenzen fraglos auf andere, außerästhetische Praxisfelder der Gesellschaft ausgedehnt werden. Die Zielsetzung ästhetischer Bildung läßt sich nur in ihrer jeweiligen *besonderen* Praxis bestimmen, das heißt, sie ist auf das Zustandekommen und Gelingen einer wahrnehmenden und gestaltenden Auseinandersetzung mit Kunst gerichtet.[191]

Am Ende dieser Untersuchung eröffnet sich also nicht abermals die Utopie einer entfremdungsfreien Gesellschaft und die Hoffnung, daß die rezeptive und produktive Auseinandersetzung mit Kunst hierzu einen entscheidenden Beitrag leiste. Vielmehr zeichnet sich ein *Plädoyer für die Besonderheit* ab, für die Besonderheit des Gegenstands oder Ereignisses der bildenden Auseinandersetzung und für die Besonderheit der Erfahrung, die das sich bildende Subjekt in dieser Auseinandersetzung gewinnt.

Speziell für theaterpädagogische Arbeit und auch für kunstpädagogische Arbeit im allgemeinen ergibt sich daraus die Konsequenz, daß die ästhetisch bildende Wirkung jeweils in Abhängigkeit von den Eigenarten einer Kunstform (bzw. der unterschiedlichen in einem Produktionsprozeß zusammentreffenden Künste) und der besonderen Qualität der Erfahrung, die der Umgang mit dieser Kunst vermittelt, konkretisiert werden muß. Auf die Bedeutung, die die Künstlertheorien in diesem Prozeß haben können, wurde in der vorliegenden Untersuchung hingewiesen. Ihren Beitrag zu dieser Diskussion, über methodische Fragen hinaus, gilt es zukünftig stärker zu berücksichtigen.

Innerhalb der Theaterpädagogik stellt sich in diesem Zusammenhang die Frage, welchen Aussagewert neuere, in der Theaterwissenschaft diskutierte Ausweitungen des Gegenstandsbereichs ‚Theater' hin zu einem kulturwissenschaftlichen Begriff von ‚Theatralität' für die theaterpädagogische Diskussion haben können. Im Hinblick auf die zunehmende Inszenierung von Alltagsverhalten wird, analog zur postmodernen These von der Ästhetisierung der Wirklichkeit, von einer ‚theatralen Wirklichkeit' und von ‚theatralen Wahrnehmungsmodi' gesprochen (vgl. Fischer-Lichte 1995). Sowohl die Diskussion der postmodernen Ästhetisierungsannahmen als auch die der reformpädagogischen Vorstellungen von einem umfassenden Spielbegriff haben gezeigt, daß solche Ausweitungen des Theaterbegriffs für eine theaterpädagogische Praxis, die sich ästhetische Bildung zum Ziel setzt, problematisch sind.

Die Theatralitätsthese ist im theaterpädagogischen Bereich erst in jüngster Zeit zur Kenntnis genommen worden. Ihr Einfluß auf die theaterpädagogische Theorie und Praxis läßt sich noch nicht einschätzen. Es scheint jedoch erforderlich, sie vor dem Hintergrund der historischen Ansätze der Laienspielbewegung und des postmodernen ‚Ästhetisierungsbooms' zu diskutieren.

Auch für die erziehungswissenschaftliche Diskussion scheint, angesichts der Prominenz, die das Thema ‚ästhetische Bildung' gegenwärtig hat, der Hinweis auf die jeweils spezifisch bildende Wirkung der Auseinandersetzung mit verschiedenen Kunstphänomenen wesentlich. Ästhetische Bildung ist kein allgemeines pädagogisches Programm

---

191 Diese Perspektive ist (selbst-) bewußt bescheiden. Sie ist es vor allem angesichts jüngerer Neuauflagen konservativer Kulturkritik, die den Verlust des Ganzen wortgewaltig im „anschwellenden Bocksgesang" (Strauss 1993) beklagen. Das „Unsere", die „Volkszugehörigkeit", die „alten Dinge" sind nicht wiederzubeleben.

zur Sensibilisierung der Wahrnehmung, zur Veranschaulichung abstrakter Zusammenhänge oder zur Kompensation kognitiven Lernens. Erst durch die Besinnung auf jeweils besondere Erfahrungen im Umgang mit Kunst lassen sich die bildenden Wirkungen dieses Prozesses verstehen. Die zusammenfassende Diskussion der bildenden
Wirkung des Theaterspielens hat gezeigt, daß ästhetische Bildung sich dann – in ausgewählten Bereichen – auch als Modell für eine Bildungsbewegung ansehen läßt, die
über den spezifischen Bereich der Kunsterfahrung hinausgeht. Solche Verallgemeinerungen lassen sich jedoch nicht ohne die vorherige Analyse der wahrnehmenden und
gestaltenden Kunsterfahrung treffen, von der diese Bildungsbewegung ausgeht. Dabei
spielen, wie sich gezeigt hat, die Künstlertheorien eine zentrale Rolle.

Der Beitrag von Künstlertheorien bzw. phänomenologischen Theorien von Künstlern zum Verständnis von Selbstbildungsprozessen ist bisher in der Erziehungswissenschaft nur vereinzelt thematisiert worden (vgl. Mollenhauer 1989; Lenzen 1992).
Hier liegt möglicherweise eine wichtige Quelle auch über die Diskussion ästhetischer
Bildung hinaus. Womöglich kann das in Künstlertheorien aufgehobene Wissen um
Selbstbildungsprozesse auch im Hinblick auf allgemeine bildungstheoretische Fragen
unter den Bedingungen der Gegenwartsgesellschaft von Bedeutung sein.

Literaturverzeichnis

Adorno, T. W. (1970), Ästhetische Theorie. Frankfurt/Main.

Adorno, Th. W. (1973), Zur Musikpädagogik. In: Gesammelte Schriften, hrsg. v. R. Tiedemann. Bd. 14: Dissonanzen. Einleitung in die Musiksoziologie. Frankfurt/Main, 108–126.

Adorno, Th. W. (1980), Theorie der Halbbildung. In: Gesammelte Schriften, hrsg. v. R. Tiedemann. Bd. 8: Soziologische Schriften I, 2. Auflage. Frankfurt/Main, 93–121.

Amtmann, P. (1968), Das Schulspiel – Zielsetzung und Verwirklichung. München.

Amtmann, P. (1969), Spielleitung im Schulspiel. In: *Das Spiel in der Schule* (1969), Heft 3, 65–71.

Amtmann, P. (1970), Schulspiel – heute und morgen. In: *Das Spiel in der Schule* (1970), Heft 4, 154–168.

Amtmann, P./Kaiser, H. (Hg.) (1966), Darstellendes Spiel. Kassel/Basel.

Aristoteles, Poetik. Griechisch/Deutsch. Übersetzt und hrsg. von M. Fuhrmann. Stuttgart 1986.

Artaud, A. (1969), Das Theater und sein Double. Frankfurt/Main.

Baacke, D. (1988), Theater und Pädagogik = Theaterpädagogik. In: Bohn, E./Schröder, S. (Hg.), Theater des Zorns und der Zärtlichkeit. Bielefeld, 251–273.

Bachmann, K. (1924), Aus der Gemeinschaft zur Bühne. In: Gerst, C. (Hg.), Gemeinschaftsbühne und Jugendbewegung. Frankfurt/Main, 12–14.

Barthes, R. (1974), Die Lust am Text. Frankfurt/Main.

Barthes, R. (1988), Fragmente einer Sprache der Liebe. Frankfurt/Main.

Bateson, G. (1981), Ökologie des Geistes. Anthropologische, psychologische, biologische und epistomologische Perspektiven. Frankfurt/Main.

Beck, C. (1993), Ästhetisierung des Denkens. Zur Postmoderne-Rezeption der Pädagogik. Bad Heilbrunn.

Beck, U. (1986), Risikogesellschaft. Auf dem Wege in eine andere Moderne. Frankfurt/Main.

Beimdick, W. (1980), Theater und Schule. Grundzüge einer Theaterpädagogik. 2. Auflage. München.

Benjamin, W. (1971), Versuche über Brecht. Frankfurt/Main.

Benner, D. (1987), Allgemeine Pädagogik. Eine systematisch-problemgeschichtliche Einführung in die Grundstruktur pädagogischen Denkens und Handelns. Weinheim/München.

Berenberg-Gossler, H./Müller, H.-H./Stosch, J. (1974), Das Lehrstück – Rekonstruktion einer Theorie oder Fortsetzung eines Lernprozesses? Eine Auseinandersetzung mit Reiner Steinweg, Das Lehrstück. Brechts Theorie einer politisch-ästhetischen Erziehung, Stuttgart 1972. In: Dyck, J. u. a., Brechtdiskussion. Kronberg/Ts.

Berger, K. (1958), Die musische Grenze. In: Kluge, N. (Hg.), Vom Geist musischer Erziehung. Grundlegende und kritische Beiträge zu einem Erziehungsprinzip. Darmstadt 1973, 166–219.

Boehm, G. (1980), Bildsinn und Sinnesorgane. In: Bubner, R./Cramer, K./Wiehl, R. (Hg.), Anschauung als ästhetische Kategorie. Neue Hefte für Philosophie 18/19. Göttingen, 118–132.

Boehm, G. (1990), Über die Konsistenz ästhetischer Erfahrung. In: *Zeitschrift für Pädagogik* 36 (1990), Heft 4, 469–480.

Bohn, R. (1982), Schauspieler und Schauspielen. Ein Forschungsbericht. In: *TheaterZeitSchrift* (1982) Heft 2, 43–62.

Bollenbeck, G. (1994), Bildung und Kultur. Glanz und Elend eines deutschen Deutungsmusters. Frankfurt/Main, Leipzig.

Bolten, J. (Hg.) (1984), Schillers Briefe über die ästhetische Erziehung. Frankfurt/Main.

Borchmeyer, D. (1984), Aufklärung und praktische Kultur. Schillers Idee der ästhetischen Erziehung. In: Brackert, H./Wefelmeyer, F. (Hg.), Naturplan und Verfallskritik. Zu Begriff und Geschichte der Kultur. Frankfurt/Main.

Böversen, F. (1964), Schillers Begriff der ästhetischen Erziehung. In: *Zeitschrift für Pädagogik* 10 (1964), 446–461.

Brandes, E./Nickel, H.-W./Lehmann, J. (Hg.) (1971), Beiträge zu einer Interaktions- und Theaterpädagogik. Aus Referaten und Diskussionen anläßlich der Musischen Wochen 1970. Berlin.

Brauneck, M. (1986), Theater im 20. Jahrhundert. Programmschriften, Stilperioden, Reformmodelle. Reinbek bei Hamburg.

Brauneck, M. (1988), Klassiker der Schauspielregie. Positionen und Kommentare zum Theater im
20. Jahrhundert. Reinbek bei Hamburg.

Brecht, B. (1967), Gesammelte Werke. 20 Bde. Frankfurt/Main.

Brook, P. (1983), Der leere Raum. Berlin.

Bubner, R. (1989), Ästhetische Erfahrung. Frankfurt/Main.

Bussiek, H. (1971), Spiel und Theater in einer gesellschaftsverändernden Strategie. In: Brandes,
E./H.-W. Nickel/J. Lehmann (Hg.), Beiträge zu einer Interaktions- und Theaterpädagogik. Berlin, 4–13.

Cardi, C. (1983), Das Kinderschauspiel der Aufklärungszeit. Eine Untersuchung der deutschen Kin-
derschauspiele von 1769–1800. Frankfurt/Main.

Čechov, M. A. (1990), Die Kunst des Schauspielers. Moskauer Ausgabe. Stuttgart.

Das Darstellende Spiel an den Schulen. Teil B: Expertentagung (1992), hrsg. von der Bundesarbeitsgemeinschaft für das Darstellende Spiel in der Schule e. V. (BAG)/Gesellschaft für Theater-, Film-,
und Fernsehwissenschaft e. V. (gtff). München.

Derrida, J. (1989), Das Theater der Grausamkeit und die Geschlossenheit der Repräsentation. In: ders.,
Die Schrift und die Differenz. Frankfurt/Main 351–379.

Diderot, D. [1773], Paradox über den Schauspieler. Frankfurt/Main 1964.

Dinges, O./Kaiser, H. (1975) (Hg.), Spielgestaltung und Menschenbildung. Für und von Ignaz Gentges.
Hilfen für Spielleiter, Heft 14. LAG Spiel und Amateurtheater in NRW (Hg.). Recklinghausen.

Dode, R.-E. (19859, Ästhetik als Vernunftkritik. Eine Untersuchung zum Begriff des Spiels und der
ästhetischen Bildung bei Kant – Schiller – Schopenhauer und Hebbel. Frankfurt/Main.

Dümling, A. (1994), Der Jasager und der Neinsager. Brecht-Weills Schuloper an der Karl-Marx-
Schule Neukölln 1930/31. In: *Korrespondenzen. Zeitschrift für Theater-pädagogik* 10 (1994),
Heft 19/20/21, 30–34.

Ebert-Paris, H./Paris, V. (1991), Theater mit Kindern – mehr soll es auch nicht sein! In: Ruping, B./
Schneider, W. (Hg.), Theater mit Kindern. Erfahrungen, Methoden, Konzepte. Weinheim/Mün-
chen, 15–31.

Ehlert, D. (1986), Theaterpädagogik. Lese- und Arbeitsbuch für Spielleiter und Laien-spielgruppen.
München.

Ehmer, H. K. (1979), Ästhetische Erziehung und Alltag. Gießen.

Ehmer, H. K. (Hg.) (1971), Visuelle Kommunikation. Beiträge zur Kritik der Bewußt-seinsindustrie.
Köln.

Elias, J./Giffei, H./Müller R. (1965), Was ist Theater? In: *Das Spiel in der Schule* (1965), Heft 1,
4–34.

Fischer-Lichte, E. (1983), Semiotik des Theaters. 3 Bde. Bd. 1: Das System theatralischer Zeichen;
Bd. 2: Vom „künstlichen" zum „natürlichen" Zeichen. Theater des Barock und der Aufklärung; Bd.
3: Die Aufführung als Text. Tübingen.

Fischer-Lichte, E. (1984), The Dramatic Dialog – Oral or Litarary Communication? In: Schmid/v.
Kesteren (ed.), Semiotics of Drama and Theatre. Amsterdam, 137–173.

Fischer-Lichte, E. (1995), Antrag auf Einrichtung eines Schwerpunktprogramms zum Thema: Theatralität. Theater als kulturelles Modell in den Kulturwissenschaften (Manuskript). Mainz.

Fischer-Lichte, E. (Hg.) (1985), Das Drama und seine Inszenierung. Tübingen.

Frantzen, P. (1969), Laienspiel in der Weimarer Zeit. Hilfen für Spielleiter, Heft 8. LAG Spiel und
Amateurtheater in NRW (Hg.). Münster.

Gamm, J. (1991), Pädagogik und Poesie. Eingaben zur ästhetischen Erziehung. Weinheim.

Gärtner, A./Korn, U./Nickel, H.-W. (Hg.) (1991), Spiel und Theater in Berlin und den neuen Bundesländern. LAG-Materialien 25/26, Berlin.

Geissner, H. (1988), communicare est participare. In: Gutenberg, N. (Hg.), Kann man Kommunikation lernen? Konzepte mündlicher Kommunikation und ihrer Vermittlung. Vorträge auf der 19. Fachtagung der Deutschen Gesellschaft für Sprechwissenschaft und Sprecherziehung vom 8.–10. Oktober 1987 in Saarbrücken. Frankfurt/Main.

Gentges, I. [1926], Bewußte Gestaltung. In: Frantzen, P. (Hg.), Laienspiel in der Weimarer Zeit. Münster 1969, 74–76.

Gentges, I. [1928], Wille und Werk (Auszug) In:.Dinges, O./Kaiser, H. (Hg.), Spielgestaltung und Menschenbildung. Recklinghausen 1975, 69–77.

Gentges, I. (1950), Stufen des Schulspieles. In: *Vierteljahrszeitschrift für wissenschaftliche Pädagogik.* 26 (1950), Heft 1, 47–82.

Gentges, I. (1955), Das Laienspiel in der Schule. In: Dinges, O./Kaiser, H. (Hg.), Spielgestaltung und Menschenbildung. Recklinghausen 1975, 129–140.

Gentges, I./Leibrandt, H./Mirbt, R./Sasowski, B. (1929) (Hg.), Das Laienspielbuch. Berlin.

Gerlach, W. (1915), Das Schuldrama des 18. Jahrhunderts unter dem Gesichtspunkt der Entwicklung der Jugendliteratur. In: *Zeitschrift für Geschichte der Erziehung und des Unterrichts* 5 (1915), 93–122.

Gerst, C. (Hg.) (1924), Gemeinschaftsbühne und Jugendbewegung. Zeitschrift des Bühnenvolksbundes. Sammelband. Frankfurt/M.

Giffei, H. (1961), Spiel als eigene Bildungskategorie. In: *Das Spiel in der Schule* (1961), Heft 3, 121–123.

Giffei, H. (1972), Spiel, Theater und Kreativität In: Müller, R. (Hg.), Spiel und Theater als kreativer Prozeß. Handbuch der Kunst- und Werkerziehung. Bd. II/2, hrsg. von G. Otto. Berlin, 1–7.

Giffei, H. (1979), Martin Luserke und das Theater. Hilfen für Spielleiter, Heft 18. LAG Spiel und Theater in NRW (Hg.). Recklinghausen.

Giffei, H. (1989), Ernsthaft nach dem 1. Weltkrieg. Das Theater der Jugend von den 20er bis zu den 60er Jahren. In: Chiout, H./Wilhelm, E. (Hg.), Spielräume – Spielträume. Das Theater der Jugend und sein Treffen. Berlin, 20–27.

Giffhorn, H. (1972), Kritik der Kunstpädagogik. Zur gesellschaftlichen Funktion eines Schulfaches. Köln.

Gorčakov, N. (1954), Stanislawski über das Wort. In: *Theater der Zeit* (1954), Heft 7, 11–13.

Gorčakov, N. (1959), Regie. Unterricht bei Stanislawski. Berlin.

Haase, O. (1960), Musisches Leben und künstlerische Erziehung. In: Kluge, N. (Hg.), Vom Geist musischer Erziehung. Darmstadt 1973, 247–256.

Habermas, J. (1968), Technik und Wissenschaft als Ideologie. Frankfurt/Main.

Habermas, J. (1985), Der philosophische Diskurs der Moderne. Zwölf Vorlesungen. Frankfurt/Main.

Habermas, J. (1988), Die Moderne – ein unvollendetes Projekt. Rede aus Anlaß der Verleihung des Adorno-Preises der Stadt Frankfurt/Main 1980. In: Welsch, W. (Hg.), Wege aus der Moderne. Schlüsseltexte der Postmoderne-Diskussion. Weinheim, 177–192.

Haken, H. (1992), Konzepte und Modellvorstellungen der Synergetik zum Gedächtnis. In: Schmidt, S. J. (Hg.), Gedächtnis. Frankfurt/Main.

Hametner, M. (Hg.) (1993), Deutsches Amateurtheater woher?. Eine Sammlung von Aufsätzen und Dokumenten als Versuch, zum Zeitpunkt der deutschen Vereinigung die zuvor gegangenen unterschiedlichen Wege des ost- und westdeutschen Amateurtheaters darzustellen und seine künftige Einheit in Anerkennung der Unterschiede zu fördern. Leipzig.

Hartwig, H. (1978), Sehen lernen. Kritik und Weiterarbeit am Konzept visueller Kommunikation. Köln.

Haß, U. (1990), Zum Verhältnis von Theater, Pädagogik und Theaterpädagogik. Aufgabenstellungen. In: Theaterpädagogik und Dramaturgie im Kinder- und Jugendtheater. Dokumentaion zur internationalen Tagung der ASSITEJ e. V. in Bremen vom 16.6.–18.6.1989, hrsg. von J. Richard unter Mitarbeit von H. Fangauf. (Schriftenreihe der ASSITEJ, Bd. 3). Frankfurt/Main, 14–24.

Haven, H. (1970), Darstellendes Spiel. Funktionen und Formen. Düsseldorf.

Hegel, G.W.F. (1971), Sämtliche Werke. Jubiläumsausgabe in zwanzig Bänden. Stuttgart, Bad Cannstatt 1965ff. Bd. 12–14: Vorlesungen über Ästhetik. I–III.

Heinze, H. (1992), Brechts Ästhetik des Gestischen. Versuch einer Rekonstruktion. Heidelberg.

Heising, W. (1969), Vom Mysterienspiel zum Laienspiel. In: Frantzen, P (Hg.), Laienspiel in der Weimarer Zeit. Eine Dokumentation. Recklinghausen, 14–19.

Hentig, H. v. (1967), Über die ästhetische Erziehung im politischen Zeitalter. In: *Die Deutsche Schule* 59 (1967), Heft 10, 580–600.

Hentig, H. v. (1969), Spielraum und Ernstfall. Stuttgart.

Hentig, H. v. (1974), Kunst als Ärgernis. Betrachtungen zur Kunst als Schulfach. In: *Kunst und Unterricht* (1974), Heft 25, 14–17.

Hentig, H. v. (1985) Ästhetische Erziehung ohne Kunst? In: v. Hentig, Ergötzen, Belehren, Befreien. München.

Hentschel, U. (1992), Was will uns der Dichter damit sagen? In: Hentschel, U./Nickel, H.-W./Rösner, H. (Hg.), Theater als Ausdrucksform von Jugendlichen. Berlin, 51–64.

Hentschel, U./Koch, G. (1995), Kerncurriculum Theaterpädagogik. In: *Korrespondenzen. Zeitschrift für Theaterpädaogik.* 11 (1995), Heft 23–25, 115ff.

Hesse, U. (1992), Vom pädagogischen Prinzip zum Schulfach – Zur Entwicklung eines Fachverständnisses Darstellendes Spiel. In: BAG/gtff (Hg.): Das Darstellende Spiel an den Schulen. Teil B: Expertentagung. München, 59–62.

Hickether, K. (1985), Theatersemiotik. Ihr Ende oder ein Anfang oder etwas ganz Anderes? Zu Erika Fischer-Lichtes »Semiotik des Theaters«. In: *TheaterZeitSchrift* (1985), Heft 12, 123–128.

Hoernle, E. (1973), Grundfragen proletarischer Erziehung. Frankfurt/Main.

Höfele, A. (1991), Drama und Theater: einige Anmerkungen zur Geschichte und gegenwärtigen Diskussion eines umstrittenen Verhältnisses. In: *Forum Modernes Theater* 6 (1991), Heft 1, 3–23.

Hoffmann, C. (1990), Zum Verhältnis von Theater und Pädagogik. In: Theaterpädagogik und Dramaturgie im Kinder- und Jugendtheater. Dokumentation zur internationalen Tagung der ASSITEJ e. V. in Bremen vom 16.6.–18.6.1989, hrsg. von J. Richard unter Mitarbeit von H. Fangauf. (Schriftenreihe der ASSITEJ, Bd. 3). Frankfurt/Main, 25–34.

Hoffmann, C. (1991), Theater mit Kindern als Kunstereignis. In: Ruping, B./Schneider, W. (Hg.), Theater mit Kindern. Erfahrungen, Methoden, Konzepte. Weinheim/München, 51–67.

Hoffmann, C. (1993), Spielformen mit Kindern – Darstellendes Spiel, Schulspiel und Kindertheater. Vergleich der Konzepte – Zwischentöne. In: Hametner, M. (Hg.), Deutsches Amateurtheater – woher? Leipzig, 61–67.

Hoffmann, L./Wardetzky, D. (1972), Theateroktober. Beiträge zur Entwicklung des sowjetischen Theaters. Frankfurt/Main.

Hoffmeier, D. (1986), Das literarische Spätwerk Stanislawskis. In: Stanislawski, Die Arbeit des Schauspielers an der Rolle. Berlin, 89–144.

Hoffmeier, D. (1992), Über den Zugang Brechts zum Werk Stanislavskijs. In: *TheaterZeitSchrift* (1992) Heft 31/32, 127–149.

Hoffmeier, D. (1993), Stanislavskij. Auf der Suche nach dem Kreativen im Schauspieler. Neue Einblicke in sein Werk. Stuttgart.

Honzl, J. (1975), Die Hierarchie der Theatermittel. In: v. Kesteren, A./Schmid, H. (Hg.), Moderne Dramentheorie. Kronberg/Ts., 133–142.

Hoppe, H. (1984), Theaterspielen als pädagogischer Erfahrungsraum. In: Kreuzer (Hg.), Handbuch der Spielpädagogik. Bd. 3. Düsseldorf, 313–332.

Horkheimer, M./Adorno, Th. W. (1973), Dialektik der Aufklärung. Frankfurt/Main.

Hörmann, H. (1976), Meinen und Verstehen. Grundzüge einer psychologischen Semantik. Frankfurt/Main.

Horx, M. (1988), Die wilden Achtziger. München.

Iser, W. (1990), Der Akt des Lesens. 3. Auflage. München.

Jansen, K. (1992), Die Frühphase des Stanislavskij-Systems (1906–1915) im Spiegel der Rezeption in den fünfziger Jahren. In: Ahrends, G. (Hg.), Konstantin Stanislavskij. Neue Aspekte und Perspektiven. Tübingen.

Kaiser, H. (1972), Laienspiel und Amateurtheater seit 1945. Eine Dokumentation. Hilfen für Spielleiter, Heft 11. LAG für Spiel und Amateurtheater in NRW (Hg.). Recklinghausen.

Kaiser, H. J. (1984), Musikunterricht für alle? In: Ritzel, F./Stroh, W. M. (Hg.) Musikpädagogische Konzeptionen und Schulalltag. Wilhelmshaven, 166–173.

Kant, I. (1968), Werke. Akademie Textausgabe. Bd. V: Kritik der praktischen Vernunft. Kritik der Urtheilskraft. Berlin.

Kattenstroth, Chr. (1983), Ästhetische Erziehung und Wahrnehmungstheorie. Weinheim, Basel.

Kerbs, D. (1968), Ästhetische und politische Erziehung. In: *Kunst und Unterrricht* (1968) Heft 1, 28–31.

Kerbs, D. (1970), Zum Begriff der ästhetischen Erziehung. In: *Die deutsche Schule* 62 (1970), Heft V, 562–570.

Kerbs, D. (1970a), Das Ritual und das Spiel. Bemerkungen über die politische Relevanz des Ästhetischen. In: Kerbs, D. (Hg.), Die hedonistische Linke. Beiträge zur Strukturdebatte. Neuwied, Berlin, 25–47.

Kerbs, D. (1972), Thesen zur ästhetischen Erziehung in historisch-politischer Perspektive. In: Schwencke, O. (Hg.), Ästhetische Erziehung und Kommunikation. Frankfurt, Berlin, München.

Kerkhoven, M. v. (1994), Der Schauspieler. In: *Theaterschrift* (1994), Heft 7, 8–31.

Kesteren, A. v./Schmidt, H. (Hg.) (1975), Moderne Dramentheorie. Kronberg/Ts.

Kesteren, A. v./Schmidt, H. (Hg.) (1984), Semiotics of Drama and Theatre. Amsterdam.

Klafki, W. (1986), Die Bedeutung der klassischen Bildungstheorien für ein zeitgemäßes Konzept allgemeiner Bildung. In: *Zeitschrift für Pädagogik* 32 (1986), 455–476.

Klafki, W. (1993), Über Wahrnehmung und Gestaltung in der ästhetischen Bildung. In: *Kunst+Unterricht* (1993) Heft 176, 28 f.

Kluge, N. (Hg.) (1973), Vom Geist musischer Erziehung. Grundlegende und kritische Beiträge zu einem Erziehungsprinzip. Darmstadt.

Knebel, M. O. (1990), Michail A. Čechov und sein schöpferisches Erbe. In: Čechov, M., Die Kunst des Schauspielers. Moskauer Ausgabe. Stuttgart, 173–283.

Koch, G./Steinweg, R./Vaßen, F. (Hg.) (1984), Assoziales Theater. Erfahrungen durch Lehrstücke: Spielversuche und Anstiftungen zur Praxis. Köln.

Korrespondenzen. Zeitschrift für Theaterpädagogik 10 (1994), Heft 19/20/21: „Brecht – Lehrstücke".

Krappman, L. (1989), Rolle. In: Lenzen, D. (Hg.), Pädagogische Grundbegriffe. 2 Bde. Reinbek bei Hamburg, 1314–1319.

Kristi, G. (1986), Aus der Einführung zur russischen Ausgabe. In: Stanislavskij, Die Arbeit des Schauspielers an sich selbst. Teil 2. Berlin, S. 405–419.

Lazarowicz, K. (1993), Einleitung. In: Lazarowicz, K./Balme, C. (Hg.), Texte zur Theorie des Theaters. Stuttgart.

Lehmann, H.-T. (1990), Theatertheorie. In: Brauneck, M./Schneilin, G. (Hg.), Theaterlexikon. Begriffe und Epochen, Bühnen und Ensembles. Reinbek bei Hamburg, 966–975.

Lehmann, H.-T. (1991), Theater und Mythos. Die Konstitution des Subjekts im Diskurs der antiken Tragödie. Stuttgart.

Lehmann, H.-T. (1993), Dis/Tanz. Anmerkungen zur Schmerzgrenze des Theaters. In: *Akzente. Zeitschrift für Literatur* 40 (1993) Heft 2, 116–121.

Lehnerer, T. (1991), „Ich antworte, daß man mit dem Hirn und nicht mit den Händen malt." In: Zacharias (Hg.), Schöne Aussichten. Ästhetische Bildung in einer technisch-medialen Welt. Essen, 191–212.

Lenzen, D. (1980), »Alltagswende« – Paradigmenwechsel? In: Lenzen, D. (Hg.), Pädagogik und Alltag. Methoden und Ergebnisse alltagsorientierter Forschung in der Erziehungswissenschaft. Stuttgart, 7–28.

Lenzen, D. (1989), Pädagogik – Erziehungswissenschaft. In: Lenzen, D. (Hg.), Pädagogische Grundbegriffe 2 Bde., Reinbek bei Hamburg, 1107–1117.

Lenzen, D. (1992), Pädagogik als Kunst? Zum Begriff „Pädagogischer Méthexis" im Hinblick auf Goethe. (Manuskript). Berlin.

Lukács, G. (1964), Deutsche Literatur in zwei Jahrhunderten. Neuwied, Berlin.

Lukács, G. (1969), Zur Ästhetik Schillers. In: Georg Lukács Werke, Bd. X: Probleme der Ästhetik. Neuwied, Berlin, 17–106.

Luserke, M. (1921), Shakespeare Aufführungen als Bewegungsspiel. Heilbronn.

Luserke, M. (1927), Jugend und Laienbühne. Eine Herleitung von Theorie und Praxis des Bewegungsspiels aus dem Stil des Shakespeareschen Schauspiels. Bremen.

Luserke, M. (1957), Pan Apollon Prospero – Zur Dramaturgie von Shakespeare-Spielen. Hamburg.

Luserke, M. (1974), Agitur Ergo sum?. Versuch einer morphologischen Deutung des Ur-Zusammenhangs von Theater und Bewußtsein. Nach den Manuskripten hrsg. von H. Giffei. Hamburg.

Lutz, E. J. (1957), Das Schulspiel. Die Praxis des darstellenden Spiels in den Volks- und Höheren Schulen auf entwicklungspsychologischer und pädagogischer Grundlage. München.

Lyotard, J.-F. (1984), Das Erhabene und die Avantgarde. In: *Merkur* 424 (1984), 151–164.

Lyotard, J.-F. (1986), Das postmoderne Wissen. Ein Bericht. Wien.

Lyotard, J.-F. (1988), Beantwortung der Frage: Was ist Postmodern? In: Welsch, W. (Hg.), Wege aus der Moderne. Schlüsseltexte der Postmoderne-Diskussion. Weinheim, 193–203.

Lyotard, J.-F. (1990), Randbemerkungen zu den Erzählungen. In: Engelmann, P. (Hg.), Postmoderne und Dekonstruktion. Texte französischer Philosophen der Gegenwart. Stuttgart.

Lyotard, J.-F., (1990a), Der Augenblick, Newman. In: Aisthesis. Wahrnehmung heute oder Perspektiven einer anderen Ästhetik. Hrsg. v. K. Barck, P. Gente, H. Paris, S. Richter. Leipzig.

Marcuse, H. (1969), Versuch über die Befreiung. Frankfurt/Main.

Marcuse, H. (1976), Der eindimensionale Mensch. Studien zur Ideologie der fortgeschrittenen Industriegesellschaft. Neuwied.

Mattenklott, G. (1994), Ganzheit oder Fragment? Ästhetische Bildung zwischen Heilsversprechen und Modernisierungsforderung. In: *Spiel & Theater. Zeitschrift für Amateur, Jugend- , und Schultheater* 45 (1994), Heft 152, 2–7.

Matthies, K. (1972), Erkenntnis und Interesse in der Kunstdidaktik. Köln.

Mayrhofer, H./Zacharias, W. (1976), Ästhetische Erziehung. Lernorte für aktive Wahrnehmung und soziale Kreativität. Reinbek bei Hamburg.

Mayrhofer, H./Zacharias, W. (1977), Projektbuch ästhetisches Lernen. Reinbek bei Hamburg.

Mejerchol'd, W. E. (1979), Schriften. 2 Bde. Berlin.

Messerschmid, F. (1970), Die gesellschaftliche Funktion des Schulspiels. In: *Das Spiel in der Schule* (1970), Heft 4, 146–154.

Metzger, W. (1975), Der Beitrag der Gestalttheorie zur Kunstdidaktik. In: Handbuch der Kunst- und Werkerziehung hrsg. von G. Otto, 6 Bde. Bd 1: Allgemeine Grundlagen der Kunstpädagogik. Berlin, 281–313.

Meyer-Drawe, K. (1993), Ästhetische Rationalität. In: *Kunst+Unterricht* (1993) Heft 176, 46f.

Mielke, H. (1958), Stoffe und Themen des Schulspiels. In: Trümper, H. (Hg.), Schulbühnen- und Puppenspiel. Handbuch der Kunst- und Werkerziehung Bd. II/2. Berlin, 46–52.

Mirbt, R. (1954), Von der eigenen Gebärde. München.

Mirbt, R. (1958) Geleitwort. In: Trümper (Hg.), Schulbühnen- und Puppenspiel. Handbuch der Kunst- und Werkerziehung Bd.II/2. Berlin, 7–9.

Mirbt, R. (1960), Laienspiel und Laientheater. Vorträge und Aufsätze aus den Jahren 1923–1959. Kassel.

Mollenhauer, K. (1986), Umwege. Über Bildung, Kunst und Interaktion. Weinheim, München.

Mollenhauer, K. (1988), Ist ästhetische Bildung möglich? In: *Zeitschrift für Pädagogik* 34 (1988), Heft 4, 443–461.

Mollenhauer, K. (1989), Bildung, ästhetische. In: Lenzen, D. (Hg.), Pädagogische Grundbegriffe. 2 Bde. Reinbek, 222–229.

Mollenhauer, K. (1989a), Ästhetische Bildung als Kritik – oder: Hatte das „Bauhaus" eine Bildungstheorie? In: Röhrs, H./Scheuerl, H. (Hg.), Richtungsstreit in der Erziehungswissenschaft und pädagogische Verständigung. Frankfurt/Main.

Mollenhauer, K. (1990), Die vergessene Dimension des Ästhetischen in der Erziehungs- und Bildungstheorie. In: Lenzen, D. (Hg.), Kunst und Pädagogik. Erziehungswissenschaft auf dem Weg zur Ästhetik? Darmstadt, 3–17.

Mollenhauer, K. (1990a), Kunst und Pädagogik als Alphabetisierungsaufgabe. Eine Dokumentation der Diskussion über den Beitrag von Klaus Mollenhauer, bearbeitet von T. Bichler. In: Lenzen, D. (Hg.), Kunst und Pädagogik. Erziehungswissenschaft auf dem Weg zur Ästhetik? Darmstadt, 189–210.

Mollenhauer, K. (1990b), Ästhetische Bildung zwischen Kritik und Selbstgewissheit. In: *Zeitschrift für Pädagogik* 36 (1990), Heft 4, 465–494.

Mollenhauer, K. (1993), ‚Anspruch der Differenz‘ und ‚Anspruch des Universellen‘. Eine Marginalie zur ästhetischen Bildung. In: *Zeitschrift für Pädagogik* 39 (1993), Heft 4, 673–678.

Möller, H. R. (1971), Gegen den Kunstunterricht. Versuche zur Neuorientierung. Ravensburg.

Möller, H. R. (1971a), Kunstunterricht und visuelle Kommunikation – sieben Arbeitsthesen zur Konzeption eines neuen Unterrichtsfaches. In: Ehmer, H. K. (Hg.) Visuelle Kommunikation. Köln, 363–366.

Müller, A. (1973), Der Jugendring und der Spielkreis Mirbt 1920–1925. Recklinghausen.

Müller, H. (1978), Notate zu Fatzer. Einige Überlegungen zu meiner Brecht-Bearbeitung. In: *Die Zeit*, 17.3.1978, 9 ff.

Müller, R. (1969), Spiel und Theater als Lehr- und Lernfach. In: *Das Spiel in der Schule* (1969), Heft 1, 35–41.

Müller, R. (Hg.) (1972), Spiel und Theater als kreativer Prozeß. Handbuch der Kunst- und Werkerziehung Bd. II/2, hrsg. von G. Otto. Berlin.

Müller, W. (1989), Jugendbewegung. In: Lenzen, D. (Hg.), Pädagogische Grundbegriffe. 2 Bde. Reinbek bei Hamburg, 808–812.

Muschg, A. (1994), Ungeheuer Mensch. In: *Die Zeit*, 21.10.1994, 65 f.

Nickel, H.-W. (1971), Zur soziologischen Grundlegung einer Interaktions- und Theaterpädagogik. In: Brandes, E./Nickel, H.-W./Lehmann, J. (Hg.), Beiträge zu einer Interaktions- und Theaterpädagogik. Aus Referaten und Diskussionen anläßlich der Musischen Wochen 1970. Berlin, 16–21.

Nickel, H.-W. (1975), Zur Strukturierung des Gesamtbereichs Theater. In: *Zeitschrift für Pädagogik* 21 (1975), Heft 3, 351–361.

Nickel, H.-W. (1976), Spiel-, Theater-, Interaktionspädagogik. Versuch einer praxisbezogenen Systematik der Spielformen. Hilfen für Spielleiter, Heft 16. LAG Spiel und Amateurtheater in NRW (Hg.). Recklinghausen.

Nickel, H.-W. (1985) (Hg.), Martin Luserke. Hinweise zu Stückentwicklung und Regie. Aus seinen Theaterstücken zusammengestellt von Günter Jankowiak. Berlin (unveröffentlichtes Manuskript).

Nickel, H.-W. (1988), Vom subjektiven Curriculum. Ansätze und Fragen zur Spiel- und Theaterpädagogik. In: Bohn, E./Schröder, S. (Hg.), Theater des Zorns und der Zärtlichkeit. Erfahrungsräume zwischen traditonellem Theaterbetrieb und alternativen Theatermodellen. Bielefeld.

Nickel, H.-W. (1989), Theater von und mit Jugendlichen. Ein historischer Abriß der Entwicklung bis zum Beginn der Jugendbewegung. In: H. Chiout/E. Wilhelm (Hg.), Spielräume – Spielträume. Das Theater der Jugend und sein Treffen. Berlin, 14–19.

Nickel, H.-W. (1993), Das westdeutsche Amateurtheater. In: Hametner, M. (Hg.), Deutsches Amateurtheater – woher? Leipzig.

Nipperdey, T. (1983), Deutsche Geschichte 1800–1866. Bürgerwelt und starker Staat. München.

Noetzel, W. (1971), Spielerziehung, Sprecherziehung, Medienerziehung – Brennpunkte einer Interaktionspädagogik. In: Brandes, E./H.-W. Nickel/J. Lehmann (Hg.), Beiträge zu einer Interaktions- und Theaterpädagogik. Aus Referaten und Diskussionen anläßlich der Musischen Wochen 1970. Berlin, 51–60.

Noetzel, W. (1992), Humanistische Ästhetische Erziehung. Friedrich Schillers moderne Umgangs- und Geschmackspädagogik.Weinheim.

Oida, Y. (1994), Zwischen den Welten. Berlin.

Otto, G. (1974), Didaktik der ästhetischen Erziehung. Braunschweig.

Otto, G. (1991), Ästhetisches Denken und ästhetische Rationalität. In: *Kunst +Unterricht* (1991) Heft 155, 36–38.

Otto, G. (1995), „Das Salz in der Suppe jeden Unterrichts". Gespräch mit Prof. Dr. h. c. Gunter Otto über die Rolle der ästhetischen Erziehung. In: *Erziehung und Wissenschaft. Allgemeine Deutsche Lehrerzeitung* 47 (1995), Heft 7/8.

Otto, G. (Hg.) (1975), Texte zur ästhetischen Erziehung. Braunschweig.

Paul, A. (1971), Theaterwissenschaft als Lehre vom theatralischen Handeln. In: *Kölner Zeitschrift für Soziologie und Sozialpsychologie* 23 (1971), Heft 1, 55–77.

Paul, A. (1971), Zehn Thesen zu einem emanzipatorischen Schultheater. In: Brandes,E./Nickel, H.-W./Lehmann, J. (Hg.), Beiträge zu einer Interaktions- und Theaterpädagogik. Aus Referaten und Diskussionen anläßlich der Musischen Wochen 1970. Berlin, 60–65.

Paul, A. (1975), Auf der Suche nach Konzepten. In: *betrifft : erziehung* 8 (1975), Heft 3, 72–78.

Pavis, P. (1984), On Brecht's Notion of Gestus. In: Schmid/v. Kesteren (ed.), Semiotics of Drama and Theatre. Amsterdam.

Pavis, P. (1985), Klassischer Text und szenische Praxis. In: Chr.W. Thomsen (Hg.) Studien zur Ästhetik des Gegenwartstheaters. Heidelberg, 18–32.

Pavis, P. (1989), Die Inszenierung zwischen Text und Aufführung. In: *Zeitschrift für Semiotik*. 11 (1989), Heft 1, 13–27.

Perspektiven der Theaterpädagogik in den Neunziger Jahren. Dokumentation der Fachtagung des Landesverbandes für Spiel und Theater in Niedersachsen e.V. vom 24.–26.11.1989 in Wolfenbüttel, hrsg. vom Landesverband für Spiel und Theater in Niedersachsen e.V. Lingen, o.J.

Pfister, M. (1988), Das Drama. Theorie und Analyse. 6. Auflage. München.

Plessner, H. (1980ff), Gesammelte Schriften. 10 Bde. Bd. III: Anthropologie der Sinne (1980); Bd. VII: Ausdruck und menschliche Natur (1982); Bd. VIII: Conditio humana (1983). Frankfurt/Main.

Pöggeler, F. (1952), Musische Erziehung, ihre Geschichte, ihr Wirken, ihre Gesetze. In: Kluge, N. (Hg.), Vom Geist Musischer Erziehung. Darmstadt 1973, 45–80.

Reiß, G. (1985), Theaterwerkstatt Schule. Theaterpädagogische Arbeit im Rahmen des Deutschunterrichts in der Sekundarstufe I. In: Jahn, E. M. (Hg.), Der Mythos des Theatralischen. (Kunst & Therapie Bd. 7). Münster, 104–112.

Richard, J. [1988], Vom Selbstverständnis, Unverständnis und Mißverständnis der Theaterpädagogik. In: Geschichte(n) der Theaterpädagogik. Zwischen Anspruch, Legitimation und Praxis. Materialien zur 6. Bundestagung Theaterpädagogik 1991 in Lingen (Ems), hrsg. von M. Jeske/B. Ruping/E. Schöller. Lingen o.J., 149–165.

Richter-Reichenbach, K.-S. (1983), Bildungstheorie und ästhetische Erziehung heute. Darmstadt.

Ritter, H. M. (1980), Ausgangspunkt: Brecht. Versuche zum Lehrstück. Hilfen für Spielleiter, Heft 19. LAG Spiel und Theater in NW (Hg.). Recklinghausen.

Ritter, H. M. (1981) Theater als Lernform. Beiträge zur Theorie und Praxis pädagogischer Theaterverfahren.(Studienmaterialien Spiel- und Theaterpädagogik Bd. 4) Berlin.

Ritter, H. M. (1986), Das gestische Prinzip bei Bertolt Brecht. Köln.

Ritter, H. M. (1987), Handeln und Betrachten. In: Theaterpädagogik. Beiträge zur Praxis und Theorie der Theaterausbildung. Heft 6, Handeln und Betrachten. Berlin, 10–13.

Ritter, H. M. (1987a), Das Lehrstück: I: Rekonstruktion eines Verfahrens. II: Prinzipien der Lehrstückarbeit. In: Theaterpädagogik. Beiträge zur Praxis und Theorie der Theaterausbildung, Heft 6: Handeln und Betrachten, 52–57.

Ritter, H. M. (1989), Dichtung und Gedächtnis. In: ders.: Dem Wort auf der Spur, 133–171.

Ritter, H. M. (1990), Prozesse – Produkte. In: Ritter, H. M. (Hg.), Spiel- und Theaterpädagogik: Ein Modell. Berlin, 31–45.

Ritter, H. M. (1992), Bertolt Brecht – Unterm Strasberg begraben. Abwicklung oder Entwicklung der Brechtschen Theatertheorie in der Schauspielerausbildung? In: Der andere Brecht I. Das Brecht Jahrbuch 17. Red. H.-T. Lehmann/Renate Voris.

Ritter, H. M. (1993), Das Fremde und das Eigene – Kultur in Europa und die polyästhetische Erziehung. Eröffnungsvortrag zum Internationalen Symposion „Künste und Bildung zwischen Ost und West – Europäische Integration und polyästhetische Erziehung" Mittersiel (Vortrags-Manuskript).

Ritter, H. M. (1994), Lehrstück-Gedanken-Splitter. In: *Korrespondenzen. Zeitschrift für Theaterpädagogik* 10 (1994), Heft 19/20/21, 16–18.

Robinsohn, S. B. (1972), Bildungsreform als Revision des Curriculums. Neuwied, Berlin.

Rötscher, H. T. [1846], Die Kunst der dramatischen Darstellung. Berlin³ 1919.

Rousseau, J.J.[1758], Brief an Herrn d´Alembert. Schriften Bd. 1. München 1978.

Ruping, B. (Hg.) (1992), Theaterkunst und Kinderspiel. Theater mit Kindern in Europa. (Schriftenreihe des Europäischen Zentrums der Association Internationale du Théâtre Amateur, Bd. 1). Münster/Hamburg.

Ruping, B./Schneider, H. (1994), Bildungskonzeption. In: *Korrespondenzen. Zeitschrift für Theaterpädagogik* 10 (1994), Heft 19/20/21, 128–132.

Ruping, B./Schneider, W. (Hg.) (1991), Theater mit Kindern. Erfahrungen, Methoden, Konzepte. Weinheim München.

Sasowsky, B. (1930), Martin Luserke „Das Laienspiel", Revolte der Zuschauer. Buchbesprechung. In: *Das Volksspiel* 6 (1930), Heft 3, 169–171.

Saße, G. (1987), Die Theatralisierung des Körpers. Zu einer Wirkungsästhetik für Schauspieler bei Christian Weise und Bertolt Brecht. In: *Maske und Kothurn* 33 (1987), Heft 374, 55–73.

Saße, G. (1987a), Das Spiel mit der Rampe: Zum Verhältnis von Bühnenwirklichkeit und Zuschauerwirklichkeit im Theater der Moderne. In: *Deutsche Vierteljahrsschrift* 4 (1987), 733–754.

Sauerbier, S.D. (1976), Gegendarstellung. Ästhetische Handlungen und Demonstrationen. Die zur Schau gestellte Wirklichkeit in den darstellenden Künsten. Köln.

Schäfer, R. (1988), Ästhetisches Handeln als Kategorie einer interdisziplinären Theaterwissenschaft. Aachen.

Schechner, R. (1990), Theateranthropologie. Spiel und Ritual im Kulturvergleich. Reinbek bei Hamburg.

Scheible, H. (1988), Wahrheit und Subjekt. Ästhetik im bürgerlichen Zeitalter. Reinbek bei Hamburg.

Schiller, F. (1989), Sämtliche Werke, hrsg. v. G. Fricke/H.G. Göpfert, 5 Bde, Bd. V: Erzählungen. Theoretische Schriften. 8. Auflage. München.

Schlünzen, W. (1992), Darstellendes Spiel: Alternatives Lernen unter den Bedingungen der Schule. In: BAG/gtff (Hg.), Das Darstellende Spiel an den Schulen. Teil B: Expertentagung. München, 64–68.

Schramm, H. (1994), »Theatralität und Schrift/Kultur. Überlegungen zur Paradoxie des Theaterbegriffs. In: *TheaterZeitSchrift* (1994), Heft 35, 101–108.

Schulz, W. (1969), Ästhetische Erziehung heute und hier. In: *Das Spiel in der Schule* (1969), Heft 1, 28–31.

Schulz, W. (o.J.), Ästhetische Bildung. Zum educativen Beitrag der Mimesis. In: Ästhetik und Erkenntnis. Berichte aus den Forschungskolloquien, hrsg. von H. J. Kaiser. Hamburger Beiträge zur Erziehungswissenschaft Nr. 1. Hamburg.

Schütz, A./Luckmann, T. (1979), Strukturen der Lebenswelt. Bd. 1. Frankfurt/Main.

Schütz, A./Luckmann, T. (1984), Strukturen der Lebenswelt. Bd. 2. Frankfurt/Main.

Schwerdt, U. (1993), Martin Luserke (1880–1968). Reformpädagogik im Spannungsfeld von pädagogischer Innovation und kulturkritischer Ideologie. Eine biographische Rekonstruktion. Frankfurt/Main.

Seel, M. (1993), Intensivierung und Distanzierung. Ästhetische Bildung markiert den Abstand von der Allgemeinbildung. In: *Kunst und Unterricht* (1993), Heft 176, 48–49.

Seidenfaden, F. (1961), Musische Erziehung. Heilpädagogik und Psychotherapie. In: Kluge, N. (Hg.), Vom Geist Musischer Erziehung. Darmstadt 1973, 257–279.

Senator für Schulwesen, Jugend und Sport (Hg.) (1984), Vorläufiger Rahmenplan für Unterricht und Erziehung in der Berliner Schule. Gymnasiale Oberstufe. Fach Darstellendes Spiel. Berlin.

Sennett, R. (1983), Verfall und Ende des öffentlichen Lebens. Die Tyrannei der Intimität. Frankfurt/ Main.

Simhandl, P. (1985), Konzeptionelle Grundlagen des heutigen Theaters. In: Theaterpädagogik. Beiträge zur Praxis und Theorie der Theaterausbildung. Sonderheft. Berlin.

Simhandl, P. (o.J.), Zur Theorie des Theaters (unveröffentlichtes Manuskript). Berlin.

Singer, W. (1994), Keine Wahrnehmung ohne Gedächtnis. Ein Gespräch mit Wolf Singer. In: *Theaterschrift* (1994), Heft 8, 20–42.

Ständige Konferenz der Kultusminister: Beschluß zum Darstellenden Spiel in der Schule vom 15. Dezember 1967. In: *Das Spiel in der Schule* (1968), Heft 2, 65 f.).

Stanislavskij, K.S. (1986), Die Arbeit des Schauspielers an sich selbst. Teil 1: Die Arbeit des Schauspielers an sich selbst im schöpferischen Prozeß des Erlebens. Berlin.

Stanislavskij, K.S. (1986), Die Arbeit des Schauspielers an sich selbst. Teil 2: Die Arbeit des Schauspielers an sich selbst im schöpferischen Prozeß des Verkörperns. Berlin.

Stanislavskij, K.S. (1986), Die Arbeit des Schauspielers an der Rolle. Fragmente eines Buches. Berlin.

Stanislavskij, K.S. (1988), Ausgewählte Schriften, hrsg. von D. Hoffmeier, 2 Bde. Berlin.

Stein, P. (1993), Das Theater ist eine geisterhafte Vorstellung. Ein Gespräch mit Peter von Becker. In: Theater 1993. Jahrbuch der Zeitschrift Theater heute, 9–28.

Steinbeck, D. (1970), Einleitung in die Theorie und Systematik der Theaterwissenschaft. Berlin.

Steinweg, R. (1972), Das Lehrstück. Brechts Theorie einer politisch-ästhetischen Erziehung. Stuttgart.

Steinweg, R. (1991), Politisch-ästhetisches Lernen: Brecht, Schiller und die Theaterpädagogik. Eine Utopie und ihre Konkretisierung. In: Ruping, B./Vaßen, F./Koch, G., Widerwort und Widerspiel. Theater zwischen Eigensinn und Anpassung. Situationen, Proben, Erfahrungen. (Schriftenreihe der Bundesarbeitsgemeinschaft Spiel und Theater e. V., Bd. 1. Hannover, 254–272.

Steinweg, R. (Hg.) (1976), Brechts Modell der Lehrstücke. Zeugnisse, Diskussionen, Erfahrungen. Frankfurt/Main.

Steinweg, R. (Hg.) (1978), Auf Anregung Bertolt Brechts: Lehrstücke mit Schülern, Arbeitern, Theaterleuten. Frankfurt/Main.

Steinweg, R./Heidefuß, W./Petsch, P. (1986), Weil wir ohne Waffen sind. Ein theaterpädagogisches Forschungsprojekt zur politischen Bildung. Nach einem Vorschlag von Bertolt Brecht. Frankfurt/ Main.

Strasberg, L. (1978), Schauspieler Seminar. Schauspielhaus Bochum 9.–22. Januar 1978, hrsg. vom Schauspielhaus Bochum (Red. Jakob Jenisch) Bochum 1979.

Strasberg, L. (1988), Ein Traum der Leidenschaft. Die Entwicklung der Methode. München.

Strasberg, L. (1988a), Schauspielen und das Training des Schauspielers. Beiträge zur ‚Method‘, hrsg. v. W. Wermelskirch. Berlin.

Strauss, B. (1993), Anschwellender Bocksgesang. In: *Der Spiegel* (1993) Heft 6, 202–207.

Tairov, A. [1923] Das entfesselte Theater. Leipzig/Weimar 1980.

Theaterarbeit (1952), 6 Aufführungen des Berliner Ensembles, hrsg. v. Berliner Ensemble – Helene Weigel. Dresden.

Theaterschrift 3 (1993) „Border Violations“. Grenzverletzungen. Über Risiko, Gewalt und innere Notwendigkeit. Brüssel.

Theater 1993. Jahrbuch der Zeitschrift Theater heute. Berlin.

Trobisch, S. (1993), Theaterwissenschaftliche Studien zu Sinn und Anwendbarkeit von Verfahren zur Schauspielausbildung. Mit besonderer Berücksichtigung der Lehr-Methoden von Richard Boleslavsky, Lee Strasberg, Uta Hagen und Michael Tschechow. Frankfurt/Main.

Trümper, H. (1958), Das Schulbühnenspiel. In: Trümper, H. (Hg.), Schulbühnen- und Puppenspiel. Handbuch der Kunst- und Werkerziehung Bd.II/2. Berlin, 22–45.

Trümper, H. (Hg.) (1958), Schulbühnen- und Puppenspiel. Handbuch der Kunst- und Werkerziehung Bd.II/2. Berlin.

Tschamler, H. (1992), Studiengang »Darstellendes Spiel«. In: BAG/gtff (Hg.), Das Darstellende Spiel an den Schulen. Teil B: Expertentagung. München, 74–75.

Urmson, J. (1992), Darstellung auf der Bühne. In: Henrich, D./Iser, W. (Hg.), Theorien der Kunst. Frankfurt/Main.

Vachtangov, J. B. (1982), Schriften. Aufzeichnungen, Briefe, Protokolle, Notate, Hrsg. von D. Wardetzky. Berlin.

Vaßen, F. (1992), Von den Schwierigkeiten mit dem Studiengang »Darstellendes Spiel« – erste Anfänge einer Diskussion. In: BAG/gtff (Hg.), Das Darstellende Spiel an den Schulen. Teil B: Expertentagung. München, 68–69.

Voges, R. (1979), Das Ästhetische und die Erziehung. Werdegang einer Idee. München.

Voigts, M. (1977), Brechts Theaterkonzeptionen. Entstehung und Entwicklung bis 1931. München.

Wagner, B. (1993), Die »Neue Kulturpolitik« und das »neue Interesse an der Kultur«. In: *Kulturpolitische Mitteilungen* (1993) Heft 61/62, 9–17.

Warner, Th. (1954), Musische Erziehung zwischen Kult und Kunst. Berlin, Darmstadt.

Weber, H. P. (1988), theater heute. kleiner gedankensturz. In: Delfin XII, 1988, 4–20.

Wekwerth, M. (1974), Theater und Wissenschaft. München.

Welsch, W. (1987), Unsere postmoderne Moderne. Weinheim.

Welsch, W. (1990), Ästhetisches Denken. Stuttgart.

Welsch, W. (1991), Anästhetik – Fokus einer erweiterten Ästhetik. In: Zacharias, W. (Hg.), Schöne Aussichten. Ästhetische Bildung in einer technisch-medialen Welt. Essen.

Welsch, W. (1991a), Zur Aktualität des Ästhetischen Denkens. In: Philosophie, Soziologie und Erziehungswissenschaft in der Postmoderne, Nykykulttuurin Tutkimusyksikkön Julkaisuja (Publikationsreihe des Forschungsinstituts für Gegenwartskunde), Julkaisu 26, Jyväskylän Yliopisto (Universität Jyväskylä), 1991, 36–54.

Welsch, W. (Hg.) (1988), Wege aus der Moderne. Schlüsseltexte der Postmoderne-Diskussion. Weinheim.

Wilzopolski, S. (1992), Theater des Augenblicks. Die Theaterarbeit Frank Castorfs. Eine Dokumentation. Berlin.

Wirth, A. (1985), Dekonstruktionseffekte auf dem Theater und das Problem der Notation. In: Fischer-Lichte, E. (Hg.), Das Drama und seine Inszenierung. Tübingen, 146–163.

Wünsche, K. (1987), Zur neuen ästhetischen Begeisterung. In: *Pädagogik heute*. November 1987, 7–11.

Ursula Brandstätter, Ana Dimke, Ulrike Hentschel (Hg.)

szenenwechsel³

Vermittlung von Bildender Kunst, Musik und Theater

Erzählen.
Narrative Spuren in den Künsten
Ulrike Hentschel/Gundel Mattenklott (Hg.)

Der Band stellt die Vorträge des Symposions „Wege des Erzählens" vor, das im September 2007 zu Ehren von Kristin Wardetzky an der Universität der Künste Berlin stattgefunden hat. Er thematisiert die verschiedenen Wege und den Wandel des Erzählens in den Künsten der Gegenwart und befragt die Kunst des Erzählens vor dem Hintergrund der Kunst-, Literatur-, Musik- und Theaterwissenschaft, der Theater-, Musik- und Medienpädagogik.
Autoren sind u.a.: Cornelia Bartsch, Gerd Koch, Gabriele Mackert, Elisabeth K. Paefgen, Anette Storr.

ISBN 978-3-937895-47-1
168 Seiten, 2009, 15,00 €

Szenenwechsel
Vermittlung von bildender Kunst, Musik und Theater
Ursula Brandstätter/Ana Dimke/
Ulrike Hentschel (Hg.)

Angesichts der aktuell zu beobachtenden Annäherung der Künste fragt der Band nach Konsequenzen für die Vermittlung zeitgenössischer künstlerischer Phänomene, die sich nicht mehr eindeutig einer Kunstform zuordnen lassen, die ebenfalls grenzüberschreitend denken und agieren. Ziel ist es eine Auswahl von kunst-, musik- und theaterpädagogischen Konzepten vorzustellen, die in den verschiedenen Disziplinen meist unabhängig voneinander entstanden sind. Was verbindet diese Konzepte? Was unterscheidet sie? Welche Impulse können sie sich gegenseitig geben?

ISBN 978-3-86863-031-2
ca. 200 Seiten, 2010, 15,00 €

Ulrike Hentschel • Gundel Mattenklott (Hg.)

Erzählen.
Narrative Spuren in den Künsten

Schibri-Verlag

Schibri-Verlag

Diese und weitere Bücher zur Theaterpädagogik, sind online bestellbar unter: **www.schibri.de**.